国家社科基金
后期资助项目
GUOJIA SHEKE JIJIN HOUQI ZIZHU XIANGMU

罗马道路与罗马社会

Roman Roads and Roman Society

冯定雄　著

中国社会科学出版社

图书在版编目（CIP）数据

罗马道路与罗马社会／冯定雄著．—北京：中国社会科学
出版社，2012.9
ISBN 978 - 7 - 5161 - 1381 - 3

Ⅰ.①罗…　Ⅱ.①冯…　Ⅲ.①古罗马—历史—研究　Ⅳ.①K126

中国版本图书馆 CIP 数据核字（2012）第 216561 号

出 版 人	赵剑英
责任编辑	罗　莉
责任校对	韩海超
责任印制	王　超

出　　　版	中国社会科学出版社
社　　　址	北京鼓楼西大街甲 158 号（邮编 100720）
网　　　址	http://www.csspw.cn
	中文域名:中国社科网　　010 - 64070619
发 行 部	010 - 84083685
门 市 部	010 - 84029450
经　　　销	新华书店及其他书店

印　　　刷	北京君升印刷有限公司
装　　　订	廊坊市广阳区广增装订厂
版　　　次	2012 年 9 月第 1 版
印　　　次	2012 年 9 月第 1 次印刷

开　　　本	710 × 1000　1/16
印　　　张	25
插　　　页	2
字　　　数	448 千字
定　　　价	65.00 元

国家社科基金后期资助项目

出 版 说 明

后期资助项目是国家社科基金设立的一类重要项目，旨在鼓励广大社科研究者潜心治学，支持基础研究多出优秀成果。它是经过严格评审，从接近完成的科研成果中遴选立项的。为扩大后期资助项目的影响，更好地推动学术发展，促进成果转化，全国哲学社会科学规划办公室按照"统一设计、统一标识、统一版式、形成系列"的总体要求，组织出版国家社科基金后期资助项目成果。

全国哲学社会科学规划办公室

目　录

第一部分　罗马道路

第三部分　罗马道路与罗马社会

Contents of Roman Roads and Roman Society

序

陈仲丹

　　在冯定雄以博士论文为基础的《罗马道路与罗马社会》即将付梓之际，作者要我为之作一简短序言，我欣然应允。

　　罗马道路在罗马社会占有重要地位，这在罗马社会的政治、经济、军事、文化等各方面都有比较深刻的体现。研究罗马道路，不仅对罗马社会生活史具有重要意义，对整个罗马史乃至西方古代史也具有特别的意义。但是，对于道路这类实物多于文献、表象多于思想的选题进行研究，其难度是很大的。在西方学术界，对罗马道路的研究著述已经很多，特别是对道路本身的考古研究尤为仔细和深入，但盖因其多为实物，因此对除道路本身的研究外，把它与罗马社会的各方面融为一体进行全面而系统论述者则不多见。本书以罗马道路为线索，全面探讨道路在罗马社会各方面的地位和作用，从而显得更加别有新意，无论是论述的视角还是研讨的深度，都值得充分肯定。该书的出版，无疑能为我国世界古代史特别是罗马史研究添砖加瓦。

　　纵观全书，我个人认为此书有以下几个方面值得肯定。第一，该书选题角度比较新颖。罗马道路在西方学术界虽不算显学，但无论研究者还是研究成果都不在少数，对于这样一个比较传统的题目，如何才能在前人的基础上有所前进是一大难题。作者避开了西方学者的优势和长处，即对罗马道路个案的微观探讨，从道路与罗马社会的关系角度出发，围绕道路为中心，全方位、多角度地反映它在罗马国家和罗马社会中的作用，从而克服了其他同类著述的不足。第二，该书在论述过程中不时闪现出作者的思考和认识。如对共和国时代道路建设特点及意义的归纳；对罗马道路建造特点的总结；对罗马道路与罗马政治、经济、军事和社会文化意义的探讨；等等。不管这些思考和认识在学术界会得到怎样的评价，但它毕竟是中国学者自己的结论，以此抛砖引玉，引起学术界的关注，也不失为对学术界的微薄贡献。第三，在研究方法上也有值得肯定之处。该书避免了学术界（特别是中国学术界）重视传统的政治、经济或军事研究方法，从历史学与各相关学科研究方法相结合的学术路径出发，对罗马道路及与之相关的社会现象进行研究。这不仅使我们对罗马史的研究范围和领域有所拓展，更表现出一种研究方法的多样追求。

当然，对于罗马道路这种传统论题，该书中值得再作深入讨论的内容也有不少，比如在道路的管理方面，其资金如何使用、道路建造的后勤保障如何进行、道路维修与保养的具体方式，以及上述内容与罗马国家的关系等，都值得进一步挖掘；再如，罗马道路与罗马经济的关系就是一个非常庞杂的课题，如何深入系统地探究，尚需在今后的工作中继续努力。

定雄是在历史学专业本科毕业工作五年后再继续深造的，当时他家有老小，脱产读书实属不易。他跟随我六年，为人朴实，学习十分刻苦，有甘守清贫、坐冷板凳的坚毅精神，特别是他痴于既古且洋的学术"冷门"，这些都是非常可贵的。在获得博士学位后他去浙江海洋学院工作，能利用现有的学术条件在授课之余努力钻研，勤于著述，取得了不菲的成绩，也让我有了育才有所成的欣慰。在此书面世之际，愿他能以此为契机，在研究的道路上更进一步。

至于本书的真正研究价值如何，只有期待学界同仁的评说了。

是为序。

2012 年 6 月
于南京大学

绪　　论

出于政治上加强统治、军事上对外扩张、经济上促进发展和商业交流目的，从共和国时期开始，罗马就开始按照严格的标准修筑石面公路，到帝国时代，罗马道路的修建更是大规模地展开。据统计，到戴克里先皇帝统治时期，罗马正规的道路总共达 372 条，全长 8.5 万公里，[①] 遍及今天34 个国家，除了爱尔兰和斯堪的纳维亚诸国外，其他所有欧洲国家都有罗马人建造的道路。中世纪开始流行的"条条大路通罗马"这一谚语可以说是对罗马道路的中肯概括。正因为如此，罗马道路在罗马社会中占据着重要的地位，对罗马道路及与之相关的社会现象的研究是罗马史特别是罗马社会史的重要组成部分。

一　选题理由

首先，国内对此相关研究的阙如是本书选题的重要理由之一。罗马道路在罗马社会中占据重要的地位，对罗马统治者与民众的生活都产生过重要影响，因此，它在罗马史尤其是罗马社会史的研究中具有重要的地位。但是，对于这一领域的研究在国内还几乎是一片空白。[②] 这种状况与我国罗马史的研究现状是比较吻合的：我国的罗马史研究与其他历史领域的研究相比是相当滞后的，而罗马社会史的研究在罗马史中更相对滞后。本书绝无填补空白之能力，但在这方面做一点尝试性的工作应当还是有一定意义的，这是本书选题的重要原因之一。

其次，国外学者对罗马道路研究的两种趋向也是本书选题的重要原因。西方学者对罗马道路的研究明显存在着两种趋向：第一，注重对罗马道路的微观研究。这种微观研究最突出的表现是在罗马道路的考古学研究

---

① Raymond Chevallier, *Roman Roads*, London：B. T. Batsford Ltd, 1976, p. 131.
② 据我所查到的文章中，国内专门研究罗马道路的文章只有一篇，那就是宫秀华教授的《罗马帝国时期道路信息网的建设》（《常熟高等专科学校学报》2001 年第 1 期），该文主要是从罗马帝国的道路信息网建设对我们今天的启示的角度展开讨论的。

上，这些大量的研究成果通常发表在各种考古学报以及重要的古典学杂志上。从后面的论述中可以看出，这些研究，特别是20世纪50年代以前的罗马道路研究，其重心基本上都集中在对道路本身的详细考察上，如道路修建的具体年代、道路的走向、分岔、里程碑的位置及其移动过程等。这些微观意义上的道路研究或与之相关的社会现象的研究，其重要的特点和优点是其研究的细化和精确，但是它也带来了不可避免的不足，即它对罗马道路与罗马社会的关系结合得并不十分密切，难以更好地通过道路来反映罗马社会。第二种研究趋向是许多著名的罗马社会史家，在研究罗马道路上的生活时，常常只是简单地局限于某一方面，它们大多只是简略地、一般性地提及，同样不能全面而完整地反映罗马道路与罗马社会的密切关系。① 对于与罗马道路相关的罗马社会史的研究也同样只是局限于某一方面，如旅馆、驿站、旅行等。② 在这些专项研究方面，有很多学者取得了

---

① 这方面的例子很多，在综合手册或资料集著作方面，我们可以列举如下：Jo-Ann Shelton, *As the Romans Did: A Source Book in Roman Social History*, New York and Oxford: Oxford University Press, 1988, pp. 68 – 69; Lesley Adkins and Roy A. Adkins, *Handbook to Life in Ancient Rome*, New York: Facts On File, 1994, pp. 167 – 200; Graham Speake ed, *The Penguin Dictionary of Ancient History*, Penguin Books, 1994, pp. 552 – 553; Barbara Levick, *The Government of the Roman Empire: A Sourcebook* 2nd ed, London and New York, 2000, pp. 107 – 124; John W. Humphrey, John P. Oleson and Andrew N. Sherwood, *Greek and Romans Technology: A Sourcebook*, London and New York, 1998, pp. 235 – 330; pp. 409 – 441. 就罗马道路与交通运输方面的著作主要有：John Wacher, ed. *The Roman World*, London and New York, 2002, pp. 658 – 671; Helen Parkins and Christopher Smith eds. *Trade, Traders and the Ancient City*, London and New York, 1998, pp. 129 – 148. 概括性地论述到罗马道路的著作主要有：Bertrand Lancon, *Rome in Late Antiquity: Everyday Life and Urban Change, AD312 – 609*, Translated by Antonia Nevill, Edinburgh: Edinburgh University Press, 2000, pp. 7 – 13. 概括性地述及罗马道路上的旅行的著作有：David Matz, *Daily Life of the Ancient Romans*, London and New York: Greenwood Press, 2002, pp. 49 – 57.

② 如对罗马旅馆方面的讨论：在西方学术界，专门研究古代罗马旅馆的论著主要有两部，一是科勒勃格的《古代罗马的旅馆、饭店与餐馆》(T. Kleberg, *Hotels, restaurants et cabarets dans l' Antiquite Romaine*, Uppsala, 1957)。此书对罗马旅馆进行了比较全面的论述，但是它所缺少的正是对罗马旅馆社会地位的探讨和它与罗马社会文化之间的关系，对于旅馆与罗马道路的关系也没有进行专门的探讨。(对该书的评论见 *The Journal of Roman Studies* (*JRS*), Vol. 48, No. 1/2. [1958], pp. 198 – 199.) 二是詹卡拉·吉瑞发表在《艾尔玛》上的论文《奥斯提亚城市与社会情景中的旅馆》(Giancarla Girri, "La Taberna nel Quadro Urbanistico e Sociale di Ostia", Roma : in *L' Erma di Bretschneider*, 1956)。正如其标题所揭示的那样，此文的讨论范围仅局限于奥斯提亚城，而且主要是从商业、人口的角度进行探讨的，并没有从罗马道路与旅馆的关系上入手。(对该文的评论参见 *JRS*, Vol. 47, No. 1/2. (1957), p. 293.) 对罗马驿站进行研究的论著主要有：A. M. Ramsay, "A Roman Postal Service Under the Republic", *JRS*, Vol. 10 (1920), pp. 79 – 86; A. M. Ramsay, "The Speed of the Roman Imperial Post", *JRS*, Vol, 15 (1925), pp. 60 – 74;

很大的成就，但是，尽管罗马道路在这些社会史内容中占据重要的地位，但它没有在这些研究中得到充分的体现，这是明显地把罗马道路与罗马社会有意无意割裂的表现，因此，从罗马道路史研究的角度看，这些研究多少都是它们的美中不足之处。这一现象，就是在全面研究罗马道路的重要著作中也没能真正被克服。[①]这两种研究趋向导致的结果是它们割裂了罗马道路与罗马社会的联系，没能把罗马道路和与之相关的罗马社会结合起来作为一个整体加以考察。因此，如何把罗马道路与罗马社会相联系，从罗马道路与罗马社会的关系这一视角来研究罗马社会史，仍然是罗马史工作者有待进一步探讨的问题，正如法国著名罗马道路史家薛瓦利埃所指出的那样："有一件工作值得我们去做，那就是仅从道路的角度去重新书写意大利的历史。"[②]虽然我没有能力"重新书写意大利的历史"，但我认为通过对罗马道路的描述，进而考察罗马道路与罗马社会的关系还是完全有这种必要性的。正是基于这种必要性，我选择了"罗马道路与社会史研究"作为本书的选题。

　　第三，从对罗马道路的研究，进而考察道路与罗马社会的关系是完全可能的。一项历史研究，有没有可能进行，关键性因素在于其史料的多寡程度。罗马史的文献史料主要集中在共和国晚期和帝国早期，而其他时期的文献史料则极其匮乏，这一点是得到学术界公认的事实。然而，就是在共和国晚期和帝国早期时代的文献史料中，有关罗马道路的史料不仅稀少，而且极其分散，而对于其他时期的文献，涉及罗马道路的就更少了，这种史料状况给研究罗马道路带来了极大的困难。尽管困难很大，但它不应当成为我们裹足不前的理由，只要能充分利用好这些文献资料，这些困难还是能在一定程度上予以克服的。同时，经过数十代罗马史学者们的努力，特别是罗马考古学者的努力，大量的考古成果以及对记录罗马人

　　　　以及 A. H. M. Jones, *The Later Roman Empire*, 284 – 602, Baltimore: The Johns Hopkins University Press, 1986. 的相关部分。关于罗马旅行方面的讨论: Lionel Casson, *Travel in the Ancient World*, Baltimore and London: The Johns Hopkins University Press, 1994; Susan E. Alcock, John F. Cherry, Jas Elsner eds. *Pausanias: Travel and Memory in Roman Greece*, Oxford and New York: Oxford University Press, 2001; Simon Coleman & John Elsner, *Pilgrimage: Past and Present in the World Religions*, Cambridge and Massachusetts: Harvard University Press, 1995; 刘增泉:《古代罗马人旅行世界》, 台北: 五南图书出版公司 2003 年版等。

①　　例如以下的综合性著作: Raymond Chevallier, *Roman Roads*, London: B. T. Batsford Ltd, 1976; Romolo Augusto Staccioli, *Roads of the Romans*, L'erma di Bretschneider, 2003; Victor W. Von Hagen, *The Roads that Led to Rome*, Cleveland and New York, 1967.

②　　Raymond Chevallier *Roman Roads*, p. 139.

"伟业"的铭文的整理与研究成果，又在一定程度上弥补了文献史料不足的局限，这也为罗马道路及相关社会史的研究提供了不少方便。因此，结合文献史料与考古成果以及铭文资料，通过耐心的研读和细心的整理，对罗马道路与罗马社会的研究还是能够进行的。从我现在收集到的材料看，要做这方面的独立研究也是完全可能的，虽然这项独立研究不能尽如人意，但做一些尝试还是完全可能的。

第四，除了研究罗马道路与罗马社会的必要性和可能性外，作者对罗马史的兴趣也是该作选题的重要原因。作者在罗马史学习过程中，一直在思考，罗马道路是罗马人留给后世的一笔巨大物质财富，更是一种罗马精神的象征，它贯穿于罗马社会的方方面面，"条条大道通罗马"是尽人皆知的谚语，但为什么国内学者却极少有人研究它呢？作者在资料收集和学习、研究的过程中发现，罗马道路的研究虽然很难，但也并不是完全没有可能进行，特别是通过对国外学者在这方面研究成果的梳理和消化，最终发现了研究罗马道路与罗马社会的必要性和可能性。也正是在国外学者研究趋向的基础上，找到了从罗马道路这一视角来探讨它与罗马社会关系这一切入点。

二　前人成就

一个选题能否成立、有无价值，除非前人从未涉及，否则重要的还是取决于它是否建立于前人研究的基础之上，并且在资料、观点、视角等方面有所突破。本书的选题在国内虽然具有开拓性，但是，在国外，与它相关的各种研究成果却已有不少。出于学术规范的考虑，这里不妨在追根溯源的基础上对它们做一简略的介绍与分析。

罗马道路在罗马社会生活中占据重要的地位，从某种意义上可以说是罗马人统治整个地中海世界的基础。对罗马道路的关注最早也可以追溯到古罗马作家笔下的记载，但是，这些作家们的记载绝非为了真正研究罗马道路而记录它们，而只是在他们记载或描述其他事件时的附带品而已。"许多古典作家醉心于世界奇迹的描述，但他们很少甚至从未记载罗马道路的建造，也没有把罗马道路体系作为一个整体加以叙述。"① 这完全是情理之中的事，因为对罗马人来说，他们首要关心的问题不是道路而是政治和权力，这一点正如著名罗马道路史家薛瓦利埃所指出的那样："人们

---

① Victor W. Von Hagen, *The Roads that Led to Rome*, Cleveland and New York, 1967, p. 13.

尤其希望在历史中找到有关道路建设和使用的详细情况，因为道路是罗马权力的根基。但这根本不是事实，因为历史对罗马人来说首先是政治与人类行为的研究。"① 正因为如此，在古罗马正史作家笔下，罗马道路根本谈不上研究，就是对道路的记载也十分可怜，如著名史家李维的著作中就很少提到罗马道路，而且提到的内容所能反映的信息也十分有限。② 这种情形在其他著名史家笔下同样存在，如苏维托尼乌斯、阿庇安、恺撒、撒路斯提乌斯、普鲁塔克、迪奥·卡西乌斯、阿米阿努斯·马尔克利努斯、普罗柯比等，这些罗马史大家尚且如此，其他史家们的情况就更不用说了。不过令人欣慰的是，关于罗马道路的记载在一些非史家的笔下却得到了相对较多的记载，其中特别值得提出的是著名地理学家斯特拉波（Strabo，64B. C. -23A. D.）、科学史家老普林尼（Gaius Pliny Secundus）和著

<hr/>

① Raymond Chevallier, *Roman Roads*, p. 17.
② 比如在李维的著作（Livy *From the Founding of the City*, Cambridge, MA: Harvard University Press, 1976）中，它提到的由市政官（civil magistrates）建设道路的情况只有七次，而且都极其简略：第 9 章第 29 节中："监察官阿庇乌斯·克劳狄（the censor Appius Claudius）负责阿庇亚大道（the Appian Way)"；第 9 章第 43 节："监察官布布尔库斯和 M. 瓦勒里乌斯·马克西姆斯（the censors Bubulcus and M. Valerius Maximus）用政府资金建设地方道路（viae per agros)"；第 10 章第 23 节："市政官（the aediles curules）用没收高利贷者的财富把从卡佩拉门（Capena Gate）到马尔斯神庙（Temple of Mars）的路面用平整的石头重新修整了一番"；第 10 章第 47 节："为了把拉维卡拉路（via Lavicana）从马尔斯神庙延修到波维拉（Bovillae），市政官利用了从在公共牧场放牧牲畜的农民的罚款中得到的资金"；第 38 章第 28 节："由私人业主出资重新修整了从卡佩拉门到马尔斯门的罗马街道"；第 39 章第 44 节："为了人民的利益，监察官（censor）修建了一条大道直至内皮图内（Neptune）水源处，并修建了一条穿越弗尔米斯山（Formies）的隧道"；第 41 章第 32 节："监察官们第一次开始对城市街道稍作修整，在大街上铺上了砂石和修筑了街堤，并修了很多桥梁……他们把到卡彼托尔（Capitol）的道路进行了修整"。其中只有一段中提到了两次由军队修建道路的情况，即第 39 章第 2 节："在平定利古里亚（Liguria）后，埃米利乌斯（Aemilius）命令他的军队修建了一条从皮亚琴查（Piacenza）到雷米尼（Rimini）的道路，以便把它和弗拉米尼亚道路（Via Flaminia）相连……弗拉米尼乌斯（Flaminius）在恢复他的行省的和平后，他不允许自己的军队怠惰下去，于是命令他们修建从波洛尼亚（Bologna）到阿莱提乌姆（Arretium）的道路。"当然，还有一些地方提到了罗马道路，其内容就更短了，如"在加比拉道路（Via Gabina）的第 2 里程碑处"（第 2 章第 2 节），这样类似的记载还包括第 2 章第 11 节；第 3 章第 6 节；第 5 章第 49 节；第 7 章第 9 节；第 7 章第 39 节；第 22 章第 1 节；第 3 章第 52 节。书中还提到军队利用道路的方式（第 4 章第 41 节；第 22 章第 22 节；第 22 章第 55 节；第 26 章第 8 节；第 39 章第 2 节）以及道路被敌人利用的时候（第 2 章第 39 节；第 9 章第 43 节；第 10 章第 36 节；第 26 章第 8 节），除此之外，还在三个地方提到了罗马街道的内容（第 2 章第 13 节；第 22 章第 36 节；第 39 章第 44 节）。这就是李维著作中所有提到罗马道路的情形。

名的旅行家鲍桑尼亚斯（Pausanias）。斯特拉波是罗马共和与帝制交替时代的著名的科学家，他留传下来的著名作品是 17 卷的《地理学》，① 该书前两卷为绪言与总论，第 3—10 卷描述欧洲各地，特别着重于对意大利、西班牙、高卢和希腊的描述，第 11—16 卷描述亚洲，重点是小亚细亚、两河流域和叙利亚，第 17 卷论及非洲，包括埃及和整个北非。该书的突出成就是"对不同自然环境中经济生活的差异和城市地理的探究"，② 但它对当时的整个罗马世界的道路建设及与道路相关的罗马社会生活也多有描述，是一本研究罗马道路与罗马社会史不可多得的重要文献资料。老普林尼是古罗马最勤奋博学的科学家之一，他的《自然史》"被誉为古代最渊博的科技著作"。③ 全书共 37 卷，其中，对罗马道路与罗马社会研究最直接和最重要的资料是第 3—6 卷的地理学。鲍桑尼亚斯是生活于公元 2 世纪的一位著名的希腊旅行作家，他一生四处旅行，约于公元 170 年，他写成 10 卷本的《希腊旅行指南》（Description of Greece）一书，该书比较详细地描绘了在罗马的阿卡亚行省（即希腊地区）的旅行生活状况，因此，它也是研究罗马道路与罗马社会的重要文献史料。尽管如此，从总体上看，罗马作家对罗马道路的资料记载仍然是十分贫乏的，要完全依赖这些资料进行研究依然面临着巨大的困难，而且就罗马道路的研究而言，这些作家们的著述还远不是严格意义上的研究。

对罗马道路的真正研究是伴随着近代考古学的兴起而出现的，而古生物学与碑铭学又是近代考古学的先声，④ 因此，对罗马道路的真正研究也可以追溯到碑铭学的兴起。自欧洲文艺复兴以来，有许多人文主义者开始搜集罗马道路上的铭文，伦左的科拉（Cola of Rienzo）是最早最系统收集这些铭文的学者之一，"他每天都在废墟里寻找铭文器物，没有人比他更能阅读和解释铭文"。⑤ 16 世纪，出版了由马佐克（Mazochi）编辑的考古册子《古代城市铭文集》（罗马，1521 年），该铭文集中包含了大量罗马道路上的铭文。⑥ 17 世纪法国学者尼可拉·贝热（Nicolas Bergier）是第一位真正致力于罗马道路研究的学者。他为当时人们对法国的罗马道路

---

① 斯特拉波还编写过一部长达 47 卷的历史著作，可惜该书已经失传。
② 朱龙华：《罗马文化》，上海社会科学院出版社 2003 年版，第 271 页。
③ 同上书，第 267 页。
④ 晏绍祥：《古典历史研究发展史》，华中师范大学出版社 1999 年版，第 6 页。
⑤ Rodolfo Lanciani, *Ancient Rome in the Light of Recent Discoveries*, New York: Benjamin Blom Inc., 1967, p. 6.
⑥ Lawrence Keppie, *Understanding Roman Inscriptions*, London: B. T. Batsford Ltd, 1991, p. 36.

这一研究主题的忽视感到十分奇怪："尽管这些伟大的罗马道路就在我们眼前，事实上就在我们的脚下，但我们对它的行为就像农民对待恶魔与怪兽的行为，就像天使使用巫术一样（恶劣）。……甚至到了今天（1622年），我们都还在惊叹罗马道路的扩张范围，还在惊叹它们的铺筑方式和穿越法兰西诸行省的胆量。"① 正因为如此，他开始对罗马道路体系的起源进行调查。他的工作得到了国王路易十三的老师孔德·居·利斯（Conde du Lis）及国王本人的支持，使他得以召集众多法国专家对法国的所有罗马道路进行研究。经过几年的努力，他们出版了两卷长达 1000 余页的《罗马帝国大道史》（Histoire des Grands Chemins de l'Empire Romain）。这本书的主要价值在于它充分利用了古典文献材料对罗马道路的建造、走向、费用、管理等方面的详细描述，恢复了法国罗马道路的主要面貌。它的第二版更名为《大道史》（Histoire des Grands Chemins），后来吉本在撰写《罗马帝国衰亡史》时，关于罗马道路的主要内容参考的就是此书。这本书主要是依据文献史料的记载而完成的，对所涉及内容很少实地考证，书中有很多错误，因此，对罗马道路的研究还有待进一步深入。真正对罗马道路上的铭文进行完整系统收集与整理的是那位"创造力似乎从未枯竭，以至没有留下任何空白让后人去做独立研究"② 的罗马史大师特奥多尔·蒙森（Theodor Mommsen）。1847 年，在柏林组织了一个委员会，专门从事将从古罗马世界收集到的拉丁铭文的出版，其出版物被称为《拉丁铭文集》（Corpus Inscriptinum Latinarum，通常被缩写成 CIL），它的发起人就是蒙森，时年仅 30 岁。《拉丁铭文集》的编纂是按地理范围划分的，包括整个意大利及各行省，其中十五卷按地理范围涵盖古罗马各地，另三卷是以主题分类整理的，各卷从 1862—1863 年开始出版。其中，第 17 卷是《道路里程碑》，专门收集罗马道路上的铭文，这堪称是对罗马道路的第一次系统整理与研究。《拉丁铭文集》的出版在铭文研究史和学术史上占有十分重要的地位，后世学者认为"在罗马史研究的成果方面，没有任何著作曾接近这部铭文集。……哈弗菲尔德很适当地把它比作科学上的一个最重要的发现；卡米耶·朱利昂还宣称，它是一个学者对有关过去的知识所作出的最大贡献"③。因此，我们可以说《拉

----

① Victor W. Von Hagen　The Roads that Led to Rome，pp. 14 – 15.

② 意大利著名罗马史、史学史学者莫米利亚诺对蒙森的评价，参见晏绍祥《古典历史研究发展史》，第 49 页。

③ ［英］乔治·皮博迪·古奇：《十九世纪历史学与历史学家》，耿淡如译，商务印书馆 1989 年版，第 770 页。

丁铭文集》在学术史上特别是罗马史研究史上的地位无论怎样评价都不过分。《道路里程碑》虽然属于资料汇编，还算不上严格的罗马道路研究，但它的出版为罗马道路与罗马社会的研究提供了坚实基础，而且在很大程度上填补了罗马道路史研究的资料空白，因此在罗马道路的研究史上占据重要地位。与此同时进行的与罗马道路和罗马社会相关的研究的杰出代表当数 1883 年爱德华·H. 班布瑞（Edward H. Bunbury）的两卷本著作《从远古到罗马帝国衰亡时期古希腊罗马人的地理学史》。该书对古希腊罗马的地理学家的地理知识进行了详细的研究，考察了罗马的地图与实际位置，特别是比较详细地讨论了罗马的陆上与海上旅行。①

　　自 19 世纪后期到 20 世纪前期，由于兰克史学派在欧洲史学界占据统治地位，这一时期的罗马史研究也无不深受其影响，就连蒙森这样的大家也并不例外。因此，从总体上看，20 世纪之前，虽有史家开始涉及罗马道路与罗马社会的研究，但罗马道路作为罗马社会的重要组成部分没有得到应有的地位和足够的研究。唯一可以提到的可能要算 G. M. 休斯（G. M. Hughes），他于 1891 年写过一本《不列颠东南部的罗马道路》，但直到 1936 年才出版。该书用四章的篇幅描绘了恺撒的征服，接着带着读者在不列颠东南沿罗马道路旅行了一圈：从里查巴罗（Richborough）的华特林大道（Watling Street）出发，经过伦敦，再从锡尔切斯特（Silchester）到温彻斯特，再从苏克塞斯到皮文西（Pevensey）和利普勒（Lympne），最后又回到里查巴罗。作者所采用的资料基本上只局限于古代文献资料，特别是对《安东尼指南》（Antonine Itinerary）的依赖，因此，尽管该书文笔生动活泼，可读性很强，但它仍然只是一本通俗读物，离罗马道路的深入研究还相去甚远。书中还出现了一些错误，对地图的采用也很成问题，而且有些观点也带有推测性，值得进一步探讨，如作者推断《安东尼指南》中的距离计算是以军营之间的距离为标准来丈量的，而不是以城镇之间的实际距离为准。② 他的这一推论显然与历史事实不尽相符。

　　真正对罗马道路的研究是到了 20 世纪，第一个值得注意的是英国罗马史家托马斯·科德林顿。1903 年，他出版了《不列颠的罗马道路》，该

---

① Edward H. Bunbury, *A History of Ancient Geography among the Greeks and Romans from the Earliest Ages till the Fall of the Roman Empire.* 2nd ed. 2 vols. London: John Murray, 1883. 转引自 John Peter Oleson, *Bronze Age, Greek and Roman Technology*, New York and London: Garland Publishing, Inc. , 1986, p. 340.

② G. M. Hughes, *Roman Roads in South-East Britain*, London: George Allen & Unwin, 1936. 转引自 *JRS*, Vol. 26（1936）, pp. 299 – 300.

书是第一部系统研究不列颠罗马道路的著作。它以伦敦为中心，主要依靠
文献资料，详细地探讨了不列颠罗马道路的分布、建造情况以及对不列颠
社会的影响等。① 该书的出版，奠定了它在当时的英国乃至整个罗马史学
界道路研究方面的权威地位。但是，20 世纪上半期的整个罗马道路史研
究的主要成就并不在于区域性的综合研究，而是当时的个案研究。1913
年罗伯特·加德纳（Robert Gardner）在《罗马研究杂志》上发表《新克
劳迪亚道路》。该文共两部分，第一部分详细地考察了新大道（Via No-
va）道路建设的背景，并以佩乌丁格里亚那地图（*Tabula Peutingeriana*）②
为依据进行考证。第二部分详细考察了新大道道路的地形及相关遗迹。通
过考察，作者梳理出了新大道道路的建设过程及变迁历史。该文附有 39
幅图片，图文并茂地理清了该路的结构及详细情况。③ 1921 年，英国史学
家托马斯·阿希比（T. Ashby）和 R. A. L. 斐尔（R. A. L. Fell）合作，完
成了一篇关于罗马道路研究的长文《弗拉米尼亚大道》（*The Via Flamin-
ia*）。该文共三部分，第一部分讨论了弗拉米尼亚大道的发展历史，第二
部分是关于从罗马到纳尔尼山脉（Narni Alps）的地形学描述，第三部分
则是描述从纳尔尼山脉到弗拉米尼亚广场（Forum Flaminii）的道路。④
1924 年，法裔英国评论家兼诗人希莱尔·贝洛克（Hilaire Belloc）出版
了《道路》一书。该书一部分涉及道路的一般理论问题，另一部分主要
探讨英格兰的道路发展历程。通过对罗马不列颠的道路研究，作者强调指
出现代英格兰是永不衰落的罗马帝国的一部分，认为人们通常所说的但又
极其错误的所谓"盎格鲁-萨克逊征服"并没有中断已经罗马化的不列颠
生活，不列颠的罗马时代与中世纪时代之间的延续性毫无质疑地是来自高
卢和意大利传统。在这一论断的基础上，他宣称，尽管罗马的大城镇遭到
了海盗的入侵，但它们仍"保持着民族的脊梁"，而诸如锡尔切斯特和罗
克塞特（Wroxeter）这样的罗马城市的消失，那只是一些例外现象而已；

---

① Thomas Codrington, *Roman Roads in Britain*, London: S. P. C. K. 1903 (revised 1918).
② 佩乌丁格里亚那地图（Tabula Peutingeriana）是一幅描绘罗马帝国时代的道路地图，长 7
米，宽只有 34 厘米。它包括了罗马统治下的所有行省及东部亚历山大大帝所征服的地
区。该地图共有 11 部分，在 12 世纪末被绘制在羊皮纸上。地图包括了罗马帝国行政与经
济历史的诸多方面。它的目标不是对相关地区的地图描述，而是要标示出罗马帝国的道路
结构和网络。该地图是我们研究罗马帝国时代道路和交通的重要材料。（关于该地图的更
多内容可参考龚缨晏《波伊廷格古地图：条条大道通罗马》，《地图》2004 年第 2 期。）
③ Robert Gardner, "The Via Claudia Nova", in *JRS*, Vol. 3, Part 2. (1913), pp. 204 –
232.
④ T. Ashby and R. A. L. Fell, "The Via Flaminia", in *JRS*, Vol. 11 (1921), pp. 125 – 190.

同时，不列颠城镇的居民也同样保持罗马时代的延续性和一致性。他的这些观点遭到了一些学者的强烈反对。① 1924 年詹姆斯·都灵（James Dunning）出版了《通往朴茨累德的罗马道路》一书。朴茨累德是英国南部海岸布赖顿（Brighton）码头附近的一个小城镇。此书是作者在详尽收集所有与此路相关的资料的基础上进行的扎实研究，因此它的结论乃至推论都十分具有说服力，因而得到了学术界的高度推崇。尽管文中也有少量值得商榷的细节（如根据沃尔克罗夫特［Allcroft］权威意见，布赖顿附近 200 英尺的等高线不可能是它的实际等高线距离；朴茨累德是"罗马所有商业海港中最大的海港"的意见也比较武断等），但它仍不失为研究罗马道路的力作。② 1927 年英国史学家杰西·马瑟索尔（Jessie Mothersole）女士出版了《通往苏格兰的阿古利可拉的道路》（*Agricola's Road into Scotland*），该书是作者研究罗马统治下不列颠区域历史的系列著作之一，也是其中最好的一部。作者结合文献史料与考古材料，对阿古利可拉统治不列颠时期在苏格兰的道路及其他建设进行了详尽的研究。③ 同年，托马斯·阿希比出版了《古典时代的罗马坎佩尼亚地区》，它以坎佩尼亚地区为考察中心，从地形学的角度出发对这里的每一条道路都进行了详细认真的研究，是研究罗马道路的重要成就。④ 1970 年该书又得到重印，由此可见它在罗马道路研究史上的重要价值。1929 年，意大利史家迪·艾多阿尔多·马尔蒂罗里（Di Edoardo Martinori）出版了关于意大利罗马大道系列研究的第一本专著《意大利大道：弗拉米尼亚大道，历史—地形学的研究》（*Le Vie Maestre d'Italia：Via Flaminia，Studio Storico-Topografico*）。该书详尽地研究了从拉图美纳港口（Porta Ratumena）到里米尼（Rimini）的弗拉米尼亚大道，内容涉及此大道在不同历史时期的方方面面，但是，书中的一些错误却遭到了 T. 阿希比的猛烈抨击。⑤ 1930 年，迪·艾多阿尔多·马尔蒂罗里又出版该系列的第二本专著《意大利大道：卡西亚大道（古代与近代）及其分路，罗迪亚大道，特里约法勒大道，

---

① Hilaire Belloc, *The Road*, Fisher Unwin, 1924. 其评论见 *JRS*, Vol. 13（1923），pp. 209－210.

② D. S. O. James Dunning, *The Roman Road to Portslade*, London：Hatchards, 1925. 转引自 *JRS*, Vol. 15（1925），pp. 133－134.

③ Jessie Mothersole, *Agricola's Road into Scotland*, London：John Lane, 1927. 其评论见 *JRS*, Vol. 16（1926），p. 279.

④ Thomas Ashby, *The Roman Campagna in Classical Times*, London：Ernest Benn Ltd. 1927.

⑤ Di Edoardo Martinori, *Le Vie Maestre d'Italia：Via Flaminia, Studio Storico-Topografico*, Rome：Stab. Tip. Regionale, 1929. 阿希比的批评见 *JRS*, Vol. 19（1929），pp. 256－258.

安尼亚大道，新图拉真大道，阿美尼纳大道，它们的历史地形学研究》
（*Le Vie Maestre D' Italia：Via Cassia［Antica e Moderna］e Sue Derivazioni，Via Clodia，Via Trionfale，Via Annia，Via TRaiana Nova，Via Amerina，Studio Storico-Topografico*）。这是罗马道路史上第一次对卡西亚大道及其分路的综合系统研究。T. 阿希比对该书给予了极高的评价，同时也对书中个别地方提出了不同的看法。① 但是此书的写作几乎完全是依据托马塞蒂（Fr. Tomasetti）的《罗马的坎佩尼亚》（*La Campagna Romana*）一书的研究结果写成的，有学者批评它不过是对罗马道路地名的编撰而已。② 虽然这些批评意见很中肯，但是我们也不能否认它对罗马道路研究的贡献和在罗马道路研究史上的地位。1934 年出版了 R. J. 福贝斯（R. J. Forbes）主编的、由阿姆斯特丹巴达维亚公司的专家们编辑的《古代道路及其建设的历史注释》，该书实际上是古代道路建设的考古资料汇编，内容不仅仅包括罗马道路，更是涵盖了从远古以来的所有道路及其建设情况，当然罗马道路是其考察的重点。在罗马道路的起源问题上，作者特别强调罗马人与希腊化时代技术的联系，比如在墙基建设方面，罗马道路建设者就借用了希腊化时代的方法，并在运用它解决新问题的过程中予以创新。在罗马道路的使用上，该书虽然认为出于军事运送的快捷迅速是道路修建的首要原因，但他们强烈反对那种认为罗马道路起源完全只是因为军事目的的观点，强调随着罗马统治范围的扩张，道路系统的发展出于民用目的的原因也不应当忽视。评论者认为，该书的缺点是在一些细节上没有注意，如全书的图片资料显得不够，而且在从道路整体研究转向具有代表性的部分研究方面也显得有些让人难以接受；书中的地图部分也是其薄弱环节，使用起来极不方便。③ 1935 年 G. M. 布姆弗莱（G. M. Boumphrey）出版了《沿着罗马道路》（*Along the Roman Roads*）一书，该书主要是从历史与旅游的角度介绍了不列颠境内的一些主要的罗

① Di Edoardo Martinori, *Le Vie Maestre d' Italia：Via Cassia（Antica e Moderna）e Sue Derivazioni, Via Clodia, Via Trionfale, Via Annia, Via TRaiana Nova, Via Amerina, Studio Storico-Topografico*, Rome：Tipografia S. A. P. E. , 1930. 阿希比的批评见 *JRS*, Vol. 20（1930）, pp. 101 - 102.
② J. B. Ward Perkins, "Etruscan and Roman Roads in Southern Etruria", in *JRS*, Vol. 47（1957）, p. 139.
③ R. J. Forbes, *Notes on the History of Ancient Roads and Their Construction*, Allard Pierson Stichting, Universiteit van Amsterdam；Archaeologisch-Historische Bijdragen, Vol. Ⅲ, Amsterdam：N. V. Noord-Hollandsche Uitgevers-Mij. 1934. 转引自 I. A. Richmond 的评论，见 *JRS*, Vol. 25（1935）, pp. 113 - 114.

马道路，而并不是系统的历史研究，但它对不列颠境内罗马道路及相关历史景致的概括介绍无疑有利人们对罗马历史与文化的了解。[①] 1935 年意大利威尼托皇家科学、文学与艺术协会（Reale Istituto Veneto di Scienze, Lettere ed Arti）为了纪念奥古斯都王朝两千年而组织了一个以老艾马努埃勒·索勒尔（Sen. Emanuele Soler）为主席的克劳迪亚—奥古斯塔道路[②]考察团。这条道路只是在老普林尼的《自然史》中提到过一次，[③] 再也没有其他的文献材料可供研究，因此，考察团只能借助于考古工作。1938 年，该考察团的考察报告集结成《克劳迪亚—奥古斯塔—阿尔提纳特道路》（La Via Claudia Augusta Altinate）一书出版。该书由老艾马努埃勒·索勒作序，包括 4 位作者的考察结果：拉菲罗·巴塔尼亚（Raffaello Battaglia）教授对皮亚韦（the Piave）河谷的早期历史的考察；M. V. S. N. 阿勒西约·德·波恩（M. V. S. N. Alessio De Bon）对从阿尔蒂诺（Altino）到皮亚韦河谷上游以及从普斯特里亚（Pusteria）到布伦内罗山道（Brenner Pass）的河谷考察；托马索·贝尔勒塞（Tommaso Berlese）对从北部延伸到阿尔蒂诺的古老堤道，即当地著名的拉哥佐（Lagozzo）堤道的考察报告以及多提萨（Dottssa）的报告。布鲁纳·弗拉蒂·塔马诺（Bruna Forlati Tamaro）根据德·波恩的考察结果得出结论认为：克劳迪亚—奥古斯塔道路由两条相互独立的道路组成。第一条的名字叫克劳迪亚—奥古斯塔—阿尔提纳特道路，从阿尔蒂诺（阿尔提蒂努姆，Altinum）沿皮亚韦河谷而上，穿过布雷纳山道一直通到多瑙河；第二条是克劳迪亚—奥古斯塔—帕塔纳（Claudia Augusta Padana），穿过波河，可能是从奥斯蒂利亚（Ostiglia），经过维罗纳（Verona）和特兰托（Trento）沿阿迪杰河谷（The Valley of the Adige）而上，再经过雷西亚山道（Il Passo di Resia）到达阴河河谷（The Valley of the Inn），也最终通往多瑙河。[④] 这项研究在很大程度上解决了长期以来克劳迪亚—奥古斯塔道

① G. M. Boumphrey, *Along the Roman Roads*, London: George Allen & Unwin Ltd. 1935. 其评论见 *JRS*, Vol. 25（1935），p. 128.

② 本书中的奥古斯塔道路（Via Augusta）大多实际上是以奥古斯都来命名的，只是在拉丁语中，由于 via 一词为阴性名词，为保持名词性的一致，Augustus 变成了 Augusta，本书在翻译时，采用音译而译作奥古斯塔，特此说明。

③ Pliny the elder, *Natural History*, Cambridge, MA: Harvard University Press, 1947, XXXVI, 15, 125.

④ Reale Istituto Veneto di Scienze, Lettere ed Arti, *La Via Claudia Augusta Altinate*, Venezia: Officine Grafiche Carlo Ferrari, 1938. 转引自 Robert Gardner, "The Via Claudia Nova", in *JRS*, Vol. 3, Part 2.（1913），pp. 204 – 232.

路，特别是这条道路上的两块碑石铭文引发的地形学上的争论。

从前面的叙述中可以看出，自 19 世纪末到 20 世纪上半期，罗马道路的研究在西方史学界开始受到重视并出现了一些成果。总结这一时期的研究成果，我们可以得出以下一些结论：第一，这一时期的罗马道路研究主要集中于个案研究，即对某一条道路的历史、走向、具体建设情况的考证，而对罗马道路的全面研究著作并没有出现，就连区域性的研究著作也不多。G. M. 休斯的《不列颠东南部的罗马道路》这样的区域性著作还仅仅局限于对这一区域的罗马道路的概括性描述；只是科德林顿的《不列颠的罗马道路》和阿希比的《古典时代的罗马坎佩尼亚地区》在区域性研究中作出了重要贡献。但是，与这一时期的个案研究相比，这些区域性研究显得十分薄弱。希莱尔·贝洛克的《道路》以及 R. J. 福贝斯主编的《古代道路及其建设的历史注释》虽然涉及的内容更多一些，但它们既谈不上区域性罗马道路的研究，离罗马道路的全面研究更是相去甚远。第二，正是由于这一时期的罗马道路研究主要集中于道路的个案研究，因此，这一时期的罗马道路研究还只是处于初级阶段。这种初级性不仅表现在罗马道路研究的地位没有得到应有的重视，因而导致它的研究起步晚，还表现在它的研究范围相对狭小，与罗马道路相关的重要内容，如道路上的旅馆、道路上的驿站、与道路关系极为密切的罗马经济以及道路上的旅行等，基本上还没有道路史研究著作涉及，这一点从前面的研究成就的叙述中也可以看出。第三，在罗马道路研究方面，英国学者走在了研究的前沿，在前面所述的研究成果中，绝大部分都是英国学者努力的结果，特别是科德林顿的《不列颠的罗马道路》和阿希比的《古典时代的罗马坎佩尼亚地区》更是奠定了它们在这一时期罗马道路研究的前沿地位。在其他个案研究中，英国学者也走在其他国家的前面。

第二次世界大战期间，罗马道路及其相关成就相对较少。直到二战结束后，罗马道路的研究又重新得到学术界的重视。1955 年，英国著名的罗马道路史专家伊万·马嘉里出版了关于不列颠罗马道路考古研究成果的第一卷《不列颠的罗马道路（第一卷）：布里斯托尔南部的道路》。在这一卷里，作者的研究范围只局限于布里斯托尔（Bristol）南部的道路。该书是继哥德林顿之后又一部全面系统地研究罗马道路之作，但它与哥德林顿之作又有很大区别：马嘉旦之作很少依赖文献材料，其资料来源主要是作者自己严肃认真的实地考古结果，而哥德林顿之作则几乎完全建立在文献材料的基础之上。正因为如此，如同哥德林顿的著作在他的时代成为处理罗马道路研究的典型一样，马嘉里的这一著作也标志着在研究罗马道路方面的新进展,从而成为"普通地形学研究的一流著作"。① 1957 年,马嘉里又出版了《不列颠的罗马道路(第二卷):布里斯托尔北部(包括威尔士和苏格兰)的道路》。该卷的研究范围主要集中于布里斯托尔(Bristol)以北的道路,同时也包括威尔士和苏格兰的部分道路。在这一卷中,作者不仅继续发扬了第一卷的优点,而且在此基础之上更加注重对罗马不列颠道路体系的概括。② 1967 年,约翰·贝克尔(John Baker)将两卷合并成一卷,并在前两卷的基础上增加了一些新材料和新发现,特别是对南部地区罗马道路研究的增加。合并后的书名直接称为《不列颠的罗马道路》,该书的出版,使它成为研究罗马不列颠道路的"标准参考书"。1973 年,该书又出版了第三版。③ 1957 年,沃德·伯金斯发表了《伊特拉斯坎南部的伊特拉斯坎人和罗马道路》一文。此文主要通过对罗马通往伊特拉斯坎南部地区的一些次要的罗马道路(如阿美尼亚纳道路[Via Amerian]、阿尼亚道路[via Annia]、齐米尼亚道路[via Ciminia]、新图拉真道路[via Nova Traiana]及第三图拉真道路[via Tres Traianae])进行比较详尽的地形学研究,作者通过对这些次要道路的研究为南部伊特拉斯坎的早期罗马道路体系研究提供了极有价值的线索。在此基础上,作者认为,在整个伊特拉斯坎地区,罗马时代的许多道路起源就来自于伊特拉斯坎时代,罗马人在道路建设方面的成就同他们在其他工程领域里的成就一样,在很大程度上要归因于他们对伊特拉斯坎前辈们的继承。④

在 1955 年的《不列颠的罗马道路》的序言中,马嘉里写到,他对不列颠的罗马道路研究是希望对所有存在的罗马道路都包括在内,并补充说,填补罗马道路研究的空白及发现那些新的罗马道路是各地方考古工作者的重要任务。正是因为这样,几乎与他的道路研究的同时,一个以

---

① Ivan D. Margary, *Roman Roads in Britain. I. South of the Foss way—Bristol Channel*, London: Phoenix Press, Ltd., 1955. 其评论见 *JRS*, Vol. 46, Parts 1 and 2. (1956), pp. 198 – 199.

② Ivan D. Margary, *Roman Roads in Britain*, Vol. II, *North of the Foss way-Bristol Channel* (*including Wales and Scotland*), London: Phoenix Press, Ltd., 1957. 其评论见 *JRS*, Vol. 48, No. 1/2. (1958), pp. 218 – 219.

③ Ivan D. Margary, *Roman Roads in Britain*, Revised Edition, London: Phoenix Press, Ltd., 1967. Ivan D. Margary, *Roman Roads in Britain.* 3rd ed, London: Baker, 1973.) 其评论见 *JRS*, Vol. 58, Part 1 and 2. (1968), p. 305.

④ J. B. Ward Perkins, "Etruscan and Roman Roads in Southern Etruria", *JRS*, Vol. 47, No. 1/2. (1957), pp. 139 – 143.

"维亚托里斯"（Viatores）① 为名的八人工作小组对英格兰进行了大规模的道路考察研究活动，其范围包括伦敦以北的贝德福德郡（Bedfordshire）、白金汉郡（Buckinghamshire）、赫特福德郡（Hertfordshire）的部分地区、北安普敦郡（Northamptonshire），并在此基础上向四面八方延伸，而这个小组的顾问就是马嘉里本人。该小组运用以前成熟的研究方法，并且充分利用了包括中世纪材料在内的大量文献，以及各教区的边界、地名、空中照片等各种手段和方法。经过几年的工作，1964 年，这个小组以"维亚托里斯"的名义发表他们的研究结果《不列颠东南地区中部的罗马道路》。该书声称，在这次考察中的 49 条罗马道路中，只有 11 条是以前的研究所知道或部分地了解的，这就是说另外 38 条道路是新发现的。②

　　维克托尔·W. 冯·哈根对当时的罗马道路研究仅仅局限于个案考察和区域性研究十分不满。他写道："对任何人来说，就算他的研究仅仅只是涉及罗马道路长度和罗马道路所经地区的地形汇集，这本身也就是一件十分了不起的功绩。但也许正是由于研究长度或地形这些主题的原因，从而阻止了对罗马道路作为一个整体的系统研究。正如一位罗马人所说的那样，这些帮助罗马统一的道路网络'为全世界提供了统一的法律……把不同的地区纳入了统一的名义（即罗马）之下'，但是令人非常奇怪的是，除了一些特例之外，罗马道路从来没有以全面而系统的方式被研究过。"③ 因此，他以"全面而系统的方式"对罗马道路进行了研究，并于 1967 年出版了《条条大道通罗马》一书。该书对罗马全境的道路进行了综合研究，然而，这种综合研究又失去了个案研究的详细与准确，因此，如何把个案研究与综合研究有机地结合起来，仍是罗马道路研究的一个重大课题。1972 年，N. G. L. 哈蒙德旅行了阿尔巴尼亚的什库比尼亚河谷（the valley of the Shkumbini river），对这一带进行了详尽的考察。他在结合阿尔巴尼亚考古学界对这一地区的研究成果的基础上，写成了《埃格纳提亚大道的西面部分》。该文分两部分，第一部分主要是对这条道路西面的各种证据的收集与整理，第二部分是在此基础上的结论。这些结论纠正了作者此前曾出版的《马其顿史》（*A History of Macedonia*）中一些与

---

①　Viatores 是拉丁语 viator（旅行者、行人、信使）的复数形式。

②　The Viatores, *Roman Roads in the South-East Midlands*, London: V. Gollancz, 1964. 其评论见 *JRS*, Vol. 55, No. 1/2, Parts 1 and 2. (1965), pp. 298 – 299.

③　Victor W. Von Hagen, *The Roads that Led to Rome*, Cleveland and New York, 1967, p. 13.

埃格纳提亚大道相关的错误。[1] 1972 年法国学者雷蒙·薛瓦利埃出版了
《罗马道路》一书。此书是第一本全面系统而又与个案研究相结合，并且
把罗马道路与罗马社会相联系进行研究的典范。它探讨的范围十分广泛：
不仅包括文献和铭文中的记载，而且还充分利用了考古资料；不仅包括罗
马各时期的道路研究，还包括道路上的生活及道路对罗马社会的影响。[2]
虽然有人批评它的读者对象不明确，认为对专业学者来说太简单和太基
础，而对普通读者来说，大段引文和并不翻译的拉丁文又太累赘和太困
难。[3] 但是，《罗马道路》在罗马的道路研究史上具有重要意义和重大价
值，可以毫不夸张地说，它是任何研究罗马道路的学者都不可能绕开的参
考著作。1976 年，它的英译本出版。

对于近东和中东地区罗马道路的系统研究早在 30 年代就在迈克尔·
阿维约拿（Michael Avi-Yonah）的带领下开始了，但一度中断，到 70 年
代又在摩迪凯·吉孔（Mordechai Gichon）和以色列里程碑委员会（Israel
Milestone Committee）的领导下重新开始。1982 年，D. L. 肯尼迪主编的
《约旦东北罗马边境上的考古发掘：从地上和空中观察到的罗马和拜占廷
的军事要塞和道路网络》，对罗马统治下的约旦东北部地区进行了详尽的
考古发掘和研究。其中，第五章专门讨论约旦东北部的罗马道路，因而它
是区域性罗马道路研究的重要著作。[4] 与此同时，本杰明·以萨克和以色
列·罗尔主编的《犹地亚的罗马道路（第一卷）：勒吉奥—斯克托波利斯
道路》出版。该书系统地研究了勒吉奥—斯克托波利斯道路这一个案，
特别是它遗留下来的 26 块带有铭文的里程碑。1996 年，在前面两书的基
础上，摩西·费希尔、本杰明·以萨克和以色列·罗尔主编的《犹地亚
的罗马道路（第一卷）：雅法—耶路撒冷道路》得以出版。与前书相比，
该书有两个非常突出的特点：一是它不仅仅研究主要大道，而且对其他小
路也全部囊括，从而使其对犹地亚地区的罗马道路有了全面彻底的研究；
二是它的讨论范围不仅包括道路本身，而且还对这一地区与道路相关的政
治、经济、军事和社会生活的各个方面都有深入的探讨，而正是这种深入

---

[1] N. G. L. Hammond, "The Western Part of the Via Egnatia", in *JRS*, Vol. 64 (1974), pp. 185 – 194.

[2] Raymond Chevallier, *Roman Roads*, Translated by N. H. Field, London: B. T. Batsford Ltd. 1976.

[3] Warwick Rodweil 的评论，见 *Britannia*, Vol. 9 (1978), p. 497.

[4] D. L. Kennedy, *BAR International Series 134: Archaeological Explorations on the Roman Frontier in North-East Jordan: The Roman and Byzantine Military Installations and Road Network on the Ground and from the Air*, Oxford: British Archaeological Reports, 1982.

探讨，才使得它能得出一些新颖而又颇具说服力的结论。比如，作者在通过详细研究后认为，典籍中提到通往耶路撒冷的两条主要大道虽然修建得非常好，但它们既不是主要的军事大道，也不是意义非凡的商业要道，从而再次证明了耶路撒冷既不是罗马的经济枢纽，也不是它的军事大道汇集地，在战略上也没有什么重要意义，这一地区道路的发展只不过是为那些前往耶路撒冷的人们提供方便。也正因为此书研究的综合性和它的思想性，才使得它成为后来研究者的"标准参考书"和研究交通网络的历史与考古相结合的"蓝本"。① 1998 年，本杰明·以萨克又单独出版了他的对近东研究的论文选集。虽然是论文选集，但全书分类别分地区的归类又远远超越了松散的论文组合，因而对这一地区的研究颇具参考价值，其中有大量内容涉及近东的罗马道路。②

　　2003 年，意大利史家罗慕洛·奥古斯托·斯塔齐约里出版了《罗马人的道路》一书。③ 这是继薛瓦利埃的《罗马道路》之后的另一本全面反映罗马道路的重要著作。也许是吸取了薛瓦利埃著作的教训，《罗马人的道路》称得上雅俗共赏。一方面，它对罗马社会的主要道路都进行了介绍和分析，既包括共和国时期又包括帝国时期，既包括城市的街道，更包括城市之外的道路。通过这些道路的分析，作者最后是想要证明罗马道路是罗马社会遗留下来的最持久的纪念物。④ 另一方面，它没有繁琐的考证和注释，语言简洁流畅，阅读起来十分轻松；同时，全书的 100 余幅生动的彩色图片对罗马道路的反映十分生动直观。

　　从 20 世纪后半期的罗马道路研究看，我们可以看出这一时期研究的一些主要特征：第一，区域性和整体性研究占有突出地位，这与 20 世纪前半期以个案研究为主要特征的状况形成了鲜明的对比，也是这一时期罗马道路研究的最重要特点。当然，这些区域性研究，特别是整体性研究，在很大程度上是要建立在个案研究的基础之上，而且从前面的叙述中也可

---

① Benjamin Isaac and Israel Roll, *BAR International Series* 141： *Roman Roads in Judaea I*： *The Legio-Scythopolis Road*, Oxford： British Archaeological Reports, 1982; Moshe Fischer, Benjamin Isaac and Israel Roll, *BAR International Series* 628： *Roman Roads in Judaea II*： *The Jaffa-Jerusalem Roads*, Oxford： British Archaeological Reports, 1996. 其评论见 *The Biblical Archaeologist*, Vol. 59, No. 4. （Dec. , 1996）, pp. 244 – 245; 以及 *Bulletin of the American Schools of Oriental Research*, No. 309. （Feb. , 1998）, pp. 87 – 88.

② Benjamin Isaac, *The Near East Under Roman Rule*： *Selected Papers*, Leiden： New York： Brill, 1998.

③ Romolo Augusto Staccioli, *Roads of the Romans*, Lerma di Bretschneider, 2003.

④ Romolo Augusto Staccioli, *Roads of the Romans*, pp. 105 – 128.

以看出，个案研究也并没有因此而停滞。我们可以这样说，没有广泛的个案研究就没有区域性或整体性研究的可能，当然，如果没有整体性研究的拓展与升华，个案研究的意义也必然大打折扣。这一时期的罗马道路研究的第二个特征是许多著作开始涉及与道路相关的社会生活。与罗马道路相关的社会生活很丰富，涉及罗马的政治、经济、军事、文化等各个方面。从这一时期的研究看，这一特点表现得最突出的是 1972 年雷蒙·薛瓦利埃的《罗马道路》和 1996 年摩西·费希尔、本杰明·以萨克和以色列·罗尔主编的《犹地亚的罗马道路（第一卷）：雅法—耶路撒冷道路》两书。前者在《道路上的生活》一章中比较详细地讨论了罗马的交通工具、驿站与通信、道路上的军事供给、道路上的关税、陆路与水路的联系等重要内容。后者则比较深入地研究了罗马道路与犹地亚地区的政治、经济、军事和社会生活的各个方面并得出了一些独特的结论。但是，由于罗马社会生活的丰富多彩及其内容的斑驳庞杂，因此，这些以研究道路为主要目标的著作在关于道路上的社会生活研究方面又显得过于简洁，从而为罗马社会史的专项研究留下了很大的空白。

在与道路密切相关的社会现象的研究中，主要涉及罗马道路上的经济、道路边（包括城市里）的旅馆、道路上的驿站以及道路上的旅行等。对于道路上的经济研究，虽然一般的罗马经济史著作都不可避免地要涉及，但真正立足于道路的角度来考察罗马经济的著作并没有出现。对于道路上的旅馆的研究，主要有两部论著，一是科勒勃格的《古代罗马的旅馆、饭店与餐馆》。此书对罗马旅馆进行了比较全面的论述，但它缺乏对罗马旅馆社会地位的探讨和旅馆与罗马社会文化之间的关系。[①] 其二是詹卡拉·吉瑞发表在《艾尔玛》上的论文《奥斯提亚城市与社会情景中的旅馆》。正如其标题所揭示的那样，其讨论范围仅局限于奥斯提亚城，而且主要是从商业、人口的角度进行探讨的。[②] 当然，内容涉及旅馆的罗马社会史著作还是很多的，只不过内容大多雷同且极其简略，缺乏深入研究。

对道路上的驿站研究，我们应当首推拉姆赛。早在 1920 年，他就在《罗马共和国的邮政服务》一文中，根据对格拉古兄弟改革时期的一条铭文的考证，得出结论认为早在公元前 132 年驿站服务实际上已经沿着通往

① T. Kleberg, *Hotels, restaurants et cabarets dans l' Antiquite Romaine*, Uppsala, 1957. 对该书的评论见 *JRS*, Vol. 48, No. 1/2. (1958), pp. 198 – 199.

② Giancarla Girri, *La Taberna nel Quadro Urbanistico e Sociale di Ostia*, Roma: L' Erma di Bretschneider, 1956. 对该书的评论见 *JRS*, Vol. 48, No. 1/2. (1958), pp. 198 – 199.

雷吉乌姆的道路建立起来了，但是在此之后驿站制度又长期荒废。因此罗马最早的驿站并不是在奥古斯都时代才建立的，奥古斯都在设立帝国驿站制度方面并不是什么首创。他在这方面的许多措施都是重复老罗马的做法并复兴了这一业已存在但已荒废了的制度。① 对于罗马帝国驿站制度的管理，著名罗马史家 A. H. M. 琼斯在他的名著《晚期罗马帝国，284—602年》中多有论述。② 对于驿站速度问题，历来是学者们争论的热点，人们常常把古典作家记载中的一些特例作为驿站速度的代表。事实上，古典文献中的记载往往并不能作为普通驿站的正常速度。拉姆赛在《罗马帝国的驿邮速度》一文中通过认真严谨的考证后得出结论认为，帝国驿站的平均速度是每天 50 罗马里，即普罗柯比所记载的平均速度是可信的。③ 也就是说，如果我们把一天按 10 小时计算，那么就是平均每小时 5 英里。用现代眼光看，这无疑是很慢的，但在古代，这已经是了不起的进步了，因为就是这种适中的驿邮速度相对于共和国时代也是一个巨大的进步。另一研究驿站的著名论文是安内·科尔伯（Anne Kolb）的《罗马国家的运输与交流》，该文对罗马"国家大道"（cursus publicus）与驿站的关系做了区分，认为"国家大道"不仅包含驿站这样的邮政运输，更是官方运送的基础。④

在罗马道路上的旅行的研究中，重要的研究成果包括莱昂内尔·卡森的《古代世界的旅行》和我国台湾史学家刘增泉的《古代罗马人旅行世界》。《古代世界的旅行》是史学界第一部全面研究古代世界旅行的著作，从公元前 3000 多年的埃及和中东地区开始，一直描写到公元 6 世纪。⑤ 内容囊括了旅行中的交通方式，各种道路、旅馆、妓院、旅行指南、纪念物、书信、温泉、神谕、朝圣、货币兑换商及各种迷信活动，等等。罗马时代的旅行占据了全书 3/4 的内容，因此在很大程度上可以把它看作是关

① A. M. Ramsay, "A Roman Postal Service Under the Republic", *JRS*, Vol. 10 (1920), pp. 79 – 86.

② A. H. M. Jones, *The Later Roman Empire*, 284 – 602, Baltimore: The Johns Hopkins University Press, 1986.

③ A. M. Ramsay, "The Speed of the Roman Imperial Post", *JRS*, Vol. 15 (1925), pp. 60 – 74.

④ Anne Kolb, "Transport and Communication in the Roman State: The Cursus Publicus", in Colin Adams and Ray Laurence eds., *Travel and Geography in the Roman Empire*, London and New York: Routledge, 2001, pp. 95 – 105.

⑤ Lionel Casson, *Travel in the Ancient World*, Baltimore and London: The Johns Hopkins University Press, 1994.

于罗马旅行的专著。《古代罗马人旅行世界》是作者在法国巴黎第四大学攻读博士学位的毕业论文。书中介绍了罗马的陆上交通和海上交通的情况，比较详细地考察了罗马社会各阶层的旅行状况，以及罗马人在旅行过程中的危险与乐趣。① 当然，对与罗马道路相关的旅行研究著作还有很多。科林·亚当斯和雷·劳伦斯主编的《罗马帝国的旅行与地理学》一书收录了七篇论文，内容不仅包括罗马世界的旅行，还涵盖了交通运输、旅行指南、地形学研究等诸多方面。② 苏珊·E. 阿尔科克、约翰·F. 彻丽和让·埃尔斯勒主编的《鲍桑尼亚斯：罗马时代希腊地区的旅行与记录》以专题形式收录了十余篇论文，因此实际上这是一本研究鲍桑尼亚斯及其《希腊旅行指南》的专著。在这本专著中，讨论了鲍桑尼亚斯及其所处时代的旅行、旅行者及旅游业、朝圣传统、神话与艺术、交通与地形等。③ 当然，涉及罗马旅行内容的著作还有很多，这里不再一一赘述。

三　研究思路

从上面的"前人成就"中可以看出，学者们在研究罗马道路与罗马社会时，一般是将二者分离，要么单独考察道路，要么只是讨论与道路相关的某一方面，如旅馆、驿站、旅行等，而对道路与罗马社会的整体考察的著作并没有出现。正因为如此，本书的主要研究思路是希望通过以罗马道路为中心，考察和研究罗马道路所反映或与之相关的罗马社会现象。这些与道路相关的社会现象主要包括以下一些内容：道路上的拉丁铭文、与罗马道路关系十分密切的罗马旅馆、罗马的驿站制度以及罗马道路上的旅行等，而这些与道路相关的罗马社会现象也将是本书的研究重心。当然，由于"罗马是一个政治社会，对杰出政治家的讨论既不可避免，又是合宜的"④。因此在本书研究中不可能完全抛弃罗马人对"政治与人类行为"的关注而孤立地观看罗马道路，但其最终的视角并不是政治或军事的传统

---

① 刘增泉：《古代罗马人旅行世界》，台北：五南图书出版公司 2003 年版。
② Colin Adams and Ray Laurence, eds. *Travel and Geography in the Roman Empire*, London and New York: Routledge, 2001.
③ Susan E. Alcock, John F. Cherry, Jas Elsner eds. *Pausanias: Travel and Memory in Roman Greece*, New York: Oxford University Press, 2001.
④ Robert B. Kebric, *Roman People*, London and New York: Mountain Publishing Company, 1993, p. iv.

视角，而是以社会史的视角来考察罗马道路。① 具体说来，本书主要包括如下一些内容：

　　第一章主要介绍罗马共和国时期和帝国时期的道路建设情况。该章首先介绍了拉丁语中关于道路的一些基本术语及其演变过程。从罗马的第一条大道阿庇安大道的修建开始，到奥古斯都建立元首制并着手大规模开展道路建设为止，是罗马道路修建史上的第一阶段（即共和国阶段）。在这一阶段里，罗马道路修建的显著特征是正规的、标准的罗马大道②开始得以建立并发展迅速。在这一时期，修建了诸如阿庇安大道、新大道、弗拉米尼亚大道等著名的大道。这一时期的道路修建特点主要有以下几点：第一，这一时期的道路建设基本上都是出于军事原因才建造的；第二，共和国时期的道路建设基本上只局限于意大利本土，很少有超越本土之外的道路建设；第三，共和国时期的很多道路建设与维修都是由执政官、行政长官、监察官等高级官吏负责；第四，共和国时期的道路建设者常常把以自己命名的广场建立在道路的正中间。罗马道路建设的第二阶段是帝国时期。帝国时期的道路建设是从奥古斯都皇帝开始的，一直持续到西罗马帝国灭亡。这一时期是罗马道路建设最主要的时期，"条条大道通罗马"③的道路交通网络也是在这一时期形成的。这一时期道路建设的主要特点如下：第一，这一时期的道路建设虽然意大利本土也在进行，但发展最快的却是帝国各行省的道路建设；第二，帝国后期，罗马在道路方面的作为主要不在于建造新的道路，而更多的是体现在对道路的维修和保养上；第三，这一时期罗马道路建设的根本原因仍然在于军事方面，经济等其他方面的原因还是很少；第四，由于帝国版图的急剧扩大，所征服地区地形地势复杂性的增加，罗马人会根据不同地区的地理环境和实际情况，对道路建设的通常特点加以变通或改变所谓的罗马标准；第五，帝国时代的道路建设的资金主要来源于皇帝控制下的国库（Aerarium），也有一部分来自

---

①　"社会史"这个概念极其模糊，学术界很难给它下一个确切的定义。有的历史学家认为，社会史是"摈弃政治的历史"；还有的认为是人类事件的历史；也有历史学家将它与经济联系在一起，称为社会经济史。总之，它的内容非常庞杂。本书使用这一概念是取向比较公认的看法，即区别于单纯的政治史或军事史内容的社会生活史。（关于"社会史"概念可参见李宏图选编《表象的叙述——新社会文化史》，上海三联书店2003年版，第294页。）

②　所谓正规的、标准的罗马大道是指按照罗马大道修建的程式修建的道路，即按照标准的道路建筑层级、路面标准、标准的道路里程碑的设置等修建的道路。

③　"条条大道通罗马"这条彦语描述的是罗马帝国时代的道路情形，但这句谚语却起源于中世纪，而并不是许多学者想当然地认为它起源于罗马帝国时代。

皇帝的私人府库（Fiscus）[①] 以及其他途径，但所有道路都是以皇帝的名义进行建造的。

第二章主要介绍罗马道路的组成部分及建设。罗马道路的组成部分很多：道路路面、桥梁、里程碑、道路广场、凯旋门等。在这些组成部分中，它们各自都有自己的修建特点和范式，因此，介绍和研究它们的修建特点，不仅可以更好地理解罗马道路，而且可以透过它们在一定程度上理解罗马社会的建筑水平及相关社会现象。本章比较详细地介绍了道路路面、桥梁及里程碑的建造过程；介绍了罗马道路上的常见景观，如宗教纪念物、墓葬群等。

第三章是研究罗马道路上的拉丁铭文。拉丁铭文在罗马史研究中占有重要的地位，是对匮乏的罗马史文献史料的有力补充。本章概括介绍了拉丁铭文的基本情况，自近代以来学者们对拉丁铭文的整理和研究，拉丁铭文在罗马史研究中的重要地位。最后，以罗马道路上的拉丁铭文为例子，概括介绍了道路上的拉丁铭文的种类及其格式的基本特征。

第四章讨论罗马房屋。罗马道路所经过的地区，大多是经济比较发达、人口也比较集中的地区，罗马人尽可能地把居住之地选择在临近罗马

---

① 关于帝国时代 Aerarium 与 Fiscus 这两个概念及其关系是学术界争论得很激烈的一个问题，特别是关于 Fiscus 的性质问题。这两个概念主要涉及皇帝私人财产与国家财产的关系。由于在苏维托尼乌斯和塔西佗时代，他们对这两个术语混同使用，因此，给后世研究造成了不少麻烦。蒙森（Monnsen）、希尔（Schiller）等人对这两个概念也不加区分，认为是指的同一事物。后来许多罗马史大家都加入到这一讨论中，如特纳·弗兰克（Tenney Frank）、M. A. H. 马丁里（M. A. H. Mattingly）、弗格森·米勒（Fergus Millar）、A. H. M. 琼斯（A. H. M. Jones）、P. A. 布隆特（P. A. Brunt）等。经过他们的认真考证和分析，认为 Fiscus 是一个非常复杂的概念，包含多种含义，如在共和国时代可以指个人的私人基金；在帝国时代可以指皇帝的私人府库，也可以指由皇帝掌控的整个国家财政；无论共和国时代还是帝国时代，它都可以指行省或各部门的公共财政；等等。在本书中，为了区别国家的公共国库与皇帝个人的私人府库，把 Aerarium 译为国库，而把 Fiscus 译为府库。必须强调指出的是，这里把 Fiscus 译为府库并没有完全反映出它的所有含义，只是为区分道路建设资金来源的国家公共性与皇帝个人出资的私人性，采取的一种临时译法。（关于 Fiscusr 的研究，以及 Aerarium 与 Fiscus 关系的研究，可参见以下论著：M. A. H. Mattingly, *The Imperial Civil Service of Rome*, Cambridge University Press, 1910, pp. 23 - 26；以及 Tenney Frank, "On Augustus and the Aerarium", in *JRS*, Vol. 23 [1933], p. 143；A. H. M. Jones, *"The Aerarium and the Fiscus"*, *JRS*, Vol. 40 [1950], pp. 22 - 29；Fergus Millar, "The Fiscus in the First Two Centuries", *JRS*, Vol. 53 [1963], pp. 29 - 42；P. A. Brunt, "The 'Fiscus' and Its Development", *JRS*, Vol. 56 [1966], pp. 75 - 91；P. A. Brunt, "Princeps and Equites", *JRS*, Vol. 73 [1983], pp. 42 - 75；P. A. Brunt, *Roman Imperial Themes*, Oxford: Clarendon Press, 1990, pp. 134 - 162；pp. 347 - 353. ）

道路的附近，罗马道路边的房屋在整个罗马社会的房屋中占有重要比例，道路所穿过的城镇，更是罗马房屋最集中的地区，罗马房屋成为与罗马道路相连的重要社会生活组成部分。罗马人的房屋起源深受伊特拉斯坎和希腊风格的影响，其主要类型有两种：insula 和 domus。罗马房屋的内部结构、陈设和装饰生动直观地反映出罗马人的建筑文化，同时它也展示了罗马社会文化生活的丰富。作为罗马化重要表达方式之一的罗马房屋，虽然盛行于整个罗马境内，但它并没有完全同化各地房屋的本土风格，作为罗马社会主流文化代表之一的罗马房屋，在罗马境内的罗马化过程中并不是单向地把罗马人的观念和生活方式输向原著民，而是一种相互的文化交流。

第五章探讨罗马的旅馆。沿罗马道路星罗棋布的古代罗马旅馆在罗马社会生活中占有重要地位，也是古罗马社会史的重要组成部分。旅馆在罗马社会中的声誉极差，它常常成为传统社会习俗、道德说教家乃至国家法律鄙夷的对象，因而沦为道德沦丧的代名词。然而，极具讽刺意义的是，旅馆往往又是自视高贵与典雅的罗马社会上层人乐此不疲的光顾之地。透过不为人们重视的罗马旅馆，我们可以看到罗马人低级品位与高尚追求之间的反差和对比，萎缩生活与盲目自大之间的矛盾与滑稽。本章的目的正在于从罗马的旅馆生活这一侧面来揭示罗马文化的另一底色。

第六章讨论的是罗马道路上的驿站。驿站在罗马国家之前就已经存在，但罗马的驿站却是最完善的。本章概括介绍了驿站制度在罗马的发展演变历史，着重分析了帝国时代驿站的建立、分类、邮驿速度、驿站管理以及驿站所反映的帝国社会状况。

第七章探讨罗马道路的管理。本章比较系统地分析了罗马道路的规划建造、道路资金的来源及使用、道路的具体建造者、建设方式以及道路的维修。

第八章是关于道路上的旅行。首先介绍了罗马人旅行前的准备与各种交通工具。其次，依据罗马人的不同社会阶层和团体，分别考察政治家的旅行、文化人士的旅行、宗教朝圣之旅以及社会有闲阶层的休闲之旅。最后介绍了罗马人在旅行中经常遇到的各种困难或烦恼。

第九章研究了罗马道路与罗马政治的关系。首先，罗马道路是罗马军事扩张的结果，反过来又成为对外扩张的动力之一；其次，道路是罗马统治者强有力的统治工具；最后，它也是罗马统治的一张晴雨表。

第十章分析罗马道路与罗马经济。高度发达的道路网络不仅促进了商业的发展，而且还促进了城市的兴起与发展，加速了罗马国家的城市化进程。

　　第十一章探讨了道路与罗马军事的关系。罗马国家最初以边界进行划分，由边界神保护。罗马帝国建立后，罗马人为自己编造了世界帝国"边界"的神话，这一神话一直延续到帝国灭亡。罗马边界是以对外扩张为基础的，也是罗马世界帝国理想的外在标志。在罗马世界帝国理想实现过程中，含有边界意义的 limes 这一术语的含义不断发生变化，从最初的泥泞道路演变成一个军事、政治术语，体现了罗马从狭小城邦国家走向庞大帝国的政治空间的变化。但是，任何庞大帝国的扩张都不可能是永无止境的，随着罗马扩张走向极限，帝国的统治也走到了极限而最终只能把它的范围局限于其"边界"之内，直至"边界"被蛮族冲破而走向四分五裂，罗马人的世界帝国理想从理论到现实都彻底覆灭了。

　　第十二章研究了道路与罗马文化的关系。首先，罗马道路是罗马世界线路最长、最持久的建筑纪念物；其次，它加速了所到之处的"罗马化"进程，促进了所到之处的文明化进程；最后，罗马道路在一定程度上体现了罗马精神；最后，它把整个地中海世界纳入了统一的罗马文明范围，促进了欧洲认同的形成。

四　本书的研究目的及研究方法

　　西方学术界在研究罗马道路时，对道路及与之密切相关的社会现象（如旅馆、房屋、驿站及与道路相关的政治、经济、文化、军事等）常常有意无意分割。本书在前人相关研究的基础上，以罗马道路为主线和视角，第一次系统地梳理了罗马道路与罗马社会的整体概貌，再现了以罗马道路为中心的罗马社会各方面，一定程度上弥补了国内外在研究罗马道路对罗马社会反映内容的整体研究上的不足。这种梳理和资料整合对学术界而言，是有一定价值的，因为"对历史研究而言，资料的有价值整合本身就是一种创新"。[①]

　　本书主要研究的是罗马社会史，因此，历史学的研究方法是最基本的方法，无论从材料的取舍、观点的归纳、行文的规范等，都以历史学的要求严格、严谨地进行，既吸收中国传统史学方法的长处，也充分借鉴外国史学研究方法。当然，由于研究主题和内容的需要，本书也在一定程度上避免了学术界长期以来重视传统的罗马政治、经济或军事研究方法，从历史学与各相关学科研究方法相结合的角度，对罗马道路及与之相关的社会现象进行研究。比如，由于研究内容在希腊罗马古典文献中材料相对分

[①]　田明：《罗马—拜占廷时代的埃及基督教史研究》，天津人民出版社 2009 年版，第 5 页。

散和较少，而实物考古材料比较丰富，因此本书必然借鉴考古学的成果
和运用到考古学的一些研究方法。在具体研究内容方面，也会涉及相关
的学科和内容的研究方法，如在讨论道路、罗马房屋的建造时，会涉及
建筑学的一些方法；在运用拉丁铭文时，会涉及碑铭学的方法；在讨论
罗马人对罗马社会的评价和价值观评判时，会涉及希腊罗马哲学；在研
究罗马道路与罗马地理关系时，会涉及文化地理学方法等。总之，本书
力图通过各种研究方法，从不同侧面和角度展示与罗马道路相关的社会
现象和社会层面。

当然，本书在写作过程中也遇到了不少困难和问题。首先面临的困难
就是语言问题。在罗马史的研究，古希腊语和拉丁语是两种基本语言，但
本书所使用材料更多的是其英文翻译本，这是本书的一个不足之处。

其次是资料问题。在希腊罗马作家，特别是罗马作家笔下，罗马道路
（包括与之相关的旅馆、房屋、驿站等）基本上不会作为他们专门讨论的
对象，如有涉及也是在论述其他问题时的"附产品"而已，因此，关于
罗马道路的古典文献资料很少，这一点在前面也已有说明。由于古典文献
的局限，因此在本书的研究中不得不采用大量后人考古材料和研究成果。
尽管笔者花费了很多时间和精力搜寻和消化古典文献资料，但始终不尽如
人意，这是一件十分遗憾的事。

罗马道路及其所反映的罗马社会现象是罗马社会生活非常重要组成部
分，内容十分浩瀚、复杂，如何把它们有机而扼要地充分展示出来，是一
个颇有难度的课题。在本书中，笔者虽然尽可能使之充分，但肯定还有不
尽如人意之处。同时，在涉及具体研究内容方面，也有一些内容值得进一
步挖掘，如对罗马道路的管理方面，其资金如何使用、道路建造的后勤保
障如何进行、道路维修与保养的具体方式等，这些问题在本书中囿于原始
材料的局限，只是比较肤浅地涉及，更深入的研究还有待于进一步的挖
掘；再如，罗马道路与罗马经济是一个非常庞杂的课题，如何既比较系统
而又有创新性地对它进行研究，这本身就是一个比较庞大的课题，本书只
是简略地提及，深入的探讨可能需要专门的研究来进行。

五　资料介绍

罗马道路及相关研究属于罗马社会史范畴，它的范围十分广泛，内容
十分繁杂。在罗马史研究中，古典作家留下的史学著作应当是我们进行研
究的首要的、最基本的材料，它们在罗马社会史的研究中占有重要的地
位。当然，我们在使用这些史料时也要结合学者们对其真实程度的考证谨

慎使用。如阿庇安的《罗马史》主要是依靠前人的著作写成，虽然辑录了众多已传和失传的古代作品，但作者缺少严格的史料批判精神，在引用时又缺乏对史料的分析，因此在史实、年代、地名等细节上常出现明显的错误。因此，我们在使用时亦应当特别小心。最典型的莫过于埃利阿努斯·斯帕提阿努斯（Aelianus Spartianus）等人的《帝王传略》（*Scriptores Historiae Augustae*），虽然它是反映 3 世纪下半期罗马历史的最重要的文献史料之一，但是，经过学者们考证，对它的使用条件是"我们遇到传记中的记载与拉丁文辑略作者和希腊文编年史作家的说法不符的地方都不敢置信"，"因此我们在利用《帝王传略》所提供的材料时，必须非常审慎。如果其中某段记载得不到其他较好的史料的证实，就应当置之不顾，而决不要根据它来得出任何结论"①。因此，我们的研究不能迷信古典著作。当然，我们也不能像 17 世纪法国学者冉·阿杜因（1646—1729）那样对古典著作持极端怀疑态度。② 正确的态度是大胆使用，小心选择。

罗马的文学作品也是我们研究罗马社会史的重要文献资料。古罗马文学的"整个发展过程基本上是与古代罗马社会历史的发展过程相重合的……古罗马社会历史发展过程既明显地影响了文学的发展，同时文学作为一面镜子，也在自身的发展中清楚地反映了社会历史的变革面貌"。③因此，古罗马文学作品作为罗马社会史研究材料的重要性也就不容忽视。这些作品包括的范围很广，小说、诗歌、戏剧、散文、演说辞、书信乃至科学著作等都可以囊括在内。事实上，有些作品（如贺拉斯、小普林尼的书信，西塞罗的演说等）本身就是很好的、真实的史料；而诸如尤维纳利斯、佩尔西乌斯的讽刺诗，许多内容就是直接针对当时的社会现象而作的，因而也有极高价值；阿普列乌斯的长篇小说《变形记》几乎就是公元 2 世纪罗马社会的一个缩影。正因为如此，我们在研究罗马社会时，虽然不能像伏尔泰那样认为"优美的悲剧远比教会编年史重要"，④ 但也绝不能忽略这些文学作品。

---

① 罗斯托夫采夫：《罗马帝国社会经济史》，马雍、厉以宁译，商务印书馆 1985 年版，第602、606 页。
② 冉·阿杜因在 1690 年发表的《古代作家批判导言》中认为所有传世的古典作品，除普林尼的《自然史》、维吉尔的《农田诗》以及西塞罗、贺拉斯的著作之外，其余全是 13 世纪一小撮最无聊僧人的伪造，所谓的手稿也都是伪造出来的。此论一出，在欧洲舆论界引起轩然大波。（孙秉莹：《近代欧洲史学史》，湖南人民出版社 1984 年版，第 81—82 页。）
③ 王焕生：《古罗马文学史》，人民文学出版社 2006 年版，第 2 页。
④ 晏绍祥：《古典历史研究发展史》，华中师范大学出版社 1999 年版，第 19 页。

罗马史研究中的另一重要史料是铭文材料。史学界对于铭文（特别是拉丁铭文）在罗马史研究中的地位已经没有任何怀疑了。在西方的罗马史学术著作中，我们很难找到一本从没有利用过拉丁铭文的作品，难怪柯林武德踌躇满志地评价道：“作为历史材料的铭文的价值是如此之大，以至于我们无论怎样夸张都不过分。除了那些极少且极易分辨的现代伪造铭文，其余的都是当时的真实的文件，学者们已经习惯于大规模地使用它们。可读的铭文文本是不能被损坏的，铭文积累的价值实在令人吃惊。它们是罗马帝国历史与组织的最重要的专一文献。”[1] 这一略有夸张的评价其实并不过分，并且得到了学术界的普遍认可。但铭文作为史料，它本身又具有自己不可克服的局限性，这也正如柯林武德也很惋惜地指出的那样：“作为文献，铭文在批判式的详尽研究下所能告诉我们的东西不如文字材料传达的东西多。作为遗物，它传达的信息少于考古材料本身。对于我要问的那些问题，铭文几乎不能提供什么有助于解答的帮助。”[2] 因此，我们仅仅依靠铭文进行研究，那是非常难以令人信服的。但铭文作为文献史料的重要补充材料，其意义却十分重大。在我们进行罗马史的研究时，在文献资料和铭文材料使用的关系上，也许格雷安·奥利弗（Graham J. Oliver）教授的看法更具方法论意义：“如果有人把铭文文本与它的纪念物和背景分割开来，那么他就失去了大量极其重要的内容。传统的铭文出版物已经有一种强调铭文文本的分割倾向。著名的《希腊铭文集》（Inscriptiones Graecae）和《拉丁铭文集》为读者提供了极好且极权威的版本，但它们也正在走向产生一种高质量的文本倾向，这对于任何想研究铭文所反映的更广阔背景的人来说，它们都有局限。铭文所提供的考古学或地形学背景并非总是详细或容易理解。铭文证据只是遗存的古代文化的一个方面。如果有人希望理解更广阔的历史和文化背景下的铭文，他就不会把铭文背景与之相分离。”[3] 这才是我们对待铭文材料与文献材料的正确方法。

当然，大量的近现代学者的研究成果更是本书研究的起点，如果没有这些学者们的努力，没有他们的成果为基础，毫无疑问，本书是无法进行的。

---

[1]　Lawrence Keppie, *Understanding Roman Inscriptions*, p. 9.
[2]　柯林武德：《柯林武德自传》，陈静译，北京大学出版社 2005 年版，第 136 页。
[3]　Graham J. Oliver edited, *The Epigraphy of Death: Studies in the History and Society of Greece and Rome*, Liverpool: Liverpool University Press, pp. 4 – 5.

第一部分

罗马道路

第一章　罗马的道路

第一节　拉丁语中关于道路的术语及对道路的分类

在拉丁语中，关于道路或与道路含义相仿的语汇很多。根据法国学者安德鲁（Andre）的考证，在印欧语中，道路或小径这一含义的拉丁语词汇最初来源于 pons，而 pons 后来发展成一种特殊含义，专门用来指桥，而它关于道路的含义则被具有表面意义和日常生活意义的其他一大堆词汇所代替。由于"表面意义"和"日常生活意义"形式多样，内涵丰富，因此，关于道路的词汇也非常多。①

拉丁语中，最常见的关于道路方面的词是 via，它是从 vehes（载货的双轮马车）以及动词 veho（-ere）（乘马车，运货物）一词演变过来的，最初指的是马车道路，它可以容纳两轮马车通过，后来该词的含义扩大，还可以指路径、捷径；路程、旅程；街道、胡同；过道、通道；并引申为途径、方法、方式；甚至还可以指食管、食道等等。calciata 来源于 calcium，意指用石灰石铺成的道路，这已经是一种很高级的道路了，当然，它也可以被 via 包含。callis 是指用于季节性牲畜迁徙的山林或牧区小路。crepido 指的是人行道。quadrivium 是由 quattuor 和 via 组合而成，指的是十字路口（街头），交叉路口。semita 最初是指献给 Semitae 女神的，位于两个花台之间的道路，后来指一步之宽的小路，乡间的小道，或者街上的人行道。trames 是指从海岸线通向山顶的山路以及乡间的小路或岔道。vicus 最初是指乡村、村镇、庄园、农庄以及乡镇市区，后来指城市的街道。

还有一些词汇是从抽象含义演变成具体事物的，如 iter 本是指路线、

---

① Raymond Chevallier, *Roman Roads*, p. 16.

旅行、交通等，它也可以用来指正确的方法，还可以指相关的道路或小径（有两步宽，以便行人步行或马、轿子通过）。actus（来自 agere，驱赶、驾驶、迫使），开始是指驱赶动物的权利，后来指为动物设下的小路，再后来是指为交通工具设下的最低宽度四步、最低长度为 120 步的小路，宽度之所以要求四步，可能是因为动物有四个蹄，而且罗马人总是喜欢用 12 的倍数来确定界限，所以我们看到最低长度是 10 个 12 步。① 也有一些词汇是从具体的事物演化成抽象意义的，如 limes 指光秃秃的泥路（来自 limus，泥泞，泥浆），通常是指边界或者是岔路，或者是指百人队（centuriation）的分队，接着用来指防御堡垒旁边的道路，最后，在专门的军事意义上指边界防御工事。

在与道路相关的术语中，还有一些词汇也被经常提到：agger 的本意是指可以行走或运送农产品的堤、土埝、土埂，后来就变成了车道，再后来也常指由堤道形成的路；它还指用于防御而堆起来的东西，即防堤。② compendiaria 本是指最近、最方便的路，后来也可用来指专门的便道；flexus 本意是弯曲、转弯，后来亦可以指岔路或道路转弯处。

随着罗马化进程的加快，罗马的城市也随之得到发展，同时也出现了很多与道路相关的、但仅用于城镇的拉丁词汇。Ambulatio 指露天公共人行道；angiportus 指房屋之间的小巷或通道（根据古代罗马法，房主必须保证其住处四周留有足够的空间以便行走）；area 最初指晒谷场，后来可以指露天空间；clivus 指有坡度的街道；forum，在印欧语系中，它的最初意思是房子的栅栏，后来指集市；fundula，指死胡同；pervium，指城市大通道；platea，开始是指进入城市的路，后来指广场；scalae，指台阶或梯子；strata，指铺平了的街道；semita，最初指小路，在城镇中它变成了人行道；vicus，开始是指行政区，后来指街道。由于街道往往是道路的延伸，因此还可用 via 来指代城市中的街道，如弗拉米尼亚大道（via Flaminia）的城市部分被称为 via Lata。以上这些术语，除了 angiportus 和 fundula 外，其余所有的名词都是以前的农村用语，只不过改变了它们的意思罢了，这在一定程度上也反映了罗马社会从农村向城市的扩张。

在所有这些关于罗马道路的术语中，可以说 via 一词是占据统治地位的。但是，到了公元 3 世纪，via 作为道路含义的地位受到了其他词汇的挑战，到中世纪晚期这种挑战形势更加严峻，以致"古典术语 via（及其

---

①　Varro, *On the Latin Language*, Harvard University Press, 1958, V, 22, 34, 35.

②　Varro, *On the Latin Language*, V, 141.

所有派生词）仅仅是原封不动地存留于意大利语中了（尽管它有时也在西班牙语和葡萄牙语中出现，以及法语中以 voie 的形式出现）。"① 在所有"挑战术语"中，对 via 威胁最大的应当是 stratat 和 rupta。stratat 最初是指筑堤的道路，也正是该词，演变成了后来英语中的 street，德语中的 strasse，意大利语中的 strada。Rupta 是一个形容词，本意是"坏掉的、烂掉的，被阻止的、不通的、中断的"，在中世纪它用来指长年失修的古老的罗马道路，后来它演变成法语中的 route，葡萄牙语中的 ruta 以及英语中的 road。法语中的 rue 和葡萄牙语中的 rua 来自拉丁语及意大利语的 ruga（原意是皱纹），指两边有商店的城市街道。在通俗拉丁语（Vulgar Latin）中，furca 和 quadrifurcus 被 bivium 和 quadrivium 代替。这种类似的例子还有很多，这里不再一一列举。

罗马道路种类繁多，我们可以根据其建造的道路用途及其资金来源进行分类，这种分类方法是由公元 1 世纪的勘测官斯库路斯·弗拉库斯（Siculus Flaccus）最先提出的。② 在他看来，罗马道路主要有以下几类：第一类是国家公共大道（viae publicae）。这种道路是由国家财政支付建造的，它用建造者的名字命名，由行政官（包括中央的和地方的）通过与道路承建者签订合同进行建设和管理，这些道路主要用于国家公共事业，如调遣军队、运送国家物资、传递国事信息等。第二类是所谓的执政官大道（praetoriae 或 consulares）。这些大道的建造主要以高级长官的名字命名，它们常常都拥有重要的战略地位（至少在特定时间内是这样的），但并不绝对是为了军队运送而专门建造的，这些道路的特点是它们的"公共性的"，即为国家公共事业服务。其资金主要来源于国库，由道路监理官（Curator Viarum）把从国库得来的钱通过合同形式交给道路承建人，有时皇帝的私人府库也会补助一些，道路所经地的地方政府不时地也要承担一些，偶尔还会有道路两边居民的捐赠，这些资金通过官方核算，与直接承建者达成合同。第三类是所谓的地方道路（vicinal, local roads，原意是邻近的道路），它们由主要大道分岔而来。通常，这些道路穿过一个乡村而到达另一条大道。他们由各乡村的地方行政长官负责建设和维护，这些地方行政长官常常要求道路所经地的土地主人提供劳动力，或者直接交由这些土地主人负责所经之地的道路。在道路结束的地方，经常有铭文刻写着该土地的主人名字以及这些人所负责的道路范围的详细情

---

① Romolo Augusto Staccioli, *Roads of the Romans*, p. 126.
② Raymond Chevallier, *Roman Roads*, p. 65.

况。最后一类是通向私人地产的道路，这些私人地产除了那些需要借道进入自己田地的人外，其他人是不能随意进入的。这些道路把地方道路相连，有时也连接着分属两个不同土地主人的道路，这时需要两个土地主人共同建造和维护。在本书中，我们所说的罗马道路主要是指正规的、标准的罗马大道，是按照罗马大道修建的程式建造的道路，即按照标准的道路建筑层级、路面标准、标准的道路里程碑的设置等修建的道路，就上面的类别而论，主要属于第一类和第二类。

到帝国时代，道路的里程碑上面一般都要出现皇帝（或他的使臣）的名字，但这条道路本身不一定是皇帝所建，有可能是由各地市政当局建造，因此以建造者进行分类可以把帝国时代的道路分为帝国道路（the imperail road）和地方道路（the municipal road），识别的重要标志之一就是里程碑上面皇帝名字的格。如果道路里程碑上说是皇帝或者他的使臣（如奥古斯都第三军团 legio Ⅲ Augusta）所建造，或者皇帝的名字以主格（nominative case）形式出现，或者以夺格（ablative case）形式出现并且在他的后面跟有他的使臣的夺格形式，这样的道路就是帝国道路（the imperail road）。反之，如果皇帝的名字是以与格（dative case）形式出现的，这样的道路就是市政当局在自己的土地上建造而奉献给皇帝的，即地方道路（the municipal road）。因此，从道路里程碑上的标写格式通常能揭示出这条道路是帝国政府所建还是当地的市政当局在自己的土地上所建。另一方面，帝国道路在计算道路里程的时候通常是从军营、海岸或重要的城镇开始的，地方道路是从城镇到市镇边界来计算其道路里程的。当然，这只是一种通常情况，也有例外的情况，如卡拉卡拉皇帝的道路里程碑就是一个例外。在非洲，有很多里程碑都有他名字的主格形式，时间几乎都是公元 216 年（也有少量是 215 年或 217 年）。从这些里程碑看，这些道路似乎是地方道路，但它们确实是帝国道路。通常，里程碑上面会有一个字 restituit（修复）来描述该工程，但是有些却明确写着 miliaria restituit（he restored the milestone，他恢复了道路里程碑）。这很可能是帝国政府命令一位将军全面检修了道路，这样皇帝的名字就以主格形式出现在那些地方市政当局因皇帝命令而维修的道路里程碑上，虽然皇帝的名字偶尔也以与格形式出现，但它仍然属于帝国道路。比如，在经过小城齐里乌姆（Cillium）的道路上，尽管道路的里程计算是从当地的齐里乌姆城算起，但里程碑上面还是有卡拉卡拉皇帝的主格名字。还有一些乡下道路仅仅是用来标记其路径的，或者很少有繁忙交通的道路，里程碑上的铭文就只说明是他恢复了道路里程碑，这是道路维修过程中的主要部分。帝国政府在非洲建造的道路相对较少，而且这些帝国道路大多都是用于军事目的，但它们都向商业开放。大约在公元 3 世纪中期，帝国道路的护理是交由各地市政当局来进行的，因为从这时起，新的道路里程碑开始以与格形式书写。[①]

第二节　罗马共和国时代的道路建设

正如鲁迅先生在《故乡》中所说："其实地上本来没有路，走的人多了，也便成了路。"在西方古代社会，道路是什么时候"走的人多了"才出现的，我们已经无从得知，根据法国学者福斯提耶（Fustier）的研究，他认为最初的道路是远古时代猎人们留下来的。[②] 猎人们非常清楚野兽有规律的季节性迁徙，它们总是本能地迁向它们可以获取猎物的地方，或者是草原和有水源的地方。这样，猎人们便可以根据野兽出没的规律对它们进行捕获，他们在有规律的路线上长期奔走，"走的人多了"，便产生了最早的道路。对于这种道路，我们与其称之为道路，还不如说它是早期人类活动留下的历史印记，与真正标准的罗马式道路相去甚远。

随着社会经济，特别是商业和贸易的发展，在那些重要的地区如港口、贸易集散地等之间，由于商人们的长期穿梭，在这些地区之间往往会形成一些重要的交通要道。迪奥多罗斯（Diodorus）曾对远古时代西欧的锡贸易的路线进行过生动的描述："商人们在不列颠购买锡后运往高卢，他们把货物驮在马背上，步行 30 天就到达了罗讷河（Rhone）口。""商人们带着来自不列颠岛上数量庞大的锡找到通往高卢的道路，他们穿过凯尔特卡（Celtica），用马驮着锡来到马赛人居住的一个名叫纳尔榜（Narbonne）的城镇。"[③] 据学者考证，迪奥多罗斯所说的这条路线是从纪龙德（Gironde）河谷和加龙（Garonne）河谷的入海口通向波尔多（Bordeaux）、土鲁斯（Toulouse）和纳尔榜的路线。[④] 很早时候的西欧，就有一些大的商贸路线与各大港口或河流的交通要冲相连，从而形成了比较繁忙的贸易网络。这些主要的贸易路线包括：塞纳河谷（the Seine val-

① Tenney Frank, *An Economic Survey of Ancient Rome*, Vol. IV, *Roman Africa*, *Roman Syria*, *Roman Greece*, *Roman Asia*. New Jersey: Pageant Books, Inc., 1959, pp. 66 – 67.

② Raymond Chevallier, *Roman Roads*, p. xi.

③ Ibid., p. 14.

④ Ibid.

ley）—威克斯（Vix）—布尔戈尼（Burgundy）峡谷、索恩河（Sa-one）—罗讷河或瑞士高地（Swiss plateau）和阿尔卑斯山路（the Alpine passes）；卢瓦尔河谷（the Loire valley）经几处水陆线路汇集至罗昂（Roanne）—罗讷河谷；加龙河谷—卡尔卡松（Carcassonne）或诺鲁兹（Naurouze）河口。①

在意大利本土，在罗马国家之前，这里早就有道路存在，这主要应归功于伊特拉斯坎人和希腊人。早期伊特拉斯坎已经有自己的交通网络：往北主要通向亚平宁山道，并围绕亚平宁山脉而行。从这里，雷诺（Reno）道路通向卡萨列齐沃（Casalecchio）和费尔西纳（Felsina）（即波洛尼亚[Bologna]），并远至曼图阿（Mantua）甚至更远，而波洛尼亚则在波河河口连接着西班牙的商业中心。② 往南，伊特拉斯坎人通过从维伊（Veii）到台伯河边的费德纳（Fidenae）这一天然路线到达坎帕尼亚，接着经过普拉恩内斯特（Praeneste）（这里在公元前7世纪的重要性可以通过深受东部影响的装饰丰富的墓葬表现出来），再沿着特雷鲁斯（Trerus）（即萨科[Sacco]）路线，再过利尼斯（Liris）（即加里利亚诺[Garigliano]），最后到达沿海。陆上道路（即后来的拉丁纳道路[via Latina]）一定被伊特拉斯坎人使用过，甚至到罗马赋予他们自由权以后，这里的情形变化都不大，因为罗马人要到达他们的殖民地坎帕尼亚。从这里，他们通过小径与意大利南部的希腊殖民地相联系，这些小径通过季节性的水路与宽广的河谷相连，从而把两边的海域连接起来。

尽管如此，但上面所提到的这些道路都是非官方性质，或者说至少不是全官方性质的。就官方道路修建而言，虽然"条条大路通罗马"这一起源于中世纪的谚语所反映的正是罗马国家（特别是帝国阶段）道路建设的伟大成就，但正如意大利史家罗慕洛·奥古斯托·斯塔齐约里所指出的那样："罗马人既不是唯一建造大道的人，也不是第一个道路修建者。"③ 在罗马之前，早就有大帝国注重对官方道路的修建。在古埃及，法老们曾经大规模地修建过道路。官方道路修建中最著名的莫过于波斯帝国时期的大流士一世对"御道"的建造。波斯帝国是人类历史上第一个地跨欧亚非三大洲的庞大帝国，也是"第一个认识到被征服人民的多样性和自治性的帝国"，④ 因此，它采取了一系列有利于经济文化交流的措

---

① Raymond Chevallier, *Roman Roads*, p. 14.

② Ibid., p. 131.

③ Romolo Augusto Staccioli, *Roads of the Romans*, p. 5.

④ Abba Eban, *Heritage*: *Civilization and the Jews*, New York, 1984, p. 70.

施，如尊重被征服各地的宗教、习俗，合理的赋税制度、方便快捷的交通体系，等等。这些措施主要体现在大流士一世的改革中，他下令在帝国境内修筑许多驿路，形成了四通八达的驿路网络。其中，最重要的有三条，一条是从都城苏萨通向小亚细亚沿岸的以弗所，全长 2400 多公里；另一条是从巴比伦开始，经过苏萨到达帕萨加迪和波斯波利斯；还有一条是从巴比伦开始，经过帕提亚、巴克特里亚直到中亚、中国和印度。在驿道沿途设有驿站，并配备专门的马匹和人员，为国家传达政令。这些驿道的建造，不仅大大加强了国家对地方的控制，而且也促进了帝国境内经济的发展与文化交流。从以弗所到苏萨的漫长御道上，王家信使赶完全程只需要一周时间，而商队则需要走三个月。据说住在苏萨的波斯国王能够吃到从爱琴海捕捞到的鲜鱼，就是靠驿站传送的。①

尽管罗马人既不是最早修建大道的人，也不是唯一的大道建造者，但是，真正对道路的修建带来技术与方法的革命性创造并形成缜密完善的道路体系的却是罗马人。这一点得到了从古到今的几乎所有历史学家的公认。早在罗马时代，地理学家斯特拉波在对比希腊与罗马的差别时强调："罗马人为人们提供了三样被希腊人忽略的东西：道路、引水渠和下水道。"② 英国近代著名罗马史家托马斯·科德林顿（Thomas Codrington）在描述不列颠的罗马道路时写道："罗马人占领期间修建的道路可能不如哈德良长城或古代城市遗迹那样吸引人们的想象力，但就它的范围和持久性本质与影响而言，它们可以堪称不列颠乡村中最具永久性的纪念物。"③ 科德林顿的这一评论得到了罗马不列颠道路史权威伊万·马嘉里（Ivan D. Margary）的极度推崇。意大利史家罗慕洛·奥古斯托·斯塔齐约里也对罗马人在道路建设方面的成就赞叹不已："只有罗马人才建立了真正的道路体系并对它进行了最理想的管理，而且他们还带来了技术和管理的创新，产生了无数具有特殊价值的范例。"④

罗马道路的建造是伴随着罗马的领土扩张而全面展开的，因此，它也基本上是沿着罗马向意大利本土和境外拓展的。在道路建造过程中，它明显地分为两个阶段，即罗马共和国阶段和罗马帝国阶段。

① 于卫青：《从历史交往看大流士的历史地位》，《聊城师范学院学报》（哲社版）2001 年第 3 期。
② Strabo, *Geography*, Cambridge, MA：Harvard University Press, 1949, V, 3, 8.
③ Ivan D. Margary, *Roman Roads in Britain*, London：John Baker, 1973, p. 17.
④ Romolo Augusto Staccioli, *The Roads of Romans*, p. 5.

一 共和国时代道路建设的基本情况

最初的罗马官方道路建设是以罗马城为中心的，而且是紧随着对半岛的征服和随之而来的政治统一与经济发展而展开的，特别是出于对殖民地的安置、对陆上的政治经济控制以及对军队的安顿等多方面的考虑，罗马国家加速了道路建设。经过几个世纪的战争，罗马人终于征服了他们的近邻萨宾人、厄魁人、伏尔西人、维伊人，打退了高卢人的入侵，征服了伊特拉斯坎人，并通过三次萨姆尼乌姆战争最终征服了萨姆尼乌姆人。

根据李维的记载，正是在第二次萨姆尼乌姆战争（公元前 328—前304 年）期间，为了行军方便，"监察官阿庇乌斯·克劳狄（the censor Appius Claudius）负责阿庇安大道（via Appia）。"① 这条大道开始修建的时间是公元前 312 年，直到公元前 307 年才最终完成。它是第一条以修建主持人的名字命名的道路，而且也是第一条按照罗马官方标准和要求修建的大道，因此，它成为"执政官道路"② 的原型和始祖。③ 阿庇安大道的修建，使得罗马军队可以在罗马和卡普亚之间建立直接而快速的联系，这样就可以使得罗马军队在气候暖和的时候能够尽快奔赴坎佩尼亚（Campania）和萨姆尼乌姆（Samnium）这些战事吃紧的地区，而在天气寒冷的时候又能迅速撤回到罗马。阿庇安大道的重要性当然远不止于此，它还加强了把南方的拉丁姆（Latinum）统一到罗马国家中去的力量，而且也强化了此前松散的罗马—坎佩尼亚联盟，而坎佩尼亚的都城正是在卡普亚，"从这个意义上看，阿庇安大道形成了一个强大政治影响的起点，它为以后罗马深入半岛南部大希腊的战略扩张提供了基础"。④ 有一段铭文更详细地记载了阿庇安的功绩："监察官阿庇乌斯·克劳狄·C. F. 恺库斯，两次担任执政官，三次担任虚位（interregnum）时

---

① Livy, *From the Founding of the City*, Harvard University Press, 1976, IX, 29.

② "执政官道路"在共和国时代主要指由行政长官（praetor）、执政官（consul）或监察官（censor）等罗马高级官吏负责修建的道路，而且它们要按罗马大道的标准建造，而并不是仅指由执政官修建的道路。在帝国时代，仍沿用这一概念，用来指由皇帝出资并负责建造的道路，但也并不是所有的道路都由皇帝亲自负责，有些是以皇帝名义进行的，实际操作者是由皇帝指派的高级官吏。（参见 Romolo Augusto Staccioli, *The Roads of Romans*, pp. 55 – 82. ）

③ Romolo Augusto Staccioli, *The Roads of Romans*, p. 60.

④ Ibid. , p. 61.

的摄政（interrex），① 两次担任行政长官，两次担任营造官，一次担任财务官，三次担任军事保民官。他从萨姆尼乌姆人手中夺取了许多城镇，打败了萨宾人和伊特拉斯坎人的联军。他与皮洛士国王缔结了和平。在任监察官期间，他从罗马修建了阿庇安大道和一条引水渠。"② 也许正是出于阿庇安的杰出贡献和阿庇安大道的重要意义，罗马人才把它作为罗马官方正式道路开始的标志，而且还被号称为"道路王后"。③ 但事实上，阿庇安大道并不是最早的正式罗马大道，据学者们考证，第一条官方正式大道是要早于阿庇安大道的诺尔巴纳大道（via Norbana），它从罗马通向诺尔巴（Norba），但是，阿庇安大道却被所有罗马史学家认为是最早的正式罗马大道，因为"那一年（公元前312年）以监察官阿庇乌斯·克劳狄为标志……对他的纪念我们应当永久珍藏在心中……因为他建造了阿庇安大道"。就这样，阿庇安大道作为罗马官方正式道路开始的标志一直沿用到今天。④

阿庇安大道是第一条连接罗马南部的主要大道，它最初只通往卡普亚，后又通过图拉真大道（via Trajana）延伸到贝内文托（Beneventum）、埃克兰努姆（Aeclanum）、贺拉斯的故乡维努西亚（Venusia）、塔伦托（Tarentum），直至通往希腊的港口布林迪西（Brundisium）（公元264年），这条路由埃格纳提亚大道（via Egnatia）继续延伸。贺拉斯在他的《讽刺诗》中曾详细描述过他沿阿庇安大道前往布林迪西的经过。⑤ 图拉真从贝内文托修建了另一条新路即阿庇安—图拉真大道（via Appia-Traiana）通往卡诺萨（Canosa）和埃格纳提亚（112—117年），并在贝内文托建立了一座凯旋门作为此路的起点标志。在阿庇安大道上，在西努埃萨（Sinuessa）已经有一条名为多米提亚的大道支线经过沃尔图鲁斯（Volturnus）和利特努姆（Liternum）的沼泽地带通往库麦（Cumae）、普特沃里（Puteoli）和那不勒斯。斯塔提乌斯对这条捷径高度颂扬。⑥

① "虚位"是指共和国时代，在行政长官（后为执政官）死亡或告缺时，由元老院宣布该职位空缺。在这种情况下，旧世族元老轮流产生一位摄政，任期五天以便在民众会议上担任主席，直到行政长官（后为执政官）选出为止。（陈可风：《罗马共和宪政研究》，法律出版社2004年版，第43页。）
② Kathryn Lomas, *Roman Italy*, 338BC-AD200, A Sourcebook, New York: St. Martin's Press, 1996, p. 20.
③ Statius, *Silves*, Cambridge, MA: Harvard University Press, 1982, II, 2, 12.
④ Victor W. Von Hagen, *The Roads that Led to Rome*, p. 28.
⑤ Horace, *Staires*, Cambridge, MA: Harvard University Press, 1999, I, v.
⑥ Statius, *Silves*, IV, 3; V, 40-45.

如果说阿庇安大道是沿海道路的话，那么，在内地，则有著名的拉丁纳道路。这条道路建造的时间要比阿庇安大道早，而且在拉丁姆地区的政治、军事与社会生活中占有十分重要的地位，被称为拉丁姆人民的"国道"（national road）。① 拉丁纳道路不仅与卡普亚直接相连，而且把罗马及其众多殖民地连接起来。这些殖民地都是在拉丁战争（公元前340—前338年）之后建立起来的，主要包括：坎佩里亚的卡勒斯（Cales）（即今天的卡尔维［Calvi］，建立于公元前334年），弗雷格拉埃（Fregellae）（建立于公元前328年），因特拉姆纳·里雷纳斯（Interamna）（建立于公元前312年）。这条路从共和国城墙（Republican Walls）的卡培纳城门（Porta Capena）（即后来的奥勒里安城墙［Aurelian Walls］的拉丁纳城门［Porta Latina］出发），部分地沿着以前的小路，径直地通向阿尔巴尼山区（Albani Hills），接着穿过阿尔吉多谷地（Algido Pass）通向萨科河谷（Sacco River），沿河谷左岸，一直通向康皮图姆·埃尔尼库姆（Compitum Ernicum），这里也是拉比卡纳大道（via Labicana）的终点，普拉埃纳斯提纳大道（Praenestina）也在此继续向前。接着穿过利里河谷（Liri valley），通向弗雷格拉埃②，新法布拉特里亚（Fabrateria Nova），阿奎努姆（Aquinum）、因特拉姆纳、库伊努姆（Cuinum）、特阿努姆（Teanum）、卡勒斯和卡西里乌姆（Casilinum），最后，从罗马经过长达146英里（约216公里）的长途跋涉，到达了它的终点卡普亚。

从卡普亚开始，波皮利尼亚大道（via Popilia）作为支线通往卢卡尼亚（Lucania）和布鲁蒂乌姆（Bruttium）、埃博里（Eboli）、萨拉科西里纳（Sala Consilina）、雷吉乌姆（Rhegium）。在波拉（Polla），有一条很著名的铭文表明修建者（执政官波皮里乌斯［the consul Popilius］）要为全程320英里的道路上的桥梁建设、里程碑和驿站建设负责，而且同时还要为当地农民的道路负责。③

伴随着对意大利北部的征服，弗拉米尼亚大道（公元前220年）沿着台伯河谷地，穿过法里斯齐（Falisci）和翁布里亚（Umbria）到达亚得里亚海边（Pisaurum，比萨乌努姆），并抵至阿里米努姆（Ariminum），在这里，埃米尼亚大道（via Aemilia）通往普拉森提亚（Placentia）（公元前187年）。弗拉米尼亚大道是沿着伊特拉斯坎人一条不知名的道路重新

---

① Romolo Augusto Staccioli, *The Roads of Romans*, p. 49.
② 公元前125年，这里的道路被毁。
③ Raymond Chevallier, *Roman Roads*, p. 134.

修建的，建造者是执政官盖乌斯·弗拉米尼乌斯（Gaius Flaminius）。同一年，修建了一条连接阿瑞提乌姆（Arretium）和波洛尼亚（Bononia）的道路。公元前 132 年，人们可以沿波皮里亚道路从北部的阿里米努姆到亚得里亚，再从这里沿阿尼亚道路（Annia）远至阿奎勒亚（Aquileia）（公元前 131 年）。波斯图米亚大道（via Postumia）（公元前 148—前 147 年）从克雷莫纳（Cremona）通往维罗纳（Verona），再从帕多瓦（Padua）到阿奎勒亚。瓦勒里亚道路（via Valeria）早在公元前 307 年就由监察官 M. 瓦勒里乌斯·马克西姆斯（M. Valerius Maximus）设计，此路倾斜地穿过埃奎（Aequi）地区、佩林尼（Peligni）和马鲁齐尼（Marrucini），远至泰阿特（Teate）、奥尔多纳（Ortona）和海边。萨拉里亚道路（via Salaria）穿过萨宾地区和皮塞努姆（Picerum）沿顺时针方向到达亚得里亚海。

在蒂勒尼安海（Tyrrhenian Sea）岸和内陆地区，当伊特拉斯坎人的城市被征服以及从弗雷格拉埃到科萨（Cosa）的沿海殖民地的建立，监察官盖乌斯·奥勒里乌斯·科塔（Caius Aurelius Cotta）修建了奥勒里亚大道（via Aurelia）。奥勒里亚大道充分利用并连接了原来存在的道路，它从罗马的埃米里乌斯桥（Pons Aemilius）出发，穿过沃尔西尼（Volsinii）、克鲁西乌姆（Clusium），到达阿雷提乌姆和佛罗伦萨。

公元前 156 年，监察官盖乌斯·卡西乌斯·隆吉努斯（Longinus）修建了卡西亚大道（via Cassia）（从阿雷提乌姆到佛罗伦萨和比萨之间的道路建成于公元前 154—前 125 年），经过米尔维安桥（Milvian Bridge），从弗拉米尼亚大道分岔后，继续深入伊特拉斯坎腹地，远至阿瑞提乌姆（即阿雷佐［Arezzo］）和佛罗伦提亚（Florentia）（即佛罗伦萨［Florence］），它的前 10 英里路程与古老的克罗迪亚道路（via Clodia）共用。在比萨，它连接了埃米利亚—斯卡乌里大道（Aemilia Scauri）（建成于公元前 109 年），从比萨通往热那亚和托尔托那（Tortona）并与朱利亚—奥古斯塔大道（via Julia Augusta）相汇。朱利亚—奥古斯塔大道由奥古斯都在公元前 12 年建成，它经过了阿尔宾加乌努姆（Albingaunum）（即阿尔本加［Albenga］）、阿尔宾提米里乌姆（Albintimilium）（即温蒂米勒［Ventimiglia］）和尼西亚（Nicaea）（即尼斯［Nice］），抵达意大利与高卢边境。朱利亚—奥古斯塔大道是通向意大利战略要地阿奎勒亚的主要三条大道之一（另外两条是从弗里吉杜斯［Frigidus］到埃莫纳［Emona］的道路以及公元 78 年由苇伯芗皇帝修建的弗拉维亚大道［via Flavia］）。[①]

---

① Romolo Augusto Staccioli, *The Roads of Romans*, p. 23.

虽然西西里岛、撒丁岛和科西嘉岛一直保持着行省地位，直到公元 3 世纪才被作为意大利的一部分，但是这里的道路建设并没有因此而受影响。① 在科西嘉岛上，这里只有一条道路，位于东部海岸。西西里岛上有一条道路，该道路在北部海岸被称为瓦勒里亚道路（由执政官马尔库斯·瓦勒里乌斯·马克西姆斯于公元前 210 年建造），它从墨西拿（Messina）出发，环绕整个岛屿。但是，该路在东北部的那一段则被称为庞培亚道路（via Pompeia）。其他一些次要的道路主要有：从阿格里琴图姆（Agrigentum）到巴诺马（Panorma）的道路，从卡塔纳（Catana）到塞玛西美拉（Thermae Himerae）的道路，杰拉（Gela）到希拉库斯（Syracuse）的道路。

在意大利的北部地区，早在罗马人之前就有许多道路存在，但是文献中能证明的只有一条道路：即伪西拉克斯（Pseudo-Scylax）提到的从西班牙到比萨的伊特拉斯坎道路（3 天的路程）。② 但是，随着殖民地的建立，同样出于军事原因，意大利北部的道路修建也大规模地展开。

公元前 282 年执政官 L. 埃米尼乌斯·帕普斯（L. Aemilius Papus）击退了来自高卢的波伊人，阿里米努姆（即里米尼 [Rimini]）也变成了殖民地。公元前 222 年，克拉斯提迪乌姆（Clastidium）被攻占，这一年克雷莫纳和普拉森提亚殖民地得以建立。公元前 220 年，弗拉米尼亚大道被延续到阿里米努姆。公元前 241 年，奥勒里亚大道（via Aurelia）从罗马通到瓦达沃拉特拉纳（Vada Volaterrana）（瓦达的托雷 [Torre di Vada]）。公元前 187 年，执政官 M. 埃米尼乌斯·雷比杜斯（M. Aemilius Lepidus）规划了从里米尼到普拉森提亚的埃米尼亚大道。该路途经李维乌斯广场（Forum Livii）、法文提亚（Faventia）（即法恩扎 [Faenza]）、科尔涅乌斯广场（Forum Cornelii）（即伊莫拉 [Imola]）、波洛尼亚、木提纳（Mutina）（即摩德纳 [Modena]）、雷吉乌姆雷皮杜斯广场（Forum Rhegium Lepidi）（即勒佐内尔艾米利亚 [Reggio nell' Emilia]）和帕尔玛，全长 189 英里（约 280 公里），这条路直到今天都还在使用。李维特别强调了这条道路的军事价值：它穿越了波伊的领土，把野蛮的利古雷斯（Ligures）抛在了后面。③ 它还是重要的贸易枢纽，是通往伊特拉斯坎道路的要道，而伊特拉斯坎道路自从在亚平宁山脉出现后就环绕着各河谷前

① Romolo Augusto Staccioli, *The Roads of Romans*, p. 82.
② Raymond Chevallier, *Roman Roads*, p. 134.
③ Livy, *From the Founding of the City*, XXXIX, 2.

进。自从这条大道建立后，它就成为意大利北部波河流域的交通运输轴心线，从此之后，这一地区的所有道路都是以它为中心向四周扩散。①

公元前 2 世纪的所有道路建设也都是围绕着上述的埃米尼亚大道这一轴线来进行的。前 187 年，执政官盖乌斯·弗拉米尼乌斯·奈波斯（Gaius Flaminius Nepos）从卡西亚大道上修建了小弗拉米尼亚大道（via Flaminia minor）。② 此路在雷诺河谷（Reno Valley）谷地沿古代伊特拉斯坎人的小道路通往皮斯托里亚（Pistoriae）（即皮斯托亚［Pistoia］）、佛罗伦提亚（即佛罗伦萨）、阿雷提乌姆（即阿雷佐），在阿雷提乌姆，它与卡西亚大道相连（通向罗马）。有一条道路通过马雷克亚（Marecchia）谷地和维亚马吉约通道（the Viamaggio pass）从阿雷提乌姆通往阿里米努姆（在这里有一个岛镇［the town insulae］与之相连），而另一条道路位于萨西纳（Sassina）左边，普劳图斯（Plautus）的腹地，它沿萨维约（Savio）谷地通往恺森纳（Caesena）。法文蒂纳大道（via Faventina）（或者在中世纪被称为拉维格纳纳大道［via Ravignana］）连接了阿尔莫（Armo）和拉蒙内（Lamone）之间的谷地。后面的这三条道路连接了卢卡（Luca）和帕尔马（Parma）以及卢纳（Luna）和普拉森提亚，但无论如何，它们只是早期道路的一部分，甚至比罗马城还早，这三条道路在罗马征服其周边民族时曾经被使用过。③

公元前 175 年，M. 埃米尼乌斯·雷比杜斯建造了埃米尼亚—阿尔蒂纳特大道（via Aemilia Altinate）（又被称为埃米尼亚—雷比杜斯大道［via Aemilia Lepidi］），它从波洛尼亚到波河的奥斯提里亚（Hostilia）、阿特斯特（Ateste）（即埃斯特［Este］）、西里齐斯山（Mons Silicis）（即蒙塞里齐［Monselice］）、帕塔维乌姆（Patavium）（即帕多瓦）、阿尔提努姆（Altinum）、康科迪亚（Concordia）和阿奎勒亚。这条路的第一段是不能确定的。有一种理论认为它穿越了弗拉拉（Ferrara）。④ 此路扮演着重要的战略角色：它把罗马与它在威尼提亚（Venetia）的盟友联接起来了，而且也把罗马远在阿奎勒亚的殖民地联系起来了（公元前 181 年）。

在罗马西部地区的利古里亚人（Liguria）对罗马的抵抗时间较长，卢卡和卢纳殖民地的建立直到公元前 177 年才完成。公元前 148 年，执政官斯普里乌斯·波斯图米乌斯·阿尔比努斯（Spurius Postumius Albinus）

---

① Romolo Augusto Staccioli, *The Roads of Romans*, p. 74.

② Livy, *From the Founding of the City*, XXXIX, 2.

③ Raymond Chevalier, *Roman Roads*, p. 136.

④ Ibid.

修建波斯图米亚大道的第一段。这是一条穿越山崖的大道，从热那亚出发，穿过波尔切维拉（Polcevera）和斯克里维亚（Scrivia）河谷，到达里巴尔纳（Libarna）（即塞拉瓦勒 [Serravalle]）和得尔多纳（Dertona）（即托尔托纳），在这里继续沿着波河右岸而行，穿过斯特拉德拉（Stradella）后到达皮亚琴察，在这里与埃米尼亚大道相汇，并继续伸向克雷莫纳。穿过波河后，在波河北面的贝特里亚库姆（Betriacum）分成两条路线：一条穿过曼图阿通向奥斯提亚；另一条则重要得多，所经过之地多为低地、沼泽地带，很多地方要通过挖掘壕沟和筑堤进行，它穿过维诺纳、维克提亚（Vecetia）（即维琴察 [Vicenza]）、塔尔维希乌姆（Tarvisium）（即特雷维索 [Treviso]）、奥彼特尔吉乌姆（Opitergium）（即奥德尔佐 [Oderzo]）和康科迪亚，最后到达阿奎勒亚。（同样在公元前 148年，伴随着对马其顿的征服及马其顿行省的建立，罗马建立了第一条通向意大利本土之外的大道——号称为"东方大道"的埃格纳提亚大道。）同样以阿奎勒亚为终点的还有两条来自亚得里亚海沿岸的道路：波皮里亚大道（via Popillia）和阿尼亚大道（via Annia）。它们分别由公元前 132 年的执政官盖乌斯·波皮里乌斯·拉埃纳斯（Gaius Popillius Laenas）和行政长官提图斯·安尼乌斯·鲁富斯（Titus Annius Rufus）建造，正因为如此，这两条路又被合称为波皮里亚—阿尼亚大道（via Popillia-Annia）。它们从里米尼出发，然后穿越泥泞的波河三角洲，与埃米尼亚—雷比杜斯大道相连接，然后经过阿尔蒂努姆和康科尔迪亚与波斯图米亚大道相连。这两条道路的修建，在军事战略方面的考虑远不如在重新分配土地的农业政策方面重要。波皮里亚道路从阿里米努姆出发，沿着沿海沙丘地带而建，在亚得里亚海北部还可能有两条岔道。它们都是依据当地的地形条件而建的，当然也是伴随着罗马人的军事征服进程而拓展的。在威尼斯泻湖边，在中世纪，有些罗马道路遗迹的地名被称为"普皮里亚"（Pupilia），以及邻近帕多瓦的一些名为"阿格纳"（Agna）的名字，① 它们可以说明这里曾是一条侧路（deverticulum）。②

　　公元前 125 年的罗马执政官马尔库斯·富尔维乌斯·弗拉库斯（Marcus Fulvius Flaccus）是第一个带领军队穿越阿尔卑斯山的罗马人，他在原来道路的基础上，重新修建了富尔维亚大道（via Fulvia），它从得尔多纳（即托尔托纳）到富尔维乌斯广场（Forum Fulvii）（即佛罗农庄 [Vil-

---

① Agna 原意是小羔羊，未产过羔的母羊，这里是指放牧羊群的小路。

② Raymond Chevallier, *Roman Roads*, p. 136.

la del Foro]）和阿斯塔（Hasta）（即阿斯蒂［Asti]），后来又延伸到了都灵。公元前 109 年，监察官马尔库斯·埃米尼乌斯·斯卡乌里斯（Marcus Aemilius Scaurus）把奥勒里亚大道延伸到了海边，从瓦达沃拉特拉纳到比萨（Pisae）、卢纳、热那亚、瓦达萨巴提亚（Vada Sabatia）（即瓦多［Vado]）、阿奎斯塔提耶拉（Aquae Statiellae）（即阿克维［Acqui]）、得尔多纳。其中，从卢纳到热那亚的这段道路被称为埃米利亚—斯卡乌里大道。①

在共和国后期，还有许多道路把蒂齐努姆（Ticinum）（即帕维维［Pavia]）和美迪约拉努姆（Mediolanum）（即米兰）到阿尔卑斯各湖泊相连接，皮埃蒙特道路（via Piedmont）还把维罗纳、布里克西亚（Brixia）（即布雷西亚［Brescia]）、贝尔戈姆（Bergomum）（即贝加莫［Bergame]）、莱乌齐拉（Leucerae）（即莱科［Lecco]）、里齐尼广场（Forum Licinii），以及老普林尼及其侄子的出生地科姆（Comum）（即科莫［Como]）相联系。公元前 75 年，执政官 C. 奥勒里乌斯·科塔修建了一条地方道路，即奥勒里亚道路，它把帕塔维乌姆（即帕多瓦）和阿克努姆（Acelum）（即阿索拉［Asolo]）相连接。

二 共和国时代道路建设的基本特点

罗马共和国真正的标准道路建设是从公元前 4 世纪晚期才开始的，即从阿庇安大道的建设开始的。但是，在罗马国家的道路建设史上，道路建设发展得最迅速并最终形成四通八达的道路网络的，并不是在共和国时代，而是在帝国时代。尽管如此，共和国时代的道路建设还是有许多自己的特点，而且这些特点中的许多内容一直为帝国时代的道路建设者们所承袭并创新。概括起来，共和国时期的道路建设主要有以下一些特点。

第一，这一时期的道路建设基本上都是出于军事原因才建造的。罗马从台伯河畔的一个蕞尔小城发展起来，不断地对外扩张，但最初的罗马扩张并不顺利，"直到公元前 5 世纪后半叶，罗马人对其近邻的斗争才逐渐转入优势"。② 到公元前 4 世纪后半期，罗马早已跨出了狭窄的罗马小城地域，在北、东、南三个方向上扩张的领土已经大大增加，特别是在南方和东方的领土急剧增加，到公元前 338 年，罗马已在拉丁姆建立了 14 个殖民地。正是由于军事上的需要，罗马道路也才随之而扩展，共和国时代

---

① Victor W. Von Hager, *The Roads that Led to Rome*, p. 192.
② 李雅书、杨共乐：《古代罗马史》，北京师范大学出版社 1994 年版，第 59 页。

许多著名道路的建造原因正在于此。阿庇安大道的建造是在第二次萨姆尼乌姆战争期间，为了行军方便，也为了把罗马与南方重镇卡普亚相连，这样不仅加强了罗马在这一地区的统治，还为向半岛南部进一步扩张奠定了基础。拉丁姆的"国道"拉丁纳道路虽然不是标准的罗马大道，但其目的却是为了加强罗马与其殖民地的联系。弗拉米尼亚大道和瓦勒里亚道路等都是伴随着罗马对意大利北部地区征服的结果。奥勒里亚大道则是在征服伊特拉斯坎人诸城以及建立沿海殖民地之后建成的。埃米尼亚大道不仅是罗马征服波伊人的结果而且也是为罗马在北部的进一步扩张做准备。埃米尼亚·阿尔蒂纳特大道不仅是为了联系威尼提亚盟友，而且还把阿奎勒亚的殖民地联系起来了。西部地区的波斯图米亚大道也是在对利古里亚人的长期战争中建造而成的。富尔维亚大道也是为穿越阿尔卑斯山脉进行远征而建立的。从前面罗马道路建设的走势中也可以看出，由于罗马最初阶段的军事扩张重心主要在南方，因此道路建造也主要集中在南方，伴随着军事扩张向北方和西方的转移，其道路建设扩展也随之向北部和西部转移。在共和国时代众多的大道建设中，恐怕只有波皮里亚—阿尼亚大道的建设原因是个例外，它主要是因为农业方面的原因而建造的。因此，我们从这一时期的主要道路的建设原因中可以看出，道路建设的基本原因都是出于军事目的。

　　第二，共和国时期的道路建设基本上只局限于意大利本土，极少有超越本土之外的道路建设。从前面我们对这一时期道路建设基本情况的描述中可以看到，共和国时代的主要道路基本上都集中在意大利本土，如阿庇安大道、阿尼亚大道、奥勒里亚大道、卡西亚大道、波皮尼亚大道、弗拉米尼亚大道、埃米尼亚大道、小弗拉米尼亚大道、埃米尼亚—阿尔蒂纳特大道、波斯图米亚大道、富尔维亚大道等。如果说有例外的话，我们可列举出公元前148年建造的埃格纳提亚大道，它也是罗马修建第一条位于意大利本土之外的罗马大道。西西里岛、撒丁岛和科西嘉岛一直保持着行省地位，在政治和文化认同上直到公元3世纪才被作为意大利的一部分，但是，从道路建造的角度看，这时它们已经是意大利本土的一部分了，因此我们把它们纳入意大利本土范围也并不是没有依据的。就算把埃格纳提亚大道和这三个岛屿上的道路（瓦勒里亚道路）排除在外，也并不影响这一时期罗马道路建设仅仅局限于意大利本土范围这一特征。

　　这一时期的道路建设之所以呈现出这一特征，是与罗马道路建设的最初原因分不开的。如前所述，这一时期的罗马道路建设的原因基本上只有一个，那就是为军事扩张服务，军事扩张的重心指向哪里，罗马道路的建设重点就趋向哪里。也正因为这样，我们可以清楚地看到，伴随着罗马军事向南、东、北方向的转移，罗马道路建设也随之向南、东、北方向移动。

第三，共和国时期的很多道路建设与维修都是由执政官、行政长官、监察官等高级官吏负责。毫无疑问，建造和维修道路的最终决定权完全控制在共和国的最高权力机关元老院手里，而且建造道路的费用也主要由国家支出。[1] 但是由于道路建设与维修的特殊性，在实际操作过程中，它主要由高级官吏全面监管和负责。[2] 如前面提到的道路中，由执政官负责建造的主要有阿庇安大道、波皮尼亚大道、弗拉米尼亚大道、埃米尼亚大道、小弗拉米尼亚大道、埃米尼亚—阿尔蒂纳特大道、波斯图米亚大道、富尔维亚大道；由行政长官负责建造的主要有阿尼亚大道；由监察官负责修建的主要有瓦勒里亚道路、奥勒里亚大道、卡西亚大道等。道路建造资金虽然按规定是由国家负担，但也有很多道路是国家高级官吏自己私人出资修建的。出现这种情况的原因并不难理解，因为在共和国时代，国家在名义上是"共和"，而它的实权却完全操纵在贵族和骑士阶层手中。早在塞尔维乌斯·图里乌斯改革时，罗马就把居民按照财产的多寡分为六个等级，并规定了不同等级的投票权，六个等级的总投票数为193，而第一、二等级的投票权数目就达98，因此共和国的权力完全掌握在贵族和骑士阶层手里。由贵族和骑士组成的元老院在财政方面的重要特点是实行国家官职无薪俸制度，国家的很多常规开支（甚至包括军事费用）都不由国家负担，甚至在遇到大的战争或危机时，国家也是通过发放国债、向包税商借贷等方法来应付。兴建公共工程和举办社会娱乐活动的费用也基本上是由在任的官吏私人出资，国家甚至将公共工程项目乃至征税都发包给私人办理。[3] 正因为如此，我们看到，罗马道路的建设者和维修者往往是那些传统的大贵族家族的后裔，而且都是在任的高级官吏，道路的建造与维修不仅由他们负责，而且费用也完全由他们承担。通过元老院的授权后，他们是唯一拥有对道路通过地区的土地进行征用的人，而这些土地必须是公共土地（ager publicus），即罗马人自己所说的"罗马土地"（ager Romanus），这些土地当然属于国家财产。正是由于这些道路主要以执政官为首的高级官吏建造并以他们的名字命名，因此，这些道路也被称为

---

① Mary Johnston, *Roman Life: Successor to Private Life of the Romans*, Chicago, Atlanta and Dallas: Scott, Foresman and Company, 1957, p. 329.

② Romolo Augusto Staccioli, *The Roads of Romans*, p. 55.

③ 陈可风：《罗马共和宪政研究》，法律出版社2004年版，第105—106页。

"执政官道路"。但是，我们也不要误认为所有道路建设和维修都是由私人出资，国家只是在例外的情况下给予一定帮助，这种观点正是德国史家佩卡里（Pekary）所主张的，结果它遭到了学者们的猛烈抨击："就共和国时代而言，那种认为只是在例外的情况下才使用国家资金（建造道路）的观点是极其荒谬的。"① 而在正常情况下，"就公共道路而言，当地地主为它维修负责是一种例外情形，而用国家的公共财政开支才是正常规则"。② 因此，在正常情况下（包括帝国时代），道路的建造与维修都是由国家财政负担，当然，在内战时期，由于国家财政的破产，道路维修只好由执政官私人掏腰包则另当别论。③

当然，高级官吏们乐意出资修建道路并不是纯粹为了国家利益而毫不计较个人得失的。无可否认，私人捐赠（private benefactions）在罗马社会中占有重要地位，但这些私人捐赠往往也会带有一定目的。罗马私人捐赠的盛行主要来自于以下几种因素的影响：首先，罗马社会是一个父权占绝对统治地位的社会，在家庭中，父权对子女和妻子具有绝对权威，控制着他们生活中的一切，当然，反过来，父权也必须对子女和妻子生活中的所有事务负有责任。这一社会准则反映在国家与公民的关系上则是，"罗马政府很自然地被认为是一个父权政府，对于服从其统治意志的罗马人，他愿意为了社会牺牲自己的个人利益，以此来表明他们接受自己与政府的关系"。④ 也就是说，当权的罗马贵族，愿意通过以国家名义的私人捐赠来表明自己是国家的统治者。从这一角度看，"罗马贵族的公共职能与私人头衔，或者说公共财政与私人财富之间是没有清晰界线的，罗马的伟大就在于统治阶级的集体财产和元老们的集体统治"。⑤ 这种说法虽然有些溢美之嫌，但在一定程度上也反映了当时罗马社会的政治现实。正是在这种社会传统影响下，私人捐赠便成为一种传统习俗和社会惯例。正因为如此，众多的社会公共空间，如庙宇、剧场、柱廊、会堂、桥梁等，常常由那些统治阶级中的显赫家族出资修建并以他们的名字命名。如著名的埃米尼亚大会堂（the Great Basilica Aemilia）就是公元前2世纪由埃米尼乌斯

① T. P. Wiseman, "Roman Republican Road-Building", in Proceedings of British School at Rome, 37 (1970), pp. 122 –152.

② T. P. Wiseman, Roman Republican Road-Building, p. 146.

③ Ibid. , p. 150.

④ Frank Frost Abbott, The Common People of Ancient Rome: Studies of Roman Life and Literature, New York: Charles Scribner's Sons, 1911, p. 179.

⑤ Paul Veyne, The Roman Empire, Translated by Arthur Goldhammer, London: The Belknap Press of Harvard University Press, 1997, p. 95.

家族建造的，它的宏伟遗迹至今仍然存在。在道路和引水渠方面，虽然也有私人捐赠，但它们的数量相对其他公共建筑的捐赠要少得多，其中最主要的原因是因为它们的费用太大，往往超出了私人承担的能力。① 正是费用太高的原因，在罗马，能够私人出资建造道路的人一般都是豪门望族。其次，个人和家族荣誉也是显贵家族特别是那些在战争中获得胜利的军事领袖们热心于个人捐赠的重要原因。"纯粹的博爱动机在很大程度上并不能显示对公民捐赠的重要性……因为这些获胜的领袖们捐赠建筑物的主要驱动力与其说是为了使公民们获得利益，还不如说是为了把自己的成就记忆通过显著而永不磨灭的纪念物留传给自己的子孙后代。"② 如庞培在罗马建立了第一座以自己名字命名的大剧场，其目的就是要让自己的荣誉永垂不朽。恺撒"每天都在考虑建设和美化首都、保卫和扩大帝国的更加宏伟的计划。……建设自亚得里亚海起，经亚平宁山脊，至第伯河的大道"。③ 究其原因，让自己的丰功伟绩永世传承也是不可忽略的因素。再次，个人捐赠也是统治阶级为了笼络民众，获取民众支持从而取得政权的重要途径。这一点在共和国末期表现得特别突出，"在共和国末期，候选人和在位者都明白，获取民众支持的最有效方法是给予民众以公共娱乐，他们在给予公众娱乐方面极尽奢华"。④ 但事实上，统治阶级在获取民众支持方面的付出中，慷慨捐赠与公共工程同样盛行，"道路的建设也同样不能逃离这一规则"，"从道路中受益的当地居民以及从道路建设中获得好处的承包人及工人会对道路建造者心怀感激，一旦建造者需要，这些受益人就会投票支持他"。⑤ 由此可以看出，出资建造道路者有时候会带有一定的政治目的。

　　第四，共和国时期的道路建设者常常把以自己命名的广场建立在道路的正中间。罗马道路建设中的广场与罗马社会生活中用于社会、政治、商贸、市场等目的的交流场所的广场在内容上有所差别，它主要是为了建设

---

① Kathryn Lomas, "Roman Imperialism and the City in Italy", in Ray Laurence and Joanne Berry, *Cultural Identity in the Roman Empire*, *London and New York*, *Routledge*, 1998, p. 73.

② Frank Frost Abbott, *The Common People of Ancient Rome: Studies of Roman Life and Literature*, pp. 181 – 182.

③ 苏维托尼乌斯：《罗马十二帝王传》，张竹明、王乃新、蒋平等译，商务印书馆 2000 年版，第 23—24 页。

④ Frank Frost Abbott, *The Common People of Ancient Rome: Studies of Roman Life and Literature*, p. 183.

⑤ T. P. Wiseman, *Roman Republican Road-Building*, in *Roman Studies: Literary and Historical*, p. 150.

道路需要而设立的用于加工和运输建设材料，组织工人和分派任务的场所，同时，也是用于道路维修和保障军事供给的集散地，当然也不排除政治、商贸、市场的交流。罗马道路上的广场在分布上有一个非常重要的特点，那就是它常常位于该道路的正中间。这里的"正中间"有两种情况：一是指该路的起点与终点都不在罗马，则广场就位于与起点和终点大致等距离的中央，如弗拉米尼乌斯广场位于全长114英里的弗拉米尼亚大道的107英里处；波皮里乌斯广场位于全长327英里的波皮里亚大道的215英里处。另一种情况是以罗马和道路终点之间的距离来计算广场中心位置的，如埃库姆·图提库姆广场（Forum Aquum Tuticum）就位于从罗马到布林迪西的图拉真大道中央处。但是，道路建造中的这一特点也不是绝对的，因为很多广场的建立并不完全以距离计算，而是要以广场附近能否获得可耕地为依据，如"位于湿地的阿庇乌斯广场，亚平宁山脉的德西乌斯广场（Forum Decii），卢卡尼亚山区的阿尼乌斯广场，以及位于并不卫生的伊特拉斯坎沿海的奥勒里乌斯广场，它们都建立在便于获取可耕地的附近"。[①] 因此，我们不能把共和国时代道路建设的这一特点绝对化。

第三节　罗马帝国时代的道路建设

一　罗马帝国时代道路建设的原因

与共和国时代一样，帝国时代道路建设的根本原因仍然在于军事方面，经济等其他方面的原因比较少。[②]

奥古斯都建立帝国后，罗马的对外扩张步伐并没有缓慢下来，仍在不断地向周边地区扩张，不断地拓展自己的版图。只要有对新地区的扩张，罗马道路就会随之扩展到这些新土地上。德鲁苏斯战役后，克劳迪亚大道"使得阿尔卑斯山脉可以通行"；[③] 公元1世纪末2世纪初，伴随着图拉真对中东地区的征服，罗马道路也随之在此建立，新大道就是在公元106年征服阿拉比亚后建立的；公元81年，为了保护罗马城市不被非洲的游牧

① T. P. Wiseman, *Roman Republican Road-Building*, in *Roman Studies: Literary and Historical*, p. 123.

② 关于罗马共和国时期道路建设的原因，参见冯定雄《罗马共和国时期的道路建设》，《古代文明》2009年第3期。

③ Romolo Augusto Staccioli, *The Roads of Romans*, p. 82.

部落入侵，奥古斯都第三军团从奥雷斯山的东端调到西端，建立了新城拉姆巴埃西斯并以该城为中心，建立新的道路；德鲁苏斯在日耳曼的道路建设同样也是军事上的需要。公元 47 年的科尔布罗和公元 55 年下日耳曼长官彭佩乌斯·保里努斯为了使士兵有事可做，他们继续了德鲁苏斯在这里建设运河的事业；公元 90 年以后，多瑙河沿线的军事地位增加，这里道路建设也随之加强；马可·奥勒略皇帝在征服拉埃提亚的战争期间，同样因为军事原因，罗马人加强了对这里道路的建设，为罗马的北部地带构筑一道防线。从上面这些挂一漏万的例子中可以看出，罗马人不断地向外扩张，是罗马道路不断向外延伸的根本原因。对于疆域广袤的罗马帝国而言，现代意义上的边境划分是模糊的，道路和堡垒就成为帝国与邻国的分界线，成为罗马边界的标志。①

　　当然，这并不是说军事需求是这一时期罗马道路扩张的唯一原因。罗马道路扩张也有其他方面的原因，如加强对被征服地区的统治，经济方面的原因等，比如，出于加强对行省的控制，奥古斯都在高卢地区积极建造道路，把当地的城市与乡村和港口联系起来。② 哈德良皇帝为促进安提诺波利斯城（Antinoopolis）的商业繁荣，修建了从这里通往红海边的贝雷尼斯（Berenice）的大道。③ 在埃及，在著名的波尔皮里特斯山（Mons Porphyrites）矿产区和克劳迪亚努斯山矿区，为了开采这里的石头，专门建造了波尔皮里特斯山道路（via Mons Porphyrites）和克劳迪亚努斯山道路（via Mons Claudianus），虽然这两条道路的建造也有一定军事目的，但就它们所起到的实际作用看，经济方面占有重要地位。④ 再比如在北非，有些道路，如奥古斯都修建的从阿马埃达拉（Ammaedara）（现在的海德拉［Haidra］）到塔卡佩（Tacape）（即加贝斯湾［Gabes］，突尼斯境内）的道路，就是为了划分当地的土地。⑤ 在今天约旦东北部地区的道路建设，有学者也"倾向于道路体系的发展与定居、开垦地区的拓展密

---

① 让-诺埃尔·罗伯特：《从罗马到中国——恺撒大帝时代的丝绸之路》，马军、宋敏生译，广西师范大学出版社 2005 年版，第 33—34 页。

② Gary K. Young, *Rome's Eastern Trade: International Commerce and Imperial Policy*, 31 BC-AD 305, London and New York: Routledge, 2001, p. 78.

③ Tenney Frank, *An Economic Survey of Ancient Rome: Volume Ⅱ, Roman Egypt to the Reign of Diocletian*, Paterson and New Jersey: Pageant Books, Inc., 1959, p. 635.

④ 关于这里道路的建设情况，参见 Robert B. Jackson, *At Empire's Edge: Exploring Rome's Egyptian Frontier*, New Haven & London: Yale University Press, 2002, pp. 55 – 74.

⑤ Divid Cherry, *Frontier and Society in Roman North Africa*, Oxford: Clarendon Press, 1998, p. 36.

切相关，而不是来自外部的潜在威胁"。① 即这里道路建设的经济原因可能胜过军事方面的原因。

但是，这些原因相对于帝国道路扩张的军事原因而言要次要得多。而且，正如美国学者夏普所指出的那样，对罗马边疆地区而言，正是作为罗马边界的罗马道路促进了当地的物质方面的变化和经济、社会、政治结构的转型，而不是相反。罗马军队希望通过建造道路、桥梁、沟渠、烽火台、港口、码头等使自己的守军变得机动灵活，同样也希望通过城墙、壕沟、栅栏、要塞和防御工事等来弥补他们在防御方面人力上的不足。② 因此，在一定程度上说，罗马道路建设的原因是由于经济方面的因素而促进的，还不如说是因为道路建设促进了这些经济方面的发展。因此，帝国时代道路建设的最主要原因仍在于军事方面的考虑。

二　帝国境内道路建设的基本情况

（一）帝国初期以意大利为中心的道路建设

长时间的内战给罗马国家带来了巨大的灾难，屋大维在建立起自己的"元首"统治后，着手经济的恢复，当然也十分关注道路网络的恢复与发展。早在公元前 28 年，当屋大维与自己的得力助手阿格里帕同任执政官时，他们两人就共同制定了有关罗马城和意大利公共建设的宏伟计划，包括神庙、会堂、水道、道路、驿站等各个方面的内容。

公元前 27 年，奥古斯都亲任埃米尼亚大道（via Aemilia）的道路监理官（curator viarum），维修和续建埃米尼亚大道。位于中欧地区的一座纪念碑记载了这件事，这座碑是大约公元前 2 年留下来的，其碑文如下："奥古斯都皇帝、罗马的大祭司，他连续担任了 13 次执政官，新近又征服了第 22 个国家，并亲自指挥修筑了里米尼的埃米尼亚大道直至特立比（Trebie）地区。"③ 奥古斯都还把埃米尼亚大道的名字赋予他的第八军团，即埃米尼亚军团。④ 同样也是在公元前 27 年），"为了使各地更易于通向罗马，他（奥古斯都）亲自承担了重修通往阿里米努姆的弗拉米尼亚大

① Maurice Sartre, *The Middle East under Rome*, translated by Catherine Porter and Elizabeth Rawlings, Cambridge, Massachusetts: The Belknap Press of Harvard University Press, 2005, p. 142.

② M. E. Shape, *The Western Frontiers of Imperial Rome*, New York: Armonk, 1994, pp. 216 – 217.

③ 刘增泉：《罗马人古代旅行世界》，台北：五南图书出版公司 2003 年版，第 70—71 页。

④ Martial, *Epigrams*, Cambridge, MA: Harvard University Press, 1993, Ⅲ, 4; Ⅵ, 84, 5.

道；他还将其余的大道分派给其他那些曾接受过凯旋式荣誉的人，要求他们把战利品的钱用于铺路"。① 奥古斯都在其自传性的《奥古斯都功德碑》中自豪地写道："在我第七次任执政官时（即公元前27年），我修筑了从罗马到阿瑞（里）米努姆的弗拉米尼亚大道以及除穆尔维乌斯和米努基乌斯桥以外的所有桥梁。"② 为了显示自己的功绩，奥古斯都在弗拉米尼亚大道和埃米尼亚大道汇合处的阿里米努姆竖立了一个凯旋门，以此作为纪念。还有一块为这条道路修建所竖立的纪念碑对奥古斯都建造此路作了如下的记载："元老院与罗马人民献这块纪念碑给第八次连任执政官的奥古斯都皇帝，因为他决定出资修复了弗拉米尼亚公路和其他意大利最繁忙的公路。"③

公元前16年，奥古斯都动用国库（the public treasury, aerarium）资金来维修道路（主要是建立了一些桥梁和竖立了一些里程碑），并建立了几条穿越阿尔卑斯山脉的新道路。公元前13—前12年，奥古斯都规划了向西延伸的朱利亚—奥古斯塔道路（via Julia Augusta），它从特雷比亚（Trebbia）（即皮亚琴察［Piacenza］）出发，并与波斯图米亚大道相交汇，远至德尔多纳，接着与埃米尼亚—斯卡乌里大道相汇，远至瓦达萨巴提亚（即瓦多）。多米提亚六道（via Domitia）穿越阿尔宾加乌努姆（即阿尔本加）、阿尔宾提米里乌姆（即温蒂米勒），在苏马高山（Alpe Summa）（即拉图尔比耶［La Turbie］，位于意大利和高卢的前线，在这里，有战利品纪念阿尔卑斯山区的平定）和阿尔地区到达西班牙境内（从罗马沿海到高卢共有796英里）。

弗拉维亚大道的终点是普拉森提亚，它是沿波河的左岸，经过蒂齐努姆（即帕维亚）、杜里亚（Duriae）（即多尔诺［Dorno］）、拉乌美鲁姆（Laumellum）（即洛美罗［Lomello］）、库提亚（Cutiae）（即科佐［Cozzo］）、卡尔班提亚（Carbantia），以及里哥马古斯（Rigomagus），在这里，其中一条路到达塞古西奥（Segusio）（即苏塞［Suse］）、马特诺纳山（Matrona Mons）（即杰内夫赫山［Mont-Genevre］）和布里加恩提约（Brigantio）（即布里昂松［Briancon］）。

从库提亚，富尔维亚道路经过维切拉（Vercellae）（即维切利［Vercelli］）、埃波雷迪亚（Eporedia）（即伊夫雷亚［Ivrea］）、维特里齐乌姆

---

① 苏维托尼乌斯：《罗马十二帝王传》，第64页。
② 这里采用的是张楠、张强先生的译文，参见张楠、张强《〈奥古斯都功德碑〉译注》，《古代文明》2007年第3期。
③ 刘增泉：《罗马人古代旅行世界》，第70页。

（Vitricium）（即维内斯［Verres］）、奥古斯塔·普拉埃托里亚（Augusta Praetoria）（即奥斯塔［Austa］），可能到达小圣贝尔纳尔德（Little St Bernard）（即阿尔皮斯格拉亚［Alpis Graia］或者大圣贝尔纳尔德（Great St Bernard）（即苏姆斯波埃尼努斯［Summus Poeninus］）。

有一条道路从米兰通往科莫，它经过了位于克拉维纳（Clavenna）（即基亚瓦里［Chiavari］）的湖泊，穿过斯普鲁加通道（Spluga pass）（即库内乌斯奥雷乌斯［Cuneus Aureus］），再转向库里亚（Curia）（即库尔［Chur］），到达拉埃提亚（Rhaetia）和上莱茵河（the upper Rhine）地区。这条道路与来自维诺纳并经过布里克西亚（即布雷西亚）和贝尔戈姆（即贝加莫）的道路相汇，然后通向斯普鲁根山道（Splugen Pass）。

德鲁苏斯战役后，克劳迪亚大道（via Claudia）作为主要的大道沿阿迪杰河（Adige），穿越了特里登图姆（Tredentum）（即特伦托［Trent］）、德鲁苏斯桥（Pons Drusi）（即波尔萨诺［Bolzano］），然后分成两个方向，一个方向经过韦洛斯塔谷地（Val Venosta）到达雷西亚通道（the Resia pass）；另一个方向经过伊萨尔科谷地（Valle Isarco）抵达布伦内罗山山道。这条大道可能由老德鲁苏斯（即德鲁苏斯·克劳狄·尼禄）和他的兄弟提比略（Tiberius）于公元前15年规划建造。据说这条道路修通以后，"使得阿尔卑斯山脉可以通行"。[①]公元47年，德鲁苏斯的儿子，克劳狄皇帝重新恢复并修缮了这条大道，于是这条道路又加上了"奥古斯都"的名字，即克劳迪亚—奥古斯塔大道（via Claudia Augusta）。但是，真正的克劳迪亚—奥古斯塔大道的起点可能在阿尔蒂诺（Altino），终点在特里登图姆（即特伦托），沿途经过了皮亚韦河谷（Piave valley）和费尔特里亚（Feltria）（即费尔特雷［Feltre］），在这里，有一条支路经过卡多雷地区（Cadore）通向贝鲁努姆（Bellunum）（即贝卢诺［Belluno］），最后到科美里切山道（Monte Croce Comelice Pass）。从奥斯提里亚，有一条道路通往维罗纳和特里登图姆。奥古斯都还修建了木提纳（即摩德纳）—科里卡里亚（Colicaria）—奥斯提里这一段道路。

克劳迪亚—奥古斯塔大道在皮亚韦河谷地的阿尔提努姆被称为阿尔提努姆大道：它经过了圣博尔多（San Boldo）通道、费尔特里亚、瓦尔苏加纳（Valsugana）和特里登图姆（路线还不能确定）。有一条道路从费尔特里亚到贝鲁努姆（即贝卢诺），它经过科美里奇的克里奇山（Mont Clici）到达德拉瓦河（Drava）谷地。

---

① Romolo Augusto Staccioli, *The Roads of Romans*, p. 82.

公元前 2 年，奥古斯都又着手建造东部的道路朱利亚大道（via Julia），从阿奎勒亚或者康科迪亚通向特里切西姆（Tricesimum）（即特里切西莫［Tricesimo］）、朱利亚卡尔尼库姆（Julium Carnicum）（即苏里约［Zuglio］）和卡尔尼克阿尔卑斯（Carnic Alps）。阿奎勒亚是众多道路的交汇之地，其中一条通向朱利亚埃莫纳（Julia Emona）、卢比亚纳（Lubiana）①，通过陆上路线（弗里吉多［Frigido］谷地），或者沿着海岸通向蒂马维泉（Fons Timavi）（即圣乔瓦尼［San Giovanni］）、特吉斯特（Tergeste）（即的里雅斯特［Trieste］）（在这里，又连接另一条道路，也是奥古斯塔大道的一部分），最后到达塔尔萨提卡（Tarsatica）（即特尔萨多［Tersatto］）。公元 78 年，苇伯芗完成了它的沿海部分，并远至波拉（Pola）（在这里与弗拉维亚大道相连）。

到奥古斯都时代，在罗马就形成了一个穿越阿尔卑斯山脉的主要道路交通网络。在以后的帝国里，我们将会看到在图拉真和哈德良时代道路的继续发展，在瓦勒里安（Valerian）、四帝共治时代（the tetrarchs）以及君士坦丁大帝时代，罗马道路的恢复与继续发展。到晚期帝国时代，米兰被认为是最重要的交通枢纽，拉文纳地区扮演着重要的角色，直至西罗马帝国的灭亡。② 鉴于罗马帝国时代各行省道路建设的庞大规模，我们无法进行笼统介绍，因此，以地区为单位进行概括描述的效果可能要好得多。

（二）希腊

在希腊，主要的罗马道路，也是在意大利本土之外的第一条大道是埃格纳提亚大道。根据波里比乌斯记载，埃格纳提亚大道从阿波罗尼亚（Apollonia）向东延伸到马其顿境内。它的沿途都有里程碑作为标识和距离的丈量，一直到西菩色拉（Cypsela）和希布鲁斯河（the river Hebrus），总共长 535 英里。如果我们按多数人所估算的那样，用 1 英里等于 8 斯塔德计算的话，总共有 4280 斯塔德。整个大道被称为埃格纳提亚大道，但它的第一部分穿过了利克尼杜斯（Lychnidus）的城镇和皮隆（Pylon）地区，把伊利里亚（Illyria）从马其顿分开的道路的那一头，得

---

① 位于斯洛文尼亚境内。

② 正是由于罗马帝国时代的道路网络四通八达，因此有学者认为描述罗马道路发达的"条条大路通罗马"的谚语可能就源于这一时期。但事实上，这一谚语并不起源于罗马帝国时代，我们在希腊拉丁作家的作品中找不到这样的记载。该谚语起源于中世纪，它最初是指所有的徒步朝圣旅行都能到达罗马的圣彼得圣地。（Lawrence Keppie, *Understanding Roman Inscriptions*, p. 60.）当然，后来我们常用这一谚语来赞美罗马道路的发达，如维克托尔·W·冯·哈恨就把他研究罗马道路的著作取名为《条条大道通罗马》。（Victor W. Von Hagen, *The Roads that Led to Rome*, 1967.）

名于伊利里亚的一座名为坎达维亚（Candavia）的山名。因此，这条大道沿着巴尔努斯山（Mt. Barnus），穿过伊腊克林（Heraclia）的林塞斯泰（Lyncestis）和欧德亚（Eordea），到达埃德萨（Edessa）和派拉（Pella），并最后到达色萨洛尼卡（Thessalonica）（今天的萨洛尼卡）。根据波里比乌斯记载，这一部分的长度为 267 英里。① 埃格纳提亚大道是沿着一条古老的大道而建的，这条古老大道的西部从公元前 199 年起就被军队使用，后来它又被延伸至希布鲁斯河，被称为"东方大道"。流放中的西塞罗、庞培、安东尼和奥维德都曾使用过此路。在科林斯，它可能继续通到了埃皮达乌鲁斯（Epidaurus）和特罗埃森（Troezen）、克勒奥纳（Cleonae）和阿尔戈斯（Argos）、西西昂（Sicyon）和弗里乌斯（Phlius）。在这里，有一条沿海的道路通向美加拉（Megara）、雅典和维奥蒂亚（Boetia），另一条道路从阿尔戈斯通向曼提勒（Mantinae）和斯巴达。从曼提勒，有一条大道通向美塞尼亚（Messenia）、奥林匹亚和埃利斯（Elis）。科林斯通过佩莱奈（Pellene）（希腊阿哈伊亚的城市）和埃加（Aegae）与帕特拉斯（Patras）、戴内（Dyne）和埃利斯相连。

在以下的希腊各城镇之间也有道路相连：阿波罗尼亚—色萨罗马尼卡；阿波罗尼亚—尼科波利斯（Nicopolis）—忒拜（Thebes）—雅典—科林斯；雅典—忒拜—拉里萨（Larissa）—色萨罗尼卡并进而通往迈西亚（Moesia）。沿色雷斯海岸，有一条道路通向腓力皮（Philippi）（屋大维和安东尼在此击败布鲁图斯的军队）、佩林苏斯（Perinthus）和拜占廷。据鲍桑尼亚斯的旅行记录，在希腊，还有许多比较次要的道路，每位旅行者都会在返回的路上堆上一些石头以示保护这些道路。②

（三）小亚细亚、叙利亚和中东地区

早在罗马之前，小亚细亚半岛上就有很多大帝国在此兴亡更替，就道路建设方面，在这里留下最伟大成就的是波斯帝国。但是，这里的道路建设并不仅仅局限于那些大帝国的官方行动。这里作为东西方交通的重要咽喉，东西方商人和贸易使团早就在这里拓展出了比较畅通的交通网络。

罗马官方在这里进行道路建设的最初原因是为了镇压海盗。为了镇压海盗，罗马人首先修复了从以弗所（Ephesus）到拉奥迪西亚（Laodicea）的道路，并通过特腊勒斯（Tralles）到达阿帕迈亚（Apamea）。③ 当奥古

---

① W. R. Paton trans., *The Complete Histories of Polybius*, Digireads.com Publishing, 2009, p. 579.

② Raymond Chevallier, *Roman Roads*, p. 140.

③ Ibid., p. 141.

斯都在伊索里亚（Isauria）和吕底亚（Lydia）安置殖民地和驻扎卫戍部队以监视南部道路的时候，庞培在里科斯（Lycos）和哈里斯河（Halys river）的谷地建立营寨。这里有军事道路把这些地方连接起来，并延伸至海边：从伊科尼乌斯（Iconium）到利里斯特拉（Lystra）和拉兰达（Laranda），从希达（Side）和阿帕迈亚到塞尔格（Selge）和克雷姆纳（Cremna）。苇伯芗也在萨塔拉（Satala）和美利特内（Melitene）之间建立了一条道路。

从外界进入小亚细亚中心高原地区的最容易的道路方向主要包括以下方向，这也有效地决定了小亚细亚道路系统的发展：从西方，经过莱库斯河谷（Lycus valley）和查尔达克（Cardak）山道通向阿帕迈亚（Apameia），从萨尔特（Sardis）经过赫耳穆斯（Hermus）河谷通向北部弗里济亚（Phrygia）的道路虽然很困难，但也可行；从马尔摩尔拉（Marmora），经过尼科梅迪亚（Nicomedeia）或萨卡里亚（Sangarius）河谷；从北方，经过阿米苏斯城（Amisus，今萨姆松）南部的沿海山脊的低处；从东方，从上幼发拉底河，经过莱库斯河和哈里斯河的上游水道路；从南方，经过了来自叙利亚、奇里乞亚（Cilicia）和奇里乞亚山道（Cilician Gates）[1]的方便通道，以及或者经同邻近特尔迈苏斯（Termessus）或克利马克斯（Climax）的通道，经过庞菲利亚（Pamphylia）诸港口。两个主要的道路体系，即一个南方的道路体系和一个北方的道路体系就以这些点为基础建立起来的。[2]

从以弗所出发，有一条道路通到特腊勒斯，再沿着美安德尔谷地通向洛迪塞亚和阿帕迈亚、皮西迪亚（Pisidia）的安条克，再到非洛麦利（Philomelium）和伊科尼乌斯，然后再转向拉兰达和奇里乞亚的门户塔尔苏斯（Tarsus），叙利亚的安条克或许通向苏格马（Zeugma）。从萨尔特（吕底亚王国的首都），有一条道路经过赫尔莫斯（Hermos）谷地通向费拉德尔菲亚（Philadelphia）、西纳达（Synnada）、佩西隆特（Pessinonte）、安吉腊（Ancyra）（位于每西亚和吕底亚的交界处）、塔维乌姆（Tavium）、美加罗波利斯（Megalopolis）（希腊阿卡迪亚南部的城市，毁于公元前222年），再到美利特内（Melitene），或者向北到达萨塔拉和尼科波

---

[1] 奇里乞亚山道（Cilician Gates）位于亚达那西北部，连接奇里乞亚低地平原，该通道是穿过陶鲁斯山脉（海拔最高处为3400米）的三大通道之一，把安那托利亚高原与地中海相连。赫梯人、亚历山大大帝、罗马人和十字军东征都曾经过此山道。

[2] Tenney Frank, *An Economic Survey of Ancient Rome*, Vol. IV, *Roman Africa*, *Roman Syria*, *Roman Greece*, *Roman Asia*, New Jersey: Pageant Books, Inc., 1959, pp. 860 - 861.

利斯。

从尼科美迪亚（Nicomedia），有一条向南的支路穿越朱利奥波利斯（Juliopolis）到达安吉腊，有一条向北的支路经过克劳迪奥波利斯（Claudiopolis）和克拉提亚（Cratia）通向阿马西亚（Amasia），再到达科马纳（Comana）、萨塔拉和尼科波利斯。

这里还有一些穿越乡间的道路：从西洛帕（Sinope，Sinopa）（黑海之滨的城市，哲学家迪奥格奈斯的故乡）到塔尔苏斯的道路，其间穿越了阿马西亚、塔维乌姆、科马纳和美加罗波利斯，并且连接了以弗所、萨尔特、士麦拿（Smyrna）（小亚细亚珠城市，今天的伊兹密尔）、西阿蒂拉（Thyatira）（吕底亚境内的城市）和佩尔加姆（Pergamum）之间的道路以及在皮西迪亚的殖民地。

在叙利亚（包括埃及部分地区），这里的道路体系是以塞琉古王朝的道路遗产为基础的，更早还可以追溯到波斯帝国时代。从埃及和加沙可以到达佩特拉（Petra），并从这里通向东方或沿海港口：恺撒里亚（Caesarea）、推罗、贝鲁图斯（Berytus）（贝鲁特）、塞琉西亚（Seleucia），还可以到达博斯普鲁斯或耶路撒冷、埃美萨（Emesa）和安条克或大马士革。在红海边的莱夫克科麦（Leuke Come），可能有一条道路到达佩特拉，然后转向加沙和地中海，或者是穿过费拉德尔菲亚和卡纳萨（Canatha），到达大马士革。在这里，有一条商队的踪迹通往巴尔米拉（Palmyra）和幼发拉底河，另一条则通向埃皮法尼亚（Epiphania）、奥隆泰斯河（Orontes）（叙利亚的一条主要河流）和安条克。在卡尔基斯（Chalcis）和贝雷阿（Berea），有一条道路通向幼发拉底河的苏格马或奇里乞亚。在通往奇里乞亚和拜占廷、巴尔米拉、幼发拉底河和巴比伦、萨摩萨特（Samosate）和苏格马的道路上，安条克是一个非常重要的道路汇集地。其他一些道路连接着安条克和塞鲁奇亚（Selucia）、阿帕迈亚和洛迪塞亚、埃美萨和阿拉都斯（Aradus）、大马士革和西顿、耶路撒冷和恺撒里亚。这里必须强调安条克在这一地区道路交通中的重要地位，它作为罗马人与帕提亚人的战略前线体系的中心地位，一直保持到阿拉伯人征服亚洲与地中海的交通中心为止。[①] 从安条克出发的道路，把它与所有的幼发拉底河边境和巴尔米拉地区的罗马前线的主要交通要塞都连接起来了，这些道路还向东沿底格里斯河和幼发拉底河伸向克特西逢（Ctesiphon）和下美索不达米亚（Lower Mesopotamia）地区。至于哈尔基斯，它则是东部边境和安

---

① Raymond Chevallier, *Roman Roads*, p. 142.

条克前线的交通要冲，并且是沿幼发拉底河和奥隆泰斯轴线的战略要道的焦点之地：它一方面掌控通向幼发拉底河和巴尔米拉两条边境的所有道路；另一方面又要监视来自美索不达米亚方向的敌人入侵的所有道路。

对这一地区的罗马道路以及整个交通网络的研究，我们必须注意到很多学者们的努力。第一位值得引起重视的是法国的普瓦德巴尔神父（Father Poidebard）。自从他在1914—1918年的第一次世界大战中对近东熟悉后，就从地理学协会（Geographical Society）接受使命，在上叙利亚（High Syria）地区寻找水井和失落的灌溉工程。这位曾在法国军队中做过预备队军官的学者，很快认识到空中拍摄对于获取考古知识的重要性。法兰西协会指派他研究"叙利亚沙漠中的罗马遗迹"。1934年，他出版了《叙利亚沙漠中的罗马遗迹》（The Trail of Rome in the Syrian Desert），1945年，他出版了《哈尔基斯的"边境线"》（The "limes" of Chalics），同时发表了大量的论文，从而最终完成了他的研究工作。从1925—1932年，他的第一批系列考古成果追溯了罗马帝国时代从波斯特拉（Bostra）（罗马在阿拉伯省的首府）到巴尔米拉以及从波斯特拉到底格里斯河的罗马边境线，而后期的考察（1934—1942年）则主要集中在幼发拉底河与奥隆泰斯之间的后防线是如何组织的。普瓦德巴尔神父经过550小时的飞行，其考察范围达30万平方公里，他发现了数百公里的道路，以及400余处军事建筑或与水上供给相关的设施。在中东的法国陆军和空军的帮助下，他核查了地面发现物，并对"这一地区联系历史遗迹的人为道路"上的商队与部落的领导者提出了质疑。他花了很长时间来完善他的工作：先是核对原始文献资料的记载，接着是实际观察、空中考察和地面调查。

从1925年起，通过从空中对古老城镇以及纵贯河流的观察，普瓦德巴尔神父还原了13张路线图和三条交叉道路图。当然，他的研究范围并不是仅仅局限于道路，还涉及与道路密切相关的罗马"边界"。边界（limes）这个词的最初含义是小道的意思，后来指设防的军事道路，在成为帝国边界意义之前，在广泛的意义上，一条边界只是隶属于一种会被小心且富有弹性地实施的计划，这种计划要建立在对地形因素和政治因素的深刻理解的基础之上。边界线连接了波斯特拉、大马士革、巴尔米拉、奇尔克西乌姆（Circesium）、萨诺乌里斯（Thannouris）、森加拉（Singara）和阿米达（Amida）这些重要战略要地，并且在高地和水路的相互配合下，前线边境地区把等雨量在100—250mm之间的沙漠地区成对角线地完全包括在内。这一历史事实主要来源于那里的地理原则，因为地图显示，罗马人的边界规划与当地的降雨量地图十分吻合。戴克里先对罗马边界的界线作出了很好的诠释，为了抵挡萨珊和萨拉森移动迅速的游牧部落的进攻，他在边界上增加了城堡，而且就地安置了驻军。正是这样，罗马在这里的边界一直保持到拜占廷和阿拉伯入侵时代。1925—1933 年编制出的罗马边界地图涵盖了从波斯特拉到底格里斯河长 750 公里、宽 100—200 公里的广大地区，从而重建了罗马在这一地区的军事和经济体系。[①]

对这一地区罗马道路进行考察的另一位研究者是 D. L. 肯尼迪。1982 年，肯尼迪主编的《约旦东北罗马边境上的考古发掘：从地上和空中观察到的罗马和拜占廷的军事要塞和道路网络》一书作为 "英国考古报道国际系列" 之一出版。作者对罗马及拜占廷统治下的约旦东北部地区进行了详尽的考古学研究，其中，第五章专门讨论约旦东北部的罗马道路。[②] 公元 1 世纪末 2 世纪初，伴随着图拉真对这一地区的征服，罗马道路也随之在这里建立。"这些道路中最重要的当然是从叙利亚边境到远至红海的新图拉真大道。"[③] 但遗憾的是，除了古代作家和旅行家对这条道路的深刻印象和赞叹之外，对于它的细节情况我们却知之甚少。在佩乌丁格里亚那地图（*Tabula Peutingeriana*）中，明确提到了阿拉比亚东北部的两条道路，它们都通向叙利亚：一条从费拉德尔菲亚经过三个路站（road-station）到达波斯特拉。这是图拉真大道的北部地段，被称为新大道（via Nova），由总督克劳狄·塞维鲁斯于公元 106 年征服阿拉比亚后建立的。另一条道路是从前面那条道路的第二个路站向波斯特拉东部又过三个路站后到达大马革士。在诺瓦大道的西部和阿兹拉克（Azraq）的北部地区还有许多小路，但它们大多都没有用石头铺砌，而且由于沙漠的覆盖，现在很难找到了。[④] 阿兹拉克是这里的另一个道路网络中心，这里最主要的一条大道是戴克里先大道（via Diocletiana, the strata Diocletiana），它从幼发拉底河附近的苏拉（Sura）通向巴尔米拉，接着向西南沿着杰卜勒拉瓦克（Jebel Rawaq）地区的南部进入阿拉比亚的南部地区。还有一条道路从戴克里先大道上转向乌姆库坦（Umm el Qottein），但是关于它到底是从戴克里先大道上的哪个地方转向的，学术界有不同的说法。[⑤]

① Raymond Chevallier, *Roman Roads*, pp. 142 – 144.

② D. L. Kennedy, *BAR International Series 134: Archaeological Explorations on the Roman Frontier in North-East Jordan: The Roman and Byzantine Military Installations and Road Network on the Ground and from the Air*, 1982, pp. 137 – 198.

③ Ibid. , p. 138.

④ Ibid. , p. 159.

⑤ Ibid. , p. 179.

虽然对于中东地区罗马道路的系统研究早在 30 年代就在迈克尔·阿维约拿（Michael Avi-Yonah）的带领下开始了，但中途一度中断，到 70 年代又才在摩迪凯·吉孔（Mordechai Gichon）和以色列里程碑委员会（Israel Milestone Committee）的领导下重新开始。但这里需要特别提到另外两位学者对这里的研究所取得的新成就，他们是本杰明·以萨克和以色列·罗尔。在前人及他们的前期研究基础上，1982 年，本杰明·以萨克和以色列·罗尔主编的《犹地亚的罗马道路（第一卷）：勒吉奥—斯克托波利斯道路》出版。该书系统地研究了勒吉奥—斯克托波利斯道路这一个案，特别是它遗留下来的 26 块带有铭文的里程碑。1996 年，他们和摩西·费希尔一起主编的《犹地亚的罗马道路（第二卷）：雅法—耶路撒冷道路》得以出版。与前书相比，该书有两个非常突出的特点：第一是它不仅仅研究主要大道，而且对其他小路也全部囊括，从而使其对犹地亚地区的罗马道路有了全面彻底的研究。这一特点在 1998 年本杰明·以萨克单独出版的《罗马统治下的近东》中也得到了体现，特别是通过对当地道路里程碑铭文的研究，在最大程度上恢复了当时的罗马道路。如通过对公元 162 年马可·奥勒略皇帝留下的可确证的里程碑的研究，他恢复在犹地亚的 14 条道路，在阿拉比亚的 3 条，在叙利亚的 2 条。① 第二个特点是它的讨论范围不仅包括道路本身，而且还对这一地区与道路相关的政治、经济、军事和社会生活的各个方面都有深入的探讨，而正是这种深入探讨，才使得它能得出一些新颖而又颇具说服力的结论。比如，作者在通过详细研究后认为，典籍中提到通往耶路撒冷的两条主要大道虽然修建得非常好，但它们既非主要的军事大道，也不是意义非凡的商业要道，从而再次证明了耶路撒冷既不是罗马的经济枢纽，也不是它的军事大道汇集地，在战略上也没有什么重要意义，这一地区道路的发展只不过是为那些前往耶路撒冷的人们提供方便。也正因为此书研究的综合性和它的思想性，才使得它成为后来研究者的"标准参考书"和交通网络研究的历史与考古相结合的"蓝本"。②

---

① Benjamin Isaac, *The Near East under Roman Rule*, Leiden；New York and Koln：Brill，1998，p. 51.

② Benjamin Isaac and Israel Roll, *BAR International Series* 141：*Roman Roads in Judaea I：The Legio-Scythopolis Road*, Oxford：British Archaeological Reports, 1982；Moshe Fischer, Benjamin Isaac and Israel Roll, *BAR International Series* 628：*Roman Roads in Judaea II：The Jaffa-Jerusalem Roads*, Oxford：British Archaeological Reports, 1996. 其评论见 *The Biblical Archaeologist*, Vol. 59, No. 4. （Dec. , 1996）, pp. 244 – 245；以及 *Bulletin of the American Schools of Oriental Research*, No. 309. （Feb. , 1998）, pp. 87 – 88.

在罗马社会，尽管罗马的道路建设十分发达，但对整个社会而言，水上的运输（包括河运和海运）的运输量远比陆上要大，因此，在整个罗马社会，水上运输的重要性并不亚于陆上运输，甚至比陆上运输更重要。但是在近东地区却是一个例外，在这里，就用于运输目的而言，陆上的道路运输远比水上运输重要。①

（四）埃及

在埃及，特别是尼罗河三角洲地区，水上交通十分发达，这里有良好的运河体系，其中一条大运河经过苦湖（Bitter Lakes）和阿尔西诺（Arsinoe）与尼罗河东部相连；图拉真修建了一条新的运河从克莱西蒙（Clysmon）远至孟斐斯（Memphis），同时，还有许多运河从尼罗河通向其他一些大的城镇。尽管如此，普林尼还是认为："从埃及海（Egyptian）（即红海）过来的全部旅行还得完全靠陆上。"他明确指出："这里有三条陆上道路：一条从佩卢西乌姆（Pelusium）沿芦苇道穿越沙地而行；另一条道路从离卡西乌斯山（Mount Casus）两英里处出发，经过 60 英里与来自佩卢西乌姆的道路相汇合，这条道路的沿途居住着阿拉伯的阿乌塔埃（Autaei）部落；第三条道路被称为阿格普苏姆道路（Agipsum route），同样要经过阿乌塔埃部落，但要比前面那条路短 60 英里，而且路面粗糙，崎岖不平，还没有水源供给地。所有这三条道路都通向阿尔西诺。"②

结合普林尼的描述，据学者们考证，从摩洛哥北部港口城市丹吉尔（Tangier）到亚历山大里亚，有五条主要的大道。第一条大道是沿海而建，被斯特拉波称为"沿海之路"，它穿越了尼罗河的七条支流，再沿海通向巴勒斯坦、西顿、推罗和黎巴嫩。这条路是在罗马征服之前就已经存在的，它不仅狭窄，而且路面也远不能令罗马人满意。公元 100 年以后，这条路被沿地中海重建，并从亚历山大里亚延伸到安条克以及从安纳托利亚修到博斯普鲁斯。罗马人征服埃及后，沿尼罗河两岸修建了两条大道（第二条大道和第三条大道）。这两条大道都没有用石头铺砌，也没有竖立里程碑，并且也没有留下什么令人印象深刻的建筑物。图拉真建造这些道路完全是为了军事目的而不是由于经济原因，因此，埃及是罗马境内遗留铭文最少的地区之一。公元 115 年后，由于战争原因，亚历山大里亚遭到破坏，哈德良和他的建筑师德克里亚努（Decrianus）借此机会对这一

---

① Tenney Frank, *An Economic Survey of Ancient Rome*, *Vol. IV*, *Roman Africa*, *Roman Syria*, *Roman Greece*, *Roman Asia*, New Jersey: Pageant Books, Inc., 1959, p. 209.

② Pliny the elder, *Natural History*, Harvard University Press, 1947, VI, 166－168.

地区进行了重建。他建造了一条通向尼罗河的道路，全长 170 英里。为了纪念他的朋友安提诺乌斯，① 他在尼罗河的另一岸建立了安提诺波利斯城，并规划了哈德良大道（via Hadriana），这是罗马在这里唯一的一条正式大道。哈德良大道从安提诺波利斯城出发，穿过沙漠到达红海，再向南到达贝雷尼斯。在这条大道没有发现里程碑，也没有发现用罗马标准铺筑的石头路面，据古代文献记载它已经消失了。

　　在埃及的第四条大道实际上由 5 条道路组成。它们都是从恺内波利斯（Caenepolis）（即基纳 [Qena]）穿过东部的沙漠陡坡，在海拔 800 米到 2500 米的高度上蜿蜒前进，最终到达红海边的海港。其中第 1 条沿东北伸向迈俄斯霍尔莫斯（Myos Hormos）并在这里与哈德良大道相连，这条路被后世学者称为迈俄斯霍尔莫斯道路（via Myos Hormos）（尽管当时并没有这个名称），由于这条路是通向著名的波尔皮里特斯山矿产区的要道，因此在它上面每隔 10 莫里就有一个军事堡垒用于护路，总共有 7 个这样的堡垒。第 2 条道路被称为克劳迪亚努斯山大道，是从迈俄斯霍尔莫斯大道的第一个堡垒阿拉斯（Aras）延伸出来，最终到达红海边。在基纳以南 10 英里的科普托斯（Coptos），还有两条道路从这里出发，即第 3 条的是科普提亚纳大道（via Coptiana），它从出发点腓尼康（Phoenicon），经过迪迪美（Didyme）、阿弗罗迪托（Afrodito）、康帕西（Compasi）、约维斯（Jovis）、阿里斯托尼斯（Aristonis）、法拉克罗（Falacro），在这里有另一条来自尼罗河的道路与之相连，再经过阿波罗洛斯（Apollonos）、卡巴尔西（Cabalsi），最后到新希德雷乌马（Novum Hydreuma），在这里与哈德良大道相连。1990—1995 年美国特拉华大学考古队在这里进行调查，这里的陶器显示这条道路主要是在公元 1 世纪和公元 7 世纪使用得最多。② 第 4 条是勒乌科斯里门大道（via Leucos Limen），它向东沿最近的路线通向红海和勒乌科斯里门港，全长 60 英里。第四条大道中的最后一

----

① 安提诺乌斯（Antinous）大约于公元 110—112 年出生于比提尼亚（Bithynia），他的美貌使他成为哈德良皇帝身边最亲密的宠臣。公元 130 年，在陪同皇帝出巡埃及时，坠入尼罗河溺水身亡。他的死引发了后世学者们的无数猜测，如有人认为他是死于政敌的暗害；有人认为他是为了巩固皇帝在埃及的统治而自己甘愿献身的。他死后，被哈德良皇帝封为神，出现了很多与之相关的信条、崇拜仪式等。（参见戴尔·布朗主编《罗马：帝国荣耀的回声》，陈俐丽译，华夏出版社、广西人民出版社 2002 年版，第 66—74 页；N. G. L Hammond and H. H. Scullard, eds., The Oxford Classical Dictionary, 2nd edition, Oxford: Clarendon Press, 1970, p. 71.）

② Gary K. Young, *Rome's Eastern Trade: International Commerce and Imperial Policy*, 31 *BC-AD* 305, London and New York: Routledge, 2001, p. 46.

条即第 5 条道路是从伊杜夫（Idfu）（即阿波尼罗波利斯 ［Apollinopolis］）通向东部沙漠的金矿矿区。从科普托斯到迈俄斯霍尔莫尔的道路是在奥古斯都或提比略时代修建而成的，当时的铭文对它作了记载，铭文在列举了军队和辅助军名单后说："这些人建造了各地的蓄水池，12 月 26 日建造了阿波罗喷泉的蓄水池、8 月 1 日建造了康帕西的蓄水池、12 月 15 日建造了贝雷尼斯的蓄水池，1 月 13 日建造了迈俄斯·霍尔莫尔的蓄水池。他们还新建和维修了军营。"①

在埃及的第五条主要干线是从西奈到亚喀巴的道路，这条道路十分古老，据说比《出埃及记》作者的记忆都还要早。它沿着苦湖向东，穿过西奈半岛，到达亚喀巴，全长 120 英里。②

（五）北非

在北非，很早就有一些道路存在，早在埃涅阿斯到达北非的时候，他就"带着惊奇的心情看着这一片建筑，这里过去原只是些土屋，现在是高门大路，路面铺得平平的，人声鼎沸"。③ 虽然这种带有传说性质的记载不完全可信，但至少也能说明北非在很早就有道路存在这一事实。事实上，在罗马人统治北非之前，这里的大部分地区，特别是在远离城镇的地方，有很多道路是没有经过认真铺设和平整的石头道路，罗马人统治这里后，对它进行了改造，发生了明显的"罗马"变化，但这样的道路在北非还是大量存在的。④

在共和国时代，迦太基一直是这里的道路交通的中心。有一条道路通往巴格拉达河（Bagrada）（迦太基附近的一条河）的河谷地带，它从迦太基到达希卡维内里亚（Sicca Veneria）（即勒凯夫 ［Le Kef］，突尼斯境内）和特维斯特（Theveste）（即特贝萨 ［Tebessa］，阿尔及利亚境内），而另一条道路则从迦太基穿过邦角（Cape Bon）到达内阿波利斯（Neapolis）（即纳布勒或纳伯尔 ［Nabeul］）。⑤ 尽管有这些道路存在，但它们的质量相对都比较低，远不能和罗马人建造的道路相比。第二次布匿战争不

---

① Tenney Frank, *An Economic Survey of Ancient Rome*: Volume Ⅱ, *Roman Egypt to the Reign of Diocletian*, Paterson and New Jersey: Pageant Books, Inc., 1959, p. 637.

② Victor W. Von Hagen, *The Roads that Led to Rome*, pp. 106 – 110.

③ 维吉尔:《埃涅阿斯纪》, 杨周翰译, 人民文学出版社 1984 年版, 第 15 页。

④ F. F. Gadallah, ed., *Libya in History*, Benghazi: University of Libya Publications, 1971, p. 157.

⑤ Raymond Chevallier, *Roman Roads*, p. 150.

仅给罗马政治和军事带来了巨大影响,① 而且也是 "罗马人在非洲进行巨大道路网络建设的驱动力"。② 由于汉尼拔对意大利的入侵,阻止了罗马向北扩张,并迫使罗马人对付来自非洲的危险。出于军队运送以及军事补给的需要,罗马人加强了对非洲的道路建设,尽管这一时期罗马人建造的道路并非标准的罗马大道。而且在共和国时代,经过三次布匿战争,迦太基遭到了彻底的毁灭,在以后百余年时间里,这一地区的道路发展相对缓慢。直到公元前 30 年,奥古斯都把奥古斯都第三军团约 12000 人的部队派到这里,加强对这里的统治后,这一地区的道路建设又才真正发展起来。

公元前 19 年,奥古斯都派了 3 万人前往迦太基对这里进行重建。他们建造了许多沿海道路,再从沿海向内地深入。他们还重建了许多旧有的迦太基道路,重新安置了利比亚和迦太基定居点。公元前 14 年,奥古斯都建造了第一条通往驻扎在阿马埃达拉的军团总部的战略道路。这条道路通往塔卡佩(即加贝斯湾,突尼斯境内),全长 300 公里,由非洲副执政官(proconsul)阿斯普雷纳斯(Asprenas)完成,这条道路最初的建造目的不仅仅在于军事方面,而且更重要的是为了划分当地的土地界线。③ 公元 14 年,提比略控制了北非南部的奥拉西乌斯山区(Mons Aurasius)(即奥雷斯山区[Aures Mountains]),并在这里建立了特维斯特城,也正是在这时候,罗马军团在非洲建立了第一条罗马大道,它从特维斯特城穿过突尼斯平原,经过加夫萨(Gafsa)绿洲,到达加贝斯湾。提比略皇帝统治时期,副执政官埃利乌斯·拉米亚(L. Aelius Lamia)(公元 15—16 年)建造了从莱普西斯(Lepcis)西南向的长约 44 罗马里④的道路,在塔尔胡纳(Tarhuan)高原的西部终点,努米底亚部落在同一时期建造了一座很小的阿蒙神(Ammon)圣所,但可以明显看出,该圣所是罗马建筑师设计的。尽管后来埃利乌斯·拉米亚道路并入了罗马驻军的战略道路,但没有证据证明它最初的目的是出于军事需要,相反,有学者明确强调了它对当地的经济意义。⑤

真正 "对非洲道路体系作出重要贡献的第一人是韦伯芗皇帝和他的

① Christopher S. Mackay, *Ancient Rome: A Military and Political History*, Combridge and New York: Combridge University Press, 2004, pp. 93 – 99.

② Victor W. Von Hagen, *The Roads that Led to Rome*, p. 72.

③ Divid Cherry, *Frontier and Society in Roman North Africa*, Oxford: Clarendon Press, 1998, p. 36.

④ 1 罗马里(miliarium)相当于 1478.9 米。

⑤ R. G. Goodchild and J. B. Ward Perkins, "The Limes Tripolitanvs in the Light of Recent Discoveries", *JRS*, Vol. 39 (1949), pp. 81 – 95.

两个儿子",① 苇伯芗还曾着手恢复非洲行省事务。公元 75 年，苇伯芗修建了从奥雷斯山区的特维斯特城通向沿海的道路，这条道路从迦太基直到地中海边的希波勒吉乌斯（Hippo Regius），几个世纪以前，希波勒吉乌斯是迦太基的军事供给大本营。

公元 81 年，为了保护罗马城市不被游牧部落入侵，奥古斯都第三军团从奥雷斯山的东端调到西端，在这里，建立了一个新城市拉姆巴埃西斯（Lambaesis），罗马帝国以该城为中心，建立了一些新道路。在奥古斯都第三军团到达北非的 100 多年时间里，在今天的阿尔及利亚和毛里塔尼亚境内修建的道路长达 4000 罗马里。

公元 110 年罗马人在奥雷斯山区设置了在罗马建立的所有军营城市中最具有意义的一个军营城市，它也是罗马对边远敌对地区高度重视的见证，这就是提姆加达城（Timgad）。这个军营城市位于这一地区海拔 4000 英尺高的地方，由图拉真的帝国使臣 L. 穆纳提乌斯·加卢斯（L. Munatius Gallus）建立。它有一个十分完美的广场，广场的边长有 370 码，四周有高墙隔离，但这些城墙现在都不存在了，四面各有一个大门，现在也不存在了。提姆加达城的建立不仅仅是为了这一地区的防御，也是为了奖赏在图拉真对帕提亚的战争中，在其麾下服役的乌尔比亚·维克特里克斯军团（Legio Ulpia Victrix）老兵，因为他曾对这些老兵许诺要对他们进行安置。安置的准备工作是由奥古斯都第三军团完成的，前后花了 10 年时间（从 100—110 年）。② 提姆加达城建立后，一条新的军事大道沿着内门卡（Nemencha）和奥拉西乌斯山区的南部而修建。马约里斯（Majores）要塞也得以建立，一条战略要道从这里通向塔布德奥斯（Thabudeos），并且把兰马斯巴和塔卡佩相连接，再通过特维斯特，把特勒普特（Thelepte）（即麦迪内特—科迪马 [Medinet-Kedima]）和卡普萨（Capsa）（加夫萨）相连接；往南，通过塔布德奥斯，把马约里斯和图苏诺斯（Tusuros）相连接。

122 年，一条直通毛里塔尼亚的道路开通。128 年，在兰巴萨建立了一个大营寨。从西提非斯（Sitifis）（即塞提夫 [Setif]，阿尔及利亚境内），可能有一条道路通向萨尔德（Saldae）（又称布吉 [Bougie]，即今天的阿尔及利亚的贝贾亚 [Bejaia]）和伊吉尔吉里斯（Igilgilis）（即吉杰利 [Djidlelli]）。西米图的大理石运往塔布拉卡（Thabraca）（即突尼斯的

---

① Raymond Chevallier, Roman Roads, p. 150.

② Victor W. Von Hagen, *The Roads that Led to Rome*, pp. 77 – 78.

塔巴尔卡 [Tabarka])。哈德良把西尔塔 (Cirta) (即阿尔及利亚的君士坦丁 [Constantine]) 和鲁西卡达 (Rusicada) (即菲里普维内 [Philippeville], 今斯基克达 [Skikda])、西提非斯和贾米拉 (Djemila) 相连接, 并平整了从迦太基到特维斯特的路面, 他还对许多城市进行建设, 安置游牧部落, 设法维持小产者和自由农民阶级的利益。149 年, 安东尼·庇护皇帝穿越奥拉西乌斯高地, 修建了一条道路抵达迈杰德尔 (Medjedel)。

在康茂德统治期间, 一条新的道路通向罗马在的黎波里塔尼亚的边界。努米底亚成为新的前线, 迪米迪要塞 (Castellum Dimmidi) 得以建立, 在毛里塔尼亚地区, praetentura 一词的意义是指一条战略大道, 它成为 "边界" 的重要组成部分。202 年, 恩加乌斯 (Ngaous) —西提非斯道路是从小西尔提斯 (Syrtis Minor) 通向毛里塔尼亚前线的主要干道, 它穿越了加夫萨或杰里德 (Djerid) 南部, 然后到达比斯克拉峡口 (Biskra Gap)。在这条路上最著名的就是在萨拉伊 (Zarai) 留下的那一张关税表, 它记录了沿此路流通的各种商品名称以及商品流量的大小, 是我们今天研究罗马帝国经济史不可多得的原始资料。在塞普提米乌斯·塞维鲁和卡拉卡拉统治时期, 在北非的道路建设很多。但是到 238 年, 迪米迪要塞已经废弃, 这里的道路也随之衰落。从 285—302 年, 随着罗马边界的不断缩小, 以及内地交通线不断地成为军事立足点, 罗马道路在这里也出现了一种萎缩的趋势。[1] 难怪有学者认为早期北非的所有道路建设都是在从奥古斯都到塞普提米乌斯·塞维鲁皇帝这一时期完成的。[2]

除此之外, 在北非还有如下一些道路网络: 有一条沿海大道从昔兰尼加 (Cyrenaica) 通到廷吉塔纳 (Tingitana) (此路曾被阿普列乌斯使用过), 它沿着大西尔提斯海湾 (the Gulf of Syrtis Major) 前进, 再到奥伊亚 (Oea)、萨布拉达 (Sabrata)、塔卡佩、锡勒克特 (Syllecte)、哈德鲁姆美图姆 (Hadrumetum) 和迦太基。另有一条南北纵向并穿越主要城镇的道路, 它有两条走向: 从迦太基到西尔塔、西提非斯、恺撒里亚; 或者更向南通向哈德鲁姆美图姆、特维斯特、兰巴萨、西提非斯或奥西亚 (Auzia)。在毛里塔尼亚恺撒里西斯 (Mauretania Caesariensis), 有一条道路从谢利夫 (Chelif) 通向沃鲁比利斯 (Volubilis)。在摩洛哥, 除了从廷吉斯 (Tingis) 经美尔库里 (Mercuri) 到达萨拉 (Sala) 的主要大道外, 还有一条支线通向沃鲁比利斯, 其运输主要依靠海上, 而且主要是面对西

---

① Raymond Chevallier, *Roman Roads*, p. 150.

② Susan Raven, *Rome in Africa*, London and New York: Longman Inc., 1984, pp. 68 – 75.

班牙。还有一些很重要的穿越乡间到达海边港口的道路，所有这些道路总长度大约有 15000 公里（据皮卡德［Picard］的估计有 20000 公里）。① 当然，还有一些在毛里塔尼亚、努米底亚和的黎波里塔尼亚地区的罗马"边界"的军事交通网，以及在黑非洲方向沿商路通向重要港口的一些道路，比如在西达姆斯（Cydamus）（即加达美斯［Ghadames］）绿洲就有利比亚沿海的两个港口与之相连。关于这些沙漠商道，老普林尼曾对它们作过描述："到现在为止，还没有适当的道路通向加拉曼特斯（Garamantes）的领土，这想起来都觉得奇怪，如果有人想要去寻找这些道路的踪迹，只需要移去那些游牧部落的恶棍们用沙子掩盖的地方就可以轻松找到。苇伯芗时期，在罗马人与奥伊亚人的最后一场战争期间，在这里修建了一条新的道路，它在原来的基础上缩短了 4 天时间的路程，这条道路被称为'穿越峭壁之路'（Beyond the top of the crag）。"② 这些沙漠商道长期存在。

在北非，正如前面所述，至少有一些罗马道路是在原有的土著道路的基础上建造起来的，只是无论其最初基础是什么，所有的道路在它们决定沿最可能的捷径安排路线时，都具有明显的罗马特征，即使为了达到捷径要爬行更陡峭的必要的山坡，往往也会在所不惜。③ 因此，上面苏姗·拉文所认为的早期北非所有道路建设都是在从奥古斯都到塞普提米乌斯·塞维鲁皇帝这一时期完成的，应该只是指北非的主要道路体系是在这一时期完成的。

最后，我们可以对北非的道路体系按时间先后顺序的发展作如下概括：在提比略时期还残存的罗马道路网络到弗拉维王朝时期得到进一步的发展，到安东尼王朝时期大致形成，到塞普提米乌斯·塞维鲁和卡拉卡拉统治时期最后完成，它一直保持到 3 世纪，随着帝国的逐渐衰亡，到 4 世纪时，它开始逐渐废弃。

（六）西班牙

在西班牙，早期的天然道路主要分布在东部沿海，这里是希腊人和布匿人的重要移民区，这些道路通向一些主要的河谷地带，如埃布罗河（Ebro）、苏克罗河（Sucro）、塔古斯河（Tagus）、杜里乌斯河（Durius）、阿纳斯河（Anas）以及巴埃提斯河（Baetis）（即瓜达尔基维尔河［Guadalquivir river]）。在这里，最早、最重要的城市是加的斯（Gades），

---

① Raymond Chevallier, *Roman Roads*, p. 152.

② Pliny the elder, *Natural History*, V, 38.

③ Divid Cherry, *Frontier and Society in Roman North Africa*, Oxford: Clarendon Press, 1998, p. 36.

它不仅是一个很古老的城市，而且是重要的港口，也是大力神赫拉克利斯（Heracles）劈开西班牙半岛与非洲之间的山崖，从而使地中海海水通向大西洋这一美丽神话传说的发生地。

罗马人在西班牙的道路建设是伴随着罗马对这里的征服开始的，特别是第二次布匿战争期间及其以后，"正是在公元前 206 年，在西班牙的罗马道路建设史就已经开始了，它一直持续了 600 年之久，罗马人在这里建设了 34 条独特的大道，全长 6953 英里"。① 公元前 195 年，老伽图带领在安波里乌姆（Emporium）（即安普里亚斯 [Ampurias]）的两个军团到达西班牙，以便镇压这里的凯尔特土著的反抗，他们在罗马对汉尼拔的战争中脱离了罗马的统治，并形成了新的反抗中心。伽图迅速进攻加泰罗尼亚山区，并让士兵修建道路，这些道路虽然不是正规的罗马大道，但是对罗马的行军带来了极大方便。伽图对一这地区道路的建设为以后罗马在这里建造标准大道奠定了基础。

公元前 120 年，罗马人建立了马克西马大道（via Maxima），它从加德斯通向莱佩尔图斯（Le Perthus），全长 980 英里。这条大道后来成为奥古斯塔大道，成为在西班牙使用得最多的一条道路，在以后的 600 年时间里，这条道路不断得到维修，并一直非常繁忙。这里还建造了从比利牛斯（Pyrenees）到新迦太基（Carthago Nova）（即卡塔赫纳 [Cartagena]）这样通向沿海的罗马道路，它经过了萨贡特，接着经过巴埃提斯河，另一条道路从巴尔齐诺（Barcino）（即巴塞罗那 [Barcelona]）到达伊勒尔达（Ilerda）（即莱里达 [Lerida]）和奥斯卡（Osca）（即韦斯卡 [Huesca]）。在南部的道路还抵达巴埃提斯。② 格拉古兄弟改革时期，还修建了一条通往塔拉科（Tarraco）（即塔拉戈纳 [Tarragona]）的支线。

内战期间，恺撒与庞培在西班牙进行了激烈的争夺，"恺撒已经开始了西班牙的罗马化，但只是在公元前 26 年奥古斯都来到西班牙后才完成了这里的罗马化"。③ 奥古斯都出于安定行省的考虑，采取积极修建道路的政策，这一政策不仅可以把乡村联系起来，而且还能增加从港口到矿场这些内陆地区的动力。他修复了从塔拉科穿越瓦伦提亚（Valentia）到达新迦太基的道路，这条路还沿巴埃提斯河而行（从科尔多瓦到伊斯巴利斯 [Hispalis][即塞维利亚（Seville）]再到加的斯。学者们先从马克西

① Victor W. Von Hagen, *The Roads that Led to Rome*, pp. 234 – 235.
② Raymond Chevallier, *Roman Roads*, p. 156.
③ Victor W. Von Hagen, *The Roads that Led to Rome*, p. 236.

马大道（via maxima），后从奥古斯塔大道（via Augusta）（从莱佩尔图斯到加的斯共有1500公里）的里程碑中获得了很多能印证《奥古斯都功德碑》(Res Gestae) 的材料。事实上，《奥古斯都功德碑》记录了他野心勃勃的道路修建的最终目标是沿着古代传说中的赫拉克利斯的路线，从地中海地区穿越古老的传说地带，到达大西洋海滨。[1] 加德斯是古代赫拉克利斯线路上的终点，同时也是连接从罗马通过北意大利的内夫赫山道（the pass of Mont-Genevre）到达南西班牙的终点。

这里的里程碑清楚地显示出奥古斯都在这里还建有其他道路：从布拉卡拉（Bracara）（即布拉加［Braga］）穿越卢库斯奥古斯都（Lucus Augusti）（即卢戈［Lugo］）到阿斯图里卡（Asturica）（阿斯托尔加［Astorga］）的道路；从恺撒拉乌古斯塔（Caesaraugusta）（即萨拉戈萨［Saragossa］）到朱利约布里加（Juliobriga）（即雷格诺萨［Regnosa］）的道路；从埃美里塔（Emerita）（即梅里达［Merida］）到伊斯帕里斯的道路；从新迦太基到卡斯图罗（Castulo）的道路；从伊勒尔达到恺撒拉乌古斯塔、图里亚索（Turiasso）、克卢里亚（Clunia）、奥克罗都卢姆（Ocelodurum）（即萨莫拉［Zamora］）、阿斯图里卡、布拉卡拉、恺撒拉乌古斯塔（可能有两条路）的道路；埃美里塔到萨尔曼提卡（Salmantica）（即萨拉曼卡［Salamanca］，在这里，有一座桥位于塔古斯河上）；从科尔多瓦到卡斯图罗，马里亚尼山脉（Montes Mariani），以及奥雷塔尼（Oretani）地界的道路；奥古斯都还修复了从奥西吉《Ossigi》到伊斯帕里斯的奥古斯塔大道。

克劳狄修复了从新迦太基到比利牛斯的道路，他还在邻近卡斯图罗的道路上做了同样的修复工作，埃美里塔到萨尔曼提卡之间的道路以及阿斯图里卡和布拉卡拉之间的道路也得到了修复。尼禄重建了克卢里亚以西的道路，修复了奥古斯塔大道和从埃美里塔到萨尔曼提卡之间的大道。苇伯芗也修复了从布拉卡拉到阿斯图里卡的道路，并重建了位于巴埃提卡境内的奥古斯塔大道，规划了从埃美里塔到恺撒拉乌古斯塔的乡间道路，此路穿越了奥古斯托布里加（Augustobriga）、托勒图姆（Toletum）（即托莱多［Toledo］）、康普鲁图姆（Complutum）（邻近阿尔卡拉德埃纳雷斯［Alcala de Henares］）以及塞贡提亚（Segontia）。图拉真也修复了一条道路，也从萨尔曼提卡到埃美里塔，他还在卢西塔尼亚（Lusitania）和卡斯图罗地区建造了很多道路。

① Raymond Chevallier, *Roman Roads*, pp. 156 – 157.

对于罗马人在西班牙修建的道路，我们可以把它的主要干线作如下概括：从高卢穿越恩波里亚（Emporiae）和巴尔齐诺到达塔拉科的多米提亚大道；从波尔多到庞帕埃罗（Pompaelo）（即潘普洛纳［Pamplona］）和维诺维斯卡（Virovesca）的大道，在维诺维斯卡有一条道路相连；从塔拉科沿埃布罗河谷并穿过朱利约布里加到达阿斯图里卡的道路；从阿斯图里卡经卢库斯奥古斯都（Lucus Augusti）到布里干提乌姆（Brigantium）（即科鲁尼亚［Corunna］）的道路；从阿斯图里卡和布拉卡拉到奥利西波（Olisipo）的道路，并在奥利西波有一条支线通向朱利亚和平广场（Pax Julia）（即贝雅［Beja］）。从埃美里塔地区到伊斯帕里斯地区的主要道路是沿巴埃提斯河通向拉米尼乌姆（Laminium）和塔拉科的奥古斯塔大道，沿海的道路是：从卡尔特亚（Carteia）到马拉卡（Malaca）、新迦太基、萨埃塔比斯（Saetabis）、瓦伦提亚、萨贡托（Saguntum）、得尔多萨（Dertosa）（托尔托萨［Tortosa］）、塔拉科。还有一条从恺撒拉乌古斯塔到埃美里塔的乡间道路，途经比尔比利斯（Bilbilis）、康普鲁图姆、托勒图姆和埃美里塔。[①]

据斯特拉波说，在西班牙的道路共有 3200 公里，水路有 2500 公里，而罗马皇帝对西班牙的三个地区最感兴趣，即富饶的塔古斯河谷、西班牙西北部、巴埃提卡（Baetica）和马里亚尼山脉的矿场。因此，罗马人在这里的道路也最为密集。

（七）　不列颠

罗马征服以前，我们并不清楚不列颠的道路建设情况，但有学者认为，很明显，在罗马征服以前，不列颠就有自己的道路网络存在，并从三方面进行了证明：第一，从地形学上看，这里有大量的罗马征服以前的道路轨迹；第二，战车在不列颠铁器时代早期的使用，说明了其道路已经存在，作者还列举了许多古典作家（如恺撒、狄奥多罗斯、庞培尼乌斯、塔西佗、狄奥·卡西乌斯等）的记载；第三，作者认为，尽管不列颠如有的学者所认为的那样不可能辨认出前罗马时代的要塞，但古典作家明确记载在公元前 43 年克劳迪乌斯到达泰晤士河时，上面有桥梁存在，泰晤士河上的桥梁在一定程度上证明当时有高度发达的道路体系存在。[②]

罗马人对不列颠的征服开始于恺撒，公元前 55 年夏天，一则由于

①　Raymond Chevallier, *Roman Roads*, p. 157.

②　Tenney Frank, *An Economic Survey of Ancient Rome：Volume Ⅲ*, *Roman Britain*, *Roman Spain*, *Roman Sicily*, *La Gaule Romanine*, Paterson and New Jersey：Pageant Books, Inc. , 1959, pp. 17 - 23.

"这一年留下来的时间已经不够从事征战",再则由于"差不多所有的高卢战争中间,都有从那边(不列颠)来给我们的敌人的支援",因此,"凯撒还是决意到不列颠去走一遭","只要能够登上那个岛,观察一下那边的居民,了解一下他们的地区、口岸和登陆地点,对他也有莫大的用处"。① 就这样,恺撒开始了他的征服不列颠之行。尽管在他前往征服的途中,罗马诗人在向诸神祈祷:"当他在登上不列颠这一地球的尽头时,请诸神保佑他的成功吧!"② 但高傲的罗马诸神并没有理会诗人的祈求。恺撒率领两个军团在岛上登陆,结果遭到了当地居民的激烈反抗,而罗马舰队又遭遇到严重的风暴灾害,这样,恺撒的第一次征服以无功而返告终。第二年春天,恺撒再次出征不列颠,这次出征击退了当地居民的反抗,迫使他们交出了人质并保证交纳贡物,恺撒也对这一结果表示满意,凯旋而归高卢。③ 但是,"除去精神上的作用外,这次的出征几乎并没有得到实际的结果"。④ 塔西佗也不无遗憾地写道:"他虽然以一战之威慑服了当地的居民而占据了沿海之地,但必须知道:他并没有把这个岛交给后人,而只是替后人开辟了先路而已。"⑤ 因此,恺撒来到了,看到了,却没有征服得了。在此后的近百年时间里,罗马统治者因种种原因都没能征服不列颠,直到克劳狄皇帝时才真正征服这里,并把它纳入帝国的行省之列。⑥

　　罗马在不列颠的道路建设也是随着它的入侵开始的,"但是不列颠的罗马化却发展得很晚,而且罗马也放弃了对其北部的征服,最远只是到达了安东尼长城(Antonine Wall)和哈德良长城(Hadrian's Wall)"。⑦ 因此,不列颠的罗马道路主要集中在整个不列颠的中南部地区,特别是以伦敦为中心向四周扩散,这并非偶然现象,因为"伦敦在很早就成为这里陆路和水路上的重要贸易中心"。⑧

---

① 凯撒:《高卢战记》,任炳湘译,商务印书馆1979年版,第89页。

② Victor W. Von Hagen, *The Roads that Led to Rome*, p. 214.

③ 凯撒:《高卢战记》,第99—111页。

④ 科瓦略夫:《古代罗马史》,三联书店1957年版,第604页。

⑤ 塔西佗:《阿古利可拉传》,马雍、傅正元译,商务印书馆1997年版,第22页。

⑥ 克劳狄皇帝对不列颠的征服过程中,他本人并不是第一个率领军队登陆的人,而是在他的将军奥卢斯·普劳提乌斯(Aulus Plautius)取得胜利后才"派人恭请皇上驾临",他这样安排的"目的是在战事的重要时刻好让自己到场指挥,从而获取胜利的荣耀"。(陈可风:《罗马对不列颠的征服——从恺撒到克劳狄乌斯》,《世界历史》2004年第3期。)

⑦ Raymond Chevallier, *Roman Roads*, p. 159.

⑧ Ibid.

罗马人在不列颠的第一条道路是华特林大道（Watling Street），它从东南部肯特郡的首府杜诺维尔努姆（Durovernum）（即坎特伯雷）径直通向罗彻斯特。"华特林大道"是萨克逊时代人们对它的称呼，这一称呼一直保留了下来，而且现在看来也没有必要去改变它。[①] 这条道路最初可能起源于凯尔特人建造的小道，但是罗马人把它规划成大道，"它是不列颠岛上使用频率最高，也是最重要的大道"。[②] 在这条路的东南部，以杜诺维尔努姆为中心，向北、东、南三面的沿海港口延伸了几条主要的干线，依次分别是雷古尔比乌姆（Reculbium）、鲁图皮亚埃（Rutupiae）、杜布里斯（Dubris）（即多佛尔）、利姆皮内（Lympne），其中，通向利姆皮内的大道被称为石头大道（Stone Street），它是不列颠最早的大道之一。南部的阿什福（Ashford）也是重要的道路中心之一，它向四周分别与坎特伯雷、利姆皮内、滕德尔登（Tenterden）以及西北方向的森林地带相连。从罗彻斯特向南有一条大道通向塞德勒斯康贝（Sedlescombe），在途中与来自阿什福的道路相汇。从伦敦通向科尔彻斯特（Colchester）的大道与南部诸道路相联系。这是一条宽57英尺的大道，这一宽度是前所未有的，"很明显，它是一条能运送可达4万人的部队以及攻城器械、大象、骆驼等战略物资的军事大道"。[③] 从伦敦出发，另有三条主要的大道分别通向南方的刘易斯、布赖顿码头和奇切斯特，还有一些支线把这三条主要大道相连，这些支线还把当地的居民点相互联系起来。伦敦到刘易斯的道路全长44英里，到布赖顿码头的道路全长42英里多，到奇切斯特全长56英里多。这三条道路中最著名的是从伦敦到奇切斯特的这一条，它也被称为石头大道（Stane Street）。不仅它的大部分到现在都还在使用，而且是罗马时代最重要的道路。因为它把伦敦和苏塞克斯的首府雷格努姆（Regnum）相连，沿途还有两个非常著名的驿站，即普尔巴勒（Pulborough）附近的哈尔德哈姆（Hardham）驿站和霍尔塞姆（Horsham）西部的阿尔福尔丁（Alfoldean）驿站。[④] 这三条道路所经过之地是不列颠重要的铁制品区和谷物产区，沿海还有许多对外贸易的重要港口，特别是布赖顿码头。

伦敦西南和西部地区的道路中，首先是一条通向锡尔切斯特的道路，这条道路很有特点，它是一条单一的大道，途中没有支线。到了锡尔切斯

---

① Ivan D. Margary, *Roman Roads in Britain*, London: Baker, 1973, p. 34.

② Victor W. Von Hagen, *The Roads that Led to Rome*, p. 214.

③ Ibid., p. 216.

④ Ivan D. Margary, *Roman Roads in Britain*, p. 64.

特，这里的道路向北、西、南三个方向延伸，成扇形分布，十分密集。向南，它通向温彻斯特和南安普敦及锡尔切斯特的沿海出口；向西南，它通向老萨鲁姆（Old Sarum）、多尔切斯特（Dorchester）和埃克塞特（Exeter）；向西和西北，它通向巴斯（Bath）、塞伦塞斯特（Cirencester）和格洛斯特（Gloucester）。这样，从伦敦往西，锡尔切斯特便成为这一地区最重要的交通枢纽。锡尔切斯特往西，老萨鲁姆又是另一道路交通中心，它向东通向温彻斯特，向北通向米尔登霍尔（Mildenhall），在靠近马尔巴勒（Marlborough）的地方与来自塞伦塞斯特的道路相交汇，向西通向曼迪普山区（Mendip Hills），同时，通向这里的道路还继续向西南延伸至巴德布里林斯（Badbury Rings）、多尔切斯特及沿海地区。

从巴德布里林斯向西的多尔切斯特是另一个道路中心。向南，它通向韦默思（Weymouth）；向西北通向壕沟大道（Foss Way）上的伊尔切斯特（Ilchester），并沿波尔登山区（Polden Hills）与布里斯托尔海峡相连；向西穿过沿海多山地区通向埃克塞特。在这里，埃克塞特向南与托普塞姆（Topsham）港口相连；向西南与坦布里吉（Teignbridge）港口相通；向西，通向奥克汉普顿（Okehampton）、朗斯顿（Launcester）、博德明（Bodmin）和雷德鲁斯（Redruth），还可向西北经过克雷迪顿（Crediton）到达比德福（Bideford）和巴恩斯特普尔（Barnstaple）。在阿克塞（Axe）河谷，有一条来自林肯的著名大道，那就是壕沟大道，它穿过巴斯和伊尔切斯特径直通向这里。在伊尔切斯特，还有一条大道向东南通向多尔切斯特，向西北通向波尔登山区。

从伦敦向西和西北方向，主要有4个道路网络，它们分别以锡尔切斯特、壕沟大道、塞伦塞斯特（来自伦敦的道路经过这里与壕沟大道相连）和华特林大道延伸出来的道路为中心。从伦敦通到锡尔切斯特的大道，在这里连接了好几条道路，其中一条往西南方向通向索尔兹伯里（Salisbury）和多尔切斯特，另一条向西北通向塞伦塞斯特和格洛斯特，这两条道路都很古老。第二条道路上有一条重要的支线通向巴斯并继续前往阿冯（Avon）河谷与另一条道路在西米尔斯（Seamills）附近相汇合。从这条支线往南可到达曼迪普山区的铅矿区，向北沿塞文河谷（Severn valley）到达格洛斯特。

壕沟大道沿东北方向从巴斯通向塞伦塞斯特，并从巴斯向北，经过兰斯当山（Lansdown），沿科特斯沃尔兹（Cotsnorth）到达塞伦塞斯特。有一条支线穿过这条路，从经过壕沟大道的伊斯顿格累（Easton Grey），穿越宁普斯菲尔德（Nympsfield）到达塞文在阿林罕（Arlingham）的最低地带。从塞伦塞斯特出发还有很多小路通向西南方，怀特大道（White Way）也从这里通向北方。离开塞伦塞斯特后，壕沟大道几乎是笔直地通向大十字路口（High Cross），在这里与华特林大道相遇。

从塞伦塞斯特往东，阿克曼大道（Akeman Street）横穿不列颠中部地带，再向东北通向阿尔切斯特（Alchester）和向东南通向圣阿尔班斯（St. Albans）。它在阿尔切斯特与陶切斯特（Towcester）到锡尔切斯特的道路相交。在阿尔切斯特还有一些小路。

当然，在这一地区最重要的道路还是华特林大道，它从伦敦经过圣阿尔班斯和陶切斯特径直通向大十字路口，在这里，它穿越壕沟大道并继续向西延伸到罗克塞特（Wroxeter）。在华特林大道上，在圣阿尔班斯和陶切斯特有两条支线；向东，有一条小路通向北安普敦（Northampton）；向南，还有一条小路通向伊里切斯特（Irchester）。[①]

在伦敦北部地区，也就是东部高地地带，"这里的道路体系基本上完全以罗马北大道（North Road）即埃米林大道（Ermine Street）为基础形成。这条大道从伦敦出发，跨越这一整个地区通向林肯，并最终通向不列颠行省的北部首府约克"。[②] 这条大道从伦敦出发，除了有点向东方弯曲外，几乎是径直向北通向罗伊斯顿（Royston）。这个弯道位于布劳因（Braughing）附近，在布劳因，有三条支路：一条向东通向科尔彻斯特；一条向东北方向通到彻斯特福特（Chesterford）；第三条通向北部地区。为了避免沼泽地带，埃米林大道在罗伊斯顿转向了西北方向，在穿越了亨廷顿（Huntingdon）附近的乌塞河（Ouse）、彼得博罗（Peterborough）4英里外的涅涅河（Nene）和斯坦福德（Stamford）附近的韦兰德河（Welland）后，朝正北方向的高地走去，经过安卡斯特（Ancaster）继续径直前行48英里到运亨博（Humber）。在林肯，它与壕沟大道相连，再向北前行4英里，有一条支线通向约克。为了避免特伦特河（Trent）、爱德河（Idle）、屯河（Don）、艾尔河（Aire）这些低洼地带，这条路才不得不弯曲，直到在卡斯尔福特（Castleford）经过最后一条河后才再向北。接着再通向阿尔博罗（Aldborough）、卡特里克（Catterick）和奥克兰主教区（Bishop Auckland）。在经过斯瓦尔河（Swal）几英里后，就经过卡特里克桥，在这里又有一条支线通向西北，经过伊甸（Eden）河谷和卡莱尔（Carlisle），到达安东尼长城的西端克莱德（Clyde）。通向北部的华特

---

① Ivan D. Margary, *Roman Roads in Britain*, pp. 129 – 130.
② Ibid. , p. 189.

林大道继续向前行，在科尔布里吉（Corbridge）附近穿过泰恩河（Tyne）和 3 英里远的罗马城墙后，它又沿直线通向西北，经过福斯（Forth）南部的切维奥特（Cheviot）到达斯特林（Stirling）和珀斯（Perth）。在安东尼长城稍北的地方，有一条支线通向东北的特威德茅斯（Tweedmouth）。此外，还有一些小的道路。

就埃米林大道在伦敦附近的位置和建造情况，学术界还有一些争论的问题，如它是否通过伦敦大桥与伦敦相连。① 但是，我们不可否认，埃米林大道在伦敦以北地区乃至整个不列颠的重要地位。"它是除华特林大道之外的整个不列颠最重要的大道，因为它设计的目的就是要保持罗马在林肯和约克的主要军事占领中心之间的直接联系，而约克也注定要成为北部地区的国民政府中心。"②

还必须提到的一条著名大道就是壕沟大道，它从林肯出发成斜线径直穿越中部地带，经过纽瓦克（Newark）、莱斯特、大十字路口、塞伦塞斯特、巴斯、到达阿克茅斯（Axmouth）附近。最新的研究表明，它的最初起源被认为是为了连接临时性的前线，至少在中部地区是这样，它覆盖了不列颠低地丰饶的农业区，而把条件艰苦的高地隔离开来，这一观点颇有新意。③ 它最迟在公元 47 年就已经建成。

不列颠其他地方的道路要比上面描述地区的道路少得多，而且在重要性方面也大不如前面所述。如在东英格兰地区，我们所知道的情况就非常少，因为这些地方几乎没有留下罗马道路的什么遗迹，而这里的教区边界既对追溯罗马道路没有多大用处，又不能为那些罗马营站之间的线路提供什么证明。④

从前面的描述中，我们完全可以看出，不列颠道路在分布上的特点是它的"主要道路轴线是南北向的，南边的起点在伦敦，向北经过林肯，终点在约克"。⑤ 这一分布特点基本上与罗马对不列颠的征服方向和路径大致吻合。

在佩乌丁格里亚那地图中，描绘的不列颠道路主要有三条：（1）从

---

① Thomas Codrington, *Roman Roads in Britain*, London: S. P. C. K. 1903（revised 1918），p. 128.（这一争论已经被近年的考古发掘成果画上了句号，事实上这里不但有桥相连接，而且罗马时代在些建立的桥梁还不止一座。详见本书第二章第二节。）

② Ivan D. Margary, *Roman Roads in Britain*, 194.

③ Ibid. p. 498.

④ Thomas Codrington, *Roman Roads in Britain*, p. 211.

⑤ Romolo Augusto Staccioli, *Roads of the Romans*, p. 106.

里都努姆（Ridunum）（圣·德文的西顿）到伊斯卡·杜米诺里约努姆（Isca Dumnoniorum）（埃克塞特）；（2）从伦敦到坎特伯雷和多佛尔，以及从多佛尔到里查区和利普内；（3）从伦敦到科尔切斯特和东英吉利。①

根据《安东尼指南》，不列颠的主要大道包括以下 15 条：

（1）布伦—里查区，接下来是上罗彻斯特—科布里奇—纽约—布拉夫—亨伯；

（2）比伦斯—卡莱尔—斯坦莫尔—纽约—彻斯特—罗克斯特—伦敦—里查区；

（3）伦敦—坎特伯雷—多佛尔；

（4）伦敦—坎特伯雷—利普内；

（5）伦敦—科尔切斯特—剑桥—卡斯特—安卡斯特—林肯—唐克斯特—约克—斯坦莫尔—卡莱尔；

（6）伦敦—高地—林肯；

（7）奇切斯特—比特恩—温彻斯特—锡尔切斯特—伦敦；

（8）约克—唐克斯特—林肯—高地—伦敦；

（9）凯斯托，接下来是诺威奇—科尔切斯特—伦敦；

（10）拉文格拉斯—安布尔赛德—维根—曼彻斯特—米德尔威奇；

（11）卡那封—刁斯特；

（12）卡马森—卡利恩—阿伯加文尼—肯切斯特—罗克斯特；

（13）卡利恩—瓦斯克—韦斯顿向下，沿彭雅德—格洛斯特—赛伦塞斯特—锡尔切斯特；

（14）卡利恩—凯尔文特—米尔斯海—巴斯—锡尔切斯特；

（15）锡尔切斯特—温彻斯特—老塞勒姆—多尔切斯特—埃克塞特。

关于这些道路，有学者认为它可能是作者从某张地图上复制过来的，也有学者认为这些"道路"可能只是描述的帝国驿站的常规路线，而不是道路本身。如果真是这样的话，那么不列颠用于驿邮的常规路线主要包括 4 条：（1）到坎特伯雷和肯特港口的路线；（2）到锡尔切斯特的路线；（3）华特林大道；（4）到科尔切斯特的路线。壕沟大道只是在高地和林肯地区才用作这种用途，威士尔地区用作这种用途的道路只有位于卡利恩和切斯特之间的南北向道路以及从它的末端到卡马森和卡那封的道路；还

---

① Tenney Frank, *An Economic Survey of Ancient Rome*：*Volume Ⅲ*，*Roman Britain*，*Roman Spain*，*Roman Sicily*，*La Gaule Romanine*，Paterson and New Jersey：Pageant Books, Inc.，1959, pp. 21－22.

有就是向北经过约克郡的所有道路。在兰开郡，除了第 10 驿站，所有的其他道路都被完全忽略了，很奇怪的是，这里道路的每一端都像被悬在空中一样，在它们途中没有重要的地方可供使用。这只是《安东尼指南》的一部分，其他部分都很明显地用经过选择的路线加以连接。这样，从伦敦和林肯出发，作者根本没有给我们提供直接的道路，这些道路都没有经过重要的城镇，而是穿过科尔切斯特或者韦鲁勒姆或莱切斯特。从卡莱尔到切斯特，他经过了约克；从伦敦到奇切斯特，他不是直接走的石头大道，这里没有城镇，而是穿过锡尔切斯特、温彻斯特和比特恩这样距离远一倍的路线。[1] 作者经过分析认为，《安东尼指南》为我们提供了一幅不容置疑的帝国在不列颠的驿邮图景，但这些驿邮基本上都是以道路为基础的。

最早全面研究不列颠罗马道路的史学家科德林顿指出："罗马占领时期建设的道路不如哈德良长城遗址或古代城市遗迹那样具有吸引力，但是，就它的范围与持久性的特征与影响而言，它们却堪称不列颠乡村中最重要的罗马工程。它们是罗马世界道路体系的重要组成部分，许多世纪以来，它们一直是这个岛上的主要交通渠道；它们当中的一部分至今保存完好，另有很大部分已经成为今天仍在使用的道路之基础。"[2] 因此，重视对不列颠罗马道路的研究不仅对不列颠的历史研究有重要意义，而且对整个罗马史研究也不无裨益，同时还可以给今天的道路建设提供借鉴和帮助。正如当初科德林顿提出的殷切希望那样："尽管大部分罗马道路已经得以恢复或者在建造现代道路的过程中被毁，但是，还有很多地区仍有待发掘，这些发掘应当费力不大，我们期待着更完善的研究结果出来。"[3] 或许正是他的期待，在 60 余年后，马嘉里出版了与科德林顿著作同名的、研究不列颠道路的权威著作《不列颠的罗马道路》。

（八）高卢

在恺撒征服高卢之前，罗马人统称的高卢，是指意大利的卢比孔河和比利牛斯山以北、莱茵河以西，直到大西洋的大片地区。它的范围很广，主要包括今天的法国、比利时、卢森堡、瑞士大部分地区、德国西部地区和荷兰。恺撒在《高卢战记》中首次把这一地区划分为不同的区域，他

[1] Tenney Frank, *An Economic Survey of Ancient Rome*: *Volume Ⅲ*, *Roman Britain*, *Roman Spain*, *Roman Sicily*, *La Gaule Romanine*, Paterson and New Jersey: Pageant Books, Inc. , 1959, pp. 20 – 21.

[2] Thomas Codrington, *Roman Roads in Britain*, p. 7.

[3] Ibid. , p. 386.

以阿尔卑斯山为界，把这里分为山内高卢（Gallia Cisalpina）和山外高卢（Gallia Transalpina）（简称内高卢［Gallia Citerior］和外高卢［Gallia Ulterior］）；内高卢再可以柏度斯河（今波河）为界，分为河南高卢（Gallia Cispadana）和河北高卢（Gallia Transpadana）。恺撒的这一划分和名称的使用一直延续到公元5世纪。① 我们这里所指的高卢范围主要是指罗马的高卢行省，即以今天的法国为中心的广大地区。

高卢是欧洲文明开化较早的地区之一，这里土地肥沃，人口稠密，农业、畜牧业、手工业和商业都很发达，并以拥有大量黄金而出名。罗马人很早就与这里有交往，特别是罗马商人，他们经常穿梭于意大利与高卢之间；当然，高卢人也与意大利关系密切，最令人难忘的就是公元前396年，高卢人对罗马的入侵与洗劫。

在古代高卢地区，这里的交通留给人们印象更深刻的是纵贯全境的河流及其发达的水上运输。斯特拉波特别强调了凯尔特高卢密集的河流，且河流流向颇为有利，他说："（这里）陆地、河流与海洋相互协调和谐：河流穿过之地大多是平原或是能航行的水道所穿越的多山地区，而且这些河流之间的相互联系非常容易，以至于能保证货物根本不从陆上经过，而是沿着这些河流从一个海域通向另一个海域，再从海上运往平坦的陆地。大多数情况下，货物的运输是通过水路进行的，有些主要是从下游向上游运，有些则是从上游往下游运。"② 尽管水路在高卢占有特别的地位，但是，在罗马征服高卢前，这里的陆路也早就存在，它们主要是一些依照地形走势而形成的，特别是沿大河河谷走向而形成。事实上，"恺撒对高卢的征服就是在原先道路和港口的帮助下完成的，除此之外，我们没有其他方法可以理解他进军的速度"。③

与罗马在其他地区一样，它的道路建设总是伴随着军事征服而开始的，高卢也不例外，"当罗马开始征服高卢时，这里的罗马道路体系也开始建立了"。④ 高卢境内的第一条罗马大道是从意大利本土延伸出来的。奥勒里亚大道从罗马北部延伸到卢纳，从卢纳到热那亚的这段奥勒里亚道路被称为埃米利亚·斯卡乌里大道；它在穿过阿尔卑斯的沿海地区后，又被称为朱利亚—奥古斯塔大道；它在高卢沿海地区又被称为多米提亚大

---

① Graham Speake, *The Penguin Dictionary of Ancient History*, London: penguin Books, 1994, p. 279.

② Strabo, *Geography*, IV, 1, 2.

③ Raymond Chevallier, *Roman Roads*, p. 160.

④ Victor W. Von Hagen, *The Roads that Led to Rome*, p. 192.

道，因此，"罗马在高卢修建的最古老的道路应是多米提亚大道"。① 多米
提亚大道进入西班牙后被称为赫尔库利亚大道（via Herculia），并把它与
赫拉克利斯神话联系起来。多米提亚大道从罗讷河到比利牛斯山，即从塔
拉斯康（Tarascon）穿过尼姆（Nimes）、贝齐埃尔（Beziers）和埃尔内
（Elne）到莱佩尔图斯。此路由副执政官多米提乌斯·阿埃罗巴尔布斯
（Domitius Ahenobarbus）完成，他还在这里留下了高卢地区最古老的里程
碑，该里程碑显示通往纳尔榜的路程为 20 英里。根据波里比乌斯记载，
这条道路从皮纳斯（Pillars）到新迦太基（New Carthage）有 3000 斯塔
德②，到埃布罗有 2600 斯塔德，从埃布罗到恩波里亚有 1600 斯塔德，从
恩波里亚到罗纳河交叉叉口也是 1600 斯塔德。最后一部分道路被罗马人认
真地以每 8 斯塔德一个里程碑标立过。③ 在公元前 118 年建立纳尔榜后仍
然作为总督停留在该省的执政官后来又把意大利和西班牙行省相连接，该
行省的行政最早可以追溯到公元前 197 年，即在纳尔波奈高卢（Gallia
Narbonensis）建立之前 80 年。他还建立了一个名叫图密善广场（即蒙特
巴森［Montbazin］）的居民点。

　　公元前 27 年，在奥古斯都决定前往高卢旅行以及他决定对陆上道路
进行登记后，他指派阿格里帕负责高卢地区的道路建设。阿格里帕把现存
的道路进行了必要的合并，兴修了一些新的大道并带来了新的技术。新的
道路网络由 4 条充分利用高卢地峡地形修建的军事大道组成。它的中心位
于里昂，它是以沿罗讷河、索恩河、摩泽尔河（Moselle）和莱茵河为中
心道路网络，还有一条由里昂到阿奎塔尼亚（Aquitania）和纪龙德的道
路。有一条道路经过罗昂、维希（Vichy）、克莱蒙（Clermont）、苏尔谷
地（the Sioule valley）、利摩日（Limoges）（在这里，又有一条从洛代夫
［Lodeve］到罗德兹［Rodez］的道路与之相交）、卡奥尔（Cahors）和佩
里格（Perigueux），再通向阿奎塔尼亚行省的首府桑提斯（Saintes）。"里
昂圆形大剧场上的铭文提到罗马和奥古斯都的祭司盖乌斯·朱利乌斯·鲁
福斯（Caius Julius Rufus）捐献了在桑提斯的日耳曼尼库斯凯旋门，在这
么遥远的地方，我们只能理解为，只有上述道路才是罗马存在的标志。"④
对于里昂在高卢的重要地位，斯特拉波曾做过充分的说明："自从卢古杜

　　① Raymond Chevallier, *Roman Roads*, p. 160.
　　② 斯塔德（Stadium，复数 stade），古希腊长度单位，一斯塔德相当于 607—738 英尺。
　　③ Polybius, *The Rise of the Roman Empire*, Ian Scott-Kilvert trans., London: Penguin
　　　Books, 1979, 3, 39.
　　④ Raymond Chevallier, *Roman Roads*, pp. 161 - 162.

鲁姆（Lugdunum）（即里昂）成为凯尔特的中心以后，由于它是众多河流的交汇处和进入其他许多地区的入口，它在很大程度上就成了这里的首府。阿格里帕把这里变成了众多道路的出发点：一条道路经过塞文山脉（Cevennes Mountains）通向阿奎塔尼亚的尾端和桑托内斯人（Santones）的领土；一条道路通向莱茵河；一条道路通向海岸，这是第三条通向贝罗瓦齐（Bellovaci）和昂比亚尼（Ambiani）地区的道路；一条道路通向纳尔波奈高卢并远至马赛海岸；还有一条经过卢古杜鲁姆左岸并沿该城上游方向与波埃尼努斯（Poeninus）相汇合，它穿越了罗讷河或莱芒湖（Lake Leman）到达赫尔维提（Helvetii），并从这里，穿越乔拉山脉（Jura mountains），到达塞奎尼人（Sequani）和林戈内斯人（Lingones）的领土，在这里，该路分两个方向前进，一条伸向莱茵河地区，另一条通向大海。"①

里昂是克劳狄的故乡，他完成了这里的道路体系的建设，许多里程碑已经证实了这一点。克劳狄对通往莱茵河的道路很感兴趣，但他并没有忽略西部地区，他规划了一条从夏尔特尔（Chartres）到怀特岛（the Isle of Wight）对岸的科唐坦（Cotentin）半岛的道路，公元 43 年，他正是从格索里亚库姆（Ggsoriacum）（即布洛涅［Boulogne］）开始征服不列颠的。②

阿格里帕在高卢建造的道路中比较重要的一条是从阿尔（Arles）出发与多米提亚大道相交的道路，这条路现在还被称为法国第七国家大道（Route Nationale 7）。③ 阿尔与罗讷河谷及马赛相连，而罗讷河谷又是高卢人的粮仓，这里盛产小麦、粟米、燕麦、大麦。在阿尔，这些货物沿罗讷河而下，运送到海边。因此，我们可以看出，阿格里帕在高卢的陆路建设体系是与这里的水路交通连为一体的。在北高卢地区，由于与不列颠的联系关系，而且由于在莱茵河沿罗马"边界"有大量驻军，因此，朗格勒（Langres）、兰斯（Rheims）、特里夫斯（Treves）（即特里尔［Trier］）和巴瓦伊（Bavai）这些地方也有很多罗马道路，它们的重要性"甚至要超过巴黎"。④

罗马对莱茵河口也很感兴趣，特别是那些适于航行的运河。罗马人充分利用莱茵航道和佛兰德（Flander）的沿海航线，通过水上运送军队可以与沿海的行动形成钳形攻势。这样，他们一方面就可以进入埃姆斯河

---

① Strabo, *Geography*, IV, 6, 2.

② Raymond Chevallier, *Roman Roads*, p. 162.

③ Victor W. Von Hagen, *The Roads that Led to Rome*, p. 198.

④ Raymond Chevallier, *Roman Roads*, p. 162.

（Ems）和威悉河（Weser），另一方面又可以进抵利珀河（Lippe）。这种策略是针对日耳曼腹地的，它由德鲁苏斯（Drusus）、日耳曼尼库斯（Germanicus）和科尔布罗（Corbulo）最先开始实施的。科尔布罗征服了弗里西亚人（Frisians）（即荷兰人），他再一次使得航行到佛勒沃湖（Lake Flevo）和与莱茵河及大海相连的各河成为可能。德鲁苏斯曾修建过一条运河使得莱茵河的主河道与佛勒沃湖相连。

安托尼乌斯（Antonius）负责修复了高卢的道路（阿尔—维埃纳[Vienne]，特里夫斯—科隆，阿文希[Avenche]—洛桑[Lausanne]）并增加了一些次要的道路。根据里程碑所提供的信息，在塞普提米乌斯·塞维鲁时代，其他一些道路也得到了恢复。在比利时、瑞士和莱茵河的谷地中，有许多可以追溯到卡拉卡拉时代的里程碑。

高卢西部地区仍然与世隔绝，因此，这里的道路建设相对落后，这在一定程度上也能说明为什么这里的罗马化程度比较低，而且在时间上也要晚得多。

（九）日耳曼尼亚地区

在日耳曼尼亚地区，恺撒是第一个渡过莱茵河的罗马统帅。公元前56—前55年的冬天，乌西彼得斯人（Vsipete）和登克德里人（Tencteri）的日耳曼部落带领妻儿大量地渡过莱茵河下游地区，虽然他们这样做显然没有侵略意图，只是想寻求居住空地，但是"凯撒决定自己应该渡过莱茵河去一次"，要"让他们看看罗马军队不但能够，而且也敢于渡过莱茵河，使他们也为自己的身家性命担几分忧"。① 也就是在这次渡河中，恺撒在莱茵河上修建著名的木桥。（关于恺撒木桥的详细情况，参见本书第二章《罗马道路的组成部分及建设》）

恺撒被刺杀后，罗马又陷入混战之中，趁此机会，日耳曼人又不断地向南侵犯，这给罗马的统治带来了极大威胁。奥古斯都结束内战后，决心统一整个日耳曼地区，但他的统一过程并不轻松，事实上，奥古斯都一生中的"两次可耻的重大失败"都是日耳曼人造成的，他那歇斯底里的痛苦喊叫"克文提里乌斯·瓦鲁斯，还我军团！"也是日耳曼人留给他的苦果。② 公元前38年，他派自己的得力助手阿格里帕到达莱茵地区。阿格里帕在莱茵河左岸设立了乌比（Ubii）驻扎地（即现在的科隆），50多年间，乌比发展成为莱茵地区最大的城市，并获得了科洛尼亚·阿拉·阿格

---

① 凯撒：《高卢战记》，第86页。
② 苏维托尼乌斯：《罗马十二帝王传》，第59页。

里皮内西乌姆尊贵的殖民地称号。① 乌比城建立三年后，苏刚布里人（Sugambri）就跨过莱茵河，洗劫并焚毁了这个驻扎地，而且还攻击这里的军团和罗马代表，这使得奥古斯都十分恼火，他亲临此地，以加强这里的统治。他把防线推进到易北河（Elbe）流域，位于莱茵河和易北河之间的所有部落都被他消灭。就是在这一过程中，为了便于运送军队，阿格里帕着手莱茵河两岸的道路建设。

由于莱茵河地区河流纵贯，遍地沼泽，阿格里帕采取了最原始的铺路方法，就是用大木头铺成道路，这种历史悠久的铺路方法早在公元前2500 年就在比利时、荷兰下日耳曼地区盛行，有好多在木头之间用炭泥灰连接的道路还保留至今。② 罗马人发现这种土办法是一种快捷的交通方式，因为它很容易建造。把橡树锯成长 10 英尺长（这是当地的标准宽度）的圆木板，在木板的两端打上用于插大木钉的洞，再把这些圆木板放在用小灌木做成的棒束上面，最后把路铺平后再用木钉把圆木板和棒束及地面钉牢，这样，木头路就铺成了。罗马人对这种原始的木头路进行了改进，他们在路的两边挖了排水沟，并在沟里插上灌木棒束。这样做有两方面的好处：第一是两边的沟可以把路中的水排除；第二是这些棒束排在道路两边，可以清晰地展示出道路的行进方向，从而把它们同以前当地人的那些在地面上毫无特色的道路相区分。这些所谓的道路实际上类似于堤道（causeway），因此，罗马人把它们称为 pontes（单数是 pons，本意是桥），把那些路程较远的木头路称为 pontes longi。③

很快，这种木头路在莱茵河两岸变得非常普遍，从乌比城到易北河流域就是通过这种道路连接起来的。德鲁苏斯在对日耳曼的征服过程中也使用这种道路。公元前 12 年，德鲁苏斯抵达利珀河，他的军团在这里修建了著名的德鲁苏斯运河（Fossa Drusi），把莱茵河地区与须德海区域的众多湖泊连接起来，从而使得他的舰队可以驶进北海，这样，他就成为"第一个游弋北方海洋的罗马将军（公元前 15 年）"。④ 德鲁苏斯运河不仅包括约二英里长的一道运河，⑤ 而且还包括河流本身加宽的河道。公元前9 年，他还在这里修筑了水堤。

---

① Victor W. Von Hagen, *The Roads that Led to Rome*, p. 177. 这是以阿格里帕的孙女儿的名字命名的，以纪念她在这里出生。

② Victor W. Von Hagen, *The Roads that Led to Rome*, p. 188.

③ Ibid. , p. 178.

④ 苏维托尼乌斯：《罗马十二帝王传》，第 192 页。

⑤ 这道运河把阿恩海姆（Alme）附近莱茵河的北部支流和依赛尔河（Yssel）连接起来。

德鲁苏斯的工程在后来的日耳曼长官手中得以继续。公元 47 年, 科尔布罗 "为了使士兵有事可做, 他要他们在莱茵河和摩泽尔河 (Mosselle) 之间挖一道 23 英里长的运河, 这样一条便路使得人们可以避开大洋的危险 (即北海上两个河口之间的危险航路)。"① 公元 55 年由下日耳曼长官彭佩乌斯·保里努斯 (Pompeius Paulinus) 同样 "为了不使军队无所事事, 保里努斯要士兵们修筑一道制服莱茵河河水泛滥的大堤, 这项工程早在 63 年前就曾由德鲁苏斯开始实施。维图斯 (Vetus) 则计划用一道运河把摩泽尔河和阿拉尔河 (Arar) (即索恩河) 连接起来; 这样从地中海通过水路到罗讷河和阿拉尔河的货物就可以从运河进入摩泽尔河, 转莱茵河而进入大洋 (北海) 了。这种办法可以消除陆上转运时由各种地势而造成的困难, 并且可以在西方和北方 (指地中海西部和北海) 的海岸之间造成一条可以通航的水路"。② 德鲁苏斯开创的运河工程在彭佩乌斯·保里努斯手中最后完成。公元 70 年, 这条运河被朱利乌斯·奇维里斯 (Iulius Civilis) 摧毁。③

莱茵河地区的主要道路大致分布如下: 在它左岸地区有一条主要的大道, 其起点在山内高卢, 经过库里亚 (Curia) 和布里干提乌姆 (即布雷根茨 [Bregenz]) 到达拉埃提亚, 再沿湖的南边向前, 到达图里库姆 (Turicum) (即苏黎士)、文多尼萨 (Vindonissa) 和奥古斯塔拉乌里科鲁姆 (Augusta Rauricorum) (即奥古斯特 [Augst]), 在这里, 与之相连的另有一条道路通向阿尔卑斯波埃尼纳埃 (Alpes Poeninae)、罗乌索纳 (Lousonna) (即洛桑) 和阿文提库姆 (Aventicum)。很快, 这里成为通向卡比罗鲁姆 (Cabillonum) (即查朗 [Chalon]) 和维索恩提奥 (Vesontio) (即贝桑松 [Besancon]), 以及在此继续通向阿尔根托拉特 (Argentorate) (即斯特拉斯堡 [Strasburg])、塔贝尔纳埃 (Tabernae)、诺维奥马古斯 (Noviomagus) (即诺伊斯 [Neuss])、波尔贝托马古斯 (Borbetomagus) (即沃尔姆斯 [Worms])、莫哥恩提亚阿库姆 (Mogontiacum) (即美因茨)、康富鲁恩特斯 (Confluentes) (即科布伦茨 [Coblenz])、里哥马古

① 塔西佗:《编年史》, 王以铸、崔妙因译, 商务印书馆 1997 年版, 第 334 页。
② 塔西佗:《编年史》, 第 446 页。
③ 这条运河的目的是为了加强罗马在这一地区的边界防御力量的: 在河道分叉后, 通过水堤以增加右面即北面河道的水量。水堤把南面河道即瓦尔河 (Waal) 的部分河水引入北面的河道。奇维里斯摧毁了水堤, 就使得北面的河道河水枯竭, 但南面的河道充满了河水。这样, 他一方面加强了对罗马人的防御, 同时在另一方面又便利了他同日耳曼的联系。因此, 塔西佗说:"他 (奇维里斯) 就使莱茵河的河水汹涌澎湃地沿着毫无阻碍的河道泄入了高卢。"(塔西佗:《历史》, 王以铸、崔妙因译, 商务印书馆 2002 年版, 第 351 页。)

斯（即雷马根［Remagen］）的道路之交汇地，这些道路最后通向下日耳曼尼亚（Germania Inferior）地区：波纳（Bonna）（即波恩）、科洛尼亚（Colonia）、阿格里皮纳（Agrippina）（即科隆）、诺瓦埃西乌姆（Novaesium）（即诺伊斯）、维特拉（Vetera）、乌尔比亚图拉真（Ulpia Traiana）、特拉耶克图姆（Trajectum）（即乌特勒支［Utrecht］）、路古恩杜鲁姆巴塔维鲁姆（Lugundunum Batavorum）。[①] 其中，美因茨是罗马在这一地区的重要堡垒。这里曾驻扎有两个罗马军团统治莱茵河地区，罗马营寨就安置在河边的高地上，在营寨周围，许多大农庄迅速发展起来，周围的道路修建得很好，维护得也不错。公元 39 年，卡里古拉皇帝带着大批扈从由罗马来到这里，全程共 966 罗马里，但只花了四天时间就到了，道路之良好，可见一斑。后来，普里米格里亚·皮亚·费德里斯的第 22 军团（Legio XXII Primigenia Pia Fidelis）长期驻扎在美因茨，直到晚期帝国时代。

在上日耳曼地区（Germania Superior）还有以下一些道路：从罗乌索纳到维索恩提奥、安德马图努姆（Andematunnum）（即朗格勒），再由此转向比尔吉卡（Belgica）的道路；查朗—朗格勒的道路，再从这里伸向诺维奥马古斯、索里马里亚卡（Solimariaca）、比尔吉卡（特里夫斯—特里尔），再通向美因茨或科隆；阿尔根托拉特—特雷斯塔贝尔纳埃—迪沃杜鲁姆（Divodurum）（即梅斯［Metz］）和比尔吉卡的道路；还有一条重要的战略要道：格索里亚库姆—格米尼亚库姆（Geminiacum）—佩尔维齐亚库姆（Pervicia）—阿迪阿图卡（Aduatuca）—科隆或维特拉。

在莱茵河和多瑙河之间，有一条道路沿莱茵河的右岸从奥古斯塔拉乌里科鲁姆到阿奎（Aquae）（即巴登）、罗哥杜努姆（Logodunum）和美因茨，还有一条平行大道通向黑森，途中经过文多尼萨、阿拉埃弗拉维亚（Arae Flaviae）（即洛特维勒［Rottweil］）、苏美罗克纳（Sumelocenna）和格里纳里奥（Grinario）。当多瑙河得到有效组织后，原有的从奥古斯特到温迪什（Windisch）的道路由两条新的道路相连：一条沿内卡河（Neckar）通向美因茨，另一条沿金齐希（Kinzig）通向斯特拉斯堡。

还有许多支路从莱茵河通向罗马边界和多瑙河以及通向大日耳曼（Germanicus Magna）地区，从沿途发现的许多陶器碎片可以看出，这些道路主要是沿着莱茵河右岸（利珀河）的谷地而修建的。[②] 在公元 90 年以后，多瑙河沿线的重要性大大增加，同样出于军事需要的原因，这些地

---

① Raymond Chevallier, *Roman Roads*, p. 172.
② Ibid. , pp. 172 - 173.

区的道路建设也得到了加强。

日耳曼地区的罗马道路建设不仅在罗马道路建设史上，甚至在世界道路建造史上都是很有特点并引人注目的。其中最突出的特征可以归纳为两点：第一，由于这一地区地势低洼，河流众多，因此，罗马人在这里对运河的建设尤其突出。从公元前 9 年开始，德鲁苏斯着手规划并修建运河开始，到保里努斯完成这里的运河网络，前后共持续了 60 多年。这些运河不仅在罗马对这一地区的军事控制中占有重要地位，对促进这一地区的经济与商业发展也极具意义，因此，它也在一定程度上促进了这里的罗马化进程。第二，同样由于这里的低洼地势，使得罗马人在这里要建造分层式、石铺路面的标准大道变得十分困难，因此，他们因地制宜地沿袭了当地人修筑道路的办法。但是，他们并没有被传统方法局限，而是在此基础之上有技术和理念上的创新，也许正是这一创新，才真正显示出它的"罗马"特征。尽管有这些创新和特征，但是就保存时间而言，这些木头路毕竟不能像石头道路经久耐磨，因此，在罗马各省中，这一地区的道路考古结果也许是最令考古学家失望的。

（十）阿尔卑斯山脉及多瑙河流域

横亘在意大利北部的阿尔卑斯山脉地势崎岖，地形复杂，因此，这里的道路建设难度要增加不少。在罗马之前，这里有一些古老的商路，主要集中在一些山区通道和河谷地带，如迪朗斯（Durance）河谷、德龙（Drome）河谷、伊泽尔（Isere）河谷等。这些山道和河谷的使用者主要是一些游牧部落用于季节性的迁徙（特别是凯尔特各部落），商人的奔波往来以及军队的进退，公元前 218 年 9 月，汉尼拔从阿尔卑斯山南下入侵意大利就是通过这里的小圣—贝尔纳尔和蒙—热涅佛尔两个山道过来的。[1] 在汉尼拔入侵意大利之前，罗马人对这里的了解很少，尽管那里的商路很古老，但是，"通常来说，罗马政府对把这里的畜力通道发展成为宽广大道是没有兴趣的，当然，当他们有军事目的的时候除外"。[2] 斯特拉波说，波里比阿（约公元前 150 年）只知道有三条路线穿越这一山区：它们是位于里古雷斯领土上的道路，沿海的道路，以及塔乌里尼（Taurini）和萨拉西（Salassi）（即圣贝纳尔德［St Bernard］）之间的道路，但他本人只提到过两条道路，一条是从阿奎勒亚到纳乌波尔图斯（Naupor-

---

① 科瓦略夫：《古代罗马史》，王以铸译，商务印书馆 1957 年版，第 304 页。

② Tenney Frank, *An Economic Survey of Ancient Rome*, Vol. V. *Rome and Italy of the Empire*, Paterson and New Jersey: Pageant Books, Inc., 1959, p. 287.

tus）（即南斯拉夫的卢布尔雅那）；另一条从奥斯塔到里昂。① 瓦罗曾经提到过这里的 5 条道路（有些可能是同一条路）。当然，这些道路只是一些山区通道，远非正规建造的罗马道路。

这一区域主要包括拉埃提亚（Raetia）、诺里库姆（Noricum）和潘诺尼亚（Pannonia）三个地区，它们都是罗马与北方日耳曼部落南下的缓冲地带。拉埃提亚的当地部落先后被涅尔瓦、德鲁苏斯和提比略打败并纳入罗马帝国版图；公元前 16 年，诺里库姆被伊利里亚长官普布里乌斯·西里乌斯·涅尔瓦通过和平方式征服；潘诺尼亚最初隶属于伊利里亚，经常反抗罗马统治，属多事之地，后经过奥古斯都、阿格里帕、提比略等多次征伐，这里才最后臣服，并作为一个独立的行省纳入帝国之内，公元 106 年，这里分上潘诺尼亚（Pannonia Superior）和下潘诺尼亚（Pannonia Inferior）。罗马人在这些地区的道路建设同样是由于军事上的原因。奥古斯都在征服潘诺尼亚时，"在军队发生骚乱之前的这段时期里，有一些小队曾被派到纳乌波尔图斯，执行筑路修桥之类的任务"。② 在马可·奥勒略皇帝征服拉埃提亚的战争期间，这里的军事重要性大大加强。为了快速运送军队，罗马人也加强了对这里道路的建设，同时也是给罗马在北部地带构筑一道防线。

在罗马人对这些地区断断续续的道路建设中，主要道路大致如下。从北意大利通往莱茵河和多瑙河地区的道路。这些道路从米兰出发，经过科莫湖，沿莱茵河谷地方向穿越达拉埃提亚阿尔卑斯（Rhaetian Alps）地区，到达布里加恩提亚湖（Lake Brigantia）（即布雷根茨）和奥古斯塔温德里科鲁姆（Augusta Vindelicorum）（即奥格斯堡）。从维罗纳出发，有一条道路沿阿特西斯（Athesis）（即阿迪杰河）到达特里登图姆（Tridentum）和恩迪达埃（Endidae）（即埃格纳［Egna］）。这条路由德鲁苏斯设计并由克劳狄最终完成，它形成了从布伦内罗山到文德里齐（Vindelici）地区的交通网。再往西，有被称为"黄金通道"的从斯普鲁格尔通道（Spluger pass）到马罗雅–朱利耶通道（Maloja-Julier pass）的道路。

从亚得里亚海的阿奎勒亚港口出发，可以经过卡尔尼克阿尔卑斯（即普雷迪尔通道［Predil pass］）和诺里卡阿尔卑斯（Noric Alps）到达维鲁努姆（Virunum）和诺雷亚（Noreia）（即诺伊马克特［Neumarkt］），

---

① Strabo, *Geography*, IV, 6, 10–11.

② 塔西佗：《编年史》，第 20 页。

并最后到达多瑙河地区的达拉乌里亚库姆（Lauriacum）。穿越朱利安阿尔卑斯（Julian Alps）的道路主要经过了奥克拉通道（Ocra pass）、纳乌波尔图斯、埃莫纳（Emona）、萨瓦河谷（Sava valley），并远至西斯齐亚（Siscia）和西尔米乌斯（Sirmium）（即米特罗维察［Mitrovitza］），或者经过德拉瓦河谷（Drava valley）远至切勒亚（Celeia），再到波埃托维奥（Poetovio）和卡尔努恩图姆（Carnuntum）或多瑙河边的文多波纳（Vindobona）（即维也纳）。

多瑙河流域承担了大量的运输任务，从河源出发，有一条道路沿右岸为罗马边界要塞服务，它经过了卡斯特拉雷吉纳（Castra Regina）（即雷根斯堡［Regensburg］），位于拉埃提亚和诺里卡之间前线的卡斯特拉巴达瓦（Castra Batava）（即帕绍［Passau］），接着通向文多波纳、卡尔努恩图姆、阿拉波纳（Arrabona）（即拉包河［Raab］）、上潘诺尼亚的布里格提奥、阿奎库姆（Aquincum）（即布达［Buda］）以及下潘诺尼亚。奥古斯都统治建立后，他立即着手修建了通往潘诺尼亚的道路。

在多瑙河下游地区，沿途有许多边界线和支线穿过马里苏斯河谷和阿卢图斯河谷（Marisus and Alutus valleys），这里还有一条大道从西尔米乌斯通向辛格杜努姆（Singidunum）（即贝尔格莱德［Belgrade］）、维米纳克乌姆（Viminacium）、纳伊苏斯（Naissus）；还有一条支路通向拉提亚里亚（Ratiaria）、塞尔迪卡（Serdica）（即索非亚）和色雷斯，在色雷斯，古代伊斯特里亚（Histria）居民对色雷斯税收口岸（portorium ripae Thraciae）十分害怕。著名的奥尔肖瓦铁门（Iron Gate of Orsova）现在已经沉入它曾拦截的水域之中。罗马人从这里的山崖岩石中凿出道路。铭刻于岩面上的图拉真纪念碑（tabula Traiana）记录了关于在多瑙河上航行与建立运河的规定，以及它在交通体系中的地位。为了保证这一特殊的纪念表不至于被水淹没，它已经被原物凿下并镶嵌于原物 20 米之高处。①

三 帝国时代道路建设的主要特点

帝国时代特别是帝国早期是罗马道路建设最重要的时期，罗马道路的基本网络就是在这一时期形成的。在所有的道路建造者中，奥古斯都是最核心的人物，可以毫不夸张地说，没有奥古斯都，罗马道路的建设可能会是另一番景象。与共和国时期的道路建设一样，帝国时期的道路建设也有

---

① Raymond Chevallier, *Roman Roads*, pp. 174 – 175.

很多鲜明的特点。

第一，这一时期的道路建设虽然在意大利本土上也在进行，但发展最快的却是帝国各行省的道路建设。从奥古斯都建立元首制开始，在意大利本土上，罗马的道路建设并没有停息。公元前 27 年，奥古斯都自己成为埃米尼亚道路的道路监理官，负责道路的建造。公元前 16 年，他从意大利本土修建了几条穿越阿尔卑斯山脉的新道路。公元前 13—前 12 年，他规划了向西延伸的朱利亚—奥古斯塔道路及其他一些道路，他还着手建造东部的道路朱利亚大道；公元前 15 年由老德鲁苏斯开始并由提比略最后完成了克劳迪亚—奥古斯塔大道；公元 78 年，苇伯芗完成了朱利亚大道的沿海部分并延伸至波拉的弗拉维亚大道，等等。但是，伴随着罗马大规模扩张的展开，罗马道路的建造也随之向所扩张地区拓展，从希腊、小亚细亚到西亚、埃及、北非；从西班牙、不列颠、莱茵河流域到阿尔卑斯山脉、多瑙河流域，罗马道路网络环绕整个地中海而行，建立了以罗马为中心的巨大道路网络体系。从外往里看，这些道路体系就像一层又一层保护网一样，把帝国的核心意大利本土及罗马城严严实实地加以保护。从里往外看，这些道路体系犹如人本的神经网络，把帝国的意志传输到遥远的罗马边界，而发出意志指令的却是罗马城中的皇帝。道路上星罗棋布的驿站更是这些神经网络的连接点，同样接受并传达帝国意志，正如拉姆赛在谈到帝国驿站时所指出的那样："整个帝国驿站组织的巨大轮轴是在罗马的皇帝。"[1] 到帝国时期，罗马道路建设的重心已经转向新征服地区和意大利之外的行省。出现这种情况的原因并不是罗马帝国统治者刻意追求的结果，而是因为这些道路几乎毫无例外地都是在罗马征服过程中建立起来的，因此，当帝国越向外围扩展，罗马道路也随之向周边扩散，这样，在罗马的征服途中，帝国的道路建设重心也转向了意大利本土之外。哈德良是罗马帝国的最后一位伟大的道路建设者，也是一位名副其实的"骚动不安的皇帝"。[2] 他在位总共 21 年，但大部分时间都是在巡行行省中度过的，"他的生活几乎是始终处在永无止境的旅途之中……在他统治期间，帝国所有的省份没有一处不曾受到这位专制帝王的光临"。[3] 他的道路建设也主要在诸行省中进行，如加强对日耳曼地区的罗马"边界"建设，

---

① A. M. Ramsay, "The Speed of the Roman Imperial Post", in *JRS*, Vol, 15（1925），p. 73.

② 宋立宏：《安东尼·伯利：〈哈德良：骚动不安的皇帝〉》，《中国学术》2003 年第 4 期。

③ 爱德华·吉本：《罗马帝国衰亡史》上册，黄宜思、黄雨石译，商务印书馆 2004 年版，第 25 页。

在不列颠修建哈德良长城及其附近道路等。伴随罗马对外征服极限的到达，罗马道路扩张步伐也逐渐缓慢下来，直至向外延伸的停止。从总体上观察，帝国时期大规模的道路建设仍然集中在意大利本土之外的各行省。

第二，帝国后期，罗马在道路方面的作为主要不在于建造新的道路，而更多的是体现在对道路的维修和保养上。到帝国后期，罗马道路建设的步伐大大缓慢下来。一方面是伴随着帝国扩张到达极限，再向更边远的地区扩张已经不可能。因此，在东方，罗马经过长期的战争，但它的疆界始终只能局限在两河流域东部；在东北部，哈德良不得不把他在达契亚（Dacia）的军团撤回，并亲自拆毁了图拉真在多瑙河建造的大桥；在北方，帝国的版图也只能徘徊在莱茵河南岸；在不列颠，罗马的势力范围最北就只是到了哈德良长城和安东尼长城；在非洲，虽然罗马人不惜通过降低道路标准试图尽可能地向南延伸，但对南部非洲也只能"望沙兴叹"。军事扩张达到极限，伴随军事扩张而延伸的道路也走到了它的顶峰。因此，这一时期，罗马道路的建设步伐大大缓慢下来了。另一方面，罗马道路体系在帝国后期已经相当完善，它在因政治统治、战略需要以及经济要求等方面的原因而急需修建道路的空间范围也大大缩小，因此要建造新道路的需求空间远不如前，这也是晚期帝国道路建设步伐缓慢下来的重要原因之一。道路建设步伐缓慢下来后，罗马人在道路方面的作为主要集中在道路的维护和保养上，这一点在395年提奥多西皇帝的最后一道官方法令中体现得最清楚："就大道和桥梁的维护方面……这些道路都拥有伟大名字的头衔……因此，任何拥有尊严的人都绝对不能终止我们道路与桥梁的建设与维修……我们要求神圣的基督教会也参加这项工作，我希望所有的人都能满怀热情地竞相维护公共道路。"[1] 很明显，这道法令强调的重点是对罗马道路的维护，从罗马帝国后期的道路建设与维护情况看，它确实也只是把重点放在了维护和保养方面。

第三，这一时期罗马道路建设的根本原因仍然在于军事方面，经济等其他方面的原因还是很少。奥古斯都建立帝国后，罗马的对外扩张步伐并没有缓慢下来，仍在不断地向周边地区扩张，不断地拓展自己的版图。只要有对新地区的扩张，罗马道路就会随之扩展到这些新土地上。德鲁苏斯战役后，克劳迪亚大道"使得阿尔卑斯山脉可以通行"；[2] 公元1世纪末2

---

① Victor W. Von Hagen, *The Roads that Led to Rome*, p. 45.

② Romolo Augusto Staccioli, *The Roads of Romans*, p. 82.

世纪初，伴随着图拉真对中东地区的征服，罗马道路也随之在此建立，诺瓦大道就是在公元 106 年征服阿拉比亚后建立的；公元 81 年，为了保护罗马城市不被非洲的游牧部落入侵，奥古斯都第三军团从奥雷斯山的东端调到西端，建立了新城拉姆巴埃西斯，并以该城为中心建立新的道路；德鲁苏斯在日耳曼的道路建设同样也是军事上的需要，公元 47 年的科尔布罗和公元 55 年下日耳曼长官彭佩乌斯·保里努斯为了使士兵有事可做，他们继续了德鲁苏斯在这里建设运河的事业；公元 90 年以后，多瑙河沿线地区的军事地位大大加强了，这里道路建设也随之加强；马可·奥勒略皇帝在征服拉埃提亚的战争期间，同样因为军事原因，罗马人加强了对这里道路的建设，为罗马的北部地带构筑一道防线。在塞维鲁王朝（193—235）时期，帝国在小亚细亚地区的道路建设和维修过程中，他们最关心的就是当时通往东方帕提亚人前线的那些道路，因为这里的帕提亚人的威胁是他们在东方最大的外敌危险，从公元 97 年到 323 年这段时间里，这一地区的道路得到了 14 次维修，这些道路维修清楚地证明了它们在这一地区的军事上的重要性。[①] 从上面这些例子中可以看出，罗马人不断地向外扩张，是罗马道路不断向外延伸的根本原因。

当然，这并不是说军事需求是这一时期罗马道路扩张的唯一原因。罗马道路扩张也有其他方面的原因，如加强对被征服地区的统治、经济方面的原因等，比如，出于加强对行省的控制，奥古斯都在高卢地区积极建造道路，把当地的城市与乡村同港口联系起来；哈德良皇帝在东方建造哈德良大道也是为促进这一地区的贸易。[②] 但是，这些原因相对于帝国道路扩张的军事原因而言要次要得多。

第四，由于帝国版图的急剧扩大，所征服地区地形地势复杂性的增加，罗马人会根据不同地区的地理环境和实际情况，对道路建设的通常特点加以变通或改变所谓的罗马标准。根据罗马大道的要求标准，首先要对道路通过地区进行勘测，以保证道路的笔直，接着是在道路两边挖掘水沟，排除路基上面的水，保持路面的干洁。再是挖掘路基，路基被挖到一定程度后，就会在上面铺上砂砾层或沙子层，经过平整后，再在砂砾层路面上用打磨光洁的大石块夯平。最后，再把路面的石块用石灰和沙混和成

---

① Tenney Frank, *An Economic Survey of Ancient Rome*, *Vol. IV*, *Roman Africa*, *Roman Syria*, *Roman Greece*, *Roman Asia*, New Jersey: Pageant Books, Inc. , 1959, p. 866.

② Gary K. Young, *Rome's Eastern Trade*: *International Commerce and Imperial Policy*, *31 BC-AD 305*, p. 78.

的砂浆①粘连在一起。这样铺成的道路一般有 3—4 层，深度在 1.4 米左右。② 对于路面的宽度，也有一定标准，通常在 4.57 米到 5.48 米。③ 最后还要在沿路竖立里程碑。（关于罗马大道的修建，参见第二章《罗马道路的组成部分及建设》）这些标准主要在诸如意大利平原这种地势较好的地方才能完全实现。对于一些地形较特殊的地区，罗马人也会依据地势的变化而做出调整，如在山区地带，罗马道路不能修直，于是便沿着山谷和缓坡而建。④ 在遇到山崖时，罗马人有时会为了保证他们"标准"而穿崖而过，如公元前 148 年，执政官斯普里乌斯·波斯图米乌斯·阿尔比努斯修建的波斯图米亚大道的第一段就是一条穿越山崖的大道，多瑙河流域的山区中也能经常看到这种穿山而过的道路，非洲山地中被普林尼称为"穿越峭壁之路"的道路也属于这种类型。但是，在大面积不适宜按罗马标准建造道路的地方，他们就只好对道路的特点加以变通了。最明显的例子就是他们在莱茵河地区修建的木头路，尽管罗马人在这种原始木头路的基础上有创新，但这些路远非他们的"标准"了，如果我们一定把它纳入罗马标准的话，只能说它是一种变通的罗马标准。另一种情况是根据不同地区的地理环境和实际情况，对道路建设的标准适当降低，这种情况在北非体现得最为明显。在北非，由于许多地区土质疏松，沙质性重，因此，要在这里严格按照罗马标准建造大道，难度很大，因此他们把这里的许多道路建造成砂砾路（gravel roads, viae glareae），即路面是用砂砾铺成的，只有在必要的时候才用打磨好的大石块或大木板，而且并不严格铺砌。只有当道路进入城市的时候才用打磨好的白石灰石依次排放，铺砌整齐。⑤ 这显然是对罗马道路建设标准的降低。但是，无论是罗马人对道路标准的变通还是降低，都完全是外在客观原因造成的，这不仅不能说明罗马道路要求的降低，反而反映出他们灵活的方略，体现出他们求真务实的

---

① 关于石灰和砂浆，维特鲁威的《建筑十书》中有详细的记载："其次必须注意到石灰。它是由白石和熔岩（silex，由熔浆流采取的硬石块）烧成的。由致密而较硬的石块制成的石灰用于结构部分，由有孔的石块制成的则用于抹灰。把它淋化后，按照以下方法混合成砂浆，即在山砂的情况下注入三份砂和一份石灰，在河砂或海砂的情况下混合二份砂和一份石灰。要是这样，它才是实际配合使用的正确的配合比。又当使用河砂或海砂时，如果掺入三分之一的压碎过筛的瓦屑，那么砂浆的配合在使用上就会更好了。"（维特鲁威：《建筑十书》，高履泰译，知识产权出版社 2001 年版，第 44 页。）

② Romolo Augusto Staccioli, *The Roads of Romans*, pp. 105 – 108.

③ Lesley Adkins and Roy A. Adkins, *Handbook to Life in Ancient Rome*, New York, 1994, p. 172.

④ C. A. Burland, *Ancient Rome*, Hulton Educational Publications, 1958, p. 55.

⑤ Victor W. Von Hagen, *The Roads that Led to Rome*, p. 74.

民族精神。他们无愧于后人的赞誉："光荣属于希腊,伟大属于罗马。"难怪后世学者评价说:"如果罗马人没有其他什么值得人们记住的话,但至少他们作为一个道路建造者的种族值得人们铭记。通常情况下,他们的确要利用早期的道路,包括史前小道,通往台伯河的商路(即萨拉里亚大道),波斯的'御道',高卢和不列颠的当地小道等。但是,他们在建造道路方面至少有四个内容属于大师级的创新,那就是穿越山崖、建造堤道、修建高架引水桥和桥梁。"① 罗马人的这四个创新内容在帝国时期的道路建设中都得到了很明确的体现。

第五,帝国时代的道路建设的资金主要来源于皇帝控制下的国库(Aerarium),也有一部分来自皇帝的府库(Fiscus),以及其他途径,但所有道路都是以皇帝的名义进行的。② 帝国时代,修筑道路的权力完全控制在皇帝手中,"在帝国时代,道路只能由皇帝修建,他们常常把诸如执政官这样的额外头衔加在上面,无论如何,这些道路是以帝王权力来说明它们是被捐赠的"。③ 因此,在名义上,所有道路都是皇帝建造的,奥古斯都还亲自担任道路监理官、供水监理官(cura aquarum),负责公共工程建设。但在实践中,并非每一条道路都由皇帝事必躬亲,他们往往会把它委托给帝国的高级官吏去全权负责。奥古斯都就"将(除弗拉米尼亚大道外的)其余的大道分派给其他那些曾接受过凯旋式荣誉的人"④ 来建造,事实上,奥古斯都的很大一部分工程是由他的得力助手阿格里帕完成的。但是,毫无疑问,所有这些道路都得归到皇帝的名义之下。

帝国时期道路建设资金主要来源于由皇帝控制的国库。据统计,奥古斯都时代的公共建设及道路开支总共费用约 50 亿塞斯特尔提乌斯(Sestertius),约占整个国库收入的 1/80。⑤ 这当中不仅包括道路建设费用,还包括其他公共建设费用,如供水工程、建立神庙、市政维护等,因此,用于道路建设的费用肯定要远远低于国库收入的 1/80 这一数目。事实上,道路建设的费用还有许多其他来源。有皇帝与地方富人共同出资建造的,

---

① William Chase Greene, *The Achievement of Rome: A Chapter in Civilization*, Cambridge: Harvard University Press, 1933, pp. 149 – 150.

② 也有人认为被征服行省的道路建造与维修费用由当地行省自己负责(参见 Mary Johnston, *Roman Life: Successor to Private Life of the Romans*, p. 329.),这种说法不仅很随意,而且也不准确。

③ Romolo Augusto Staccioli, *The Roads of Romans*, p. 85.

④ 苏维托尼乌斯:《罗马十二帝王传》,第 64 页。

⑤ Tenney Frank, *An Economic Survey of Ancient Rome*, Vol. V. Rome and Italy of the Empire, pp. 5 – 6.

如哈德良皇帝在维修阿庇安大道上一段长达 15 英里的道路时，就同该段
道路经过地区的富人签订合同，规定皇帝出资 2/3，而当地富人出资 1/3
来共同维修，这段路的维修费用总共为 10 万塞斯特尔提乌斯。也有利用
战利品所获得的钱财建造道路的，如奥古斯都在重建弗拉米尼亚大道时，
就要求受过凯旋式荣誉的人把战利品的钱用于铺路。还有私人自愿捐赠建
造的，这些捐赠主要是对城市中的街道的建造或维修，[①] 这样的例子在
《拉丁铭文集》中就有好几十个，如在卡普亚有一个贵族一次性地捐赠了
10 万塞斯特尔提乌斯用于街道维修；在阿西西乌姆（Asisium），有一个
富裕的医生捐赠了 3.7 万塞斯特尔提乌斯用于街道铺筑。[②] 当然，这些捐
赠对于普通人来说，主要是为了获取国家荣誉，而对于政府官员来说，则
主要是为了捞取政治资本。帝国道路的建造还有没有其他资金来源，我们
不甚清楚，因为罗马作家在记载道路建造之类的事件时，往往都是顺笔而
过，根本就不会关注资金来源这些问题。

---

① 城市中的街道也常常被看作是道路的一部分。

② Tenney Frank, *An Economic Survey of Ancient Rome*, *Vol. V. Rome and Italy of the Empire*, p. 96.

第二章　罗马道路的组成部分及建设

真正的罗马大道必须要按照一定的标准建造，因此，这些大道无论在其组成方面还是各部分的结构方面都有一定的标准。罗马大道一般由严格的路面、道路里程碑、在必要的地方有桥梁建设、道路交汇处或道路汇入城市的入口处有拱形门等。本章拟就这些主要的组成部分分别论述其建设情况。

第一节　标准的主道建造

罗马大道的主道建设有比较严格的要求。当罗马人决定要在何处修路后，要事先派专人对道路所经地区进行勘查设计，把初步路线设计出来。这些规划设计的人是从罗马规划组（centuriation）① 中抽调的专门的勘测员（gromatici，Surveyor）②。他们所使用的勘测仪器是一种叫做格罗玛（groma）的勘测仪。它由一根木棒制成，在木棒顶端有两根十字交叉的木条与木棒垂直相交，在十字交叉木条的两端悬着垂线。接着，勘测员旋转木棒，以便使其中两条垂线与眼睛和远处地平线保持成一条直线。当工人们前去标明道路将要通过的线路时，勘测员会示意他们向右或向左移

---

① centuriation 从拉丁语 centuria 一词演变而来。centuria 来源于 centum（即 100），指面积为 100 犹格（iugera）的一个面积计量单位，后来 centuria 演变成了 200 犹格，但仍保持这一名称。由于军队中的小分队组织在一起的时候，很像建筑群或田野中的 centuria 组成的，因此，该词又演变成百人队的军队方阵。（Varro，*On the Latin Language*，Harvard University Press，1958，V.35，38.）centuria 作为罗马的一种测绘计量体系，主要是用来对土地进行分配或其他目的而进行的测绘计量，如把土地按南北向和东西向而分成相等的方块等。这里指的是人，因此本书把它译成规划组。我国有学者把 centuria 译作"顷"。（蒙森：《罗马史》第三卷，李稼年译，商务印书馆 2005 年版，第 318 页。）

② gromatici 属于 centuriation 里的工作人员，指专门用 groma 进行勘测与规划的人，因此这里根据其工作性质把它译作勘测员。

动，以便使道路始终与格罗玛的垂线和远处地平线保持一条直线。① （见附录2.1）在完成了初步的勘查后，他们就立即对道路所经过地区的地形和地表进行仔细研究，要保证开工后一切工作都十分顺利。很多时候，同一条道路是在不同的地段同时开工修建的，有时候会出现这样的情况，由于勘查不准确或对斜坡的估算不准确，各路段在衔接时就会出现不吻合现象。② 这会给道路建造带来很大的麻烦，而且造成无谓的金钱、时间浪费，因此，勘测员的勘查与规划显得十分重要。

勘测规划好后，就开始在要修的道路两边挖掘水沟，这会使路基上的水流走，保持路道干洁。草皮会整饬干净并堆放到离水沟很远的地方，以免堵塞水沟。接着是挖掘路基，通常情况下，地面不够坚硬，工人们便只是除去地面的松土，挖掘壕沟直到坚硬的地层为止。在填补这些壕沟的过程中，他们建立路基，通常是用石头和黏土填起来的，路基的厚度完全取决于壕沟的深浅。当路面需要凸出于地面时，路基也得跟着高出地面以适应路面的需要。罗马工匠们还特别讲究的一点是，作为粘石块用的泥土或黏土一定要从别的地方运来，而不用挖掘壕沟时挖出的泥土。掘壕沟挖出的泥土是用来防止堆在路边多余的乱石堆冲击路面的，而且很多挖掘出来的泥土不适宜作为粘连石板用。路基被挖到一定程度后，就会在上面铺上砂砾层或沙子层，经过平整后，再在这层路面上用大石块夯平。路面的石块有些要用石灰和沙混凝成的砂浆粘连在一起，如果大石块打磨得整齐，甚至它们之间的缝隙都不用砂浆粘连。路基的铺设非常重要，首先要保证它平整，其次要保证在大石块铺上去后，路面不至于下沉而形成凹陷，也就是说砂砾层或沙子层必须保持其受力要均匀。这是一个非常重要的问题。因为如果路基铺得不完美，它不仅会使在上面的行走的人或车马摇晃不定，而且还会使雨水渗透到路基下面破坏道路。图密善皇帝在那不勒斯西部的软沙地带延续修建阿庇安大道的时候，诗人斯塔提乌斯看到了当时建造的情形，他在诗中写道：工匠们必须"准备将要铺设道路的路基；路基的底部要保证没有危险，要保证铺路石块压上去仍很稳妥（也就是说，在上进行交通运输时要保证平稳）"。③ 有时候，有些大道必须要经过一片沼泽地带，挖掘路基的工作量太大，甚至根本不可能用人工方法挖掘路基的时候，他们会用橡树或榆树大木桩打进沼泽中，直到打到沼泽底下

① C. A. Burland, *Ancient Rome*, Hulton Educational Publications, 1958, p. 54.

② Lionel Casson, *Travel in the Ancient World*, Baltimore and London: The Johns Hopkins University Press, 1994, p. 168.

③ Statius, *Silves*, Cambridge, MA: Harvard University Press, 1982, IV, 3, 44 – 46.

坚硬的土基为止，然后再在这些木桩及其空隙之间放进一些小木棒，并尽可能把路基表面填平，再加砂砾层或沙子层。① 之所以要选择橡树或榆树，主要是因为这些树林相对而言其抗腐烂能力要比其他树强得多。这种路基铺设在我们前面一章已讲到莱茵河地区的道路建设中经常会遇到。②（见附录 2.2）相反，有时候道路经过的地面非常坚硬，不需要再在上面重新打路基，那么工人们所要做的只是在上面量出道路线路，再把石块铺上去。在从安条克到叙利亚的卡尔基斯的道路上，在阿勒颇（Aleppo）附近有一段道路就很好地保留了通过这种方式修建的证据。③

当路基铺好后，工匠们便把打磨好的石块铺在砂砾层或沙子层上面。这些石块要保证路中央比较突出，也就是说要保证路中央要比两边略高，这样做的目的是为了便于排水。最后，在道路两边还要铺上一道石头边界，边界外面是没有用石块铺的路道，大约有 2 英尺，这些路道主要是为行人和载货的牲畜使用的。道路两边要保证相同的设置，而且要保证平行，这样可以使整个道路看起来平整美观。除此之外，还要在沿等距离地方竖立石柱以表明道路的路程。④ 沿路两边，每隔一定距离还矗立着一些大石头用来帮助旅行者登马用，特别是给那些没有马镫的旅行者登马用，或者为那些要登上马车的人使用。⑤ 在整个道路上，排水用的水沟也是必不可少的。当然，按照这种高标准建成的石板大道，主要是一些承运量很大的道路，如阿庇安大道或弗拉米尼亚大道，或从罗马通向一些主要地区的重要大道，罗马人则把这些铺得最好的道路，亲切地称为"大石板道路"（via silice strata），⑥ 这样的"大石板道路"经久耐用。这些大石板主要是用比较坚硬的岩石打磨而成的，如玄武岩、花岗岩、斑岩等。石块很大，通常其横切面有一英尺半，而长度则有 8 英尺，有时更大，⑦ 它们就像拼图板一样很巧妙地铺在一起，从而形成非常光洁的路面。由于这些大石头在开采的时候就能切成多边形的大石块，因此要想把它们在路基上

---

① 塔西佗：《编年史》，第 53 页。
② 当然，在战争中，由于形势紧急，在沼泽地中铺设道路就没有那么多讲究了。恺撒在高卢的时候曾试图用柴把和泥土在沼泽地中拦出一条路来，结果还是没有成功。（凯撒：《高卢战记》，第 188 页。）
③ Lionel Casson, *Travel in the Ancient World*, 170.
④ 这是在没有设置道路里程碑之前的做法，其功能相当于道路里程碑。公元前 123 年，罗马人开始在道路上设置标准的里程碑，从而取代了这简单地竖立石柱的做法。
⑤ Plutarch, *Gaius Graechus*. 7. 1 – 2.
⑥ Lionel Casson, *Travel in the Ancient World*, p. 168.
⑦ Ibid. , p. 169.

连接起来的最简便方法是在采石场就按路面要求把它们切好，把相邻的石块编上号并按批次运送，这样就给铺筑的人省却了很多麻烦。这种按标准方式铺成的道路一般有 3—4 层，深度在 1.4 米左右。①

把道路的路面用石头铺筑，这是罗马人在道路建设方面的一大创举。在此之前，无论是波斯人、希腊人，还是罗马人在道路建造方面的直接导师伊特拉斯坎人，在道路建造方面都有很大的成就。罗马的筑路艺术就是从在建筑艺术方面有杰出成就的伊特拉斯坎人那里学的。伊特拉斯坎人，这个神秘的民族于公元前 9 世纪生活在今天的托斯坎尼（Tuscany）地区，他们在杰出的技术能力方面留下了确切的证据，特别是在水力技术方面。比如他们教罗马人怎样挖掘下水道，怎样修建引水渠，怎样建桥，以及怎样给道路排水——这在我们今天都仍然十分重要。伊特拉斯坎人总是把道路控制在适当的坡度，给予其很好的排水设施，细心地填平肮脏的路面。罗马人在此基础之上跨出了关键的一步：用石头把路面铺平。虽然人们很早就知道，近东在几个世纪以前就已经在特殊地区的短距离内用石头铺路面，而罗马人却是在主要大道上全部用石头铺筑路面。② 这一点却是他们的任何前辈老师们都无法比拟的。罗马的伟大就在于它对前辈的超越，其创造精神也体现在这些超越上，这也是为什么罗马道路在世界道路发展史上占据特别突出的地位的原因。

路面的铺筑会因地表和地形的不同而有所变化。在北非，甚至连主要的大道都只是在沙地中简单地铺出。在多山或多石地区，往往只是把岩石凿开，平整成合适宽度的路面即可。这样简单地修建的道路只是为了马车在上面行驶时，刹车的时候不会遇到危险。这与标准的罗马大道相比，自然相去甚远，但这是特殊环境下的灵活变通，不能一概而论。有时候我们会发现，在一条质量很好的道路后面却是没有铺筑石块的很简单的道路，它们看上去就好像是前面的道路是由专业筑路军队建造的，中途由于某种原因他们被调离，剩下的道路却只能由当地非专业民众来完成。

罗马大道的路面宽度一般也有比较严格的规定。根据十二铜表法的规定，道路的宽度要在 4.8 米以上，这样可以容纳两辆马车通过；奥古斯都规定大道的宽度为 40 英尺（即 12.2 米），普通道路的宽度为 20 英尺（即 6 米），其他小道为 8 英尺（即 2.43 米）。但是在实际操作中，路面

① Romolo Augusto Staccioli, *The Roads of Romans*, pp. 105 - 108.
② Lionel Casson, *Travel in the Ancient World*, Baltimore and London: The Johns Hopkins University Press, 1994, pp. 163 - 164.

宽度常常情况会根据所经地区的地形、地势而有所不同，通常在 4.57 米到 5.48 米。[1] 阿庇安大道这条最早的罗马道路，其宽度为 10 罗马尺，可供两辆马车并行通过，有些地方的道路只有 8 罗马尺宽，这是罗马双车轨道的最小宽度。在主要道路的交叉口则有 3 车道，其宽度为 14—18 罗马尺。通往罗马的大多数道路在罗马城外都会扩展到 30 罗马尺甚至更宽。[2] 在大道的路边或人行道上，其宽度还有所增加。在山区，由于道路修建既缓慢又困难，而且路面通过的重量也相对较轻，因此其宽度会缩小到最小程度。通过比较狭隘的地区时，道路有时候会变成单车道，大约只有 6—7 罗马尺宽，这时候罗马人会不时地在路边修建一些旁道，以便相向而遇的马车可以错车通过。在那些既不能修路又不能打隧道的坚硬悬崖地区，他们会在悬崖上架起木架支撑一段木头道路，这当然是很危险的权宜之计，因此必须随时有人对它进行监管和维修。

罗马道路的重要特点之一是它的笔直。在平原（比如波河流域）修路时，罗马人总是能保持道路的平直，就是在非平原地区，他们也尽是保证道路的平直。有时候，道路要穿过小沟谷，他们就用大块石头平铺在小沟上面以保证道路的笔直平坦。如果道路所经之地必须建桥的话，他们会在主要的大道上建造经久耐用的石头桥，而在那些比较僻远且相对不太重要的道路上建造木桥，这样做的目的主要是为了降低建造成本。建造桥梁前，要在桥的两头设计进口斜坡台，以便使桥梁尽可能与两边的道路保持在同一水平线上。当然有时候也会有意地顺着地势有一点坡度（如在多雪的地区）。这不仅有利于排水，而且使得这些地区即使在下大雪后仍能明显地看出道路的起伏走向。道路的坡度要经过认真的调整，使其最为有利。在位于意大利和瑞士之间的马洛亚通道（Maloja pass），今天的道路用了 23 个弯道才能上顶，而古罗马人只用了 3 个弯道。[3] 这不是说罗马人比现代人聪明，而是他们当时军事需要的结果。在山区地带，有时候道路并不建在山谷，而是顺着山势而建，尽管这样会增加道路的长度。他们这样做是为了避免沼泽地带或潮湿地区，可以避免春天涨水给道路带来的安全问题，而且从水流高处穿过，也方便旅行者涉水，而不必在水流下游大规模地修建桥梁。另一重要原因是，正如我们在前一章描述罗马道路的建造时不断强调的那样，修建道路的首要目的是为了军事需要，难怪著名

[1] Lesley Adkins and Roy A. Adkins, *Handbook to Life in Ancient Rome*, New York: Facts On File, 1994, p. 172.

[2] Lesley Adkins and Roy A. Adkins, *Handbook to Life in Ancient Rome*, p. 171.

[3] Lionel Casson, *Travel in the Ancient World*, p. 171.

罗马史家本杰明·伊萨克认为罗马道路"与其解释为一种阻碍，还不如说它是一种（军事）联系"。① 有坡度的道路有利于行进中的军队在受到攻击时利用地形及时投入战斗。为了保证道路的平直，建造者在遇到山坡或谷地阻挡时，他们会顺着山势而建造，从而尽量避开在河谷底部建造道路，如果遇到诸如谷地之类的实在不能避开的低地，比如在北非的一些地区，他们也只有顺势而建，但他们一定会在这些地段建造瞭望台或者岗哨对道路进行保护。② 如果在遇到比较陡峭的山峰而又无法绕行时，罗马人甚至会通过打通隧道的方式开凿道路。在特拉契纳（Terracina）沿海地区，为了修建阿庇安大道，他们在海边的悬崖中开掘了一条山道出来。有一段通过原弗拉米尼亚大道的现代公路，它所经过的隧道中，大约有40码的隧道就是在公元77年建造的，这里还有大约1000码的隧道仍然存在（虽然它们不再被使用）。③ 当然，对于这样艰巨的工程，除非万不得已，他们也不会这样做，因为他们建造道路的基本要求是要充分利用地形而不是改变地形，同时还要考虑许多其他因素。正是这样，对于事实上是总设计师的勘测员就提出了很高的要求，他们必须知道所修道路要走的大致方向及具体操作，他们会借助诸如山顶、树木，或由工作人员点火冒烟之类的参照物来寻找前进的方向。④ 正是罗马道路的这一笔直特征，难怪普鲁塔克在描述公元前123年到公元前121年间由盖乌斯·格拉古修建的道路时写道："道路笔直地穿过乡间，一点儿也不弯曲。"⑤

随着罗马道路从繁华地带向内陆偏僻地区的延伸，道路逐渐地变得差些了，直至最后连多边形大石块铺成的路面也看不到。在偏远地区，"大石板道路"消失了，取而代之的是"砂砾道路"（via glarea strata）。但路基仍然是用罗马道路方式修建的，同样要挖掘地表直至地下坚硬的部分。路基的上面，仍然要建成中间比两边略高的路面以便排水。相对次等的道路通常都是用这种方式建成的。

---

① Benjamin Isaac, *The Limits of Empire*: *The Roman Army in the East*, Oxford: Oxford University Press, 1990, p. 103.

② E. Lennox Manton, *Roman North Africa*, London: Seaby, 1988, 84 – 85; Susan Raven, *Rome in Afric*, London and New York: Longman Inc., 1984, pp. 74 – 75.

③ Lionel Casson, *Travel in the Ancient World*, p. 167.

④ C. A. Burland, *Ancient Rome*, pp. 52 – 54.

⑤ Plutarch, *Gaius Gracchus*, 7. 1.

通过这种严格标准建造出来的大道，一定程度上讲它就是一件艺术品。[1] 当然，要想全部达到以上所说的那些道路建造标准，必须要在具备相当完善的条件下（如在意大利的波河平原，且没有技术障碍）才有可能，在不具备自然条件和技术条件的地方，这些标准往往会打折扣或加以变通。但在 20 世纪前的关于罗马道路的介绍中，几乎千篇一律地把所有的罗马道路看成是绝对标准化的产物（如所有的道路都严格地分成三层、沟壑深度在 2.5—3.5 英尺之间、统一的模式等）。这一错误产生于 17 世纪之前的一位法国学者的一整套错误结论，而在那之后的学者们又不加批评地一个讹传一个。[2] 事实上，罗马的整个道路体系并非死板统一的模式，他们也从不机械地套用任何单一的筑路模式，而是适时适地地加以变通和修改。

第二节　桥梁及其建设

罗马人很早就在台伯河上建筑桥梁。罗马的第一座桥是由国王安库斯（Ancus）建造的，位于罗马附近的台伯河上，这是一座木构桥。公元前 6 世纪末，罗马最后一个匿王塔克文被逐后，他跑到克路西乌姆城（Clusium）的国王拉尔斯·波尔谢那（Lars Porcenna）那里去请求帮助，波尔谢那认为恢复塔克文的政权对伊特拉斯坎人有利，于是便向罗马出兵。当伊特拉斯坎人进抵通向台伯河左岸的桥旁的时候，罗马人还没有来得及把这座桥摧毁。但是守卫着这座桥的罗马战士荷拉提乌斯·科克列斯（Horatius Cocles）一直阻挡着敌人，直到他的同伴们把桥摧毁的时候。[3] 这座桥就是安库斯桥。在罗马道路建设中，桥梁一直占有重要地位，也不知为什么，罗马人把它称为"道路的小兄弟"（the little brother of the road）。罗马道路上的桥梁数目极大，从安库斯桥开始，到西罗马帝国失去政权这近千年的时间里，罗马人建造的桥梁超过 2000 座，其中一半以上位于意大利境内。[4] 这一数据是有可靠依据的记载或考古结果，我们绝不排除还有众多的桥梁已经消失了，使得我们今天无从得知。不仅数量大，罗马桥

[1]　Karl Christ, *The Roman: An Introduction to Their History and Civilization*, Translated by Christopher Holme, Berkeley and Los Angeles: University of California Press, 1984, p. 147.

[2]　Lionel Casson, *Travel in the Ancient World*, p. 168.

[3]　Livy, *From the Founding of the City*, I, 33, 6.

[4]　Vctor W. Von Hagen, *The Roads that Led to Rome*, p. 46.

梁种类也繁多，这里不可能一一加以列举和叙述。罗马道路上的桥梁同样很多，如果这里要把它们罗列出来，既无必要亦无意义，因为古典作家笔下在记载它们时都非常简略，大致格式不外是"某年某月，某人在哪里建造了一座桥梁"。因此，我们不如对道路的桥梁进行简单的分类，再按类介绍，这样也许更有助于了解罗马道路上的桥梁。如果根据道路上桥梁建设的材料和建造形式分类的话，大致可以分为两类，一类是石桥，另一类是木桥。每类桥的建造结构都大致相同，只要我们选取每类的典型加以介绍就可以粗略了解罗马道路上的桥梁情况。

　　首先是石桥。内容涉及石桥的资料很多，包括文本中的、纪念币上的、浮雕画上的、马赛克墙壁上的等。罗马的第一座石桥是公元前 179 年M. 埃米尼乌斯·雷比杜斯又一次担任执政官时建造的，这是一座石墩木面桥，他同时还建造了埃米尼亚会堂（Aemilia Basilica）。[1] 这座桥后来毁于暴风雨，但是它的桥墩仍然得以保存，公元前 142 年监察官 P. 斯奇比奥·阿弗里卡努斯（P. Scipio Africanus）和 L. 穆米乌斯（L. Mummius）重新使用过这些桥墩，奥古斯都和中世纪的教皇都曾对它重新修缮并加以使用。只不过这里也是一个不祥之地，很多人在此自杀。222 年，罗马皇帝埃拉加巴努斯（Elagabalus）（218—222 年在位）及其母亲被谋杀后，其尸体也是从这座桥上扔到台伯河的。难怪尤维纳尔在他的讽刺诗《罗马妻子》中写道："当如此多的威胁就在你身边的时候，当令人眩晕的天窗为你打开的时候，当附近的埃米尼亚桥向你提供帮助的时候，你还能忍受女奴吗？"[2] 但是，真正讲到石桥建造情况的资料却非常少，包括威特鲁斯《建筑十书》中都鲜有涉及，对于石桥建造情况的主要信息来自考古材料。顾名思义，石桥的桥基、桥墩、桥拱、桥面等都是用石头砌成的。石桥的建造方式有两种，一种是在地中海高地地区，当夏季河床干涸时，桥墩可以直接矗立在河底；另一种是在欧洲西北部地区，河床宽度的季节性变化不大，桥墩的建造则需要木架之类辅助物的帮助。在说明怎样解决水中石拱建造时，石头与水泥之间的结合问题方面，威特鲁斯提供了一些细节。[3] 石桥的石拱要求有一定的坡度，它们要能容纳船和河水水流能从下面自由通过。在河岸与桥拱相接的地方，常常坡度比较大，因此使得经过桥面的道路拱得很高。建造细节很有趣：桥墩是用来支撑桥拱以及

---

① Livy, *From the Founding of the City*, XL, 51.

② Juvenal, *The Satires*, Oxford：Clarendon Press, 1991, VI, 29 - 32.

③ 维特鲁威：《建筑十书》，高履泰译，知识产权出版社 2001 年版，第 193 页。

分水的，桥拱很高，它由相互连接的大石块组建而成，或者由彼此平行的拱梁建成，中间的拱形用弯曲的填料连接，小桥拱是用既高且薄的拱石做成的。有时候可以在桥身上面看到铜夹留下的洞，那些铜夹是作装饰用的。

在法国摩泽尔河上保留有一座罗马桥梁的遗迹。它的桥墩支架是用直径达 50 厘米的橡树大圆木做成的，圆木两端还有铁皮保护，那些由这种桥墩支架保护的桥墩成五角形矗立河床中，周长达 10.2 米到 19.5 米，平整的厚木板放在桥墩支架上，用粘泥相连，木板之间的缝隙用碎石填补，整个桥墩石基有 8 米高。① 在非洲突尼斯境内的迈杰尔达（Medjerda），哈德良建造了全非洲境内最大最好的一座桥，它高出水面 40 英尺，有 8 个桥拱，全长 250 英尺。但这座桥现在已经被彻底毁灭了。② 卡西乌斯·狄奥曾对图拉真在多瑙河上修造的桥赞不绝口：“图拉真在伊斯特尔河（Ister）上修造了一座石桥，谈到这座石桥时，我不知道怎样才可以适当地表现对于这位元首的赞美之情。他还有其他杰出的建设，但是这一设施比它们都要出色。石桥由 20 个用石削成的桥墩构成，它们的高度是 150 罗尺，③ 还不把桥基计算在内，厚度是 60 罗尺。相距各有 170 罗尺的这些桥墩是用圆拱联结起来的。对于花在这一建筑物上的金钱人们怎么能不感到惊讶呢？想到每一个桥敦如何修建在多水的河上，在旋涡多的水里，在黏土的河床上，人们怎么会不吃惊呢？要知道，想改变河流是不可能的。”④ 在摩泽尔河上另一座得到很好恢复和研究的桥梁是位于特里尔的那座桥。最先提到这座桥的是塔西佗，凯里亚里斯（Cerialis）在同奇维里斯人（Civilis）和克拉西库斯人（Classicus）作战的时候，这座桥曾被敌人占领，但他“仗着他的好运气和蛮勇”又把这座桥夺回来了。⑤ 该桥的每一个石墩都有很好的桥墩支架相连，由于这里的水面会随季节发生变化，同时又是几条道路的交汇处，因此，它的建筑量非常庞大。⑥ 德国史学家库柏斯（Cuppers）对这座桥梁进行过专门研究，并复原了它的桥墩。⑦（见附录 2.3）最辉煌（吉本语）、从历史角度看也是最有趣的桥梁

① Raymond Chevallier, *Roman Roads*, p. 100.

② Victor W. Von Hagen, *The Roads that Led to Rome*, p. 80.

③ 一罗尺等于 11.6496 英寸，与一英尺（12 英寸）相近。

④ 科瓦略夫：《古代罗马史》，第 783 页。

⑤ 塔西佗：《历史》，第 321 页。

⑥ Raymond Chevallier, *Roman Roads*, p. 100.

⑦ Ibid. , p. 101.

之一是位于西班牙西部阿尔坎塔拉（Alcantara）的塔古斯河河上的桥梁，它高高地矗立于河面上，以便冬季洪水的通过。据铭文记载，它是由 11 个卢西塔尼亚社区共同努力建造的。其建造者之一朱利乌斯·拉切尔（C. Julius Lacer）的名字还出现在图拉真时代的另一座桥梁铭文上，在这里的铭文上他宣称他的成就完全配得上他的骄傲，他将"名垂青史"。①

对于木桥，由于其建造材料（主要是指桥身）是木质，它们很难经历几千年还保存下来，因此，尽管古典作家不时地提到木桥，但我们现在很难看到它留下的遗迹。在木桥建造方面，留传下来最宝贵也是最详细的资料就是恺撒在《高卢战记》描写自己在莱茵河建造木桥的情况。公元前 55 年，在征服日耳曼诸部落的过程中，恺撒决定渡过莱茵河。"但他认为坐着船过河，既不够安全，也跟自己和罗马人民的尊严不相称。因此，虽然要在这样宽阔而且又急又深的河上造一顶桥，是件极为困难的工作，但他认为还是应该作这样的一番努力，否则就索性不把军队带过去。他决定按照下列方式建造桥梁②：把许多粗各一罗尺半的木柱每两根联在一起，中间相距两罗尺，下端从根部起稍稍削尖，量好正跟河底的深度相当，利用机械的力量把它们送到河中立住后，再用打桩锤把它们打入河底，却不象木桩那样垂直地立着，而是倾斜着俯向河水顺流的一方。面对着这一对对柱脚，又在下游向距离它们约 40 罗尺的地方，另外竖立起同样的成对柱脚，也同样紧紧地联在一起，只是倾斜的方向是逆着水力与激流的。每一对这种柱脚联起时空出来的二罗尺空档中，都插入根长梁，在它们的外档，还有两根斜撑，一里一外地从顶端把它们撑开。这样，由于它们撑开着，而且又相反地夹紧，因此这些工程异常牢固，水流和冲激的力量愈大，柱脚夹得就愈紧。这些长梁上面又都直交地铺上木材，联在一起，再加上长木条和编钉好的木栅。除此之外，桥梁面向下游的一方水中，还斜着插入了木桩，像一堵护墙似的紧凑地配合着整个工程，以抵抗水流的冲力。在桥梁上流不远处，也安下了同样的工程，因此，如果蛮族把树干或船只投入上游水中，企图让它冲下来撞毁这些工程时，这些防栅可以减轻冲力，以免损坏桥梁。全部工程，在木材开始采集以后的 10 天之内完成了，军队被带了过去。"③ 对于旨在宣扬自己功绩的《高卢战记》来说，恺撒的这段记载也许是无意识留下的，但它却成为我们研究罗马时

---

① John Boardman, Jasper Griffin, Oswyn Murray, ed., *The Oxford History of the Roman World*, Oxford: Oxford University Press, 2001, p. 394.

② 这座桥大约在今天德国的安德纳赫和科布伦茨之间。

③ 凯撒：《高卢战记》，第 87—88 页。

代木桥建造情况的几乎唯一详细材料，这在把"政治和人类行为"作为首要目的的古典作家笔下显得尤其珍贵。后世学者根据恺撒的描述，恢复了这座桥的设计图（见下图）。

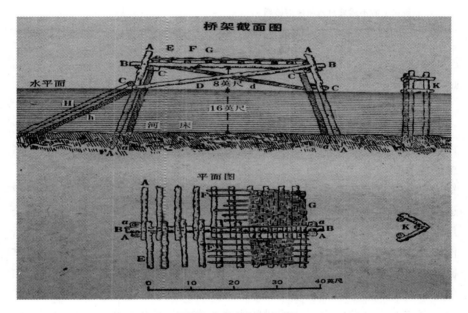

莱茵河上的桥梁设想图

说明：莱茵河在今日的科布伦茨，宽约 400 码，深度从 5 英尺到 25 英尺不等。假定在架桥的地段平均深度为 16 英尺，桥面上的通道为 36 英尺。恺撒所说的每组柱脚之间的距离（A—A）40 英尺，指的是水平面附近的距离，即露在水外可见的最低部分（ab inferiore parte）的距离，而不是河底的距离。如果它指的是河底的距离，那随着一组组柱脚离岸远近不同、河床深浅不同时，倾斜的角度也就将不同，否则桥面必然有的地方阔，有的地方狭，这显然是不可能的事。恺撒没告诉我们柱脚的倾斜角度，也没说明长梁距水面多少远，以及每一具这种柱脚和长梁构成的桥架之间相隔多少距离。极为可能的是，在建筑这种军用便桥时，为了工程进行迅速，露出水面的那部分桥架，一定是排列得整整齐齐的。

恺撒在叙述中曾经提到过 fibulae 一字，不知他指的是什么，有些人认为他说的是斜撑（D. d），这是桥梁要稳固必不可少的，可能"相反地撑开而又互相夹牢（quibus disclusis qtque in contrariam partem vevinctis）指的就是这种斜撑、柱脚横档和长梁三者形成的三角形。在外形上、功用上，它都像罗马人扣长袍（toga）的扣针（fibula）。但也有人认为这个字指的是一种铁塔，形如 ⌐，它是把每一根长梁的两头钉在柱脚上的。

A. a. 柱脚（两根各长一英尺半粗的木柱）。

B. B. 长梁（两英尺粗的长梁）。

C. C. 横档（两端钉牢在 A a. 上，有上下两根）上述三者构成一具桥架。

D. d. 斜撑（每具这种桥架的两侧面，都有一根，两端钉牢在柱脚上）。

E. 直交地铺在长梁上的木材，作为桥上的路基。

F. 横木条。

G. 木栅，作为桥面。

H. h. 支撑柱脚的斜木桩，可能即撑在联结 A. a. 的横档 C. c 上，离水面很近。

K. 在桥梁上游不远处钉入河床的防栅。

注：本图系根据罗埃布丛书复制，说明略有增删。下列比例尺是英尺，但英尺与罗尺相差很小（1 英尺 = 12 英寸，1 罗尺 = 11. 6496 英寸），因此几乎可以直接把它当做罗尺看待。

（复原的设想图及文字说明来自凯撒《高卢战记》，任炳湘译，商务印书馆 1979 年版，第 88—89 页。）

恺撒在莱茵河上建桥的确是一件十分了不起的工程，也难怪他要对此详加描写，大肆宣扬。在恺撒时代，"莱茵河是一条桀骜不驯的河流。这里还没有任何形式的运河来改善航行。军队里的工程师们可以证明，对于新手要在这里建造一座桥梁是一项前所未有的工程"。[1] 据估算，当时建造桥梁用的圆木，每根重量在 1500 磅（781 公斤）到 4000 磅（1816 公斤）之间，要用如此沉重的圆木建桥，在罗马时代并非一件容易的事情，他们之所以能够在 10 天之内就完成建桥任务，与他们当时非常熟练地掌握起重机和滑轮技术是密切相关的。[2] 正因为如此，意大利史家布恩德加尔德（J. A. Bundgard）通过对恺撒的这座桥的认真研究后，得出结论认为，恺撒对在莱茵河上建造桥梁的描述具有十分重要的意义，他的工匠们解决了怎样抵挡激流的技术难题，它体现了当时的技术进步趋势。[3]

关于木桥的另一著名例子是泰晤士河上的三座木桥。20 世纪 80 年代，考古学家在伦敦泰晤士河的古桥附近发现了罗马时代留下的木桥遗留物，它是公元 1 世纪留下的木造桥头，由长达 7 米的木制方形结构造成，虽然这些桥头遗留物遭到了 19 世纪石造码头的严重破坏，但它仍然能充分证明罗马时代泰晤士河上建有良好木桥这一事实，而且学者们通过树木年代学（dendrochronological）的考证，证明该木桥是公元 78 年之后建造的。[4] 这一考古发现，也解决了自科德林顿到马嘉里时代关于泰晤士河上是否有罗马桥梁与伦敦相连接这一长期争论不休的问题。由于伦敦在当时

① Robert C. Gilles, "*How Caesar Bridged the Rhine*", in *Classical Journal* Vol. 64, No. 8（May, 1969）, p. 359.

② Ibid. , p. 360.

③ John Peter Oleson, *Bronze Age*, *Greek and Roman Technology*: *A Select*, *Annotated Bibliography*, New York and London: Carland Publishing, Inc. , 1986, p. 340.

④ Gustav Milne, *The Port of Roman London*, London: B. T. Batsford Ltd, 1985, pp. 46 – 47.

不列颠道路交通网中的中心地位，泰晤士河上的木桥还不止一座，估计至少应有三座桥梁把伦敦与罗马大道及乡村地区相联系。①

第三节　道路里程碑及其建设

道路建造的最后一步是给道路安置里程碑（miliarium，milestone）。miliarium 来自 mile（千），因此里程碑之间的距离是以 millia passuum（即千步）为单位计算的，也就是一罗马里。② 在里程碑上常常可以看到 PER M P 的字样（即 per millia passuum，到……的距离）。自哈德良皇帝以来，在高卢和上日耳曼地区，道路里程常以 leuga（或 leuca，league）计算，缩写为 L，一个 leuga 的距离相当于 1500passus。里程碑通常是用圆柱石或椭圆石做成的，安放在一个方形的基座上，也有的是四方形柱子。它们的高度在 2 米到 4 米之间，直径在 0.5 米到 0.8 米之间。现在发现的刻有拉丁铭文和希腊铭文的里程碑大约各有 4000 个，在意大利本土约有 600 个。最早的里程碑可以追溯到公元前 252 年。③ 最初只是在主要的大道上竖立里程碑，到了公元前 123 年后，罗马人才在所有的道路上都竖立里程碑。④

每一个里程碑上面都有数字说明从罗马或道路的起点城市到该里程碑之间的距离。在各行省，里程碑上数字有些是标明两城镇之间的距离，有些是表明从城镇到路的尽头之间的距离，比如，以里昂为中心分散开来的道路末端的里程碑上的数字就表示从里昂到这里的距离。同时，里程碑上面还要写明这条道路的建造者或费用赞助人等。如图拉真大道上从贝内文托到布林迪西乌第 79 千步处的里程碑铭文如下：

LXXIX / Imp（erator）Caesar / divi Nervae f（ilius）/ Nerva Traianus / Aug（ustus）Germ（anicus）Dacic（us）/ pont（ifex）max（imus）tr（ibunicia）pot（estate）/ XIII imp（erator）VI co（n）s（ul）V / p（ater）p（atriae）/ viam a Benevento / Brundis-

---

① Gustav Milne, *The Port of Roman London*, p. 54.

② 一千步相当于 1478.9 米。

③ Lesley Adkins and Roy A. Adkins, *Handbook to Life in Ancient Rome*, p. 183.

④ Victor W. Von Hagen, *The Roads that Led to Rome*, p. 20.

ium pecun（ia）／ sua fecit.①

"第79千步处。皇帝，恺撒，神圣的涅瓦尔的儿子，奥古斯都涅尔瓦·图拉真，日耳曼和达契亚的胜利者，大祭司，当选保民官13次，举行皇帝凯旋式6次，当选执政官5次，祖国之父，用自己的财产建造了从贝内文托到布林迪西的大道。"

有时，里程碑还会提供更多的信息，如它会标明整条道路的长度，或者沿路附近的主要枢纽到这里的距离。在罗马广场后面，矗立着一个巨大的"镀金里程碑"（miliarium aureum，golden milestone），它上面的字是镀金的，这个里程碑标明了从罗马到帝国主要地点的距离。在各行省，其道路交通中心也有类似的里程碑。对于步行或坐马车外出者，里程碑为他们提供了良好的参考，只要见到里程碑，他们就知道自己还要走多远才能找到吃饭或住宿的地方，或者是更换畜力的地方。正因为如此，许多定居点的名称就是从附近里程碑的名称而来的，有些名称甚至保存至今。例如在从马赛到埃克斯（Aix）的路上，离马赛4罗马里的地方，有个村庄名叫 Cars 或 Carts（意即四轮马车），很明显它就是从 quartum 派生出来的，在罗马时代，quartum 的意思是 ad quartum lapidem，即在第四里程碑（at the Fourth Stone）。再往前走3罗马里，也就是离马赛7罗马里的地方，有一个村庄 Septemes，这明显是来自 septimum（即第七）。从这里再往前走9罗马里，有一个地方在中世纪被称为 villa de nono（即距离9罗马里的村庄），再往前14罗马里，有一个小镇被称为 Milles，这一名称可能来源于最初这里有一个里程碑。②

这些道路里程碑虽然是罗马道路的重要组成部分，但更常见的情况却是帝国皇帝为了宣扬自己慷慨建造道路所做的一种广告宣传，③ 也是为了让使用这些道路的人能记得他们统治者的名字，④ 因此道路里程碑本是罗马辉煌的体现，也是罗马文明的重要标志之一，但是，随着罗马帝国的衰亡，这些里程碑也逐渐地从人们的记忆里暗淡出去。有许多里程碑被基督教徒利用，在上面刻画着十字架或其他圣物画像，还有许多里程碑则是被当作建造新的道路或建筑物的石料被铺设进去了，更多的则静静地躺在废

① Lawrence Keppie, *Understanding Roman Inscriptions*, p. 66.

② Lionel Casson, *Travel in the Ancient World*, p. 173.

③ Benjamin Isaac, *The Limits of Empire*: *The Roman Army in the East*, Oxford: Oxford University Press, 1990, 34 n.

④ Susan Raven, *Rome in Afric*, London and New York: Longman Inc., 1984, p. 71.

墟中，被大自然和岁月逐渐侵蚀又回归到大自然去了。

　　拱形门（arch）和道路广场（Forum）也是罗马道路的重要组成部分。拱形门常常位于道路汇入城市的入口处，或者位于道路的交汇处，其主要目的是用于纪念道路的建成。道路广场往往是罗马的驻军所在地，成为道路建造的指挥和调度中心，后来这些广场大多发展成为城镇，成为当地政治、经济、文化生活的中心。

第四节　罗马道路上的常见景观

　　如果说前面所提到的内容是罗马道路的官方建设的话，那么在道路边上还有很多民间的自发"建设"。这些民间自发"建设"是罗马民众沿罗马道路生活留下的景观，它们在一定程度上反映出罗马社会的习俗。

　　沿罗马道路，最常见的景观是一些宗教纪念物，特别是对旅行保护神的墨丘利神（Mercurius）[①] 或它在希腊里的对应神赫尔墨斯（Hermes）[②] 的纪念物。它们常常与道路里程碑相映成趣。这些道路神所里的纪念物以自己的雕像供过往行人崇拜，但通常都很简单和粗糙。它们一般位于道路的交叉处或桥头。由于"墨丘利石堆"对行人的特殊保护意义，以及它在一定程度上的神圣性，因此，行人都会遵循古老的风俗向它鞠躬并在石堆上添上一块石头。在有些石堆中，有时候还可以看到诸如 V S L L M[③] 这样的还愿铭文。当然，宗教纪念物远不止墨丘利神像圣所，类似的还有很多，阿普列乌斯曾列举过许多："当虔诚的旅行者在途中遇到神圣丛林或圣地时，他们常常会停下来祈祷一番，或者许个愿。……（这些圣所包括）布满花环的圣坛，用树叶盖住的洞穴，放有牛角的橡树，用动物皮毛装饰山毛榉树，围墙围住的神圣土堆，用扁斧雕刻的具有人体形状的

---

　　①　这是罗马人对希腊神赫尔墨斯的称呼。它最初被罗马人作为神接受是在大约公元前 6 世纪。公元前 495 年，它的神庙第一次在罗马建立，但位于城的边缘。它的献祭日是 5 月15 日，这一天也成为一个商业节日。墨丘利神还继承了赫尔墨斯神的其他属性，如众神使者、七弦琴的发明者、引领死人到冥界的引路人等。贺拉斯在一首诗中则称它是骗子。（墨丘利在高卢地区的宗教中占重要地位，参见：John Ferguson：*The Religions of the Roman Empire*，Ithaca and New York：Cornell University Press，1970，pp. 213 – 214.）

　　②　希腊神祇之一。最初是路边的一个恶魔，后来成为道路、旅行、商业之神，同时还是文学、口才、发明、科学之神。他能用魔杖引领人的灵魂穿梭于阴阳两界。

　　③　这是 Votvm Solvit Laetvs Libens Merito 的缩写，意思是"怀着感激而崇敬的心情还愿"。

树干，奠酒祭神留下的草皮，以及岩石。"① 对这些宗教纪念物的崇拜，充分反映了罗马社会的多神崇拜特征。

罗马道路上的另一景观是墓葬群。在罗马人看来，人的死亡只是身体停止活动了，但其灵魂并没有离开大家，死者的灵魂被认为是从容不迫地到了另一个被称为"福林"②的世界。③ 正因为这样，我们才可以看到，埃涅阿斯可以在西比拉的带领下，来到冥界，见到其亡父安基塞斯的魂灵，安基塞斯向埃涅阿斯指点未来后，他又重新返回人间。④ 也许，生者与死者的区别仅仅在于恺撒士兵们所戏称的那条"阴阳界"（墓碑）而已。⑤ 从坟墓看，这种死者魂灵不亡的看法可以从两个方面得到体现。第一是从其墓碑或墓身的浮雕画中可以看出。有很多浮雕画上有放满食物的桌子或果篮，这在生者看来，那些躺在坟墓中的人并没有死去，他们仍然与自己在一起，仍然在分享着现世生活。第二是从墓的设计中也可以看出。有很多墓，特别是早期罗马的墓葬设计总是尽可能地按照死者生前生活的样式安排，这样就能体现出死者与生者同在。这方面最明显的例子就是斯奇比奥家族的墓葬，公元前300年，他们最先在罗马这样设计，以后这样持续了至少一个半世纪。罗马人的墓葬群通常以家族为单位安葬包括家奴在内的整个家族的死者，它们主要分布在城市周围或道路两旁。其中最理想的位置是既在路边又位于城镇入口处，因为在这里，"一则方便死者家人来此举行纪念仪式，二则能更有效地向世人显示墓主的财富和地位——就连死亡也丝毫不能减少人们对特权和地位的竞争。……这些墓葬向世人宣告了那些显赫家族的政治伟绩，被释奴向社会上层流动的成功以及商人们的事业成就"。⑥ 也就是说，这些进城必经的路边墓葬也是罗马人炫耀其地位的宣传品。

从共和国时代起，就有很多墓葬群集中在主要的罗马大道沿路。⑦ 在

---

① Apuleius, *Metamorphoses*, Cambridge, MA: Harvard University Press, 1989, I.
② 《埃涅阿斯纪》中曾对"福林"作过精彩的描述："天宇无比广阔，一片紫光披盖着田野，他们有自己的独特的太阳，自己独特的星辰。有的在（灵魂）在操场的草坪上锻炼拳脚，比赛和游戏，或在黄金色的沙地上摔跤。有的在有节奏地舞蹈，一面跳一面唱歌。"（维吉尔：《埃涅阿斯纪》，杨周翰译，人民文学出版社1984年版，第156页。）
③ John Ferguson: *The Religions of the Roman Empire*, pp. 133 – 149.
④ 维吉尔：《埃涅阿斯纪》，第133—165页。
⑤ 凯撒：《高卢战记》，第197页。
⑥ John E. Stambaugh, *The Ancient Roman City*, Baltimore and London: The Johns Hopkins University Press, 1988, p. 194.
⑦ Lawrence Keppie, *Understanding Roman Inscriptions*, pp. 98 – 100.

沿着通往伊特拉斯坎各城镇的路上，家族墓葬群排列得十分规则，坟墓通常都呈长方形，它们仿照活人的房屋分布样式建造，成排成行的坟墓街道排列得十分整齐，就像是死人之城（necropolis）一样。在罗马的城墙之外，坟墓也反映出各式各样活人的城市生活方式和罗马国家传统，它们仿照伊特拉斯坎的土墩形墓、叙利亚的塔形墓和埃及人的金字塔形墓建造，还伴有上层阶层使用过的粉刷得很好的房屋模型、墓柱，以及死者透过墓地围墙的窗台向外张望的半身像，就像旅途中的旅行者在马车中透过窗户向外看一样。在坟墓中间，还安放有躺卧餐桌，这是供祭奠死者的人们在这里纪念聚餐用的。奥古斯都陵墓位于弗拉米尼亚大道旁边位置非常显著的地方，他的陵墓带来了一种非常引人注目的墓葬建筑结构，它是一个很大的拱形圆顶墓，四周种满了柏树，墓顶高 45 米，墓的直径达 87 米。该墓供整个奥古斯都家族及其继承人死后安葬。在奥斯提亚大道（via Ostiens）边的盖乌斯·恺斯提乌斯（Gaius Cestius）墓葬也很有特色，它是一座金字塔式的墓 在墓前有一个用大理石做成的墓碑，宽 22 米，高 27 米。最有意思的是面包师马尔库斯·维尔吉利乌斯·尤里萨恺斯（Marcus Vergilius Eurysaces）的墓葬，它位于拉比卡纳大道和普拉埃纳斯提纳大道的交汇处，墓身呈梯形，面向路边的行人，在墓的一边埋葬着他和他的妻子阿提斯提亚（Atistia），在它的下面放有与墓垂直的圆石柱，在它们的上面放有水平的圆石柱，人们通常把这些圆石柱解释为储存粮食的地窖或者烤箱。在上面的石柱上绘有烤制面包的全过程，它能吸引从这里经过的每一个人的注意力，并且向世人昭示他的生意是多么的成功。[1] 这样的墓群还有很多，如在盖塔（Gaeta）的路齐乌斯·米努齐乌斯·普兰库斯（Lucius Minucius Plancus）墓葬群，在阿庇安大道第 6 里程碑处的马尔库斯·瓦勒里乌斯·麦萨拉·科尔维努斯（Marcus Valerius Messala Corvinus）墓葬群，在罗马北部萨拉里亚大道旁边的马尔库斯·路齐里乌斯·帕埃图斯（Marcus Lucilius Paetus）墓葬群以及在阿庇安大道第 3 里程碑处的恺齐利亚·美特拉（Caecilia Metella）墓葬群，等等。[2]

　　在从阿尔通往意大利的道路上，就有一个名叫阿里斯坎普（Alyscamps）的墓葬群，它是罗马西部地区最为有名的墓葬群之一。虽然它随着时间的推移有些已经被破坏了，还有一些非常经典的石棺被送进了博物馆，但是在罗马，这里乃是这条大道上最具吸引力的地方。这里有围绕着

---

① 　John E. Stambaugh, *The Ancient Roman City*, pp. 194 – 196.

② 　Ibid. , p. 363.

圣格内苏斯（St Geneseus）墓地而安葬的成千上万的坟墓以及 17 座小会堂。"这些高卢—罗马及墨洛温王朝的公墓群后来成为史诗传说的灵感来源之地，这些史诗传说把它们看作是过去时代英勇战斗的有力证据。"①这样的墓葬群在罗马道路沿途还有很多。

在邻近古老罗马中心的阿庇安大道和诺门塔纳大道（Via Nomentana）旁的地下墓葬群是比较有特色的墓葬群，因为它与跨台伯河地区的蒙特韦尔德（Monteverde）地下墓葬群形成了鲜明的对照，后者过着一种更为保守的传统犹太生活，而前者则受希腊化和罗马化影响程度更深。②

正是这些沿路的墓葬群，构成了罗马道路上一道亮丽的风景线，只不过这是一道美丽而凄凉的风景线，它是那样地令人哀伤，那样令人心碎，也许公元前 2 世纪的一段墓志铭能很好地反映这种悲凉景象："听听，阿特米多鲁斯，你的母亲在你的坟头，为 12 岁就死去的你痛哭：我分娩时所有的痛苦——如果这是一种痛苦的话，都消失在火中；父亲的辛劳白费了；我几乎还没有享受到的你带来的欢乐也消失了。你去了亡灵的国度，从此不再复返。你还没有成为少年，噢，我的孩子，代替你的只有一块墓碑和无言的灰烬。"③

罗马的官方道路建设凝聚着罗马统治者和罗马人民的伟大智慧，这些道路也是"伟大属于罗马"的具体表现之一。在罗马道路上，我们可以听到飞奔疾驰的信使的马蹄声，可以看到气势雄壮的罗马军队的运送，忙碌的罗马商人的穿梭，各种游人的往来；在路边上，官方驿站的一派繁忙景象，民间旅馆的迎来送往。所有这些都是罗马道路上的生活的重要组成部分，它们构建了以道路为中心的另一幅罗马社会画卷，从另一侧面反映出罗马社会生活的多样性。在后面的内容里，我们将从罗马道路边的旅馆生活、驿站生活以及道路上的旅行等方面入手，描述以罗马道路为中心的罗马社会。

① Raymond Chevallier, *Roman Roads*, p. 78.
② John E. Stambaugh, *The Ancient Roman City*, Baltimore and London: The Johns Hopkins University Press, 1988, p. 341.
③ 让-皮埃尔·内罗杜：《古罗马的儿童》，张鸿、向征译，广西师范大学出版社 2005 年版，第 339 页。

第三章　拉丁铭文与罗马道路

拉丁铭文是罗马史的重要史料之一，在罗马史的研究中占有极其重要的地位，西方学术界早已把它作为最普遍的材料运用到相关研究中。但它在我国学术界却没有得到应有的重视。本章介绍了拉丁铭文的基本情况，比较详细地回顾了西方学术界对拉丁铭文的整理和研究，并以罗马道路为线索，把道路上一些主要类型的铭文的内容特色、书写特征等作了简要的概括。最后，本章简要分析了拉丁铭文在罗马史研究中的重要地位及作为史料的局限性。

第一节　拉丁铭文概说

在拉丁语中，铭文（inscriptio）一词的意思是"写上、签上、题上；标题、标记"，其动词形式为 inscribo，英文中的 inscription 就是由此演化而来。在希腊语中，与这一含义相对应的词是 ἐπιγραφή（碑文、铭文），动词形式为 ἐπιγράφω，它的基本意思是"刻上字、刻上标记"，其名词的英文对应词语是 epigraphy，在今天的学术界，讲到铭文的时候也基本上把 inscription 和 epigraphy 通用。现代用法中，铭文这一术语是指从古代存留下来的各种材料上的文字。古代罗马遗留下来的铭文材料极其丰富，现在已发现的铭文数量大约是 30 万条，而且以每年 1000 条的速度增长，[①] 据估计，现在发现的铭文数量大约只占总数的 5%。[②] 根据英国考古学界的习惯，拉丁铭文通常用"罗马铭文"（Roman

---

① Lesley Adkins and Roy A. Adkins, *Handbook to Life in Ancient Rome*, New York, 1994, p. 235.

② Graham Speake ed, *The Penguin Dictionary of Ancient History*, Penguin Books, 1994, p. 240.

inscription）来代称，① 但在我国学术界，我们通常认为拉丁铭文是用拉丁文书写的铭文，而希腊铭文是用希腊文书写的铭文，罗马铭文则既包括拉丁文铭文，又包括希腊文铭文，甚至可以包括古罗马时期的其他铭文，如伊特拉斯坎铭文。在本书中，我们只把拉丁铭文界定为古罗马时期（到西罗马帝国灭亡）用拉丁文书写的铭文，西罗马帝国灭亡后的拉丁铭文则不在讨论范围。

　　史学界对拉丁铭文出现的时间颇有分歧，有学者认为它出现的时间很早，最早可以追溯到公元前 800 年拉丁姆（Latium）地区的加比努斯（Gabinus）出土的陶器碎片，并认为它是所有语言中最早的文本书写。② 当代学术界基本上否定了这种观点，认为这只是一种臆造，没有任何科学依据。③ 也有人认为最早的拉丁铭文是"公元前 7 世纪末的一根金饰针上的标号"，④ 这根金饰针出土于普拉恩内斯特，但它作为最早的拉丁铭文的证据也被学术界否定了，认为它只不过是一种作伪。⑤ 得到学术界公认的现存铭文的最早考古证明是公元前 6 世纪晚期的被称为"黑宝石"的罗马广场界标石碑（Forum Romanum Cippus）上的铭文，⑥ 它是一块石头上的铭文碎片，在其四周都有用古体拉丁文书写的铭文。这个石柱于 1898 年在波尼广场上被发现，那里正是古人认为的罗慕路斯的坟墓并有"黑石"（lapis niger）作为标志的地方。这些铭文的语言和书法都非常古老，其写法在希腊语中称为"布斯特洛菲东"（βουστροφηδόν），即"如牡牛耕地那样"：一行由左向右，另一行又由右向左写。铭文残破得很厉害，它的意义学术界至今也仍未完全理解。⑦ 早期的铭文并不多，公元前 400 年以前的铭文材料不超过 70 条，到共和国末期，数量有所增加，但铭文最多的时期是帝国时代的公元 2—3 世纪这 100 年间，现在发现的拉丁铭文的95% 都是这一时期的，⑧ 在此之后，拉丁铭文并未间断，中世纪一直得以延续。

① Lawrence Keppie, *Understanding Roman Inscriptions*, London, 1991, p. 11.
② Graham Speake ed, *The Penguin Dictionary of Ancient History*, p. 240.
③ Lawrence Keppie, *Understanding Roman Inscriptions*, p. 12.
④ 刘家和、廖学盛主编：《世界古代文明史研究导论》，高等教育出版社 2001 年版，第 247 页。
⑤ Arthur E. Gordon, *The Inscribed Fibula Praenestina: Problems of Authenticity*, Berkeley: University of California Press, 1975.
⑥ Lesley Adkins and Roy A. Adkins, *Handbook to Life in Ancient Rome*, p. 235.
⑦ 科瓦略夫：《古代罗马史》，三联书店 1957 年版，第 6 页。
⑧ Graham Speake ed, *The Penguin Dictionary of Ancient History*, p. 240.

　　古罗马的铭文可以根据不同标准进行不同的分类。从铭文所使用的语言文字上看，大致可以分为伊特拉斯坎文铭文、拉丁文铭文和希腊文铭文，当然也有很多是用两种语言写成的，如著名的安吉腊铭文（Monumentum Ancyranum）就是同时用希腊文和拉丁文写成的。现在已经发现的伊特拉斯坎铭文约有 1 万多件，主要是墓志铭。尽管古文字学家和考古学家在释读伊特拉斯坎铭文方面付出了极大的努力，但迄今为止还不能说已经找到了破译它的钥匙，因此，目前对它的利用率是极低的。希腊文铭文数量也很可观，它对于研究希腊罗马及古代近东历史都具有重要意义。拉丁铭文是古罗马铭文史料中最为丰富的，它不仅见证了拉丁语的演变过程，而且充分展示了古罗马社会从中央到地方的政治、经济、宗教、文化、教育、社会习俗及民众生活的方方面面。拉丁铭文大部分集中在古罗马西部的拉丁语区，特别是罗马、意大利及西部行省、埃及等地，东部行省的拉丁铭文相对较少，东部的大部分铭文是以希腊语刻写的，而且这种情势一直持续到拜占廷帝国时期。从用于铭刻的材料看，铭文可以分为石刻铭文、铜器铭文、木器铭文及杂项铭文（instrumentum domesticum）（包括嵌刻在瓦片、砖块、陶器、墙上的马赛克以及纪念品等上的文字，蒙森把它们统归为家用器具铭文，或称为杂项铭文）。当然，这里排除了两种重要的古代文本形式：钱币和纸草，因为它们在现代已经形成了两种相对独立的研究分支即钱币学（coinage）和纸草学（papyrology）。就对历史研究而言，对铭文最有意义的划分可能要按铭刻内容分类：刻于祭坛、神庙、雕像或还原供品上的宗教献祭铭文（tituli sacri）；纪念个人的纪念性铭文（tituli honorarii）；墓碑铭文（tituli sepulchrales）；刻在两块铜板上，用于凭证的军事委任状（diplomata militaria）；有关法律、条约、元老院决议、大法官决议以及宗教文件的铭文；为纪念大型建筑物或重大事件而刻写的铭文；涂印在墙上或木板上的公共通知，如广告、预言、辩解词等。其中，墓碑铭文是最常见的一种。铭文的内容大多十分稀少，往往只有几行字，有些甚至只有几个字，诸如有好几百字的安吉腊铭文十分罕见，难怪它被称为"铭文皇后"。这些铭文就像历史的碎片一样，静静地躺在地下泥土中或湮没在浓密荒草的废墟里，遗忘在时间流逝的沧桑中，任凭岁月的刀痕刮走它们昔日的荣光。

　　几乎所有的拉丁铭文都有一些共同的特点，综合归纳起来，我们可以对拉丁铭文的特征作如下的概括。第一，铭文的字数一般都不多，往往用很简洁的语言表述一件事，如 H S E（hic situs /a est）（他/她安葬于此）。第二，在每个字或每个词之间常用区别号（differentia）作为间隔。

这些区别号不仅可以区分各词或字母之间的意义，还可起到简化作用或装饰作用（如象牙叶），而且也"可能是为了阅读方便"。① 为了起行或排列的需要，任何词语都可以在使用过程中被任意间隔而缺少区分各词或字母之意义。从公元 3 世纪起，随意错误地加进词语或字母中的区别号越来越多，这严重影响了铭文本身所要表达的意义，因而，从此之后，这种区别号又逐渐地停止了使用。大约从公元前 120 年到公元前 70 年，长元音 A、E 或者 U 被双元音代替，或者在它们的上面加上横划线或重音符号来表示，但这种做法往往是出于装饰需要。② 第三，铭文中，经常用词汇的第一个字母或前几个字母的缩写来代替单词本身。这是拉丁铭文非常重要的一个特点，几乎所有的铭文中至少有一个词汇是用缩写形式来替代的。在缩写的词汇中，一个或几个缩写字母往往不止代表一个含义，如 A 就有可能是很多单词的缩写，如 ager（领土、国王；耕地、农事；农村），amicus（朋友），annus（年），Aurelius（人名），avus（祖父，曾祖父，外祖父，外曾祖父；始祖，祖先），aurum（神）等；再如 MVF 有可能是 monumentum vivus fecit（he erected this monument while alive，即"当他活着的时候竖了此纪念碑"）的缩写，也有可能是 maritus uxori fecit（her husband set this up for his wife，即"她的丈夫为妻子立了此碑"）的缩写，具体意义得根据上下文的情况来确定。这种缩写在拉丁铭文中非常重要，而且情形也很复杂，需要对此特别留意，同时也要求对一些常见的缩写要非常熟悉，如常见的人名：C.，Caius（盖乌斯）；L.，Lucius（路奇乌斯）；T.，Titus（提图斯）等；常见的选举部落（特里布斯）名称：CLA，Claudia（克劳迪亚氏族）；MEN，Menenia（美勒尼亚氏族），PVP，Pupinia（普比尼亚氏族），等等。第四，拉丁铭文中常出现连字现象，特别是从公元 1 世纪起这种现象越来越常见，通常是两个字母连写，但三个字母连写的现象也不少见。如 VETVSTATE 就有可能连写成 V ∃ VSTA ᴲ，TIB 有可能连写成 †B，等等。这种连写现象给后人的解读带来的直接困难是如何判断连写中的第一个字母，这也需要对上下文的背景和对罗马文化的谙熟。这种连写现象不仅在词汇或字母中出现，而且经常出现在数字中，如果出现在数字中，判断难度就更大了，如 6 被写作ᕔ；5000 被写作ᕗ；1100000 则被写成ᴉ͞X̄ I̅。不过，令人欣慰的是，经过学者们的艰苦努力，人们已经摸索出了拉丁铭文（包括数字）的连写规律，并把它系

<hr />

① Lesley Adkins and Roy A. Adkins, *Handbook to Life in Ancient Rome*, p. 237.

② Ibid.

统地整理出来供学习者参考，从而省去后来研究者的很多麻烦。

在我们今天所看到和使用的拉丁铭文，往往都是学者们经过整理后的。在整理铭文的过程中，学术界形成了一些约定的规则，这里有必要作简单介绍。（abc），表示圆括号内的字母是铭刻者所漏掉的，现代铭文学家把它补上去的，如 leg（ionis）。[abc]，表示方括号内的字母是由于损坏或风化侵蚀而脱落的，且基本可以肯定能恢复的字母，如 sept［imio Severo］。[····]，表示原铭文的字母已经因损坏或风化侵蚀而脱落，而且不能恢复，每一个点代表一个脱落的字母。[————]，表示原铭文的字母因损坏或风化侵蚀脱落，不能恢复，而且脱落了多少字母也不知道。〈abc〉，表示铭文字母的偶然意外脱落了，并不影响释读，如 Ben〈ev〉entum。｛abc｝表示铭文中多余的字母，没有必要需要它，也有可能是铭刻时错刻上的，如 Imp｛p｝eratori。[[abc]]，表示被人故意涂抹掉的字母。Abc，字母下面加点表示由于损坏或风化侵蚀的字母不能确定。[\\\\\\]，表示铭文中被删除的字母，而且不能肯定恢复，每一个 \ 表示一个字母。ABC，表示出现在铭文中的，但铭文学家不能理解的字母。最初，在原铭文的每一行前以阿拉伯数字标明其行数，如，1，Imp（eratori）Caes（ari），2，Hadr（iano）Antonino Aug（usto），3，Pio 等等；现在当铭文用草体印刷出版时，更多的情况是，这些表示原铭文行数的数字只写到第 5 行，后面的行与行之间只用/来表示。υ，代表铭文左边的字母空间，υυυ 代表 3 个字母空间，υac. 或 υacat 代表左边更大的空间。

第二节　拉丁铭文的整理与研究

学者们对拉丁铭文进行目录分类与整理开始于中世纪盛期（High Middle Ages），中途曾一度停顿，到 14 世纪这项工作得以继续。伦左的科拉（Cola of Rienzo）一生热爱古典文化，尤其推崇李维、萨鲁斯特和瓦勒里乌斯·马克西姆斯，"他每天都在废墟里寻找铭文器物，没有人比他更能阅读和解释铭文"。他收集的最著名的铭文是元老院和罗马人民授与弗拉维乌斯·苇伯芗的帝国权力的铜表。当时，这一铜表被罗马教皇卜尼法斯八世（Boniface Ⅷ）用于建造圣约翰·拉特兰（S. John Lateran）的祭坛，导致上面的文字几乎不能辨认，科拉偷偷地把它取出来放在了教堂中，认真研究它并以此为据呼吁人民有权选择自己的政府形式。① 15 世纪时，意大利人文主义者波齐奥·布拉齐奥里尼（Poggio Bracciolini）（1459 年去世）就"注意到古代碑铭的史料价值，常把它提供的历史事实拿来和李维等人的著作进行对比，并公布了公元 9 世纪的一位僧侣转抄的铭文集"，② 他还把自己在罗马收集到的铭文编纂成册。安科纳的克里阿库斯（Cyriacus of Ancona）（1391—1451）对古典考古极有热情。他曾先后在罗马、君士坦丁堡等地学习希腊文，考察古迹。他认为文献和碑铭作为史料时，碑铭更为可信。1435—1447 年，他游历了希腊大陆和爱琴海诸岛，抄录并公布了他所见到的大量碑铭（主要是希腊铭文）。1492 年，齐奥万尼·波塔诺（Giovanni Pontano）在那不勒斯用古典方式为他刚去世的妻子设立过一个纪念堂，在纪念堂里，陈列着他自己收集的希腊文和拉丁文的铭刻文本。③ 继意大利人之后，法国学者也开始注意碑铭的史料价值，其中以约瑟夫·朱斯特·斯卡利格尔（1540—1609）成就最大。他在各地旅行期间，抄录了大量希腊文、拉丁文碑铭，将其转交给海德尔堡大学的格鲁特乌斯，协助他编辑出版了一部铭文集。铭文集中不仅包含大量的希腊、拉丁铭文，还有一部分伊达拉里亚铭文。在古生物学兴起的同时，学者们开始使用碑铭与各种遗迹作史料。意大利的比昂多（1388—1463）以古代各种遗迹做基础，写出了《著名的罗马》、《复兴的罗马》和《胜利的罗马》三部著作。古物收藏与碑铭学的兴起，显露出近代考古学的曙光。④

1464 年 9 月底，维罗纳的人文主义者费里克·费里齐阿诺（Felice Feliciano of Verona）与一批文物爱好者来到加尔达湖（Lake Garda），他们在湖西边的托斯卡纳城（Toscolano）的各教堂里记录了献给几位罗马皇帝的祭祀并模仿先辈皇帝们用常青藤和桃金娘做成的花环的加冕仪式，然后考察了破旧的黛安娜女神庙，接着他们伴着七弦琴声渡过湖来到加尔达的圣·玛丽亚·玛齐奥里（St. Mary Maggiore）教堂，为这愉快的一天感谢上帝。这也许是最早的田野考古旅行。16 世纪，由马佐齐（Mazochi）编辑的考古册子《古代城市铭文集》出版了（罗马，1521 年）。⑤

---

① Rodolfo Lanciani, *Ancient Rome in the Light of Recent Discoveries*, New York: Benjamin Blom Inc. 1967, p. 6.
② 晏绍祥:《古典历史研究发展史》，华中师范大学出版社 1999 年版，第 5 页。
③ Lawrence Keppie, *Understanding Roman Inscriptions*, p. 36.
④ 晏绍祥:《古典历史研究发展史》，第 6 页。
⑤ Lawrence Keppie, *Understanding Roman Inscriptions*, p. 36.

　　16 世纪晚期，在约瑟夫·斯卡里吉尔（Joseph Scaliger）（1540—1609）的鼓动下，普鲁士科学院的学者们前往欧洲收集古代文本，取得了更为丰硕的收获。斯卡里吉尔还鼓励安特卫普的约哈·格鲁特（Johann Gruter of Antwerp）（1560—1627）编纂铭文集，并于 1602 年出版。学者们收集了很多重要的铭文，斯齐庇奥尼·马菲（Scipione Maffei）（1657—1755）在维罗纳汇集并出版了这些集子。这一时期铭文编目的主要成就还只是来自于诸如鲁多维柯·安东尼奥（Ludovico Antonio）（1672—1750）特别是巴托罗梅奥·波尔吉斯（Bartholomeo Borghesi）（1781—1860）这样的学者的个人知识及广泛旅行。

　　1847 年，在柏林组织了一个委员会，专门从事从古罗马世界收集到的拉丁铭文的出版，其出版物被称为《拉丁铭文集》（Corpus Inscriptinum Latinarum，通常被缩写成 CIL），它的发起人就是那位"创造力似乎从未枯竭，以至没有留下任何空白让后人去做独立研究"[①] 的罗马史的巨擘特奥多尔·蒙森（Theodor Mommsen），时年仅 30 岁。这一工作意义非凡，它凝聚着蒙森对所有现存铭文的思考及对早期文献、资料和出版物的钩沉，从而确定其发现地和铭文内容。《拉丁铭文集》的编纂是按地理范围划分的，包括整个意大利及其行省，其中 15 卷按地理范围涵盖古罗马各地，另三卷是关于铭文集的目录。各卷从 1862—1863 年开始出版。[②] 蒙森本人十分勤奋，他所编纂的关于意大利南部和中部的各卷成为整个丛书的典范。他们用拉丁文为铭文作注，这些拉丁文注释到现在都还在广泛使用，接着各种语言的注释相继而出。各卷在开头都有一个出土文物表及铭文可靠性的简单介绍，接着是另一目录，列出了那些看起来不可靠，或者明显是伪造的内容，也包括考察地理范围之外的铭文。重要的内容都集中在众所周知的城市或地区，各种材料的铭文都包含在内，只是杂项铭文被

① 意大利著名罗马史、史学史学者莫米格利亚诺对蒙森的评价，参见晏绍祥《古典历史研究发展史》，第 49 页；Bowersock & Cornell, eds., A. D. Momigliano, *Studies on Modern Scholarship*, Berkeley, Los Angeles, London: University of California Press 1994, p.63.

② 《拉丁铭文集》共 18 卷，各卷内容分别为：第 1 卷《罗马共和国时期的铭文（到公元前 44 年）》，第 2 卷《西班牙》；第 3 卷《帝国北部和东部行省》；第 4 卷《庞贝城、赫尔库拉努姆城和斯塔比埃城的墙上铭文》；第 5 卷《北部意大利（山南高卢）》；第 6 卷《罗马城：石头上的铭文》；第 7 卷《不列颠》；第 8 卷《北非：从的黎波里塔尼亚到摩洛哥》；第 9 卷《意大利中部和东南部》；第 10 卷《坎帕尼亚与意大利西南部、撒丁岛、西西里岛》；第 11 卷《意大利中北部》；第 12 卷《南高卢（奈波城）》；第 13 卷《中部和北部高卢，罗马日耳曼地区》；第 14 卷《拉丁姆，罗马周围（包括奥斯提亚）》；第 15 卷《罗马城：杂项铭文》；第 16 卷《军事委任状》；第 17 卷《道路里程碑》；第 18 卷《异教诗体铭文》。

收录在各卷之末（罗马例外，因为它的材料太多，足可以单独成册，即第 15 卷）。在各城市的前面都有关于该城的简单而颇具价值的历史介绍以及通过铭文理解其市民生活的内容。《拉丁铭文集》的出版在铭文研究史上和学术史占有十分重要的地位，后世学者认为"在罗马史研究的成果方面，没有任何著作曾接近这部铭文集。它阐明罗马公私生活的各部门——行政、城市、军队、赋税、宗教、艺术、社会状况与交通运输。哈弗菲尔德很适当地把它比作科学上的一个最重要的发现；卡米耶·朱利昂还宣称，它是一个学者对有关过去的知识所作出的最大贡献"。[①] 因此，《拉丁铭文集》在学术史上特别是罗马史研究史上的地位无论怎样高估都不过分。

　　尽管《拉丁铭文集》（CIL）在拉丁铭文研究史上具有划时代意义，甚至可以说是空前绝后的，但要充分利用它，全得仰仗拉丁语知识，这并非易事；同时，尽管很多卷册都有大量的索引，且各卷所包含的内容都被制成了表格，但是真要利用它并不轻松。为了便于研究和利用，赫尔曼·德绍（Hermann Dessau）编辑了一个大约有 9000 条铭文的选集，被称为《拉丁铭文选》（Inscriptiones Latinae Selectae，即 ILS）（1892—1916 年，柏林）。该选集是按主题编纂目录，并在每一主题下面有简短的评注，以帮助学者们研究各主题时能考证原始资料。由于它的方便、简洁，其使用率并不亚于《拉丁铭文集》，从而成为研究拉丁铭文的经典。

　　早在 18 世纪，为教学之便而编辑的附有各资料背景的铭文手册就已出现。比较全面的综合指南是 1886 年出版的由雷拉·卡格纳特（Rene Cagnat）编纂的《拉丁铭文基础教程》（Cours elementaire d'epigraphic latine）（1914 年又进行过修订），尽管明显有些过时，但它至今仍具有重要价值。在英文出版物方面，由桑迪斯（Sir John Edwin Sandys）编纂的《拉丁铭文：拉丁铭文研究导论》（Latin Epigraphy：An Introduction to the Study of Latin Inscription）（第二版，1927 年）被奉为至宝，评论者认为，"第一版仅过 9 年就有了第二版的需求本身就是它极为畅销的证据"，且该书印制精美，"书中的插图与设计和印刷相得益彰"。[②] 在此之后，更多的手册、参考资料陆续出版，如 1931—1932 年由意大利学者巴罗切利

---

① 乔治·皮博迪·古奇：《十九世纪历史学与历史学家》，耿淡如译，商务印书馆 1989 年版，第 770 页。

② Sir John Edwin Sandys, Lantin Epigraphy：An Introduction to the Study of Latin Inscription, Second edition, revised by S. G. Campbell, Cambridge University Press, p. 127. 其评论见 JRS, Vol. 16（1926）.

（P·Barocelli）和科拉第（G·Corradi）编纂有《意大利拉丁铭文》（Inscriptiones Italiae）两册出版 其基本格式与蒙森的《拉丁铭文集》基本一致，也用拉丁文写成，但它的使用更为方便。它不仅对有关各地区的铭文参考书有详细的介绍与评仑，同时还公布了一些没发表的铭文并附有所涉及地区的地图，因而受到学术界的较高评价。[1] 1933 年布达佩斯大学钱币与考古学会出版了由约翰尼斯·斯拉吉（Johannes Szilagyi）编写的有关多瑙河沿岸地区的罗马驻军的遗留物铭文集《帕诺尼亚瓦片铭文集：帕诺尼亚调查报告 2，1》（Inscriptiones Tegularum Pannonicarum：Dissertationes Pannonicae 2，1），对新发现的每件铭文的大小、种类、发现地点、现存状况都有详细说明，对其所反映的历史情况也有说明，特别是它所附的 32 幅图片更利于学者研究。该铭文集的出版，在一定程度上改变了学者们对多瑙河沿岸驻军情况的模糊认识，因而得到学术界的较高评价，但是该铭文集全是匈牙利语（马札尔语）写成的，这一点受到了著名罗马史家赛姆（Ronald Syme）的严厉批评。[2] 1934 年，著名罗马史家巴洛（R. H. Barrow）出版了《拉丁铭文选》（A Selection of Latin Inscriptions），由于它选题生动，这本小册子被誉为"比大部头著作更有用的"铭文选集。[3] 1935 年，Dr. A. B. Purdie 出版的《拉丁铭文诗选》（Latin Verse Inscriptions），该选集筛选了铭文中的诗，特别是墓志铭中的诗，从铭文的角度反映了古人对死亡及其他生活方式的态度，颇具特色。[4] 1952 年，法国学者雷蒙·布洛赫（Raymond Bloch）出版了《拉丁铭文》（L'Epigraphie Latine），主要探讨了非基督教铭文的书写方法，是一部极优秀的拉丁铭文书写方法总结的书，对铭文研究颇有意义，遗憾的是它对众多的缩写与解释缺少当页注释。[5] 1958 年戈登（Gordon）夫妇出版了《日期确定的拉丁铭文集：罗马及其周围》（Album of Dated Latin Inscriptions：

[1] P. Barocelli, G. Corrad : Inscriptiones Italiae, Academiae Italicae consociatae ediderunt, Roma：La Libreria dello stato. 1931 – 1932. 评论者 J. G. C. Anderson 的文章见 JRS, Vol. 23（1933）, pp. 243 – 24 .

[2] Johannes Szilagyi, Inscriptiones Tegularum Pannonicarum：Dissertationes Pannonicae 2, 1, Budapest, 1933. 赛姆的评仑见 JRS, Vol. 24（1934）, pp. 91 – 92.

[3] R. H. Barrow, A Selection of Latin Inscriptions, Oxford：at the Clarendon Press, 1934. 其评论见 JRS, Vol. 24（1934）. pp. 242 – 243.

[4] A. B. Purdie, Latin Verse Inscriptions：Rome and the Neighborhood, London：Christophers, 1935. 其评论见 JRS, Vol. 26（1936）.

[5] Raymond Bloch, L'Epigraphie Latine, Paris：Press Universitaires de France, 1952. 其评论见 JRS, Vol. 43（1953）, p. 236.

Rome and the Neighborhood），主要搜集整理了帝国早期的拉丁铭文，正如其书名所揭示的那样，所选铭文都是时间比较确定的。该铭文集的最大特点是附有大量清晰精美的铭文原物图片和十分详细的参考文献及注释，然而，正如批评者所指出的那样，这两大特点也正是它的两大致命缺陷：由于图片太多、太精美而出版困难且售价高昂，结果导致最需要它的学者看不到此书，严重制约了该书的流传；由于参考文献及注释过于详细而显得十分繁琐，也引起了学者们的不满，而且该铭文集对帝国以前的铭文收录太少。① 同时，由于该铭文集错误较多，且选题范围狭窄（仅限于罗马及其周围），也受到了学术界的批评，② 因此，该铭文集在学术界的负面影响远比正面名声大。由艾达·卡拉比·尼蒙坦尼（Ida Calabi Limentani）编纂的《拉丁铭文》（*Epigrafia latina*）（第二版，1968 年），也在学术界有一定的影响。1973 年，出版了由古史名家 H. 梅耶尔（Meyer）编纂的《拉丁铭文入门》（*Einfuhrung in die lateinische Epigraphik*），由于其语言十分简洁，舍取精当，使用方便，深得《罗马不列颠铭文集》编纂者之一的怀特（R. P. Wright）的好评。③ 苏西尼（G. Susini）编纂的《拉丁铭文》（*Epigrafia latina*）（1982 年）也因其语言十分简洁而颇受青睐。④ 亚瑟·戈登（Arthur Gordon）编写的《图说拉丁铭文》（*Illustrated Introduction to Latin Epigraphy*）（1983 年），是作者对铭文进行终身研究的成就总结，颇具价值，同时，在该书的第 148 页的参考目录中还列了其他一些最近的参考书。⑤

尽管英美学者在罗马铭文研究方面成了也作出了杰出的贡献，在各种杂志及著作中发表了大量成果。但罗马铭文颁布范围极广，数量亦很多，至今尚未有铭文选之类的书出版。地区性的铭文集中，以罗马时代不列颠铭文的研究与出版较为突出。在由蒙森主编的《拉丁铭文集》中，第 7 卷的 1200 件铭文全部取自不列颠。但因编者系欧洲大陆学者，不可能把铭文搜集齐全，有时亦不免张冠李戴，所以英国学者在蒙森的建议下，准备自己再编一部不列颠罗马铭文。这项巨大工程从 19 世纪末开始准备，

① A. E. and J. S. Gordon, *Album of Dated Latin Inscriptions*, Berkeley: University of California Press, 1958. 评论见 *JRS*, Vol. 50（1960），p. 265.
② G. D. B. Jones 的评论，见 *JRS*, Vol. 56（1966），p. 254.
③ E. Meyer, *Einfuhrung in die Lateinische Epigraphik*, Darmstadt: Wissenschaftliche Buchgesellschaft, 1973. 其评论见 *JRS*, Vol. 64（1974），p. 243.
④ Lawrence Keppie, *Understanding Roman Inscriptions*, pp. 37 – 38.
⑤ A. E. Gordon, *Illustrated Introduction to Latin Epigraphy*, Berkeley: University of California Press, 1983.

经哈佛菲尔德、柯林武德、赖特等几代人的不懈努力，终于在 1965 年出版了第 1 卷，即 1965 年由 R. G. 柯林武德（Collingwood）和 R. P. 赖特（Wright）编辑的《罗马不列颠铭文集》（第一卷）（*Roman Inscriptions of Britain I*，即 *RIB*I）。它包括 2400 件刻在石头上的铭文，每件铭文都有发现地点、时间、现在的位置与状态、译文、绘图及研究性参考文献介绍，因而极便于学者使用，但《罗马不列颠铭文集》它所包含的材料仅限于 1954 年前的成就，编号为 1—2400。25 年后，《罗马不列颠铭文》第 2 卷分 8 册出版，包含有 5000 件杂项铭文，与第 1 卷相同的是，每件铭文都有译文、铭文状况及研究性书目介绍，时间上包含了 1965—1986 年新发现的一些铭文，主要是家用器具铭文（Instrumentum Domesticum），编号为 2401—2505。这两部铭文集互为姊妹篇，构成了比较完整的罗马不列颠铭文集。第三卷（*RIB* Ⅲ）也在酝酿之中，它将包含更多的新近铭文内容。[①] 第二次世界大战后，"在史料尤其是在碑铭史料的整理与出版上，意大利学者发挥了重要作用。他们编辑的《意大利铭文集》具有很高的学术水准，已成为研究罗马史的基本参考资料。德拉西的《共和国时代的拉丁铭文》，受到了西方学者的高度重视"。[②] 有关罗马铭文的最新考古发现主要发表在《罗马研究杂志》（*Journal of Roman Studies*）、《不列颠》（*Britannia*）以及其他一些古典学杂志上。[③] 近年来还出版了有关南斯拉夫、匈牙利、罗马尼亚、保加利亚、西班牙、土耳其、利比亚、突尼斯、阿尔及利亚、摩洛哥、叙利亚、法国、比利时和瑞士等地区和行省的铭文集，同时还有罗马世界中各城镇的铭文集。

　　经过众多学者的艰苦工作，历史碎片终于渐渐地得以修复，从而慢慢展现出它在人类文化史上的熠熠光辉。这些数量庞大的碎片，在罗马史的研究中往往能起到历史著作和其他文本材料所无法代替的作用，因而占有十分重要的地位。

---

①　《罗马不列颠铭文集》（第二卷）（*RIB* Ⅱ）的详细介绍参见：*Britannia*，Vol. 22，1991；Vol. 25，1994；Vol. 29，1998.

②　晏绍祥：《古典历史研究发展史》，第 251 页。

③　《罗马研究杂志》几乎定期地以《罗马铭文》为题报导铭文及其研究的进展，据笔者统计，这种定期报导从 1960 年的第 50 卷开始，直至今日，主要包括 1960 年第 50 卷的《1910—1960 年的铭文与罗马研究》；1971 年第 61 卷的《1966—1970 年的罗马铭文》；1976 年第 66 卷的《1971—1975 年的罗马铭文》；1981 年第 71 卷的《1976—1980 年的罗马铭文》；1986 年第 76 卷的《1981—1985 年的罗马铭文》；1993 年第 83 卷的《1986—1990 年的罗马铭文》；1997 年第 87 卷的《1991—1995 年的罗马铭文》；2003 年第 93 卷的《1995—2000 年的罗马铭文》。《不列颠》杂志主要是介绍英国的铭文研究情况。

第三节　罗马道路上的拉丁铭文

　　释读拉丁铭文，首先需要有一定的拉丁语基础。拉丁铭文大体上体现了拉丁语的发展演变历程，从字母的变化以及语法、修辞的发展，它都能在一定程度上反映出来。同时，还要对罗马文化传统有一定的了解，比如罗马公民及自由民姓名的特点，罗马妇女、被释奴及奴隶姓名的特点；罗马人名字的常用缩写；35 个特里布斯（选举部落）的名称及其缩写；常见的字母连写；罗马数字的写法及其变化；罗马人的纪年方法；罗马官制的特点；罗马军制编排等。特别是一些常用短句的缩写更要熟悉，如 F A C C V R（或 F C）(faciendum curavit)（他建造于此）；H S E（hic situs / a est）（他/她安葬于此）；V L S（votum libens solvit）（他十分高兴地还愿）等。

　　不同类型的铭文往往有许多相似甚至相同之处，如铭文的开始大都是被纪念者的人名，接着是其父亲的名字，死者所属的特里布斯（选举部落），死者曾担任过的官职，死者的功业等，最后是立纪念碑者（或者赞助人、继承人等）的姓名。尽管如此，各种不同类别的纪念铭文的程式却有自己的特点。正如前所述，拉丁铭文不仅类别多样，而且分布极其广泛，要用单一的线索把它们串联起来是十分困难的，这也是为什么蒙森当年在主持整理拉丁铭文时大伤脑筋的重要原因之一。但是，如果我们仔细观察其特征，会发现罗马道路上的铭文包含有许多类型，如皇帝等的凯旋门、祭坛、道路里程碑、异教徒及基督徒的墓志铭，等等。本书拟以罗马道路上的这些铭文为例，对它们的特征进行简单的介绍。这里必须强调的是，数量更为庞大的铭文与罗马道路没有关系，因此无法在这里把它们按类型收罗进来进行介绍，如军事文书（diplomates militiae），① 特别是各种杂项铭文（instrumentum domesticum）。

　　战争在罗马的政治生活中占有极其重要的地位，罗马人取得胜利后，举行盛大的凯旋仪式或修建凯旋门以资纪念则是他们的惯常做法。这些凯旋门往往是为了彰显皇帝们的"丰功伟绩"，凯旋门上的铭文则是展示皇帝们伟大一生的功绩，这样的凯旋门很多，比如著名的克劳迪乌斯凯旋门

---

① 军事文书铭文的数量也极多，因此在蒙森的《拉丁铭文集》中以单独的一卷收录，即第 16 卷。

就是如此：

> Ti （berio） Clau ［dio Drusi f （ilio） Cai］ sari / Augu ［sto Ger-
> mani］ co / pontific ［i maxim （o） trib （unicia potes）］ tat （e） XI /
> co （n） s （uli） V im ［p （eratori） XXII cens （ori） patri pa］ triai /
> senatus P］ o ［pulusque］ Ro ［manus q］ uod reges Brit ［annorum］
> XI d ［evictos sine］ / ulla iactur ［a in deditionem acceperit］ / gen-
> tesque b ［arbaras trans Oceanum］ / primus in dici ［onem populi Ro-
> mani redegerit］ .①

　　"献给提比略·克劳迪乌斯，德鲁苏斯的儿子，恺撒，奥古斯
都，日耳曼的征服者，大祭司。当选保民官 11 次，当选执政官 5 次，
举行皇帝凯旋式 22 次，监察官，祖国之父。元老院和罗马人民（为
他建立此凯旋门），因为他征服了不列颠 11 个国王，不费一兵一卒
就打败了他们，无一人投降，他第一次把遥远的大洋那边的野蛮部落
纳入了罗马人民的统治范围。"

　　罗马人对宗教十分虔诚。祭坛是崇拜者与神祇契约的中介，因此，
祭坛在罗马宗教中占有重要地位，正因为如此，祭坛铭文常常遵循十分
标准的格式：首先是献祭神祇的名字，这些神祇的名字通常用拉丁语的
与格形式来表明祭坛是献给哪位神的，接着是献祭者的名字，最后，如
果献祭者是为了还愿，还得写明诸如"怀着感激而崇敬的心情还愿"
（Votvm Solvit Laetvs Libens Merito，这句话常常缩写成 VSLLM）之类的
话。这些祭坛在罗马道路上也随处可见。公元 237 年，在不列颠两个城
市里做祭司的鲁拉里斯从约克出发，在穿过海峡安全到达波尔多（Bor-
deaux）后，出于对该城保护女神的感激，在该城建立了祭坛（1921 年
发掘），其祭文如下：

> Deae Tutel （a） e Bou （r） dig （alensi） / M （arcus） Aur （eli-
> us） Lunaris IIIII / vir Aug （ustalis） col （oniae） Ebor （acensis） et /
> Lind （ensis） prov （inciae） Brit （anniae） Inf （erioris） / aram quam
> vover （at） / ab Eboraci evect （us） / v （otum） s （olvit） l （ibens）

---

① *ILS*, 216.

m（erito）／ Perpetuo et Corne（liano consulibus）．①

"献给波尔多的保护女神，马尔库斯·奥略里乌斯·鲁拉里斯，在林肯（Lincoln）殖民地及下不列颠行省的约克的奥古斯塔任祭司，怀着感激而崇敬的心情偿还他在离开约克时的许愿，特设立此祭坛。帕尔帕图斯（Perpetuus）和科勒勒里阿努斯（Cornelelianus）任执政官之年。"

在罗马道路上，矗立的道路里程碑更是道路的重要组成部分，因而数量极大，在蒙森的《拉丁铭文集》中整整占了一卷的篇幅（即第 17 卷），它们都是在道路建造或维修完成时竖立起来的，其相间距离为 1000 步（即 1481 米）。这些里程碑不仅标明了大道的距离，还报导了该工程的建造情况及负责人等。里程碑的基本格式如下：从起点到该碑的距离，建造者以及费用赞助者等，如前文所述图拉真大道上从贝内文托到布林迪西乌第 79 千步处的里程碑铭文就是典型的代表。

墓志铭是所有拉丁铭文中最为丰富的一类，其最重要的内容自然是死者的姓名，其铭文往往遵循以下格式：首先是以拉丁语主格形式出现死者的名字和以与格形式写出死者的姓氏；接着是以所有格形式出现死者父亲的名字；再是死者所在的特里布斯（选举部落）和他的姓；接下来依次是他的出生地、死亡时的年龄、家庭详细情况、职业等。在墓志铭的结尾处也通常有一定的规律：从公元前 1 世纪到公元 1 世纪，墓志铭常以 H S E（hic situsa est）（他/她安身此处）结束。从 1 世纪中叶起，开始流行另一种程式：以 DIS MANIBUS（献给逝者的灵魂）开头，后来缩写为 DIS MAN，最后干脆缩写成 D M；也有一些墓志铭以 S T T L（sit tibi terra levis）（大地轻轻掩盖着你）结束；甚至在某些墓志铭后面，还有一些感人肺腑的挽歌。如果死者是军人，在他的墓志铭中还要写明他的军阶、服役的军团以及服役年限等。如：

D（is）M（anibus）／ Caecilius Avit ／ us Emer（ita）Aug（us-
ta）／ optio leg（ionis）XX ／ V（aleriae）V（ictricis）st（i）p
（endiorum）XV vix（it）／ an（nos）XXXIIII ／ h（eres）f（acien-

---

① Paul Courteault，"An Inscription Recently Found at Bordeaux"，*JRS*，Vol. 11（1921），p. 102.

dum）c（uravit）.①

　　"献给逝者的灵魂。恺齐里乌斯·阿维图斯，来自埃梅内塔·奥古斯塔（Emerita Augusta），第 20 军团的助手，勇敢而常胜，服役 15 年，享年 34 岁。他的继承人立碑于此。"

　　到帝国后期，基督教逐渐取代古典异教占据了统治地位。尽管基督徒的墓志铭与异教徒的墓志铭差异不是十分明显，但它们却有自己的特色。早期基督徒的墓志铭大多极其简陋，除了死者的名字和去世时的年龄外，基本上没有其他任何东西。传统的罗马人的姓名格式也很难找到，虔诚的信徒往往用主教或殉教者的名字或表示卑微的称呼来描述自己，比如被拯救者、上帝的礼物、被遗弃者等。到公元 3 世纪以后，基督徒的墓志铭也开始用罗马执政官的年号标出死者准确的出生死亡日期了，以便于人们对他们的纪念。墓志铭中的一些特殊措辞可以表明死者是基督教徒，如"你和神在一起"（vivas in deo），"他/她静静地安息于此"（requiescat in pace）等，死者被想象成安睡，他们的身体只是在"躺着休息"。事实上，cemetery 在希腊语中的字面意思就是"休息的地方"。一些基督教的装饰性的细节也经常会出现在基督徒的墓志铭上，如鸽子、鱼、锚、牧羊人形象等，特别是代表耶稣基督的图形符号（＋），这一符号最初是基督（Christus）的缩写，后来作为一种独立的象征符号。

　　最著名的基督教墓志铭是 1818 年发现于英国塞伦塞斯特的一首五行方形藏头诗，它印刻在一面涂色的粉灰墙上：

```
R O T A S
O P E R A
A R E P O
S A T O R
```

　　这首诗的字面意思是：播种者阿勒颇费力地推着车轮。最早认为它具有基督教含义的是腓力克斯·格罗塞（Felix Grosser），1926 年他指出所有这些字母可以用十字架形式来拼写两遍 pater noster（我们的主），其中多余出来的两个 A 和两个 O 是希腊字母的第一个字母 A 及最后一个字母

Ω（希腊字母 A 及 Ω 分别对应拉丁字母 A 和 O）。当然，他的这一解释引起了强烈的争论。①

第四节　拉丁铭文在罗马史研究中的地位

与恢宏壮丽的古代罗马史形成强烈反差的是它那相对贫乏的罗马文献史料，一千多年历史的文献史料基本上只集中在公元前 3 世纪到公元 3 世纪。正因为如此，罗马早期历史至今一片漆黑，帝国历史也常常令人"巧妇难为无米之炊"，以至于埃利阿努斯·斯帕提阿努斯（Aelianus Spartianus）等人粗制滥造的《帝王传略》（*Scriptores Historiae Augustae*）居然成为 3 世纪罗马史料不可多得的瑰宝。4 世纪时，阿米阿努斯·马尔凯努斯（Ammianus Marcellinus）的《历史》（*Rerum Gestarum Libri*）竟然成为"最后的古典"，更令人痛心的是，这"最后的古典"的前 13 卷也亡佚了。② 从此以后，异教作家就在基督教的视野中消失了，罗马帝国的历史似乎永恒地定格在寒碜史料的模糊之中。

好在热衷"荣誉"的罗马人经常会在铭文中留下他们的活动，这些不经意的东西又是如此真实地反映了他们的社会现实，以至于我们可以说这些铭文正好成为文献材料匮乏的补偿，难怪学者们认为它们"往往能起到史著和其他文学作品所无法替代的作用"。③ 事实上，史学界对于拉丁铭文（包括其他铭文）在罗马史研究中的地位已经没有任何怀疑了。在西方的罗马史学术著作中，我们很难找到一本从没有利用过拉丁铭文的作品，难怪柯林武德踌躇满志地评价道："作为历史材料的铭文的价值是如此之大，以至于我们无论怎样夸张都不过分。除了那些极少且极易分辨的现代伪造铭文，其余的都是当时的真实的文件，学者们已经习惯于大规模地使用它们。可读的铭文文本是不能被损坏的，铭文积累的价值实在令人吃惊。它们是罗马帝国历史与组织的最重要的专一文献。"④ 这一略有夸张的评价其实并不过分，并且得到了众多学者的认可，⑤ 这可以从众多的罗马史著作特别是带有资料汇编性质的著作中也可看出，更不要说古典

---

① Lawrence Keppie, *Understanding Roman Inscriptions*, p. 124.
② 叶民：《最后的古典：阿米安和他笔下的晚期罗马帝国》，天津人民出版社 2004 年版。
③ 刘家和、廖学盛主编：《世界古代文明史研究导论》，第 247 页。
④ R. G. Collingwood, *The Archaeology of Roman Britain*, Oxford：Methuen，1930，p. 162.
⑤ Lawrence Keppie, *Understanding Roman Inscriptions*, p. 131.

词典了。在《罗马人的业绩：罗马社会史史料集》中，列举了大量的铭文史料，内容涉及罗马社会的几乎所有方面。就死亡内容而言，澳大利亚国立大学教授贝里尔·罗森在统计反映罗马养子（alumnus）中"下层儿童"的铭文就达 431 条（包括其他铭文，如希腊文铭文），反映家奴（Verna）儿童的铭文达 564 条。① 虽然文献史料在历史研究中更具决定性意义，但我们可以看到，牛津大学教授莱维克在她以罗马早期帝国统治为主题的著作《罗马帝国的统治：史料集》中，各种铭文材料（主要是拉丁铭文）几乎与文献材料平分秋色。② 在罗马经济史、文化史、社会史等领域，拉丁铭文的作用就更不必言了，弗兰克在其经典之作《古代罗马经济概览》的索引中，用了长达 37 页的篇幅列举其所引用过的铭文，③ 诸如此类的大规模利用铭文进行研究的著作不胜枚举，更不用说专门利用铭文材料进行研究的著作了。

利用拉丁铭文研究罗马史，常常能把文献没有或者叙述模糊的内容表现清楚。如乔治·麦克唐纳（C. B. George Macdonald）利用铭文详细研究了苏格兰长达 36 英里的安东尼城墙，考察了它的 20 个要塞（forts）及其军团情况，并公布了 17 件铭文原件的照片，从而恢复了安东尼城墙及其周围布局的原貌。④ 1920 年，德国学者冯·多玛舍夫斯基（von Domaszewski）通过对当时罗马驻军遗留在罗马道路边上的铭文的研究，重新恢复了莱茵河—多瑙河沿岸地区的罗马道路网。⑤ 20 世纪 70 年代以来，在英国雯都兰达（Vindoland）出土的罗马驻军木牍文书更是名噪一时，这些木牍填补了自阿古利可拉离任（公元 85 年）以后到哈德良视察不列颠（122 年）之间长达 30 多年无史料的空白，对恢复当时的历史特别是罗马在这里的驻军历史意义非凡。⑥ 更有甚者，西方学术界把铭文作为一种艺

① Beryl Rawson edited, *The Family in Ancient Rome: New perspectives*, Ithaca, NY: Cornell University Press, 1986, pp. 170 – 200.

② Barbara Levick edited, *The Government of the Roman Empire: A Source Book*, London, New York: Routledge Press, 2000.

③ Tenney Frank, *An Economic Survey of Ancient Rome: General Index to Volumes I—V*, New Jersey: Pageant Books, Inc. , pp. 86 – 123.

④ C. B. George Macdonald, "The Building of the Antonine Wall: A Fresh Study of the Inscriptions", in *JRS*, Vol. 11 (1921), pp. 1 – 31.

⑤ Raymond Chevallier, *Roman Roads*, p. 189.

⑥ 邢义田：《罗马帝国的居延与敦煌——简介英国雯都兰达出土的驻军木牍文书》，载中国社会科学院简帛研究中心编《简帛研究译丛》（第一辑），湖南出版社 1996 年版。

术形式予以探讨，越发增加了其魅力。① 在著名的《罗马研究杂志》和《不列颠》杂志中，我们可以发现几乎每卷都有关于拉丁铭文的整理、介绍或充分利用它进行研究的文章发表，由此也可见拉丁铭文在罗马史研究的作用。

　　尽管拉丁铭文在罗马史研究中具有举足轻重的价值，但是它毕竟有其固有的缺陷，因此在利用它进行研究时必须十分审慎。拉丁铭文文字往往十分简短，很多铭文仅 10 多字甚至几个字，信息量极少，像安启拉皇后之类的铭文是极其罕见的，因而对它的系统研究之众，也令人咋舌。② 正因为信息量少，所以铭文反映的历史不如文献史料系统全面，因而绝不可能代替文献史料。同时，由于拉丁铭文主要集中在共和国晚期和帝国早期，因而对于罗马其他时期的历史研究颇受限制，特别是早期历史。科瓦略夫感叹利用拉丁铭文研究早期罗马史就犹如我们利用早期罗马历史文献研究罗马民族的起源一样，终会一无所获，因为这些稀少的铭文"没有真正的历史意义"。③ 就是研究铭文集中的历史时期，我们同样不能仅仅依赖于铭文，否则得出的结论可能显得缺乏说服力。法国学者 J. D. 杜朗在《从罗马墓志铭中统计的死亡率》一文中，主要通过对墓志铭的考察和研究，得出结论认为古罗马儿童的死亡率应当在 30％—40％ 之间，结果就遭到了学者们的批评，认为"这些数据只是一些经不住推敲的假设，最好不要相信"④。就连对拉丁铭文踌躇满志的柯林武德也很惋惜地说："作为文献，铭文在批判式的详尽研究下所能告诉我们的东西不如文字材料传达的东西多。作为遗物，它传达的信息少于考古材料本身。对于我要问的那些问题，铭文几乎不能提供什么有助于解答的帮助。"⑤ 德国考古协会的奠基人之一爱德华·杰哈德（Eduard Gerhard）认为，要想理解一件铭文，就必须考察同类的相关例子，并进行充分的比较，才能得出正确背景下的个体特征及其全部意义，他的名言是"一个人单独看一件作品，什么也看不到；当看了一千件作品后，就能看清

---

① Martin Henig, ed., *A Handbook of Roman Art: A Comprehensive Survey of All Arts of the Roman World*, Ithaca, NY: Cornell University Press, 1983, pp. 220 – 233.

② Ronald T. Ridley, *The Emperor's Retrospect: Augustus' RES GESTAE in Epigraphy, Historiography and Commentary*, Leuven: Peeters, 2003, pp. XⅢ—XXV.

③ 科瓦略夫:《古代罗马史》，第 6—7 页。

④ 让－皮埃尔·内罗杜:《古罗马的儿童》，张鸿、向征译，广西师范大学出版社 2005 年版，第 322 页。

⑤ 柯林武德:《柯林武德自传》，陈静译，北京大学出版社 2005 年版，第 136 页。

一件"①。爱德华·杰哈德教授从认识铭文本身的角度为我们指出了在进行研究时如何利用铭文，自然具有指导意义。也许，在我们进行罗马史的研究时，格雷安·奥利弗（Graham J. Oliver）教授对利用铭文的看法于我们更具方法论意义："如果有人把铭文文本与它的纪念物和背景分割开来，那么他就失去了大量极其重要的内容。传统的铭文出版物已经有一种强调铭文文本的分割倾向。著名的《希腊铭文集》（*Inscriptiones Graecae*）和《拉丁铭文集》为读者提供了极好且极具权威的版本，但它们也正在走向产生一种高质量的文本倾向，这对于任何想研究铭文所反映的更广阔背景的人来说，它们都有局限。铭文所提供的考古学或地形学背景并非总是详细或容易理解。铭文证据只是遗存的古代文化的一个方面。如果有人希望理解更广阔历史和文化背景下的铭文，他就不会把铭文背景与之相分离。"② 这与我国国学大师陈寅恪先生对铭文的看法几乎如出一辙："自昔长于金石之学者，必为深研经史之人，非通经无以释金文，非治史无以证石刻。群经诸史，乃古史资料多数之所汇集。金文石刻则其少数脱离之片段，未有不了解多数汇集之资料，而能考释少数脱离之片段不误者。"③

---

①　A. W. Van Buren, *Ancient Rome: As Revealed by Recent Discoveries*, London: Lovat Dickson Publisher, 1936, p. 54.

②　Graham J. Oliver, ed., *The Epigraphy of Death: Studies in the History and Society of Greece and Rome*, Liverpool: Liverpool University Press, 2000, pp. 4 – 5.

③　刘梦溪主编:《中国现代学术经典（陈寅恪卷）》，河北教育出版社 2002 年版，第 863 页。

第四章　罗马道路的管理

任何一条标准的罗马大道，对它的建设从规划开始到建造以后的使用和维修，都是一个具有高度系统的工程。因此，为了对罗马道路讨论的完全性，在这里有必要把它从规划建造到建成后的使用和维修加以全面的讨论。

第一节　道路建造的规划

道路建造不仅是罗马国家公共空间生活的一件大事，更关系到国家的军事建设和各地经济的发展，因此，它更是政治生活中的大事，如果说它涉及罗马国家的兴亡恐怕并不过分。正因为如此，对于罗马道路建造的规划也成为国家的重要任务之一。

尽管从整体上看，罗马道路的规划是伴随着军事征服而前进的，没有后来的对整个帝国道路网络的整体规划（特别是帝国前期），但在随军事征服过程中而产生的道路建设仍然是有规划的。道路建设的规划权，在共和国时代是由元老院掌握的。元老院通过建造道路的决议后，派遣执政官或者其他高级行政长官进行建造并往往以建造者的名字命名，如由执政官负责建造的阿庇安大道、波皮尼亚大道、弗拉米尼亚大道、埃米尼亚大道、小弗拉米尼亚大道、波斯图米亚大道、埃米尼亚·阿尔蒂纳特大道、波斯图米亚大道、富尔维亚大道；由行政长官负责建造的阿尼亚大道；由监察官负责修建的主要有瓦勒里亚道路、奥勒里亚大道、卡西亚大道等。这些标准的著名大道都是由元老院通过决议，再派遣高级官员进行建造的。

到了帝国时代，道路建造的权力完全由皇帝掌控，当然皇帝的掌控只是掌控着决定权，具体负责建造的就不一定是皇帝本人了，即使不是皇帝本人，也一定是重要的高级官员或者皇帝的亲信负责。比如奥古斯都在结束内战后，道路建设成为他的主要工作之一，但真正负责修建道路的并不是他本人，而是他的得力助手阿格里帕。对于各行省而言，由于罗马帝国地域广袤，因此，皇帝可能会授权各行省建造自己境内的道路，但这只是授权，而不是决定权，而且各行省建造的地方性道路对于帝国国家的重要性往往可能不如"帝国"的道路重要，而且道路建造的资金也不一定由国家负担。

除了国家的决定权规划外，在具体道路建造过程中，每一条道路建设也有具体规划，这种具体规划只是一种工程操作上的规划，因此其模式显得相对固定和单一。

罗马人决定建造道路后，要事先派专人对道路所经地区进行勘查设计，把初步路线设计出来。这些规划设计的人是从罗马道路规划组中抽调的专门的勘测员，他们使用一种叫做格罗玛的勘测仪进行勘测。在完成了初步的勘查后，他们就立即对道路所经过地区的地形和地表进行仔细研究，要保证开工后一切工作都十分顺利。很多时候，同一条道路是在不同的地段同时开工修建的。如果由于勘查不准确或对斜坡的估算不准确，各路段在衔接时就会出现不吻合现象。① 这会给道路建造带来很大的麻烦，而且造成无谓的金钱、时间浪费，因此，勘测员的勘查与规划显得十分重要。勘测规划好后，就开始在要修的道路两边挖掘水沟，这会使路基上的水流走，保持路道干洁。接着是挖掘路基，路基被挖到一定程度后，就会在上面铺上砂砾层或沙子层，经过平整后，再在这层路面上用大石块夯平。路基的铺设非常重要，首先要保证它平整，其次要保证在大石块铺上去后，路面不至于下沉而形成凹陷，也就是说砂砾层或沙子层必须保持其受力要均匀。

当路基铺好后，工匠们便把打磨好的石块铺在砂砾层或沙子层上面。这些石块要保证路中央比较凸出，也就是说要保证路中央要比两边略高，这样做的目的是为了便于排水。最后，在道路两边还要铺上一道石头边界，边界外面是没有用石块铺的路道，大约有 2 英尺，这些路道主要是为行人和载货的牲畜使用的。道路两边要保证相同的设置，而且要保证平行，这样可以使整个道路看起来平整美观。除此之外，还要在沿等距离地方竖立石柱以表明道路的路程。沿路两边，每隔一定距离还矗立着一些大石头用来帮助旅行者登马用，特别是给那些没有马镫的旅行者登马用，或

---

① Lionel Casson, *Travel in the Ancient World*, Baltimore and London: The Johns Hopkins University Press, 1994, p. 168.

者为那些要登上马车的人使用。① 在整个道路上，排水用的水沟也是必不可少的。

　　罗马道路的路面宽度一般也有比较严格的规定。根据十二铜表法的规定，道路的宽度要在 4.8 米以上；奥古斯都规定大道的宽度为 40 英尺（即 12.2 米），普通道路的宽度为 20 英尺（即 6 米），其他小道为 8 英尺（即 2.43 米）。但是在实际操作中，路面宽度常常情况会根据所经地区的地形、地势而有所不同，通常在 4.57 米到 5.48 米。②

　　当然，上面所说的这些操作规划都是通常情况下而言，或者说是在道路所经地区地理、地质条件允许的情况下的标准，如果遇到特殊地理、地质环境，如沼泽、沙漠、绕不开的高山等，这些规划标准就要做一定的调整甚至变通。这些调整或变通不仅不是罗马道路建造水平的低下的表现，反而是他们务实求真精神的证明。

第二节　道路建造的资金

　　罗马道路建造的资金来源渠道并不是唯一的，但最主要的来源仍然是国家或国家的代表者（主要指因身居高位的豪门贵族）。

　　在共和国时代，由于道路建造的决定权在共和国最高权力机关元老院手中，因此，对于重要公共工程的道路建造，资金就应当由国家承担，由国家的收入即"罗马人民税收"（vectigalia populi Romani）来承担。虽然具体执行由执政官、行政长官、监察官等高级官吏负责，但昂贵的道路建造费用却主要由国家支出。③ 特别是到了共和国后期，大规模的公共工程建设的巨大费用更是主要依靠罗马国家承担。比如，共和国时代最昂贵的公共工程是建于公元前 144—140 年的马尔齐亚引水渠（Aqua Marcia）。它有 10 公里长的引水段是通过拱门悬于地面之上，另有 80 公里长的引水段通过水泥通道埋于地面之下，它大约花费了罗马国家 1.8 亿塞斯退斯。对于这样庞大的开支，可能来源于罗马国家对科林斯和迦太基的战利品。道路建设的费用也是属于庞大公共工程之列，特别是有些行省的著名大

---

① Plutarch, *Gaius Gracchus*, 7.1–2.
② Lesley Adkins and Roy A. *Adkins, Handbook to Life in Ancient Rome*, New York：Facts on File, Inc., 1994, p.172.
③ Mary Johnston, *Roman Life：Successor to Private Life of the Romans*, Chicago：Scott, Foresman and Company, 1957, p.329.

道，如马其顿（如埃格拉堤亚大道）、西班牙（如赫尔库里亚大道）以及
意大利（如波斯图米亚大道、恺乞利亚大道、波皮里亚大道等）等，都
是耗资巨大的工程，它们的大规模展开，对罗马国家是一笔不菲的开支，
这些费用（主要是指工具和原材料费用）都只能由国家负担，任何个人
都是无法单独承受的。① 格拉古兄弟在意大利进行的广泛的道路建设很可
能就是由国家负担的。② 公元前 109 年在波河附近的引水工程其费用毫无
疑问也是由国家负担的。③

　　虽然道路建造资金由国家负担，但也有很多道路是国家高级官吏自己
私人出资修建的，因此，私人特别是豪门显贵们出资也是共和国时代道路
建设资金的一个来源。罗马共和国是罗马贵族共和国，贵族和骑士是国家
的真正统治者，因此，他们理所应当为国家承担更多义务。由贵族和骑士
组成的元老院在财政方面的重要特点是实行国家官职无薪俸制度，国家的
很多常规开支（甚至包括军事费用）都不由国家负担，甚至在遇到大的
战争或危机时，国家也是通过发放国债、向包税商借贷等方法来应付。兴
建公共工程和举办社会娱乐活动的费用也基本上是由在任的官吏私人出
资，国家甚至将公共工程项目乃至征税都发包给私人办理。④ 正因为如
此，罗马道路的建设者和维修者往往是那些传统的大贵族家族的后裔，而
且都是在任的高级官吏，道路的建造与维修不仅由他们负责，而且费用也
完全由他们承担。通过元老院的授权后，他们是唯一拥有对道路通过地区
的土地进行征用的人，而这些土地必须是公共土地（ager publicus），即
罗马人自己所说的"罗马土地"（ager Romanus），这些土地当然属于国
家财产。正是由于这些道路主要以执政官为首的高级官吏建造并以他们的
名字命名，因此，这些道路也被称为"执政官道路"。公元前 27 年，"为
了使各地更易于通向罗马，他（奥古斯都）亲自承担了重修通往阿里米
努姆的弗拉米尼亚大道；他还将其余的大道分派给其他那些曾接受过凯旋
式荣誉的人，要求他们把战利品的钱用于铺路"。⑤ 很明显，这些"接受
过凯旋式荣誉的人"大多是贵族或者骑士阶层这些统治集团，虽然他们
是被奥古斯都"分派"的任务，但很明显，这些"接受过凯旋式荣誉的

---

① Tenney Frank, *An Economic Survey of Ancient Rome: Volume I Rome and Italy of the Republic*, Paterson and New Jersey: Pageant Books, Inc., 1959, pp. 226 – 227.

② Plut., *Gracc.*, 7, 1.

③ Strabo, *Geography* V, 1, 11.

④ 陈可风:《罗马共和宪政研究》，法律出版社 2004 年版，第 105—106 页。

⑤ 苏维托尼乌斯:《神圣的奥古斯都传》，第 64 页。

人"用于建造道路的费用，即"战利品的钱"是属于他们的私有财产，他们对建造道路的出资应当是属于私人出资。

从苏拉到奥古斯都时代，是罗马共和国走向衰亡的时期，也是军阀混战、动荡不安的时代，但这一时期的公共工程的建造却非常引人注目，但是这些工程中直接由国家国库负担的工程却很少。① 这些工程的主要资金来源于军阀头目们的战利品，高卢和亚洲的战利品以及阿格里帕的巨大财富都用于那些最伟大的公共工程之中。当然，国家在这之中也有间接的投入，因为这些将军们控制了国库，他们把国库的钱用于公共工程上。这些工程包括卡皮托尔神庙；公元前 62 年（西塞罗担任执政官的第二年），道路监理官法布里齐乌斯（Fabricius）建造的通向海岛的桥梁；克斯提乌斯桥（Pons Cestius）等。有 19 个来自从穆尔维安大桥（the Mulvian bridge）到阿尔莫（Almo）的里程碑，它们是由监察官塞尔维利乌斯（Servilius）和麦萨拉（Messala）于公元前 54 年奉元老院之命竖立的。它们可能表明这里的筑堤国家没有承担任何费用，可能是因为公元前 54 年的洪水泛滥才修建此筑堤的。还有很多其他由私人基金建造的公共工程，这些工程对国家都不是沉重的负担。② 之所以会出现这种情况，主要是由于自"罗马革命"时代以来，共和国国库的收入极不稳定，甚至非常微薄。比如从公元前 55 年到公元前 50 年，国家的收入大约为 8000 万第纳尔③，这对于一个从大西洋延伸至幼发拉底河流域的庞大国家而言，不是一个大数目。其中，有超过 1/3 收入被用于陆军和海军，可能有 1/4 收入被用于城市的救济和谷物供应，还有很大一笔钱被用于殖民化。据我们估算，大约有 300 万—400 万美元用于行政支出、社会服务、道路建筑、排水渠建造、公共建筑维修和娱乐活动。难怪公元前 49 年，当恺撒渡过卢比孔河后，他发现"圣库"中只有 1200 万第纳尔，很明显，这对于庞大国家来说，这个日常国库显然没有多大用处。④ 在这种特殊情况下，罗马道路建设的资金由私人（特别是军阀头目们）捐赠也在情理之中。

就总体情况而言，共和国时代罗马道路建设的资金主要还是来源于国

①　Tenney Frank, *An Economic Survey of Ancient Rome*: *Volume I Rome and Italy of the Republic*, Paterson and New Jersey: Pageant Books, Inc., 1959, p. 331.

②　Ibid., p. 332.

③　第纳尔（denarii），古罗马货币名称。8000 万第纳尔约合 20 世纪中期 1600 万美元。

④　Tenney Frank, *An Economic Survey of Ancient Rome*: *Volume I Rome and Italy of the Republic*, pp. 332 – 333.

家财政，私人出资的情况固然有（特别是内战时期），但它毕竟不是道路建设资金的最主要来源。德国学者佩卡里认为，所有道路建设和维修的资金都是由私人出资，国家只是在例外的情况下给予一定帮助。这种观点受到其他学者的猛烈抨击："就共和国时代而言，那种认为只是在例外的情况下才使用国家资金（建造道路）的观点是极其荒谬的。"[①] 在正常情况下，"就公共道路而言，当地地主为它维修负责是一种例外情形，而用国家的公共财政开支才是正常规则"。[②] 因此，在正常情况下，道路的建造与维修的资金一般都是由国家财政负担，当然，在内战时期，由于国家财政的破产，道路维修只好由执政官私人掏腰包则是特殊时期，特殊情况下的产物，应另当别论。[③]

到帝国时代，罗马道路建设权力掌握在皇帝手中，至少从理论上讲，道路建设的主要资金也应当由皇帝代表的国家来承担，因此，道路建设资金的来源仍然是国家，只是这时国家财政的掌控权转移到了皇帝手中，皇帝控制了国家的国库。在著名罗马史大家特奥多尔·蒙森看来，帝国时代，作为"罗马人民税收"的观念还没有消失，这主要体现在罗马道路的修建花费上。就像今天的铁路网所起的突出功能一样，主要的罗马道路首先是军事大道，因为在罗马，军队的调动和运送只可能通过道路网络来完成。因此，帝国财政为了帝国道路的责任而付出，既是合理的，也是合算的。但他同时认为："但事实上这只是部分得以完成。奥古斯都负责了第一条意大利道路，这条道路至少是从波河通向那不勒斯。图拉真——在军事领域非常优秀的皇帝，他的名字经常出现在里程碑中——把意大利南部的道路延伸到了他所关心的地区。他设置了管理整个意大利的道路监理官（curatores viarum）来承担道路的国家管理，把国库中的道路修建费用交由他们管理。只有新的地方道路的修建才由当地居民负责。但在意大利以外的诸行省中，道路建设的负担都是由当地市政当局来承担的，帝国财政最多只不过是在当地财政短缺的时候给予一定的帮助。"[④] 这一观点与佩卡里的观点是一致的，显然与当时的实际情况是

---

① T. P. Wiseman, "Roman Republican Road-Building", in *Roman Studies*: *Literary and Historical*, Francis Cairns, 1987, p. 144.

② T. P. Wiseman, "Roman Republican Road-Building", in *Roman Studies*: *Literary and Historical*, p. 146.

③ Ibid. , p. 150

④ Theodor Mommsen, *A History of Rome under the Emperors*, London and New York: Routledge, 1992, p. 240.

不太相符的。① 当然，道路建设资金只是罗马国家财政开支的一部分，甚至是很小的一部分，因此，它在整个帝国国库支出中所占的比例是很小的。据统计，奥古斯都时代的公共建设及道路开支总共费用约 50 亿塞斯特尔提乌斯，约占整个国库收入的 1/80。② 这当中不仅包括道路建设费用，还包括其他公共建设费用，如供水工程、建立神庙、市政维护等，因此，用于道路建设的费用肯定要远远低于国库收入的 1/80 这一数目。

除了国家的国库资金外，帝国时代的道路建造与维修资金也还有其他来源。比如皇帝与地方富人共同出资建造，哈德良皇帝在维修阿庇安大道上一段长达 15 英里的道路时，就同该段道路经过地区的富人签订合同，规定皇帝出资 2/3，而当地富人出资 1/3 来共同维修，这段路的维修费用总共为 10 万塞斯特尔提乌斯。③ 也有利用战利品所获得的钱财建造道路的，如前面提到的奥古斯都在重建弗拉米尼亚大道时，就要求受过凯旋式荣誉的人把战利品的钱用于铺路。还有私人自愿捐赠建造的，这些捐赠主要是对城市中的街道的建造或维修，④ 这样的例子在《拉丁铭文集》中就有好几十个，我们选择《拉丁铭文选》中的几个例子加以说明。如在卡普亚有一个贵族一次性地捐赠了 10 万塞斯特尔提乌斯用于街道维修："致盖乌斯·克洛狄乌斯，盖乌斯之子，奎里努斯部落，行政长官代表，保民官，财务官，因为他所遗赠给康帕尼亚的 10 万斯特尔提乌斯的收益用来护养道路。"（C. Clodio C. f. | Quir. Adiutori | praetori, | tribuno plebis, | quaestori, | quod ex reditu ⅡⅢ Ⅸ | legato a Clodis | rei publicae Campanorum | viae tutela praestatur.）⑤ 在阿西西乌姆，有一个富裕的医生捐赠了 3.7 万塞斯特尔提乌斯用于街道铺筑："普布里乌斯·德克

---

① 蒙森在同一著作中还认为："由国家管理的帝国道路体系，到公元 2 世纪就不存在了，到公元 3 世纪，皇帝们不再建造新的道路。帝国事务的所有方面都逐渐遭到破坏，这也殃及了国家的道路建设。国家不再为行省道路的建造支付费用，而是将负担转嫁给各行省的市政当局，这也加速了各行省的衰落。"很明显，这之中有些提法是与当时的罗马帝国历史事实不相符合的，如到公元 2 世纪，罗马国家管理的帝国道路体系显然是存在的。由于蒙森的《罗马皇帝史》是后世学者依据其授课稿整理而成的，显然它不是蒙森本人经过认真修订而定型的，因此，这之中的某些提法可能值得推敲。（关于蒙森与《罗马皇帝史》的讨论，参见冯定雄《特奥多尔·蒙森与诺贝尔文学奖》，《名作欣赏》2009 年第 11 期；冯定雄：《特奥多尔·蒙森与罗马史研究》，《史学月刊》2011 年第 6 期。）

② Tenney Frank, *An Economic Survey of Ancient Rome*, *Vol. V. Rome and Italy of the Empire*, pp. 5 - 6.

③ Ibid. , p. 6.

④ 城市中的街道也常常被看作是道路的一部分。

⑤ *ILS*, 5890.

姆斯·埃洛斯，普布里乌斯的释奴，六人团成员，用钱铺了从小水库到路奇乌斯·姆提乌斯家的道路。"（P. Decimius P. l. Eros ｜ Merula Vivir ｜ viam a cisterna ｜ ad domum L. Muti ｜ stravit ea pecunia ｜…）① 加米尼亚·萨比内（Gaminia Sabine）为了纪念他 20 岁就去世的儿子克劳迪乌斯·科鲁斯·马克西姆斯（Claudius Corus Maximus），修建了 3 英里长的道路："致克劳迪乌斯·科鲁斯·马克西姆斯，提比略之子，提比略之孙，科尔勒里亚部落，财务官，任期五年的两人委员会之一，他 20 岁的时候，在皇帝安东尼·庇护的许可之下，他在埃克兰努姆殖民地举办了（角斗）表演。他在职上死去。他的母亲，加米尼亚·萨比内，曼尼乌斯之女，为了纪念他，在他的忌日五年内，由地方元老院的敕令（许可），并用自己的钱在通往赫尔多尼亚的路上铺了三里（路段）。"（Ti. Claudio ｜ Ti. Fil. Ti. nepoti ｜ Cor. Maximo q., ｜ IIvir. Quinq. ｜ Hic cum ageret ae ｜ tat. ann. XX, in colon. ｜ Aeclan. Munus edidit ｜ impetrata editione ab imp. ｜ Antonino Aug. Pio, in quo ｜ honore sepultus est. ｜ Cuius mater Geminia M. fil. ｜ Sabina ob honorem eius in ｜ via ducente Herdonias ｜ tria milia passuum ex d. d. in ｜ tra lustrum honoris eius repraesentata pecunia stravit.)② 当然，这些捐赠对于普通人来说，主要是为了获取国家荣誉，而对于政府官员来说，则主要是为了捞取政治资本。不管这些私人出资者是出于何种目的，但他们的资金也算是帝国时代道路建设的资金来源之一。

第三节　道路建造者、建设方式与道路的维修

罗马道路的建造者首先应当包括道路建设的决策者，即共和国时代的元老院贵族和帝国时代的皇帝，他们是罗马道路建设的最高规划者。其次是受元老院或者皇帝委托具体指挥道路建造的高级长官，如执政官、行政长官、监察官以及皇帝的亲信等或者专门的道路监理官，如果是行省或者由国家委托给行省建造的道路，通常是由行省总督或行省其他高级官员或者专门的道路监理官指挥。不管是国家高级官员还是行省高级官吏或专门的道路监理官，他们事实上往往也不是道路建造的具体指挥者，而是通过

---

① *ILS*，5369.

② *ILS*，5878.

他们与承包商签订合同，由承包商具体操办。

在道路建造过程，首先的人选是前面提到的道路勘测员，勘测员在完成初步的路线设计和对道路所经过地区的地形和地表的仔细研究后，再进行真正的开工建设。在建造过程，真正起最重要主力人员毫无疑问是士兵。罗马士兵不但是国家安全和对外扩张的保障，也是罗马国家建设的主要力量。道路建设的主要工作，如挖掘水沟、路基开凿、泥土、黏土运送、路面石板的开采、打磨与运输、砂砾的开采与运输、路基的回填、路面的铺设、路道的铺设、里程碑的矗立，等等，都是由军队士兵进行的，也就是说，从道路开工到道路建造结束，其中的主要建造力量都是由军队士兵完成的。奴隶也是道路建造的主要劳动力（当然奴隶不仅仅是道路建设的主要劳动力，更是整个罗马社会的主要劳动力），在阿格里帕的大规模公共建设中，其主要劳动力就是大量的奴隶。① 当然，除了士兵和奴隶外，道路所经地区的当地居民也是道路建造的重要参与者，但这些民众显然不是专业的道路建造者，与军队的建造是不能相提并论的。到公元前 2 世纪后期，共和国的公共工程大量涌现，因此，"这一时期不仅对于军事工程人员、公共承包商人、熟练工人是一个大发展时期，而且对于能够训练成各种建筑工程人员的奴隶也是一大的发展时期"。② 这里的各种建筑工程显然包括道路建设工程。在由主要大道分岔而来的地方道路（vicinal）中，这些道路的建造者往往是道路所经地区的土地主人提供的劳动力，它们通常都是一些比较次要的道路，不属于国家"规划"之列。

罗马道路的建造和维修有时是采用通过与承包商签订合同的方式来进行建设和管理，一般是由道路监理官把国库分拨的资金，通过合同形式交给道路承建人，通过官方核算与直接承建者达成合同。如恺乞利亚大道（Via Caecilia，可能修建于苏拉时代）的修缮就是通过承包商来完成的，这些承包商除了贵族和骑士外，还有自由人。公元前 148 年建造波斯图米亚大道和公元前 132 年建造波皮里亚大道也是通过私人承包商来完成的。公元前 109 年的道路建造资金数量很大，它可能通过埃米利亚·斯卡乌斯（M. Aemilius Scaurus）监察官合同，把这一建造权力交给了骑士手中。这些合同中包括对第二条埃米利亚大道即从沃尔德拉（Volterra）到得尔多

---

① Ronald Syme, *The Roman Revolution*, New York: Oxford University Press, 1939, p. 402.
② Tenney Frank, *An Economic Survey of Ancient Rome: Volume I Rome and Italy of the Republic*, p. 286.

纳的大道、穆尔维安大桥以及从帕尔马到波河流域的排水系统的修缮。①
在地方道路的建造中，道路的建造与维护由各乡村的地方行政长官负责，
他们也可能把道路建造权直接交由道路所经土地的主人负责其所经之地的
道路。

在道路的维修方面，主要责任仍然在于国家，至少名义上是属于共和
国时期的元老院以及帝国时代的皇帝，但具体维修情况，与道路的建造情
况一样，并不能一概而论。罗马国家非常重视对道路的维修与保养，从阿
庇安大道建造后直到帝国的衰亡，道路维修一直伴随罗马国家始终。到了
帝国后期，特别是帝国处于风雨飘摇的艰难日子里，新道路的建造对于帝
国已经无能为力了，但道路的维修却一直没有停止。395 年，提奥多西皇
帝的最后一道官方法令还在强调对道路的维修："就大道和桥梁的维护方
面……这些道路都拥有伟大名字的头衔……因此，任何拥有尊严的人都绝
对不能终止我们道路与桥梁的建设与维修……我们要求神圣的基督教会也
参加这项工作，我希望所有的人都能满怀热情地竞相维护公共道路。"②
由此可以看出帝国时期仍然对道路的维护的重视。

国家重视并不等同于道路的维护一定由国家承担，事实上，罗马道路
的维修和保养往往落到各行省或道路所经地区的地方政府。"道路一旦建
成，其维护就作为一种徭役落到了它所经过地区的地方政府身上，地方政
府自然就要从事次要道路、道路维护站（way-stations）以及桥梁的建
造。"③ 因此，罗马国家对道路的维护固然重要和必要，但在具体操作上
不一定由国家执行。

下面以小亚细亚地区的道路维护为例，就可以看出帝国对道路维护的
重视。奥古斯都时代，奥古斯都本人修复了从士麦拿到以弗所的道路，大
约在同时，阿奎利乌斯·弗罗鲁斯（Aquillius Florus）修复了从以弗所到
萨尔特的道路。在克劳迪乌斯时期，朱利亚·阿奎拉（Julia Aquila）对
道路进行了一些修补，并修建了一条把阿马斯特里斯（Amastris）及其内
陆相连的道路。从尼禄时代起，尼西亚附近的道路就一直在维修。弗拉维
王朝时期的证据表明，这一时期在从小亚细亚到前线的道路方面多有作
为，亚洲的道路得到了大规模的检修，包括从以弗所到士麦拿的道路、从

---

① Tenney Frank, *An Economic Survey of Ancient Rome: Volume I Rome and Italy of the Republic*, p. 258.

② Victor W. Von Hagen, *The Roads that Led to Rome*, p. 45.

③ John Boardman, Jasper Griffin, Oswyn Murray, ed., *The Oxford History of the Roman World*, Oxford: Oxford University Press, 2001, p. 394.

以弗所到佩尔加姆的道路，在西阿蒂拉（Thyatira）地区有从普林内苏斯（Prymnessus）到科提亚尤姆（Cotiaeium）的道路。在比提尼亚，从普鲁萨（Prusa）到阿帕迈亚的道路得到了重建，提耶尤姆（Tieium）附近的道路也被重新修缮一番，提图斯皇帝只修建了一条从德尔伯（Derbe）到利斯特拉的道路。但这只是整个规划中的一部分，这些规划在其他的里程碑中得到了再现：如加拉提亚（Galatia）行省、卡帕多齐亚（Cappadocia）行省、本都（Pontus）行省、彼西底亚行省、帕弗拉戈尼亚（Paphlagoniae）、吕卡奥尼亚（Lycaonia）行省、亚美尼亚（Armenia）行省内陆地区都修筑了道路。涅尔瓦和图拉真时代的道路里程碑很明确地证明了他们对于通往前线的道路的关心，特别是对通往本都的大道的重视。涅尔瓦还维修了从安条克到利西亚斯（Lysias）的道路以及西阿蒂拉的道路，而图拉真建造了从米利都到迪迪马（Didyma）的道路。安东尼·庇护皇帝再次维修了北部的道路，马可·奥勒略皇帝修建了一条从庞菲利亚的佩尔吉（Perge）和奇里乞亚山道经过伊苏姆（Issum）到达亚历山大里亚的道路。塞维鲁王朝（193—235）时期无处不在的道路里程碑也证明了对道路的日常维修，这些皇帝及其继承者最感兴趣的是对通往美利特内的道路，因为这里的帕提亚人的威胁最大。卡塔奥尼亚的里程碑可以追溯到塞维鲁家族时代，通向萨塔拉（Satala）的北部道路也得以维护，特别是在从公元 97 年到 323 年这段时间，这里一共有 14 次道路维修。[①]

对道路的维护不仅仅在于对路面状况的维修和保护上，还包括道路旅行的安全。从共和国到帝国时代，罗马道路上不安全的事件时有发生，最主要的是道路上劫匪的胡作非为。到奥古斯都时代，这种现象仍然很严重，"拦路的强盗肆无忌惮地到处游逛，他们身上挂着刀剑，表面上好像是为了自卫。乡间行人，不分自由民和奴隶，遭他们劫持，关在主人家的下房里。他们还打着某个新行会的招牌结成许多团伙，干着各种各样的罪恶勾当"。[②] 到帝国后期，帝国法律和秩序不断遭到破坏，道路不安全的状况也更加严重，拦路抢劫甚至杀人现象时有发生。[③] 在小亚细亚，抢劫总是成风，相当数量的抢劫发生在山区，这种情况在 3 世纪时有了非常严重的增加。普鲁萨（Prusa）的铭文提到一位长官死于土匪之手，一位山区护卫也同样死于非洛麦利附近。一位士兵吹嘘自己杀死了很多劫匪。

① Tenney Frank, *An Economic Survey of Ancient Rome*, *Vol. IV*, *Roman Africa*, *Roman Syria*, *Roman Greece*, *Roman Asia*, New Jersey: Pageant Books, Inc., 1959, p. 866.

② 苏维托尼乌斯：《神圣的奥古斯都传》，第 66 页。

③ Lionel Casson, *Travel in the Ancient World*, p. 223.

在乡村地形比较复杂的地区，特别是诸如赫拉波利斯（Hierapolis）周边地域比较广袤的城市，冶安官和地方警察不断地被提及。邻近提尔（Tire）的恺斯特尔（Cayster）河谷发现了一座浮雕，上面有一个警察和他的助手，这表明公元3世纪，即使在邻近城市的非常稳定的地区，他们的工作都是非常必要的。我们还注意到，在帝国境内还有很多警卫站，比如利奇亚（Lycia）的奥林甫斯（Olympus）、伊索里亚的阿尔塔纳塔（Artanada）和卡利阿里湖（Lake Caralis）附近。① 到公元5世纪，据诗人西多尼乌斯·阿波利纳里斯（Sidonius Apollinaris）说，从高卢到罗马的道路也变得很不安全，而且沿途旅馆又少又差。② 可以看出，道路也成为劫匪滋生的一个重要场所。

正是因为罗马道路可能会遇到不安全的事发生，因此，对道路的安全保护不仅是国家政府的重要职责，而且"对城市所属土地上的道路的保护和道路秩序的维护是留给当地政府最重要的一部分内容"。③ 因此，屋大维"为了制止强盗活动，在所有适当的地方设置了卫兵岗哨，并检查下房，解散行会。"④ 提比略皇帝"特别注意社会治安，剿灭流窜的土匪和镇压非法暴动。在整个意大利，他使军队驻地比以往集中些……他力求事先防止民众骚动，一旦发生了，他就严厉镇压"。⑤ 罗马政府对道路安全负有重要责任，而且也真正履行了其职责，为罗马道路的安全和社会的稳定起到重要作用。

① Tenney Frank, *An Economic Survey of Ancient Rome*, Vol. IV, *Roman Africa*, *Roman Syria*, *Roman Greece*, *Roman Asia*, p. 867.
② M. A. Samuel Dill, *Roman Society in the Last Century of the Western Empire*, London: Macmillan and Co., Ltd, 1921, p. 205.
③ Tenney Frank, *An Economic Survey of Ancient Rome*, Vol. IV, *Roman Africa*, *Roman Syria*, *Roman Greece*, *Roman Asia*, p. 867.
④ 苏维托尼乌斯：《神圣的奥古斯都传》，第66页。
⑤ 苏维托尼乌斯：《提比略传》，第133页。

第二部分

罗马道路上的生活

第五章　古代罗马的房屋

　　罗马道路所经过地区，大多都是经济比较发达、人口也比较集中的地区，罗马人为了生产、生活的方便，也尽可能地把居住之地选择在临近罗马道路的附近，伽图评价"好的田产"时，就特别提到了道路的重要性："如果有可能，（田庄）要地处山脚下，向南，环境有益卫生，［那里］要工人多，而且要靠海、靠可以行船的河流，有良好的水域或繁华的城市，有良好的往来人多的道路。"① 罗马道路边的房屋在整个罗马社会的房屋中占有重要比例，道路所穿过的城镇，更是罗马房屋最集中的地区，罗马房屋成为与罗马道路相连的重要社会生活组成部分。

　　罗马人的房屋起源深受伊特拉斯坎和希腊风格的影响，其主要类型有两种：insula 楼房和 domus 房子。罗马房屋的内部结构、陈设和装饰生动直观地反映出罗马人的建筑文化，同时它也展示了罗马社会文化生活的丰富。作为罗马化重要表达方式之一的罗马房屋，虽然盛行于整个罗马境内，但它并没有完全同化各地房屋的本土风格，作为罗马社会主流文化代表之一的罗马房屋，在罗马境内的罗马化过程中并不是单向地把罗马人的观念和生活方式输向原著民，而是一种相互的文化交流。罗马房屋在罗马社会文化生活中占有重要地位，它既是罗马人赖以生存的栖息之所，也是罗马文化生活的重要表现方式之一。

第一节　罗马房屋的起源与种类

　　罗马人的房屋是怎样起源的，我们今天缺乏比较确凿和丰富的资料。据罗马建筑学家维特鲁威在《建筑十书》中说，人类最初是像野兽一样地生活，后来由于对火的利用，人们开始发生集聚和共同生活，于是有些

---

① 伽图：《农业志》，商务印书馆 1997 年版，第 2—3 页。

人便开始用树叶铺盖屋顶，还有一些人用泥和枝条仿照燕窝建造自己的躲避处所，后来，看到别人的搭棚，一些人于是按照自己的想法添加了新的东西，就建造出形式不断改善的棚屋。再后来，由于人们相互夸耀的自己的发明，互相显示建房的成就，从而促使人们完成了房屋的建造。最初的房屋是用竖立的两根叉形树枝，在上面搭上细长树木，用泥抹墙；或者用太阳晒干的泥块砌墙，用木材加以连接，为了防避雨水和暑热而用芦苇和树叶覆盖，但由于这种屋顶在雨季抵挡不住下雨，所以就用泥块做成三角形山墙，使屋顶倾斜，以便排水。维特鲁威还列举了许多以这种方式建造房屋的地区和民族。[1]

虽然维特鲁威是一位严肃的建筑理论家，但是他关于罗马房屋的起源在多大程度上是可信的，仍然值得进一步讨论。事实上，关于罗马房屋起源的资料是很匮乏的。学术界一般都认为罗马的房屋一定受到周边其他民族的房屋建造的影响，特别是伊特拉斯坎和希腊房屋建造的影响，如罗马房屋的院子后方凹间（Tablinum）及其侧面房间可能与伊特拉斯坎一种叫cella 的庙宇设计有关，而且整个房屋的来源也可能来自伊特拉斯坎人那里；最引人注目的影响是公元前 2 世纪希腊化的柱廊院子（peristyle）风格在罗马房屋中的盛行，这种风格要么是作为中庭（atrium）的附加特征（如潘萨的房屋［Casa di Pansa］）而出现，要么是完全取代了中庭的所有其他特征。[2]

一般认为，在意大利本土，一直并存着两种类型的房屋，即 insula 和domus。Insula 可以译为"楼房"、"大楼"，它往往是指一个房屋区（an apartment block），房的规模比较大，建筑也比较宏伟，往往有很多家庭居住在里面。Domus 可译作房子、住宅、住所，它通常指只有一个家庭居住的房屋。据估计，前者主要是城市发展的结果；后者的来源则各不一样，可能主要在农村地区。[3]

Insula 是城市街道中商业区旁边的居住区的一种自然延伸。这里最初一般是生活在城市中地位低下的人沿着商业区而建造的房屋。这种房屋的木材和泥砖虽然很廉价，但并不结实，所以建筑质量并不高，斯特拉波说这些房屋的样子很难看而且也很不安全，[4] 由于最初生活在这里的人地位

---

① 维特鲁威：《建筑十书》，第36—38 页。

② N. G. L. Hammond and H. H. Scullard, *The Oxford Classical Dictionary*, 2th edition, Oxford: Oxford University Press, 1970, p. 532.

③ N. G. L. Hammond and H. H. Scullard, *The Oxford Classical Dictionary*, p. 532.

④ Ibid.

都不高，因此据马尔提亚说这些地方显得拥挤不堪。[1] 正是由于这些原因，Insula 在罗马社会（至少是在罗马作家笔下）的名声是很糟糕的。由于 Insula 建造的无序性，因此这些房屋区的火灾危险和房屋倒塌便是家常便饭。到帝国时代，奥古斯都曾出台措施规定房屋的高度，尼禄皇帝提高了建筑物的标准，[2] "他发明了城市建筑的新式样，在房屋和公寓的前面设立回廊，从回廊的凉台上可以扑灭火灾。"[3] 尼禄时代以后，砖面水泥墙灰的大规模使用使房屋建造有了巨大的进步。

Domus 来源于希腊词汇，最初指神庙前厅的房间。[4] 在罗马，它是指带有中庭即 atrium 的房屋，也就是说，在住房的上面没有屋顶或者只有部分屋顶，这样主要是为了采光和围绕一些中心地区进行建造。atrium 在拉丁语中的意思是院子，[5] 通常是指有部分遮盖的院子，但要对它进行界定是很困难的事情，它的真正起源也不能确定，[6] 瓦罗说该词来源于伊特拉斯坎人的 atria。[7] 现存最早的带有天窗的房屋是在庞贝城发现的，最初建造的这种房屋没有天窗排水沟（impluvium），而且这种无排水沟的天窗房屋一直到公元 2 世纪，在此以后带排水沟的天窗的房屋才开始盛行。在这种带有天窗房屋中，面向街面的房间都可以变成商铺，这种做法毫无疑问是受到了 Insula 楼房设计的启发。[8]

随着共和末年和帝国初期罗马人口的增加，对房屋的需要在也增加，"但因罗马庞大，人口稠密，所以就要准备无数的房屋。然而在罗马不可能使如此众多的人口居住在一层里，所以不得不想到借助于建筑物的高度的情况。因此，高房用石柱和焙烧砖或粗石的界墙建造，做成几层，使上层也能充分地利用。这样就在城内高达若干层，增加了空间，罗马市民才会安乐融融地得到美好的住宅"。[9] 这种通过增加房屋高度来解决人口增长带来的对房屋需求增加的矛盾的方法，一方面反映出罗马社会经济发展

① Martial, *Epigrams*, Cambridge, MA: Harvard University Press, 1993, I, 117.
② 尼禄皇帝提高建筑物的标准是在公元 64 年，那不勒斯的剧场发生坍塌事件之后推行的。（参见塔西佗《编年史》，三以铸、崔妙因译，商务印书馆 1997 年版，第 532 页。）
③ 苏维托尼乌斯：《罗马十二帝王传·尼禄传》，第 231 页。
④ Varro, *On the Latin Language*, V, 160.
⑤ atrium 是指房屋的天窗，但它也可以指带有天窗的房屋。在本书主要是指房屋的天窗。
⑥ Florence Dupont, *Daily Life in Ancient Rome*, Translated by Christopher Woodall, Oxford: Blackwell Publishers Ltd., 1992, pp. 95 – 96.
⑦ Varro, *On the Latin Language*, V, 161.
⑧ N. G. L. Hammond and H. H. Scullard, *The Oxford Classical Dictionary*, p. 532.
⑨ 维特鲁威：《建筑十书》，第 59—60 页。

的加速，另一方面也反映出罗马人在建筑领域的革新。

罗马还有两种比较特殊的房屋，一种是罗马皇帝的宫殿，另一种是出行在外的人的临时住所——旅馆。有关王政时代罗马诸王住所的材料几乎一片空白，我们了解不多；共和国时代是没有国王的，因此也就没有国王的宫殿，国家的最高权力中心元老院只是元老们集会的场所，并不是他们长期的居住之地，因此不能算作是最高统治者的住所。帝国时代皇帝们的宫殿虽然不是罗马社会中最普遍的房屋，但其地位和风格自然与众不同。

皇帝的宫殿起源自然应追溯到罗马第一位事实上的皇帝奥古斯都时代。据记载，奥古斯都提倡节俭，其本人的生活也十分节制，因此他的宫殿十分简单，甚至有些寒碜。① 尼禄曾为自己建造过一座从巴拉丁一直延伸到埃斯奎林的名叫"穿堂"的宫殿，这座宫殿毁于公元 64 年的大火，不久，他又重建了自己的宫殿，取名为"金屋"（domus aurea）。"金屋"的前厅可容下一尊 120 罗马尺②高的尼禄巨像，③ 殿的面积很大，仅三排柱廊就有 1 罗马里长。④ 殿里有一个像海一样的池塘，周围的建筑物宛如一座座城市。旁边是乡村，装点着耕田、葡萄园、牧场和林苑，里面有数量众多的各种家畜和野兽。宫殿的其余部分涂金，并用宝石、珍珠贝壳装饰。宴请厅装有旋转的象牙天花板，以便撒花，并设有孔隙，以便从上部洒香水。正厅呈圆形，像天窗，昼夜不停地旋转。在浴池中，他让海水和黄绿色水长流不息。⑤ 位于帕拉丁山的图密善皇帝的宫殿在设计上更为紧凑，但在宏伟理念上要比尼禄的金屋逊色得多，里面有皇宫、绕柱式内院、躺卧餐桌等，所有这些规模都很庞大，旁边是八角形房间和后殿，以及一系列有趣的私人公寓，里面隔离着，两层有窗口的楼座俯瞰着圆形大剧场。图密善还在今天的斯巴拉多（Spalato）、南斯拉夫海岸还建有宫殿，它们是牢固的帝国卫队军营的重要组成部分——皇宫上有与柱冠相连的拱门，罗马式建筑、巴西利卡会堂、宴饮厅、神庙、八角形陵墓，在面向海的一边还有一个巨大的用枕梁柱支撑的楼座。⑥ 这些宫殿虽然宏伟，在建筑史和考古学上也占有重要地位，但它们毕竟不是罗马房屋的主流，

---

① 苏维托尼乌斯：《罗马十二帝王传·神圣的奥古斯都传》，第 91—92 页。
② 1 罗马尺约合 31 厘米至 34 厘米。
③ 尼禄巨像是杰诺多尔设计的，据传说，它超过了堪称"世界七大奇观"之一的罗德斯岛的太阳神巨像，其高为 100 英尺。
④ 1 罗马里（miliarium）相当于 1478.9 米。
⑤ 苏维托尼乌斯：《罗马十二帝王传·尼禄传》，第 242 页。
⑥ N. G. L. Hammond and H. H. Scullard, *The Oxford Classical Dictionary*, p. 532.

也不能代表罗马房屋的主要内容。

第二节　罗马房屋的结构、陈设与装饰

毫无疑问，罗马人的每座房屋都有自己各不相同的具体结构，但这并不影响我们对罗马房屋的整体把握，其典型代表应当是贵族富人的房屋，这不仅是因为这种房屋在罗马作家笔下记载得相对较多，也不仅仅是因为它们在考古发掘中体现得最为明显，更重要的是它们最能反映"罗马"特色。

罗马人房屋的平面结构通常是四方形状，从考古发掘来看，庞贝城保留了大量这种典型的"罗马"房屋，其中比较有代表性是外科医师房屋（The House of the Surgeon），[①] 该住宅建造的时间在公元前200年以前，后来经过多次改造，但它的结构仍然相对后来的罗马住宅要简单而且缺少诸如柱廊院子（peristyle）这样的希腊影响。但最能代表罗马贵族富人住宅的应该是该城发现的潘萨房屋（The House of Pansa），因此，我们以潘萨房屋为例看看罗马房屋结构。罗马房屋一般都有几个入口，但主要的入口只有一个，即门厅（vestibulum），这里是房屋的主要入口，也就是大门，有时一座房屋不止一个大门，有的有两个甚至三个层次分明的大门，大门旁边通常有一到两个小门，大门往往是用于马车通过，而小门多用于行人通行，但这种区分并不严格。进入大门就是前院（impluvium），这里有天窗，地面有盆形排水区，主要用于排水。前院两边是卧室（cubiculum），前院的前面是厢房（ala），前院正前面是客厅（tablinum，或译作休息室），客厅的两边是宴请厅（triclinium），或者一边是宴请厅一边是图书室，穿过客厅就进入了柱廊院子（peristylium），这里是富有人家房屋的中心。中心院子是露天的，它可以使空气和阳光进入其他的房间。在大多富人房屋中，柱廊院子总是占据很大的空间，比如位于阿尔提布罗斯（Althiburos）的阿斯克利匹亚住宅（the House of the Asclepiae）的柱廊院子和位于提斯德鲁斯（Thysdrus）的孔雀屋（the Peacock House）柱廊院子面积就各达3500平方英尺，位于布拉里吉亚（Bulla Regia）的费歇曼房屋（the House of Fisherman）的柱廊院子有5000平方英尺，而位于乌提纳（Uthina）的拉贝里乌斯房屋（the House of the Laberii）的柱廊

---

① 该住宅的得名来自在其内部发现有一套外科器具。

院子面积则达 6000 平方英尺。① 沿着柱廊院子往前，一边是宴请厅，另一边是卧室。穿过柱廊院子，正前方是正厅（oecus），正厅在家居生活中扮演着十分重要的角色，因为富有的主人必须经常接待并慷慨招待客人。宴请是尽这种义务的最好方式，所以一般的贵族房屋都有一到两间用以招待客人的宴请厅。正厅的两边是卧室、贮藏室和厨房。径直穿过正厅和柱廊，就进入花园。在城市中，这种四方形的房屋的外面往往通过一排排商店与街道相连。

在房屋里的陈设方面，罗马城镇的房屋与农村的庄园方式都差不多，主要的房间通常都是宴请厅，里面放有桌子和躺椅，在罗马化较小的地区，更多的是用椅子代替躺椅。卧室里也有躺椅或者椅子，就像它里面有床和衣柜或者装衣物的箱子一样。厨房里会有灶和锅，还有用于烘烤的烤肉叉，在北部行省中，还有悬于明火之上挂在铁链上的锅。厨房里有桌子，还有用于磨谷物用的小石磨，以及橱柜、货架、大缸和用于贮藏的双耳瓶。起居室里也有椅子、桌子和各种工具，也可能还有货架和橱柜。无论哪个房间，用于贮藏和陈设的架子、柜子和神龛都是家居房屋的一部分。小型的折叠工具会放在需要利用它的房间里。到帝国时代，罗马住宅中还出现了一些新的家具，如存放贵重物品的保险柜、放内衣裤或者纸草书卷的抽柜等。家具的数量和质量依据主人的富有程度而有所不同，富有人家的家里有很多装饰品，如雕像、花瓶、来自东方的地毯等。②

在罗马人的房屋装饰中，最普遍的题材和形式是一些简单的几何模型图案，图案中可以点缀一些诸如神祇之类的半身像这样的装饰品，这种装饰避免了诸如充满忌妒的恋人、偏见的危险之类的复杂典故，同时在色彩和效果方面往往都更生动，也更容易制作，因此这种既美观又实惠的装饰在普通民众房屋中十分盛行。③ 但是对于贵族富人来说，仅有这种简单的几何模型图案是远远不够的，因为它们不能体现出主人的富有和地位，因此，贵族富人住宅的装饰都特别讲究，他们要通过这种艺术化的华丽装饰来显示和陪衬其财富和身份。贵族富人的装饰主题除了几何模型图案外，主要的主题来源是古典神话和日常生活场景。古典神话不仅是文学、绘画、雕刻、马赛克艺术等的重要题材，也是罗马房屋装饰主题中的主要题材之一，表现的主题多种多样，如海神涅普图对海洋和浪涛的驾驭或者朱

① Paul Veyne, ed., *A History of Private Life I: from pagan Rome to Byzantium*, Cambridge and London: The Belknap Press of Harvard University Press, 1992, p. 357.
② Lesley Adkins and Roy Adkins, *Handbook to Life in Ancient Rome*, p. 160.
③ Simon P. Ellis, *Roman Housing*, London: Gerald Duckworth & Co. Ltd., 2000, p. 115.

庇特的爱等，这些神话题材装饰能反映出主人的情感生活和品味观念，因此显得典雅与高贵。日常生活场景，特别是狩猎、捕鱼和游戏也是罗马房屋装饰主题中的主要来源，因为它更直接地反映出主人的生活方式和兴趣，这种装饰在古典异教艺术走向衰落和僵死的帝国晚期时代更为流行。

罗马房屋装饰中的马赛克和镶嵌画也很有特色。罗马人的马赛克和镶嵌画都是从希腊人那里继承而来的。罗马的马赛克是从公元前 2 世纪才开始的，它在整个帝国时期的私人建筑和公共建筑中都作为一种装饰地板的做法而流行，从公元 1 世纪起，有时也用它来装饰屋顶。[1] 镶嵌画工艺在苏拉统治时期发展到了非常高的水准，从而使它不仅在罗马公共建筑中得到了广泛应用，而且在私人房屋中也比较盛行。不过，无论是马赛克还是镶嵌画，到基督教统治时期，它们作为地面装饰开始逐渐淡出了人们的视野，原因可能是因为人们担心在地面上踩踏表现神圣事物的图案装饰会亵渎神灵。[2]

第三节　罗马房屋与罗马社会文化

毫无疑问，作为罗马建筑的房屋不仅能生动直观地反映出罗马人的建筑文化，而且也能反映出罗马社会文化的其他方面，展示罗马社会文化生活丰富而有趣的另一面。

首先，我们可以从罗马人的房屋设计中看出主人的职业，因为不同的职业主人，在设计自己的房屋功能时各不一样。[3] 对于这一点，维特鲁威在他的《建筑十书》中写得非常明白："从事于耕地收获的人们在其前院必须建造厩舍和小店，在住宅里必须建造地窖、堆房和储藏室；与其建造其他装饰华丽的房间，不如建造对收获物能够致用的房舍。又对于借款业者和税吏，应当建造气派华丽而无被窃之虞的房间；对于律师和雄辩家，应当建造风格高尚而宽阔的房间，足以容纳聚会而来的人群。又对于得到名誉和官职而为市民服务的贵族们，为了粉饰他们的显赫，则应当建造象王宫那样的高大门厅，十分宽敞的院子和柱廊院子，广阔的园林和散步道。此外，图书馆、画廊、集会厅也应当宏壮地规划建造，而不逊于公共

---

[1]　Lesley Adkins and Roy Adkins, *Handbook to Life in Ancient Rome*, p. 159.

[2]　菲迪南·罗特：《古代世界的终结》，王春侠、曹明玉译，上海三联书店 2008 年版，第 158 页。

[3]　Jo-Ann Shelton, *As the Roman Did: A Source Book in Roman Social History*, p. 59.

建筑物。因为在这些人的邸宅里往往进行公众讨论和私人裁判调解的缘故。"① 从房屋设计和布置，我们可以对主人的职业做出一些基本判断。

罗马房屋还能反映出罗马人的审美追求和情趣，特别是贵族富人的房屋更讲究这一点。就宴请厅而言，他们希望自己的宴请厅能看到外面的景色。对于庄园来说，这意味着宴请厅应当位于景色别致的乡间，能够看到海上景致是最理想的，这在诸如那不勒斯湾这样的地区是很容易做到的，如果不能在这种理想地带建造房屋，在能够看到自己地产上景致的地区建房也同样不错。比如小普林尼在看到自己地产上的田园风光时与他看到海上风景时的心情一样开心；晚期古代时的高卢贵族西多尼乌斯（Sidonius）同样迷恋于他庄园的风景。② 维特鲁威也说在意大利有一种叫做库基喀诺斯（cyzicenos）的正厅，它要特别布置在能够眺望绿树的位置，在其周围要留有余地，要能够从席位上通过窗口眺望到绿树。③ 在城镇中，房子的主人和建筑师同样很注意会宴请厅能目及的院内景致，院内常常用植物、绘画和喷泉做成"人造乡间"。

罗马社会是一个等级界线很清晰的社会，每个人都希望知道自己在社会中的地位，因此除了房屋主人对生活舒适的追求和景致的怡情外，他们更希望房屋能显示出实用的目的与财富的奢华和炫耀之间的适当平衡。罗马人认为房屋的豪华程度不应当超过他所处的社会地位对主人的要求。贵族的房屋必须要有适合接待高等级地位客人的宴请厅，即使这样的宴请厅显得过分炫耀，主人也被认为是故意摆阔，但他们也不得不这样做。对于下层民众来说，如果他有任何超越最简单的宴请厅的东西，就会被认为是僭越自己地位的行为。比如维提乌斯兄弟（the Vetti）这样的被释奴，或者佩特罗尼乌斯（Petronius）的《萨蒂利孔》（Satyricon）里的特里马尔克奥（Trimalchio）这样的人，他们会受到社会的批评，原因就是因为他们所拥有的住房的华丽程度远远超过了他们作为被释奴这样的身份所应值得的程度。④ 据普罗柯比记载，在查士丁尼时代，有一个名叫埃文格里乌斯（Evangelius）的律师拥有大量的金钱和土地，后来他在波菲利昂（Porphyreon）的海滨花了300磅黄金买下了一座庄园，查士丁尼听说后，立刻从他那里夺去了这个庄园，而只支付了这座庄园价格的很小一部分钱，其理由竟是"像埃文格里乌斯这样的小律师根本不配成为这样一个

① 维特鲁威：《建筑十书》，第172页。
② Simon P. Ellis, *Roman Housing*, p.16.
③ 维特鲁威：《建筑十书》，第171页。
④ Simon P. Ellis, *Roman Housing*, p.16.

庄园的主人"。① 虽然查士丁尼这样说是为自己的无耻行为找借口，但它也在一定程度上反映出了罗马社会中房屋与主人身份的关系。

罗马房屋内的所有空间都属于私人生活的领域，也就是所谓的"私人空间"。但就它的内部结构而言，私人空间的每部分却有着各不相同的功能，体现出罗马私人生活领域不同部分的特征。首先是正厅入口。一般而言，罗马房屋主要的入口只有一个，它无论在象征意义上还是在实质意义上都是从屋外到屋里的入口。正厅入口才是真正正大光明地进入主人家的首要通道，主人对客人的态度首先就在这道入口体现出来：主人欢迎的客人是从这里接到内屋，主人不欢迎的客人则首先从这里就被赶走。对于想要行窃的盗贼来说，这道入口是决定他们成功与否的关键，一旦这道关口被破坏，要想阻止盗贼对家里的劫掠就很困难了。因此，建造者对这个具有战略防御性质的位置要特别下工夫。正厅入口的重要性通过由两根柱子支撑廊顶的门廊而得以体现，这种门廊常常要伸向街道，但真正的分界线则是由大门来界定的，从街道向房屋的过渡通常都是用一种很复杂的方式来完成的，有时一座房屋不止一个大门，有时是两个甚至三个层次分明的大门。②

正厅入口旁边通常有一到两个小门，但这并不意味着大门一定是用于马车通过行，而小门只是用于行人通过的，但是在接待重要人物的时候，或者在早上一般会打开大门，以此表明主人已经作好迎接客人的准备。

大门入口象征着主人的地位，因为入口是许多建筑的注意力焦点，没有真正进入过富人房屋的人都可以从其豪华壮观的入口意识到该房屋主人的富有。比如在赫拉克利斯（Hercules）的房屋就由两根柱子支撑着第二道门的入口，整个组成都是由一定的模式构成的，大门入口的两边也是由两根柱子支撑的小门。这种设计方式是在向路人们昭示这里住的是一位大富人家，当然也在告诉进入此门的人应该怎样规范自己的言行。③

通过大门入口，就进入到前院。尽管前院是一座房屋的正常组成部分，但它只是访问者进一步参观的一个过渡空间。他对整个房屋的视野还很受限制，而且前院是处于守门者的监控之下（有奴隶看守着由此进出的人，类似于今天的门卫）。前院在另一种意义上也具有过渡性：它被认为是向来访者展示主人豪华的地方。阿普列乌斯在描写普绪刻宫殿（the

---

① 普罗柯比：《秘史》，吴舒屏、吕丽蓉译，上海三联书店 2007 年版，第 146 页。
② Paul Veyne, ed., *A History of Private Life I: from pagan Rome to Byzantium*, pp. 353 – 354.
③ Ibid., pp. 354 – 355.

Palace of Psyche）（想象中的宫殿，但对我们这里的研究绝非毫无意义）时说，只要人们一进入这座宫殿，就会被它的神圣光辉照耀得头晕目眩。①

经过前庭，就进入柱廊院子（peristyle）。这里既是主人家族成员"户外活动"的中心，更是显示主人富有程度和社会地位的房屋"内部展示"，因为柱廊院子的大小要与整个房屋的布局相称，"如果我们在小院子里采用大院子的均衡，那么客厅或厢房就不会适用；如果在大院子里采用小院子的均衡，那么大院子的细部就会成为庞然大物了"。② 因此，院子的大小必须与整个房屋的结构相协调，也正因为如此，从柱廊院子的规模也可以看出主人的富有程度和社会地位。这也是前文提到的在大多富人住宅中，柱廊院子总是占据很大的空间的重要原因。

经过柱廊院子就进入了正厅，这里能够显示主人地位的标志有两个，一是正厅里的装饰，包括雕像、花瓶、地毯、家具陈设，以及地面和墙面上的装饰绘画等；另一个是主人在这里会见的客人的身份和地位，会见的客人地位和身份在一定程度上能陪衬出主人地位的高低。

以上部分可以说是罗马房屋的"共用的房间"，即不但家族成员可以随意进出这些空间，而且不受邀请的人甚至只要是市民就能够以自己的权利进入的地方，如门厅、院子、柱廊院子及有同样用途的房间。除了这些"共用的房间"外，其余的都是属于"专用的房间"，这里是除受邀请以外的人谁也不能进入的地方，比如卧室、宴请厅、浴室及其他用途相同的地方。③

卧室是"私人生活的殿堂，是深深植根于家庭生活心脏的私密空间"，奥古斯丁也曾多次使用隐喻说明卧室是房屋中最为隐秘和私人化的地方。④ 罗马时代卧室的性别区别很明显，女性卧室往往有各种女士用品，如梳妆台、化妆品等。正是在这个"家族生活心脏的私密空间"，通奸、乱伦、随意交配频繁地发生着，从而使公认的道德准则遭到了可怕的蹂躏。阿普列乌斯在其《变形记》中多次描述发生在这最隐秘地方的可怕罪恶。⑤

---

① Apuleius, *Metamorphoses*, Cambridge, MA: Harvard University Press, 1989, V, 1.
② 维特鲁威：《建筑十书》，第 168 页。
③ 同上书，第 172 页。
④ Paul Veyne, ed., *A History of Private Life I: from pagan Rome to Byzantium*, pp. 378 - 379.
⑤ Apuleius, *Metamorphoses*, Cambridge, IX-X.

　　宴请厅更是主人向客人展示其财富与权力的地方。宴请厅里的餐具及各种陈设的奢华本身就是主人向客人展示其财富与地位的炫耀品，各种精美的装饰和陈设迎接着主人高贵的客人，而高贵客人的身份和地位又能反衬出主人的身份与地位。阿普列乌斯对这种场景曾作过深刻的描写："碧莲娜家宾客如云，都是当地精英名流，无愧于贵妇人的晚宴。富丽华美的餐桌，用纹理分明的金钟柏制成，象牙的雕饰光辉夺目；座椅上套着金纺织品；巨型酒杯五光十色，但都同样名贵。这里是玻璃制品，琢磨得光滑无比，那里是光洁的水晶器皿；一个地方是锃亮的银器，另一个地方是黄灿灿的金制品，还有巧夺天工的琥珀，以及名贵的宝石，它们都是用来为豪饮助兴的。这里真是应有尽有。无数身着华服的切割食品的仆从，穿梭往来，端送着美味佳肴；身着亮丽外衣的鬈发少年，不停地往镶着宝石的杯子里斟着美酒。华灯高照，谈兴正浓，欢声笑语，此起彼伏。"① 招待尊贵客人的食物是很有讲究的，招待客人自然要最高档的菜肴。在非洲，鱼是非常昂贵的，因此它也成为菜桌上菜肴是否丰盛的重要标志。正因为如此，我们对于为什么罗马人的宴请厅及其柱廊上通常会用海洋场景以及一些有关海产品的绘画作装饰也就一点也不奇怪了。在马克塔（Mactar）的维纳斯房屋（the House of Venus），宴请厅的整个装饰就是由一长串的可食的海制品的目录组成的，最初的条目有两百多个，这些海洋生物马赛克无疑是在向客人展示其主人生活的奢华。② 从这些贵族富人房屋中看似普通平常的装饰和菜肴中可以看出罗马人对奢华的追求与炫耀。在宴会中，宴请仪式则更是主人向其朋友和家人阐述其主张和显示其地位的重要媒介。

　　浴室是罗马建筑和罗马社会最具特色的标志之一。③ 罗马人喜欢洗浴，他们早期只是为健康和清洁才洗浴的，一般脸、手、脚这些裸露在衣物之外的部分是每天都要洗的，一周洗一次全身。到共和国后期，罗马人每天洗浴就像每天用餐一样成为一种习惯。④ 虽然罗马社会更盛行大规模的公共浴室，但在罗马私人住宅中一般都有作为私密空间的浴室，它不仅延续着罗马人的生活习惯，而且也体现和传承着罗马文化。

---

① Apuleius, *Metamorphoses*, Cambridge, Ⅱ, 19.

② Paul Veyne, ed., *A History of Private Life Ⅰ: from pagan Rome to Byzantium*, p. 366.

③ Graham Speake, *The Penguin Dictionary of Ancient History*, London: Penguin Books, 1994, p. 103.

④ Mary Johnston, *Roman Life: Successor to Private Life of the Romans*, Chicago: Scott, Foresman and Company, 1957, pp. 245 – 247.

　　图书馆也属于维特鲁威所说的"专用的房间"范围。在罗马社会，真正能够享受文化的只是少数贵族富人，作家的作品也只是写给上层社会精英阅读的，往往忽略下层民众，难怪李维要在其作品中把笔墨过多地浪费在下层民众身上而向观众道歉。① 在罗马作家笔下，下层民众都是没有受过教育的人，他们往往是没有文化和无知的代名词。由于下层民众的无知，作为高贵文化载体的书籍和图书馆自然不能进入他们的生活。对贵族富人而言，是否拥有图书和图书馆是当时罗马人是否拥有文化的表征之一，因此，贵族富人的房屋里往往会有图书馆，以显示自己不仅富有，而且颇具文化品位。但是事实上，拥有文化载体的人不一定就是有文化的人。罗马贵族富人中有很多人拥有图书馆，但这些只是他们用来显示自己有钱、有文化的装饰品，却并不一定能真正读书，成为有文化的人。对此，塞涅卡很遗憾地写道："为什么要拥有不计其数的图书、拥有那么多你一辈子连书目都看不完的图书馆呢？这些东西堆在那儿而不能充实你的头脑。……许多人连最基本的知识都没有却有大堆的书，这些书不是用来充实他们的精神而是来装饰宴请厅的。……一个人在金钟柏或是象牙材质的书架上寻找图书，买下了不出名甚至很平庸的作家的所有作品，而只是在成千上万的图书里打呵欠，这些书他只看了书名和书脊，为什么要纵容这些人呢？在懒人家里，你能看到演说家和史学家的所有作品，书架上摆的全都是书，一直堆到天花板。如今，图书馆和澡堂、温泉浴室一样成了讲究体面的房屋必不可少的装饰了。人们把最有才华的作家的作品和他们的肖像一起买回来就只是为了炫耀和装饰自家的墙壁。"② 后来有位作家写过一篇名为《无知的藏书家》的文章，对那些只藏书而不读书的人十分不满，他问他们："你们收集藏书的目的是什么呢？你们不时地展开和收起书卷，修补装饰，涂红描漆，装入书套，配之以修饰物，你们果真能从中受益吗？"③ 佩特罗尼乌斯在他的《讽刺诗》中讲到了一位名叫特里马其奥（Trimalchio）的人。此人是一位愚昧无知的暴发户，由于担心别人认为他是一个没有文化的人，于是吹嘘自己有两个图书馆以显示自己的学问："别以为我是不重视学问的人！知道为什么吗？我有两个图书馆，一个是希腊语的，另一个是拉丁语的。"④ 从这些例子中我们可以看出，

---

① 宋立宏：《安东尼·伯利：〈哈德良：骚动不安的皇帝〉》，《中国学术》2003 年第 4 期。

② Annaeus Seneca, *On Tranquility of the Mind*, Cambridge, MA: Harvard University Press, 1990, IX, 4 – 7.

③ 哈里斯：《西方图书馆史》，吴晞、靳萍译，书目文献出版社 1989 年版，第 60 页。

④ Petronius, *The Satyricon*, New York: The Panurge Press, 1930, 7.48.

作为罗马文化"拥有者"的贵族富人，他们拥有大量的图书和众多的图书馆这些文化载体，但他们并不一定都是真正有文化的人，这也生动地展现了作为文化载体的图书馆与罗马文化的错位现象。

第四节 罗马房屋的罗马化与本土化

罗马房屋具有明显的"罗马"特征。伴随着罗马国家版图的扩大，罗马人把他们的建筑艺术带到了被征服地区，从而使得意大利之外的罗马地区都或多或少地带上了"罗马"特征，即这些地区被"罗马化"。"罗马化这一术语是指融入罗马帝国的原著民获得使他们看上去像罗马人的文化特征的过程。"① "罗马人的文化特征"包括的内容十分广泛，如罗马的政治制度、经济模式、生活方式、宗教、语言、文学、艺术、观念等，凡是诸如此类的罗马内容融入被征服地区的原著民文化之中，或者给原著民文化带来了"新"的因素，我们都可以称之为"罗马化"的表达方式，因此，对于被征服地区的罗马化的内容是十分丰富的。有学者认为罗马化给原著民带来的新事物主要包括两个方面：第一是从意大利半岛移民的罗马人，以及他们所带来的物质文化和智力文化；第二，也是从长远来看更重要的内容，是起源于意大利本土的新事物、新思想、新的行为模式自然地融入行省社会中，并且认为后者要比前者更重要，因为罗马化不是以罗马为中心，也不是能在文献中轻易找到的，它要在考古学中寻找，而且要到行省中去寻找。②

典型的"罗马房屋"有一套典型的结构，这种结构在前面已经作了比较详细的介绍。人们很容易依据这些房屋的结构和特征看出它们是"罗马式"的。这些房屋不仅在意大利本土如此，而且在各行省，甚至最边远的行省中，也很容易辨认出来。这种结构和特征就是罗马房屋在行省被征服民族中被罗马化的重要表现。

罗马房屋在很长时间内没有自己优越于其他民族房屋建筑的特色，相反正是外来的深刻影响（特别是前面提到的伊特拉斯坎和希腊影响）下才发展并形成自己独有特色的，而且罗马房屋建筑理论也被罗马作家加以

---

① Simon Hornblower and Antony Spawforth, eds., *The Oxford Companion to Classical Civilization*, Oxford and New York: Oxford University Press, 1998, p. 603.

② Ramsay MacMullen, *Romanization in the Time of Augustus*, New Haven and London: Yale University Press, 2000, p. xi.

系统地总结和研究。正因为如此，有学者认为罗马的房屋建筑没有本土建筑，因为它是一种基于"理论反应"的建筑而不是一种没有被记录下来或者没有被意识到的地方传统建筑，也就是说它只是诸如维特鲁威之类的理论家的建筑理论下的产物，这种"理论建筑"在各行省的盛行正是罗马化的结果。[①]

行省居民在房屋和生活上仿效罗马人，他们拥有自己的私人浴室、热坑，墙上饰有罗马风格的绘画和装饰，行为举止符合罗马社会规范，通过与朋友一起洗浴和保持罗马方式的宴请，从而体现出罗马行为的特定模式。罗马贵族房屋确实遵循了一种包含有罗马式理想家居因素的理论模式。[②]

但是，如果我们把这种理想式的具有罗马特征的房屋理解成是整个罗马社会的统一模式的话，那将大错特错。首先，这种理想式的罗马房屋往往只有在贵族富人的生活中才能体现出来，虽然它代表了罗马房屋文化的主流或者典型，但它绝不是罗马房屋的全部，因为广大的罗马社会下层民众的房屋不可能同贵族富人一样讲究与奢华，也不可能体现出他们一样的"罗马特征"。其次，在各行省中，各地的罗马化程度并不相同，罗马房屋对这些行省的影响程度不一，大量的原著民不可能完全按照罗马式房屋"规范"自己的日常生活，甚至原著民的上层贵族也不可能完全使自己"罗马化"。因此，在罗马广袤的疆域内，各地的房屋建筑不仅有体现罗马风格的罗马房屋，更有比例极高的各地本土房屋存在，体现出罗马房屋的多样化特征，这种多样化特征在各地行省体现各不一样。

在西北行省中，罗马不列颠的小聚居点就颇具自己的本土特色。在这些小聚居点中，抹灰篱笆墙的条形房屋是很常见的，每座房屋都有临街的狭小门面，街道延伸得很远。临街的地方是商店，后面是生活居住区，再后面有时会是一个院子或者工房。这种房子在很大程度上属于凯尔特传统，而非罗马传统。但是由于早期的一些罗马建筑传统的影响，它们毫无疑问形成了一种兼有罗马传统和凯尔特传统的混合体，从而形成独具特色的罗马不列颠本土传统，它代表了一种典型的罗马不列颠乡村房屋建筑群特色。同时，就本土传统而言，这种"条形"住房与前罗马和后罗马时期相比，可以说它与罗马不列颠传统有着十分明显的联系，因此，它即使不是"罗马房屋"，也可以界定为罗马时期的建筑。[③] 这种条形房屋一方

---

① Y. Thebert, "Private life and domestic architecture in Roman Africa", in P. Veyne, ed. , *A History of Private Life I: from pagan Rome to Byzantium* (Cambridge 1987), pp. 326 - 329.

② Simon P. Ellis, *Roman Housing*, London: Gerald Duckworth & Co. Ltd. , 2000, p. 17.

③ Simon P. Ellis, *Roman Housing*, p. 17.

面带有罗马化特征，另一方面又具有典型的本土传统特色，因此，我们可以说它是罗马化被本土化的一种典型。

东部的叙利亚行省在罗马时期，从中部山区到安条克（Antioch）东部再到大马士革南部多石的豪拉沙漠（Hauran desert），都有许多方石房屋（ashlar-built house）的小村庄。这些房屋的建筑样式是一种典型的"非罗马式的"或"非希腊式的"的风格，它们的客厅在工作室上面，而卧室又在客厅的上面，一般是三层甚至更多。与罗马不列颠的"条形"房屋一样，这些房屋可能属于前罗马时期的建筑，而它们的全盛时期却是罗马统治时期。方石房屋也是罗马房屋传统中很普通的一种本土传统，这一传统在埃及也有所发现。① 埃及是罗马化程度很高的行省，但我们发现，这里的房屋也并非全是罗马式的，就是罗马式的房屋在这里也发生了一定程度的变异，比如在北非的整个罗马时代，贵族的房屋通常都有朝向院子里外的两个宴请厅，这与典型的罗马式房屋特征明显不相符。②

由此我们可以看出，作为罗马化重要表达方式之一的罗马房屋，虽然盛行于整个罗马境内，但它并没有完全同化各地房屋的本土风格，各地仍然保持着自己的本土化传统，或者在吸收罗马房屋特色的基础上改造自己的本土化传统。作为罗马社会主流文化代表之一的罗马房屋，在罗马境内的罗马化过程中并不是单向地把罗马人的观念和生活方式输向原著民，而是一种相互交流，这种交流把原著民引向一种标志罗马世界的城市生活方式与原著民生活方式的混合。③ 罗马房屋的罗马化与罗马房屋的被本土化正是这种交流的表达方式之一。因此，我们在衡量罗马境内的罗马化程度时，罗马房屋虽然是其重要标志之一，但绝不能夸张甚至绝对化它的作用，而应当辩证地、实事求是加以考察，毕竟就房屋而言，无论在罗马境内的哪里，罗马化与本土化总是并存且相互交流影响的。

第五节　中国汉晋时期的房屋

从时间范围上看，与古罗马时代相当的中国古代，是从东周到南北朝时期，但从公元前 3 世纪的罗马共和国大规模地向意大利半岛扩张开始起

---

① Simon P. Ellis, *Roman Housing*, p. 17.

② Ibid. , pp. 9 – 10.

③ Simon Hornblower and Antony Spawforth, eds. , *The Oxford Companion to Classical Civilization*, p. 603.

到公元 476 年罗马帝国的灭亡，其时间范围与中国的汉晋时期基本相当。这里，我们简要介绍一下这一时期中国的房屋情况，从中可以看出古代中西方文化的特色及其相似之处。

在房屋建筑种类方面。自秦汉以来，中国的房屋种类比较多，主要包括居民的普通住宅、大型院落、庄园、楼房等。秦汉时期的普通住宅，在普通院落式结构中，由一间堂屋、二间卧室组成的住宅最为常见。堂一般建造在房屋中央，两旁为内，平面呈一字形，这种结构大概是当时一堂二内的主要结构形式。作为居室的附属建筑通常包括与厕所建在一处的猪圈和鸡埘。① 猪圈和鸡埘的普遍存在反映出家庭畜牧业对居室结构的影响。院落是住宅的组成部分，比较讲究的院落用土墙围起，简单的院落或用竹木围成，称"篱"、"椐"、"彻"。院落中通常植有树木，它们多为经济类树木，在美化环境的同时，也为居住者提供收益。魏晋南北朝时期，普通百姓的住宅，仍然沿袭了秦汉时期的风格，大多采用木构架结构，墙壁为干打垒的土墙，屋顶或呈悬山式或为平顶，房屋多围成院落，内设畜栏和厕所。民间最为简陋的住房，纯为草、竹等自然材料建造，既不牢固，又低矮潮湿，居住环境十分恶劣。一般平民之家，不分南北，皆以茅屋居多。② 这些普通的房屋住宅，最为生动地体现了当时社会发展的一般状况，反映出这一时期中国社会生产力的发展程度和社会普遍风貌。

大型院落往往是富贵人家的居所。富人和商贾居住的大型院落在两汉时期得到了充分发展。这类住宅不仅占地面积较大，建筑设施也更为复杂。房间类型除起居室、卧室、厨房、厕所外，还有宴饮场所、车房、马厩、仓库等。③ 到魏晋南北朝时期，世家大族的府第更为讲究，他们所居住的府舍，雕梁画栋、极尽华丽。如北朝洛阳城东昭德里就是典型的例子，④ 北魏后期，高阳王元雍为丞相，"贵极人臣，富兼山海，居止第宅，匹于帝宫。白壁丹楹，窈窕连亘，飞檐反宇，**绣栌**周通"。⑤ 这些大型院落虽然在整个社会生活中不占据主要比例，但它们却是这一时期中国社会生

---

① 彭卫、杨振红：《中国风俗通史·秦汉卷》，上海文艺出版社 2001 年版，第 203—204 页。

② 张承宗、魏向东：《中国风俗通史·魏晋南北朝卷》，上海文艺出版社 2001 年版，第 123 页。

③ 彭卫、杨振红：《中国风俗通史·秦汉卷》，第 204—205 页。

④ 《洛阳伽蓝记》卷二"正始寺"条。

⑤ 《洛阳伽蓝记》卷二"高阳王寺"条。

产力进步的重要代表。

东汉时期是我国豪族地主统治的重要时期，与经济发展尤其是豪族大户的崛起息息相关的是这一时期庄园式住宅大量涌现。庄园的建筑规模大大超过一般住宅。典型的庄园住宅不仅拥有舒适豪华的起居设施，同时还包括进行畜牧业、园圃业以及家庭手工业的空间。这种庄园式宅第比较典型地反映了这一时期的政治特色。

楼房在西汉时期的大城市中已经出现。不过，西汉时的楼房建筑基本采用榦式，建筑技术和造型艺术均较落后。东汉时期，随着构架式楼阁建筑技术的成熟，以及社会上层舒适和防卫需要，木结构楼房逐渐普遍。从外观上看，楼房不仅有门、窗等常见的建筑设施，也有平房所没有的射孔。楼房种类包括居住型楼房、储藏型楼房、警卫型楼房以及兼有居住与警卫双重性质的坞堡型楼房。楼房的结构通常为下层高于上层，从而使楼房更为稳固。到魏晋南北朝时期，楼房虽并不多见，但还是进一步的发展，如陶弘景在句曲山中立馆，"更筑三层楼"，[①] 这说明至少在楼层上已经超越了以前的上下两层式结构。

在建筑风格与装饰方面。总的来说，汉代黄河流域地区建筑的基本方式以夯土与木框架混合结构的版筑法为主，大多数住宅具有明显的中轴线。用于筑墙的木框称"戒"、"榦"。版筑法因黄土加压后形成密度较大的夯土，可以达到较高的强度，且能就地取材，因而被广泛采用。如辽阳三道壕汉代建筑物就以土木为主，西汉时期洛阳住宅的墙大都用夯土筑成。较之秦建筑中用夹竹末泥建筑室内隔墙，这种建筑手段显然更为牢固，能够更好地起到墙壁"所以避风寒"、"所以自障蔽"的作用。[②] 屋顶由柱、梁、椽组成的木框架承托。屋顶样式包括穿斗式、抬梁式、干栏式、井榦式等类型。建筑屋顶的木材多种多样，主要以楩、枏等木料为常见的柱梁材料，柏木、松木、白杨等也是多有使用。这种建筑用木材的经验，直接影响了后来魏晋时期的房屋建筑。汉代较大的木结构建筑物屋面多使用瓦件覆盖。[③] 墙壁是一栋好居室的重要标志，在汉代人的心目中，高大墙壁为生活安全提供了保障，所谓"千仞之墙，祸不入门"。[④] 秦汉时期建筑物涂墙大抵先用泥抹壁，再涂以白垩，除此之外，贵族中还使用蚌壳烧成的蜃灰以及胡粉或椒粉涂墙，它们与石灰一样，对居室兼具装饰

---

① 《梁书》卷五一《处士传》。

② 彭卫、杨振红：《中国风俗通史·秦汉卷》，第 219 页。

③ 同上书，第 219—220 页。

④ 《太平御览》卷一八七引《易林》。

与防潮作用。①

　　在住宅的墙壁和其他建筑物上，常常有饰彩并绘有各种图画，特别是在上层贵族中，对其房屋的装饰更有讲究。建筑物的绘画内容包括人物画、动物画、植物画、神灵怪异画以及几何纹图案等，这些绘画一方面反映出主人的地位和文化品位，另一方面也能对主人和来宾起到娱悦心理的作用。② 贵族装饰居室的另一种方式是在墙壁和梁柱上包或悬挂丝织或竹制物品。对墙壁的装饰在东汉后期成为人们广泛追逐的生活内容。

　　与古罗马人一样，门对于主人也是具有特殊意义的。首先，它是出入的通道。不仅屋有屋门，院落也有院门。汉代住宅的门多为长方形版门，主要有单扇门和双扇门，此外还有偶见带轮子的拉门，或是向左右拉启的活动门扇。其次，由于宅门是住宅的第一道屏障，因此保护住宅安全成为它的重要功能。为了增强安全效能，东汉时的贵族甚至以铁作门枢以加强门的保护作用。汉代贵族和富人住宅的大门或窗上通常设门环和衔环底盘铺首。汉代贵族十分看重房门的气派，"大门愈是雄伟壮观，愈能表现出建筑物主人的身份和气派"。③ 汉代文物所见住宅明器和画像石绘刻的院落大门大都高大宽敞。如陕西勉县出土的汉代陶院落宅门面阔超过了右厢楼房的宽度。④

　　汉代人多在门上涂彩或绘画。如广州西汉墓出土的扇木门上有朱色绘画残迹。⑤ 辽阳汉魏墓的棺室门楣上用朱、赭、白三色构成云水图案，回波逐浪，云水相映。⑥ 当然，汉代人在门上绘图或装饰物品的主要目的不是为了美观，而是希望借此避凶驱灾。⑦

　　秦汉时期尤其是汉代的住宅建筑在中国传统建筑史上有着重要的地位。至汉代，中国古代房屋顶部的基本形式如悬山、庑殿、歇山、攒尖、盝顶、囤顶等均已出现。斗拱趋于成熟，其形制多样，有平盘式平叠拱、一斗二升式栾形拱、一斗三升式栾形拱、人字拱等。其中，人字拱是唐代流行的翘角人字拱造型的先声。⑧ 民间住宅园林化类型的形成，成为后世

　　① 彭卫、杨振红：《中国风俗通史·秦汉卷》，第221页。
　　② 同上书，第224页。
　　③ 吴曾德：《汉代画像石》，文物出版社1984年版，第36页。
　　④ 郭清华：《陕西勉县老道寺汉墓》，《考古》1985年第5期。
　　⑤ 广州市文物管理委员会：《广州西村西汉木椁墓简报》，《考古》1960年第1期。
　　⑥ 王增新：《辽宁辽阳县南雪梅村壁画墓及石墓》，《考古》1960年第1期。
　　⑦ 彭卫、杨振红：《中国风俗通史·秦汉卷》，第229页。
　　⑧ 孙机：《汉代物质文化资料图说》，第166页。

家庭园林建筑的滥觞。东汉时期高层木结构的出现和发展在中国古代建筑史上是一个具有创造性意义的进步，楼房建筑中表现出的逐层施柱、逐层收小减低、逐层或隔层出檐或装平座等手法，不仅可以遮阳、避雨和眺望，而且在建筑美学上使楼的外观在稳定中产生动感，从而成为中国古代木构楼阁建筑长期遵循的建筑形式。①

汉晋时期的中国房屋建筑与罗马帝国时代的房屋建筑有很多相似之处。当然，这一时期中国在房屋建筑上也有一些自己的特色。首先，中国的房屋建筑特别讲究"风水"。罗马帝国在对房屋建筑位置的选择，一般都尽可能选择在道路交通方便或经济比较发达的地区。从秦汉时期起，人们对房屋位置的选择同样首先会考虑到居住环境的状况和农业生产比较发达的地区。但人们对住宅的安全也极为重视。在他们的心理深处，生活中几乎所有负面因素都与住宅地点的确定或兴建的时间、方位等因素有关，而对不祥的规避都必须凭借占卜完成。根据已知资料，秦汉时期流行用五音和岁时确定住宅的兴建。前者是以"宅音"与建宅者的姓所对应的"五声"之间是否相合确定建宅地点以及屋门朝向的吉或凶。② 魏晋时期的房屋延续了秦汉时期的特点和风格。对于中国文化意义的"风水"意识，在古罗马的表现明显不如中国强烈，虽然罗马人也讲究房屋建筑的地理位置的选择，但他们缺少中国意义上的"风水"。

其次，这一时期的房屋建筑大多以木构架为房屋的主要结构形式（事实上，这也是整个古代中国房屋建筑的重要特点之一）。中国古代建筑的主要特点就是以木构架建造，木构架为房屋的骨架，承受屋顶的荷载。在建筑方式中，最基本的方式是以夯土与木框混合结构的版筑法为主，大多数房屋具有明显的中轴线。③ 这种建筑方式在黄河流域地区最为常见，它也是当时中国比较有代表性的房屋。

再次，无论是罗马还是中国，富家贵族对房屋的建筑规模和装饰风格都有比较严格的讲究和要求等。如在建筑规模要求方面，罗马人的权贵富人的房屋规模宏大，而中国贵族富人也十分讲究。汉晋时期，大型院落的充分发展比较有力地说明了这一点。这些大型院落不仅占地面积较大，建筑设施更为复杂，如房间类型除了起居室、卧室、厨房、厕所外，还包括宴饮场所、车房、马厩、仓库等。在院落建筑内部，其装饰

---

① 刘敦桢主编：《中国古代建筑史》，中国建筑工业出版社 1980 年版，第 69 页。
② 彭卫、杨振红：《中国风俗通史·秦汉卷》，第 197 页。
③ 孙机：《汉代物质文化资料图说》，第 40 页。

也非常考究,如高大的墙壁、墙壁上饰有各种彩色及绘画、悬挂各种显示地位的物品;房门不仅气派,而且设有门环和衔环底盘铺首等。中国房屋建筑的这些特色不仅反映出当时的社会风俗,也反映了当时特有的文化和特色。

第六章 古代罗马的旅馆

　　沿罗马道路星罗棋布的旅馆在罗马社会生活中占有重要地位，也是古罗马社会史的重要组成部分。但是，我国学术界对它的研究至今尚付阙如。[①] 旅馆在罗马社会中的声誉极差，它常常成为传统社会习俗、道德说教家乃至国家法律鄙夷的对象，因而沦为道德沦丧的代名词，然而，极具讽刺意义的是，旅馆往往又是自视高贵与典雅的罗马社会上层人们乐此不疲的光顾之地。透过不为人们重视的罗马旅馆，我们可以看到罗马人低级品位与高尚追求之间的反差和对比，萎缩生活与盲目自大之间的矛盾与滑稽。本章的目的正在于从罗马的旅馆生活这一罗马道路生活的重要内容来揭示罗马文化的另一底色。

第一节 古代罗马旅馆概况

　　在汉语中，现代意义的旅馆，通常是指以向旅客提供食宿场所、设备和劳务的形式进行营业的社会服务设施。[②] 在中国古代，最初称旅馆为"逆旅"，所谓"逆旅"就是古人对旅途中休憩食宿处所的泛称，以后成为古人对旅馆的书面称谓。古人解释："逆，迎也。关东曰逆，关西曰

[①]　在西方学术界，专门研究古代罗马旅馆的论著主要有两部，一是科勒勃格的《古代罗马的旅馆、饭店与餐馆》（T. Kleberg, *Hotels, restaurants et cabarets dans l' Antiquite Romaine*, Uppsala, 1957）。此书对罗马旅馆进行了比较全面的论述，但是它所缺少的正是对罗马旅馆社会地位的探讨和它与罗马社会文化之间的关系。（对该书的评论见 *JRS*, Vol. 48, No. 1/2. (1958), pp. 198 – 199.）二是詹卡拉·吉瑞发表在《艾尔玛》上的论文《奥斯提亚城市与社会情景中的旅馆》（Giancarla Girri, *La Taberna nel Quadro Urbanistico e Sociale di Ostia*, in Roma, in L' Erma di Bretschneider, 1956）。正如其标题所揭示的那样，其讨论范围仅局限于奥斯提亚城，而且主要是从商业、人口的角度进行探讨的。（对该文的评论参见 *JRS*, Vol. 47, No. 1/2. (1957), p. 293.）

[②]　王仁兴：《中国旅馆史话》，中国旅游出版社 1984 年版，第 1 页。

迎。"（见许慎《说文解字》）旅"客也。〈左庄二十二年传〉：羁旅之臣。"（见《中华大字典》卯集方部，第 202 页）① 在拉丁语中，与旅馆这一含义相同或相近的词汇很多。如 cauponae 是常用来指旅馆的一个词，但它常常是以贬义形式出现的；deversorium 是指小客栈、小旅馆（这些设施有些是由罗马富人修建的通往其地产的砖瓦房）；hospitia 意为小客栈、旅馆，这一词汇一直沿用到中世纪，而且它还演化出多种多样的意义；popina 是指小餐馆；stabulum 的本义是住宿处、妓院，也常常用来指带有马厩的小酒店；taberna 是指店铺、作坊之类的，可以包括酒馆和提供饮食的地方，这一词前面常常有一些带有侮辱性的称呼，如 deversorium（避难处、隐匿处），vinarium（酒壶、卖酒），等等。Taberna 一词可以作一些引申，演化为具有其他含义的词汇。与汉语旅馆一词相关的词汇还有许多，如 cenatio 是指饭厅；ganeum 和 gargustium 是从希腊人那里代用来的，指的是很简陋的房屋、茅舍，尤其是饭馆、堂子之类的地方；thermopolium 是指出售热饮的地方；xenodochium 指医院及可住宿的地方。所有这些词汇所涉及的地方，都多少含有提供食或宿的意义，但是，我们并不能把它们都称之为"旅馆"，因为"正如考古发掘所表明的那样，这些经营场所的预期经营目标是以它们的修建和陈设方式表现出来的"。② 对于所有这些术语，科勒勃格（Kleberg）在他的《古代罗马的酒店、饭店与餐馆》（*Hotels, restaurants et cabarets dans l'Antiquite Romaine*）中对它们及其意义的变化曾作过比较充分的讨论。他认为 hospitia 是指旅馆，taberna 是指酒吧（bar），popinae 是指小餐馆（eating-house），cauponae 是指旅馆（inn），而且，一般说来，它们的含义是逐次倾向于贬义化的，在所有这些术语中，cauponae 是口碑最差的，而 hospitia 则是最受人尊重的旅馆。③ 从古典作家对这些术语的使用和描写看，城市中的 cauponae（旅馆）和 popinae（小餐馆）是最受抨击的，而乡下的类似场所则要好得多。④ 对于所有这些术语，我们要用汉语的一个术语来充分表达它们的含义几乎是不太可能的。我们根据提供食和宿两个标准来衡量，可以笼统地把它们称之为"旅馆"，大致相当于英文中的 inn。

尽管我们可以想象，旅馆可能遍布整个罗马城市与乡村，但既非艺术

---

① 王仁兴：《中国旅馆史话》，第 40 页。

② Raymond Chevallier, *Roman Roads*, p. 189.

③ O. F. Robinson, *Ancient Rome: City Planning and Administration*, p. 135.

④ Ray Laurence, *Roman Pompeii: Space and Society*, London and New York: Routledge, 1994, p. 78.

品又非宏伟建筑纪念物的旅馆，当然经受不起岁月的沧桑，因此时过境迁它们也就逐渐淹没在历史的长河中，让我们难觅踪迹。在罗马史文献材料中，涉及旅馆内容的资料极少，专门介绍的则几乎没有，因此我们所知的关于旅馆建设的内容也极其零星。如公元前 258 年，营造官（Aedilis）费斯图斯（Festus）建立了新的 tabernae（酒吧）建筑群，它们毁于公元前 210 年。① 在这些 tabernae 中，自然包括我们所说的旅馆。在铭文中，我们也发现有关于旅馆的内容，如铭文中有关于非洲的恺撒利亚的旅馆老板的记录；② 在小亚细亚的科里克（Corycus）曾发现有 7 个旅馆老板的名字刻写在墓志铭上。③ 更多的关于罗马旅馆的内容则是来自考古发掘，如在不列颠的锡尔切斯特，有一幢建筑物从三面环绕着一个院子，里面约有 40 个房间通向外面的柱廊，中间包围着一个巨大的浴室，这里就被认为曾是一个旅馆。④ 更多的旅馆则是发掘于庞贝城，从考古发掘的情况看，那里的旅馆数量十分可观，⑤ 大型的旅馆就达 20 家之多。⑥ 事实上，旅馆在城镇中是十分普遍的，因为它们也是很容易辨认的。⑦ 无论从考古发掘还是古代作家对旅馆的侧面涉及，我们都可以推断，旅馆在古代罗马社会是广泛存在而且在社会生活中占有重要的地位。特别是在帝国时代，罗马道路交通网络基本形成后，伴随着帝国的政府驿站（cursus publicus）而兴起的沿路旅馆更是星罗棋布。在主要的罗马道路上，每隔一定距离就有旅馆，这里可以提供旅行者的最低需求——床、一些食物、马车或可更换的畜力。旅馆的间隔距离要根据地形和人口密度而定，但通常在 25—35 英里，也就是说，通常为一天的旅行距离。一般而言，多山的地方旅馆相对多些，平原地区相对少些。旅行者手中的指南上详细地标明了沿路可歇脚的地方以及它们之间的距离，而且特制的地图上不仅标明距离，还指出了它们能提供的东西。中世纪制作的一个地图副本到现在还保存了下来，这就是著名的佩乌丁格里亚那地图。这张地图制作在长长的羊皮纸上，宽不过 3 英寸，但有 22 英尺长，它代表了罗马帝国的一种地图。制作者的

---

① Tenney Frank：*An Economic Survey of Ancient Rome：Vol. I：Rome and Italy of the Republic*，Paterson & New Jersey：Pageant Books，Inc.，1959，p. 183.

② Tenney Frank：*An Economic Survey of Ancient Rome：Vol. IV，Roman Africa，Roman Syria，Roman Greece，Roman Asia*，p. 72.

③ Tenney Frank，*An Economic Survey of Ancient Rome*，Vol. IV，p. 867.

④ Tenney Frank：*An Economic Survey of Ancient Rome：Vol. III*，p. 51.

⑤ Ray Laurence，*Roman Pompeii：Space and Society*，pp. 82 – 83.

⑥ Jo-Ann Shelton，*As the Romans Did：Asource Book in Roman Social History*，p. 308.

⑦ Lesley Adkins and Roy A. Adkins，*handbood to Life in Ancient Rome*，p. 144.

目的是把罗马道路系统制成指示性的图标，以便于人们参考。上面有线条表示的路线，有城市名、城镇名以及其他可供歇脚的地方，数字表明它们之间用罗马里计算的距离。在许多名称的旁边还有彩色标志，以便人们一眼便能辨认出来，正如我们今天的指南一样。在指示性图标中，中间有一个庭院，四周有建筑的标志代表一个旅馆，在房屋前面有两个尖屋顶代表不是很好的乡下旅馆，一个尖箱状的小屋代表一个很普通的旅馆，只有名字没有任何图标的可能是仅能提供住宿的最简单的地方。[1] 从这张地图上，我们可以看到，罗马帝国时代的旅馆的确遍布全境。从当时人们对追逐利益的角度看，开旅馆也是有利可图之事，瓦罗曾指出："如果有一块地，靠近大道，而它的地点对旅行者很方便，因此就应当盖几间旅馆。"[2] 这种在自己的地产上开设旅馆的现象在罗马社会是很流行的现象。[3]

在官方驿站兴起之前，旅馆主要是由民间开办，尽管这些地方常常遭到人们鄙诟，但它们对于旅行者来说仍然十分重要，甚至是必不可少的。官方驿站兴起后，道路两旁又建立了许多官方旅馆，这些官方旅馆可以为过往行人提供各种便利设施。这些设施对于身负国家事务的官方旅行者可以凭其由皇帝签发的委任状（官方文书）（diploma）而免费使用，而其他人则必须付费。[4] 这里可以提供吃住，换取交通工具和牲畜等，当然，在安全方面也远比私人旅馆更有保障。

第二节　旅馆的陈设及服务

对于罗马旅馆的内部设施及结构状况，文献史料给我们提供的内容极其有限，但是考古材料却为我们提供了生动的实物，在这一意义上，我们应当感谢公元 79 年维苏威火山的爆发。这一人类历史灾难，对当时的人们及整个人类历史来说无疑是极其悲惨的，但它在客观上却为我们完整地保留了当时的社会真实情况。正是从赫尔库兰尼乌姆城（Herculaneum）和庞贝城（Pompeii）的考古发掘，我们基本可以勾画出当时旅馆的大致

---

① Lionel Casson, *Everyday Life in Ancient Rome*, Revised and Expanded Edition, Baltimore and London: The Johns Hopkins University Press, 1998, pp. 116 – 117.

② 瓦罗:《论农业》，王家绶译，商务印书馆1997年版，第27页。

③ Raymond Chevallier, *Roman Roads*, p. 190.

④ Lawrence Keppie, *Understanding Roman Inscriptions*, p. 65.

情况。

　　首先，我们可以看到很多指示旅馆的标识，这些标识类似我们今天的路标，它指明了附近旅馆的位置，而且这些旅馆常常以不同的形式来予以标示。有的用一个形容词来表示，如寒冷的旅馆（Taberna frigida）、通向新旅馆（Ad Novas）、通往美迪亚的旅馆（Ad medias）、通往老地方的旅馆（Ad Veteris）、通往好地方的旅馆（Ad Pictas）、通往红房子的旅馆（Ad Rubra）①、通往中心旅馆（Ad Decem Pagos）② 等；有些直接用人名或社会等级的名称来命名，如通往弗拉特里斯的旅馆（Ad Fratres）、通往百人队的旅馆（Ad Centuiones）等；也有用工具的名称来表示的，如乘大马车（Ad Rotam）、在物品旁边（Ad Ensem）等；还有许多是用动物的名称来表示的，如老鹰店（Ad Aquilam）、高卢雄鸡店（Ad Gallum Gallinaceum）、蛇身怪物店（Ad Draconem）、黑雏鸡店（Nigropullo）等；甚至还可以用树来说明的，如茂盛的树（Arbore felice）。还有一些旅馆虽然没有明确的指示标记，但它的一些话语已经相当清楚地说明这里曾是一家旅馆，如一则铭文写道："墨丘利已经答应了这里的利益，向阿波罗致敬！"（Mercurius hic lucrum promittit, Apollo salutem）根据考古学家证实，这里曾是一家旅馆。③

　　对于旅馆内部的情况，从考古发掘中可以看得比较清晰。这些发掘主要来自赫尔库兰尼乌姆城、庞贝城以及奥斯提亚城（Ostia），特别是前面两座城市，它们几乎完整地保留了被淹埋时期的原状。这些旅馆一般都有带炉子的厨房、饭厅（triclinium）、单人房间、带有系绳的马厩、放有大酒桶或双耳瓶酒罐的柜台等。旅馆的规模往往不大，里面的房间也很小，条件很差，因此旅行者除非迫不得已，是不会住旅馆的。很多地方，旅馆周围还有很多相配的活动场所，或者更准确地说，是这些活动场所之中还有旅馆，它们包括商店、浴室、小会堂等。④ 在庞贝城，复原了一家旅馆颇有代表性：整个旅馆呈长方形，旅馆大门很高，可供马车进入旅馆内的停车场（wagon room），停车场的后面是马厩（stable），停车场的一边是水槽（watering trough），另一边是厕所（toilet），紧挨大门两边的是吧台（wineroom）和酒店经营房间（proprietor's room），在大门到停车场两边是

① 罗马人常常把"红房子"与罗马道路相联系。
② 所谓的中心旅馆，实际上是罗马帝国时代 10 个行省的集会场所，那里有旅馆群。
③ Raymond Chevallier, *Roman Roads*, p. 190.
④ 例如在位于亚平宁山脉的通往埃西斯（Aesim）的路站就有一个献给朱庇特的会堂。

客房；通过楼梯可以上到二楼的客房，二楼的客房位于停车场的上面[①]
（见附录 3.3）。

　　旅馆不仅提供客人的住宿，还要为客人提供马驴等牲畜的草料和照
料服务，租借或出售客人所需要的畜力，并为客人提供车夫等方面的人
力服务，当然前提是客人必须支付足够的费用。除此之外，很多旅馆还
为客人们提供妓女嫖宿。发现于中部意大利的埃塞尼亚镇（Aesernia）
（即现在的伊塞尼亚 [Isernia]）的一段铭文很好地反映了这一服务，该
铭文刻于一个墓碑上，是为了纪念 L. 卡里迪乌斯·埃罗提库斯
（L. Calidius. Eroticus）与他的妻子法尼娅·沃鲁普塔斯（Fannia Volup-
tas），他们经营了一家旅馆，表现的是卡里迪乌斯与即将离去的旅客之间
的一种想象对话。[②] 虽然是想象对话，它却生动地展现了这一服务：

> Copo, computemus ｜ Habes vini⁷ᴵᴵ, pane ｜ a. I, pulmentar. a. II.
> Convenit. Puell. ｜ a. VIII. Et hoc convenit. Faenum ｜ mulo a. II. Iste
> mulus me ad factum ｜ dabit. [③]

　　"老板，买单！"

　　"一塞克斯塔里乌斯[④]酒，面包 1 阿斯[⑤]，调味品 2 阿斯。"

　　"好的。"

　　"你找了一个女人花了 8 阿斯。"

　　"是的，没错。"

　　"你骡子的草料花了 2 阿斯。"

　　"该死的骡子会毁了我的。"

　　其实真正会毁他的不是那"该死的骡子"，而是妓女，这从他的花费
中可以看出，正如公元前 1 世纪末一位旅行作家对雅典城的描述所写的那
样："雅典城中有许多恶徒四处游荡，他们专门诈骗来到该城的富有的陌
生人。当政府抓住他们时，他们会交付很高的罚金……但是，你必须全力

---

① Mary Johnston, *Roman Life: Successor to Private Life of the Romans*, Chicago, Atlanta and
　Dallas: Scott, Foresman and Company, 1957, p. 312.

② Lawrence Keppie, *Understanding Roman Inscriptions*, p. 65.

③ *ILS*, 7478., Jo-Ann Shelton, *As the Romans Did: A source Book in Roman Social History*,
　p. 330.

④ 塞克斯塔里乌斯（sextarius）是罗马液体计量单位，1 塞克斯塔里乌斯相当于 0.545 升。

⑤ 阿斯（as）不仅是罗马的重量单位，也是早期罗马的货币单位。作为货币单位的阿斯在
　不同的时期，其钱币重量有所变化，作重量单位，1 阿斯相当于 327.45 克。

防范的应当是妓女，她们以一种悦人的方式使你在不知不觉中就一无所有。"①

　　娼妓业在罗马是十分发达的，而比较固定的卖淫场所主要集中在酒吧、小旅馆、专门的妓院以及浴室（浴室往往是与旅馆相互结合的）。在有些旅馆的进门处，墙壁上会挂着一块男性生殖器状的东西作为招牌，这是用来保护顾客免遭邪气侵袭的，同时也用以告诉人们，这里是寻欢作乐的场所。很多旅馆里面都画满了春宫画：形状像小鸟、昆虫或鱼一样的男性生殖器，有的还带有牙齿和长腿。每一个小房间里，都有一张床席铺，几个靠垫，一床打满补丁、净是污渍的被盖。作为家具的，只有一张小桌和一盏油灯，放在一个备不时之需的陶罐旁边。女招待在门口接待来去的妓女和嫖客。在第一位客人出来和第二位客人到来之间的空隙，小伙计就提一壶水来灌满那个陶罐，小丫头会给妓女送上擦脸油和香粉，小贩还会送来饮料。②

　　旅馆不但努力提高自己的服务以招揽客人，还常为自己的旅馆打广告。在庞贝城的一家旅馆墙壁上有这样的铭文："向客人出租，长榻③有三个休息榻，都很舒适。"（hospitium hic locatur triclinium cum tribus lectis et comm［odisomnibus］.)④ 还有为自己的酒作广告的铭文："给一个阿斯，你可以在这里喝一杯。给两个阿斯，你将喝得很好。给四个阿斯，你将喝到法莱尼亚酒（Falernian）。"⑤ 在奥斯提亚，有一幅与旅馆有关的马赛克画，上面的文字也可看作是对自己旅馆的宣传，它邀请客人们要尽情畅饮："弗尔图拉图斯说：客人们，由于口渴，尽情畅饮酒水吧。"（hospes, inquit Fortunatus,［vinum et cr］atera quod sitis bibe.)⑥ 也有一些私人把自己多余的房间作为旅馆出租："如果你干净整洁，那么这里有现房等你；如果你身上很脏——我都不好意思说，我们也欢迎你的到来。"（si nitidus vivas, │ eccum domus exornata est; │ si sordes, patior, │ sed pudet, hospitium.)⑦

---

①　Lionel Casson, *Travel in the Ancient World*, p. 263.

②　维奥莱纳·瓦诺依克：《世界上最古老的行业——古希腊罗马的娼妓与社会》，邵济源译，中国人民大学出版社 2007 年版，第 102—104 页。

③　长榻（triclinium）是围绕餐桌三面供就餐时休息之用的榻。

④　*ILS*, 6036.；Raymond Chevallier, *Roman Roads*, p. 191.

⑤　Jo-Ann Shelton, *As the Romans Did: A source Book in Roman Social History*, p. 329.（1 塞克斯塔里乌斯法莱尼亚酒（Falerniam）的价格为 30 第纳尔银币，相当于 300 阿斯铜币。）

⑥　Raymond Chevallier, *Roman Roads*, p. 191.

⑦　*ILS*, 6039.

在罗马，旅馆老板被称为 copo，女老板则被称为 copa。旅馆老板是旅馆的主人，他不一定要亲自管理旅馆。各旅馆有专门的管理人员，这些管理人员多半是自由人或奴隶。旅馆的侍者、运夫、女招待员、清洁工等，通常也是奴隶。这些人要帮助客人扛行李，引领客人到客房。[①] 当然，这里所说的都是指私人旅馆，对于驿站上的旅馆，则另当别论了。

第三节　旅馆中的生活

在罗马社会，旅馆的名声是很差的，它常被作为污秽下流场所的代名词。旅馆被认为是不洁之地，是淫荡的发源地，罪恶的制造所。投宿客人的地位一般也不会很高，如商业旅行者、赶骡人、水手、无赖、妓女、一些可疑之人等，这之中也包括许多希腊人和东方籍的自由人，但无论是谁，这些投宿旅馆的人大多被认为是罗马既受人藐视又不为人所信任的阶层，这个阶层的人通常被看作是游手好闲之徒和吝啬鬼。正因为如此，旅行者特别是上流社会的出行人，一般都不愿意住旅馆，他们在安排自己的行程时，会考虑到晚上要么能到达自己的乡下房屋，要么能到朋友或亲戚家，实在不行他们也会投宿当地的地方官，只有在万不得已的情况下，他们才会住到旅馆去；当然，他们在罗马的房屋也会向那些乐于接受他们的人开着，也正因为这样，"罗马人才有把自己的房子借给朋友的习惯"。[②]这也说明了为什么贺拉斯在前往布林迪西的途中，宁愿忍饥挨饿，饱受煎熬也不愿住旅馆，而要住到朋友穆里纳（Murena）家里。[③] 当然，政府官员出行一般会有专门的接待，公元前112年，一封由亚历山大里亚的埃及外交官给埃及市镇长官的信明确反映了这一点："路齐乌斯·麦米乌斯，身居要职且拥有巨大荣誉的罗马元老，正沿尼罗河观光而来……以盛大典礼接待他并照顾好他……食宿已经安排好……给他的礼物也已送到，清单如下。"[④] 有些地方官吏出行时还会自带帐篷、陶器和食物等必需品，据李维记载，地方官吏出行时用骡子驮着包裹、帐篷和所有必需的军用设

---

① Lionel Casson, *Travel in the Ancient World*, p. 208.
② Colin Wells, *The Roman Empire*, Cambridge and Massachusetts: Harvard University Press, 1984, p. 86.
③ Horace, *Staires*, I, 5, 40.
④ Lionel Casson, *Everyday Life in Ancient Rome*, p. 116.

备，以便不用一切都去麻顺罗马同盟。①

旅馆的住宿条件的确很差。一般来说，旅馆的空间很小，往往在一个很小的房间里要挤很多人，设施也很简单，通常只限于一张床、一把椅子和一个便壶，而且这些简单的设施也很破烂，阿普列乌斯在他的《变形记》中写道："我的床不仅很短，而且还断了一条腿，破烂不堪。"② 这也许是当时旅馆住宿条件的真实写照。著名作家和演说家士麦拿的埃利乌斯·阿里斯提德斯（Aelius Aristides of Smyrna）在公元143—144年之间的冬天去罗马。他的旅行很不幸，他生动地叙述了自己的遭遇：下雨，下雪，洪水，沼泽地带，又少又差的旅馆，屋顶还漏雨。更有甚者，有时候旅馆中连这些基本设施也没有，使旅客们十分恼火。庞贝城一家旅馆墙壁上的铭文就生动地反映了这一点："老板，我把尿撒到床上了。我承认我做错了，你想知道为什么吗？因为没有便壶！"③ 旅馆中的床里常常有被戏称为"夏季生灵"的臭虫，因此，有经验的旅行者一般在住宿前会认真地检查床。在伪经《约翰行传》中讲述了使徒约翰在从拉奥迪西亚到以弗所途中是怎样与这些"夏季生灵"作斗争的。他和他的同伴在一个废弃了的旅馆中度过了一夜。约翰一个人睡在唯一的一张床上，他一直都叫唤："嘿，臭虫，我对你说啊，你们还是规矩点，今晚你们都离开你们的住所，呆到一个安静的地方去，最好远离上帝的仆人。"当然，其他睡在地上的人则省去了这些麻烦，他们都在偷笑这位"上帝的仆人"。但此后，约翰却睡得很香，第二天早上，他们发现所有的臭虫都很规矩地在门外排着长队。④ 现实生活里，罗马旅馆中的臭虫却没有神话中描写的那样可爱，它能真正说明的只是当时罗马旅馆的恶劣居住条件。也正是由于旅馆恶劣的住宿环境，所以旅馆里的客人产生思乡之情也就完全可以理解，庞贝城墙上的铭文十分生动地反映了这一点："他一个人睡在这里，十分想念他的家乡。"⑤

就饮食方面的来说，旅馆也好不了多少。由于旅馆往往只为普通客人提供伙食，而且光顾它们的也主要是水手、赶驴人、奴隶以及无业游民等社会下层，因此饮食决不会有多好。稍有讲究的旅行者可以让仆人到外面去把东西买回来吃，也可以自己到外面去找适合自己的食物。如果旅行者

---

① Livy, *From the Founding of the City*, XLII, I.

② Apuleius, *Metamorphoses*, Cambridge, MA: Cambridge: Harvard University Press, 1989, I, 11.

③ Lionel Casson, *Everyday Life in Ancient Rome*, p. 118.

④ Lionel Casson, *Travel in the Ancient World*, p. 209.

⑤ Raymond Chevallier, *Roman Roads*, p. 191.

要赶路，他可以就站在路边小吃店的大理石柜台上随便吃点什么。如果他有时间，也对在他周围吃饭的人不挑剔的话，他可以到旅馆里面的后房去，那里有桌子。无论是在柜台边站着吃还是在后房吃，旅客们都得小心。罗马医生加仑（Galen）曾直率地说，旅馆老板用人肉做他们的所谓烤猪肉和猪肉汤。[1] 他还补充说他"知道有许多旅馆老板和屠夫把人肉当作猪肉卖，而吃这种肉的人却全然不知它们有什么不同"。[2] 不管加仑所说是不是事实，但是，毫无疑问，在酒里加过量的水的确十分盛行。尽管在习惯上，古人总是要在酒里加上一定量的水，如《圣经》中就有过"你的酒用水搀对"[3] 的记载，但是黑心的旅馆老板会在酒里加水过多，以致让客人们难以下咽。庞贝城墙上的一段铭文对此有深刻的描述："骗人的老板，你很快就会感受到神的愤怒的；你卖给客人加水的酒，而自己却饮良醇。"[4] 马尔提亚是旅馆的常客，他在这方面也有很多辛辣的警句，比如："今年的雨使所有葡萄树上的葡萄都湿透了；所以，老板，你可别说你的酒里没有加水啊！"[5] 他还在另一首讽刺诗中写道："一位拉文纳老板带我进来，他非常清楚怎样欺骗我：我要的是标准的混合酒，他给我的却是白水。"[6]

　　旅馆里不仅住宿条件差，饮食恶劣，而且也不安全。由于旅馆多是下层人出入的地方，因此，每当夜幕降临，旅馆就很不安全，有不少的流氓无赖，有组织地打劫过往行人。旅馆成了歹徒夜间作案的天堂，弥漫着浓厚的暴力气氛。无家可归的穷人坐在长凳上喝酒打发时间。[7] 佩特罗尼乌斯对旅馆的斗殴场面有生动的描绘。两个人因为个人琐事发生口角，旅馆老板上前劝了几句，一旁的厄默尔普（Eumolpus）不愿意，噌地站起来，抬手打了老板一耳光。"老板挨了打，怒不可遏，顺手抓起一个罐子，朝厄默尔普头上砸去。"厄默尔普的前额被砸破了，鲜血直流，老板一看惹了祸，拔腿就跑了。厄默尔普"抓起木烛台，紧追不舍"。老板没有跑得了，被痛打了一顿。"店伙计，还有喝得半醉的顾客齐上阵"，把厄默尔普团团围住，"有的用手里的烤肉扦子在厄默尔普的眼前乱舞，有的操着

① Lionel Casson, *Everyday Life in Ancient Rome*, p. 118.
② Lionel Casson, *Travel in the Ancient World*, p. 215.
③ 《以赛亚书》，1：22。
④ Lionel Casson, *Travel in the Ancient World*, p. 214.
⑤ Lionel Casson, *Everyday Life in Ancient Rome*, p. 118.
⑥ Lionel Casson, *Travel in the Ancient World*, p. 215.
⑦ 让-诺埃尔·罗伯特：《古罗马人的欢娱》，王长明、田禾、李变香译，广西师范大学出版社 2005 年版，第 28 页。

翻食物的铁钩，摆出一副兰殴的架势。一个家伙蓬头垢面，腰上围着一块又脏又臭的破布，脚上穿着鞋底不一样高的木鞋，牵过来一条大狼狗，松开缰绳，让狼狗咬厄默尔普。厄默尔普毫无惧色，挥舞木烛台，勇敢地进行誓死搏斗"。①

　　由于旅馆是藏污纳垢之所，因此它经常成为官方搜查的重点也就毫不奇怪。对此，佩特罗尼乌斯也有精彩的描绘："正当欧莫尔普斯与巴加特斯（Bargates）私下交谈的时候，一个传令官②闯进了旅馆，后面跟了一名警察和一小群人，手里挥舞着浓烟比光亮更厉害的火把，传令官宣读公告：'各位请注意：刚不久，一个少年奴隶从浴室里逃走了，他大约16岁，头发卷曲，皮肤精细，面容好看，名字叫吉东（Giton）。任何人如果把他抓回来，或者提供他藏身线索者将得到1000塞斯特尔提乌斯赏金。'站在离传令官不远的阿斯库尔图斯（Ascyltus）穿着一件花衣服，手里举着告示牌和悬赏银盘。我（讲述者的名字叫恩科尔皮乌斯[Encolpius]）命令吉东马上藏到床底下并用手和脚紧紧抓住床架来逃脱搜捕。吉东毫不犹豫，马上把他的手藏到床边下，他远远胜过狡猾的尤里西斯（Ulysses）。③为了不留下任何值得怀疑的迹象，我在床上放了一些衣物，并把做成和我身材一样的形状放在床上。同时，阿斯库尔图斯和警察搜遍了旅店所有的其他房间，来到了我的房间，他们更是充满了希望，因为他们发现这间屋子的门是很仔细地闩上的。警察挥舞着斧头猛劈门闩……他从旅店老板那里拿了一根棒在末下猛抽猛打，甚至还把它刺进了墙上的裂缝。为了避开木棒，吉东紧紧地把他的身体贴在床上，紧张地屏住气息，嘴都差点啃到臭虫了。"④虽然这些惊险刺激场面对旅客没有多大关系，但是，它也明确反映了罗马旅馆生活的不安全，也可以说明为什么旅馆经常成为污秽下流场所的代名词。

　　旅馆中发生的这些惊心动魄场面当然不是旅馆生活的全部，甚至也不是旅馆生活的主要内容。由于旅馆生活十分枯燥，缺乏娱乐活动，于是客人们总是自己想办法排遣无聊，也许前面我们提到的客人嫖妓就是他们排

---

①　Petronius, *Satires*, Cambridge, MA：Harvard University Press, 97, 1–8；98, 1.

②　Herald 或 crier，拉丁语为 praeco，原意是"在公共场所喊叫的人"、"专门的传话者"，是指雇来宣读公告，向人群宣读文书等的人。由于古罗马人大多不识字，因此，需要专门的传话人向公众通告信息。Praeco 还可以指拍卖人。（Jo-Ann Shelton, *As the Romans Did：A Source Book in Roman Social History*, p.19.）

③　当尤里西斯想从独眼巨人（Cyclops）山洞逃跑时，他把自己绑在一只大公羊的肚子上。（参见《奥德赛》，9，425及以下。）

④　Petronius, *Satires*, 97.1–8；98，1.

遣无聊生活的一种方式，而且这种方式在罗马社会非常盛行："从事卖淫者不仅是那些常年住在妓院的职业妓女，也有那些在酒店中以她们肉体换钱的女招待……酒店老板也兼淫业老鸨，她们向顾客提供女招待并在收入中提成，因为很多这种女人都是在酒店女招待这一幌子下做卖淫生意的。"① 这种关于旅馆嫖妓的场面在古典作家笔下多有描写。

　　在旅馆生活中，我们还发现旅客们有很多打发时间的办法。喝酒聊天或者赌博是他们经常的打发无聊的方式。在庞贝城的一家旅馆中，墙上装饰着一些情景画，并有说明文字，它就很好地反映了这一点。在有一幅中，我们看到一个女孩手里拿着一个酒壶和一个杯子面向两位坐着的客人。其中一位客人说："这杯是我的！"，另一个人说："不！它是我的！"女孩生气了，说："你们谁要谁拿去！嗨，奥辛（她向另一个女孩叫道），过来喝酒！"紧接着此画的是另外两幅画，在第一幅中，我们看到两位客人坐在一张桌子边玩骰子，其中一位客人已经掷出骰子并说："我赢了！"另一个回答说："不！它是三个二点。"第二幅画中有三个人，都赤着脚。前面两个人在赌博，其中一人说："如果是这样的话，我不得好死——我发誓我赢了！"第二个看样子是用极其污秽的语言在骂第一个，并且咆哮道："是我赢了！"第三个人，很明显是赌场经营者，推着他俩到门边，说："你们两个出去打架。"② 从这些墙头画中，我们可以生动地看到旅馆中的生活情况。

第四节　旅馆在罗马的社会地位

　　从前面关于罗马旅馆及其生活的叙述中可以看出，旅馆在罗马社会生活中的名声并不好，社会对它的评价并不高，因而其地位是比较低下的，它的低下地位在许多方面都可以得到证实。

　　首先是国家政策对它的限制与监控。由于旅馆的光顾者大多是社会的下层民众，而且它经常成为骚乱的中心，因此国家对它的建立和经营实行非常严厉的控制，这一方面是由于旅馆本身的污秽生活和它的不良名声所致，更重要的则是出于社会治安的考虑。因此，无论是共和国还是帝国时

---

① 维奥莱纳·瓦诺依克：《世界上最古老的行业——古希腊罗马的娼妓与社会》，邵济源译，中国人民大学出版社 2007 年版，第 102 页。

② Lionel Casson, *Travel in the Ancient World*, p. 216.

代，国家都对它实行严格的限制。共和国时代，元老院要求营造官严厉控制和监视旅馆，有人则期望天天来人检查旅店，或监视它们。① 帝国时代的很多皇帝尽管自己也对旅馆生活乐此不疲，但他们却常常对旅馆进行严格限制，其目的居然是要"提升首都罗马的道德品位"。② 提比略曾"指示营造官限制酒馆、饭店做点心陈列出卖"，③ 这当中自然也包括旅馆在内。克劳狄废止旅馆并禁止它出售熟肉和热水，尼禄也规定"除豆类和蔬菜之外，禁止在饭店出售熟食"④。皇帝们采取各种措施限制诸如旅馆之类的社会场所，"其唯一目的就是把低级阶层与小客栈及其他使人堕落的场所分开"。⑤ 对于这些限制措施到底持续了多长时间以及这些措施收到的效果如何，我们不得而知，但这并不影响国家对旅馆的态度，相反正反映了旅馆在罗马社会中的低下地位。

对旅馆的具体管辖，在共和国及早期帝国时代，其权力属于营造官，他们要定期检查各地的建设情况，当然也包括旅馆的建立。一旦发现有违反国家规定的行为，旅馆的老板乃至地产出租人都要受到严厉的处罚。卖淫的妓女要到营造官那里登记注册，因为"这是我们的祖先的正规手续"，⑥ 这些妓女不仅仅指在妓院里卖淫的，而且也包括在旅馆里卖淫的人，因为"在官方看来，旅馆和酒吧里的卖淫行为同真正的妓院里的卖淫，这两者没有什么区别"。⑦ 到晚期帝国时代，旅馆的管辖权转入京都卫戍长官（Urban Prefect）手中，不管其管辖权转移到谁手里，他们都会对旅馆实行严格的监管。

旅馆在罗马社会中的低下地位还可以从当时的法律规定中看出来，而且这些规定能更好地反映其社会地位。元老院的决议就曾规定，固定设施不能作为单独的遗产留下，这些设施不仅仅指普通的房子，而且包括酒吧和旅馆。同时规定，旅馆老板不仅要对他们的奴隶和雇员负责，还要对发生在旅馆中的盗窃行为负有连带责任。⑧ 通常情况下，罗马规定被抢劫的人只能向盗贼追索，当然，这是一件很困难的事情，因为这样做的前提条件是盗贼首先必须被捉住。但是，如果旅馆中的客人或船上的旅行者的行

---

① O. F. Robinson, *Ancient Rome: City Planning and administration*, p. 136.
② Lionel Casson, *Travel in the Ancient World*, p. 216.
③ 苏维托尼乌斯：《罗马十二帝王传》，第 132 页。
④ 同上书，第 232 页。
⑤ 德尼·佩兰：《酒店业》，江振霄译，商务印书馆 1995 年版，第 4 页。
⑥ 塔西佗：《编年史》，第 131 页。
⑦ O. F. Robinson, *Ancient Rome: City Planning and administration*, p. 138.
⑧ Ibid., p. 135.

李被偷，那么他们有权向店主或船长提起诉讼。这里也可能有相互联系的责任问题，毕竟，如果旅行者带着一大口袋珍宝住店，这对旅馆也是一种灾难，因为店里的奴隶无法提出证据证明这些东西对他没有诱惑力。正因为如此，罗马法允许经营者们在他们的行李寄存处写上通告："我没有冒险接收金、银、珠宝等贵重物品。"可能很多旅馆老板也会这样做。① 对旅客而言，居住旅馆的安全往往得不到保证，而且法律对于入住旅馆的人的安全也不予以保障，因此，对游客而言，寄居旅馆不仅环境污秽，甚至有生命危险，难怪旅行者在安排自己的旅程时会考虑到晚上要么能到达自己在乡下的住所，要么能到朋友或亲戚家，除非万不得已才投宿旅馆，正如我们前面提到的贺拉斯那样。法律还严格限制旅馆的经营时间，罗马曾规定，旅馆不得在 4 时之前开张。卡里古拉皇帝曾规定"食品不论在城里什么地方出售，一律征收固定税"，② 当然，对于旅馆也绝对逃不脱这一限制政策。更有甚者，罗马法律在界定妓女时都是用旅馆作为参照。法律规定："除非妇女们自己在妓院当妓女，或者她对自己在酒吧或旅店里从事卖淫毫不感到羞耻外，我们不能称她们是娼妓……如果她在旅店里出卖自己的肉体，就像许多妇女习惯做的那样，她可以被界定为妓女。"③ 这一规定实际上是把旅馆与卖淫场所等同，"这一表述把旅馆与妓院联系起来了……它也明确地说明了在旅馆中服务的妇女与妓女之间的联系"。④ 同样的情形还可以在塞维鲁（Severus）皇帝的政府命令中看到，该命令规定，对于女奴的出售，如果她不被当作妓女，就不能把她雇佣到旅店。⑤

旅馆在罗马社会中的低下地位还可以从当时作家的笔下看出来。古罗马作家的作品是写给上层社会精英阅读的，往往忽略下层民众，难怪尽管塔西佗在其作品中对下层民众的着墨并不多，但他还不得不因为描写了下层民众而向观众道歉。作为主要是下层民众出入的旅馆自然也不会成为作家们青睐的对象。然而，就在这些不多的描写中，旅馆的形象极差。在阿普列乌斯笔下，犯罪故事的背景是旅馆，旅馆老板都是滑稽角色，老板的老婆则常被描绘成巫婆。⑥ 在贺拉斯笔下，旅馆老板尽是尖酸刻薄之徒，

① Lionel Casson, *Travel in the Ancient World*, p. 205.

② 苏维托尼乌斯：《罗马十二帝王传》，第 178 页。

③ O. F. Robinson, *Ancient Rome: City Planning and administration*, p. 138.

④ Ray Laurence, *Roman Pompeii: Space and Society*, p. 78.

⑤ O. F. Robinson, *Ancient Rome: City Planning and administration*, p. 138.

⑥ Apuleius, *Metamorphoses*, I, 6.

客人大多是游民无赖。① 佩特罗尼乌斯把旅馆描写成逃亡奴隶的藏身之
地。② 西塞罗对逛旅馆的罗马贵族极其愤怒，破口大骂。马尔提亚把旅馆
作为他作品的讽刺对象。③ 在苏维托尼乌斯、塔西佗等作家的笔下，旅馆
的形象也从没有以正面积极的形象出现过。基督教作家们也对旅馆颇多微
词，他们还特别反对在宗教圣所旁边建立旅馆。④ 旅馆在罗马生活中从来
没有过好口碑，描述和形容它们的词汇基本上都是含有贬义的。所有这些
描述，同样鲜明生动地反映了旅馆在罗马社会中的低下地位。

　　事实上，旅馆在罗马社会中的低下地位是有着深刻的社会根源的。法
国史学家塞尔日·佩罗（Serge Perrot）在其博士论文《酒店业的作用和
职能》中指出，在文明的初始阶段，迎来送往的行为都是无私的，而且
这些行为被置于神圣的光辉之中。在古希腊，希腊诸神明确地支持任何待
客活动，由于旅行带有一种象征性和传奇性，款待任何外来人是约定俗成
的。特别是对于那些参观竞技比赛、戏剧演出、朝圣等活动的旅行者，免
费接待他们是社会的规范行为，也是当时的社会美德。正因为如此，在罗
马社会，免费接待客人也是社会习俗中的强制内容之一，因此，任何罗马
公民在旅行途中都有权要求提供住宿。但是，随着社会经济的发展，特别
是随着商业和贸易活动范围的扩大，收费旅馆作为一种新的方便旅行者食
宿的机构和设施便应运而生，作为新一代商人类型的旅馆业主也开始登上
历史舞台。这种新的社会现象是在待客已经成为一种传统和责任的背景
下，对通行的好客习俗提出的严重挑战，因此，旅馆特别是它的主人立即
便恶名昭彰：他们被指控在商品上弄虚作假，偷窃顾客，鼓励卖淫，也正
因为如此，无论是希腊还是罗马社会，旅馆及其业主都受到了政府当局的
严厉控制。⑤ 在这一点上，西方社会与中国古代社会极其类似。中国古代
社会的旅馆留给人们的认识始终是"车船店脚牙，无罪也该杀"之类的
社会舆论。⑥ 这些源远流长的社会习俗与认识同样地反映出古代中西方旅
馆的低下社会地位。

　　总之，无论是国家的行政命令还是法律文本的条款，以及社会"精
英"的态度，对罗马旅馆的评价都是十分低下的。这种状况从共和国时

① Horace, *Staires*, I, 1, 29; I, 5, 3.
② Petronius, *Satires*, 97. 1 - 8; 98.
③ Martial, *Epigrams*, 1.34.
④ Raymond Chievallier, *Roman Roads*, p. 191.
⑤ 德尼·佩兰：《酒店业》，第3—4页。
⑥ 王仁兴：《中国旅馆史话》，第2页。

起，一直持续到晚期帝国时代，据 5 世纪前期的诗人西多尼乌斯·阿波利纳里斯（Sidonius Apollinaris）说，这时的旅馆不仅少，而且情形糟糕。[①]直到西罗马帝国灭亡前夕，旅馆的这种低下地位状况才有所改善，这主要表现在两个方面，一是当时社会上对用于称呼旅馆的术语逐渐发生了变化，如声誉最差的旅馆（Cauponae）在这时候的贬义含义要比以前轻得多了。第二个表现是到公元 425 年，帝国政府已经开始真正承认公共旅馆的存在了，这也表明政府最终承认了旅馆的社会地位。出现这种变化的原因是因为旅馆对于帝国的驿站和其他官员的出行可以提供方便，如可提供马匹、粮食、饮水等服务，这对帝国来说有时能起到很大的作用。[②] 尽管出现了这些微小的变化，但是我们纵观整个罗马史，这种变化显得实在微不足道。

第五节　旅馆与罗马文化

旅馆作为罗马社会的重要组成部分，尽管它备受社会评价的凌辱，但是它却一直顽强地存在，并没有因为国家、法律和社会的鄙视而消失，相反，我们可以从佩乌丁格里亚那地图上看到星罗棋布的、规格各异的旅馆，这对当时的旅行者特别是普通民众的出行是十分必需的。然而，当我们把罗马旅馆与罗马的社会风尚和文化联系起来时，就会发现一些非常有趣的现象。

旅馆在罗马已经成为不洁、污秽、肮脏、淫荡、藏污纳垢的代名词，这在前面已经交代得很清楚了。正因为如此，它常常成为罗马社会"精英"们抨击和嘲弄的对象，但是当我们回头来看看这些所谓的社会精英们对旅馆的实际关系时，就会发现罗马文化的另一滑稽反面。

共和国时代，罗马社会盛行各种各样的哲学思潮，如主张追求快乐的伊壁鸠鲁学派，主张"顺从自然而生活"的斯多噶学派，主张人们必须相信认识是不可能才可以得到精神安慰的怀疑论学派；到帝国时代，罗马的官方哲学是斯多亚学派。老伽图对自己生活的严苛要求使之成为罗马社会的楷模，有如鲁克列提娅（Lucretia）之传说成为罗马妇女们的楷模一

[①]　M. A. Samuel Dill, *Roman Society in the Last Century of the Western Empire*, London: Macmillan and Co., Ltd, 1921, p. 205.

[②]　O. F. Robinson, *Ancient Rome: City Planning and administration*, p. 137.

样。他特别推崇禁欲主义哲学："享乐应受到谴责，它是'对邪恶最大的刺激因素'，躯壳是'使灵魂受到损害的主要根源，只有坚持多数人奉行的信念，使灵魂与躯体的情欲割绝，才能将灵魂从躯体解脱出来而保持纯洁。'"① 西塞罗认为人的灵魂是不灭的、崇高的，而肉体以及肉体的快乐则是低贱的，并以此为据提出禁欲主义观点，要求人要顺应自然，豁达知命，节制肉体快乐，追求美德和心灵静谧之乐。斯多亚学派的代表人物塞涅卡也大肆宣扬宿命论和禁欲主义，他特别强调肉体快乐的危害："要知道，肉体上的快乐是不足道的，短暂的，而且是非常有害的，不要这些东西，就得到一种有力的、愉快的提高，不可动摇，始终如一，安宁和睦，伟大与宽容相结合。"② 但是我们发现，这些社会精英一方面在鼓吹高尚的精神追求，但另一方面，他们的实际行为却常常违背其推崇的准则。正是因为他们为了记述上流社会的"高贵"行为，才把他们有意无意忽略的下层社会的内容折射出来了，也正是他们对上流社会的旅馆生活的描写，才使我们今天看到了稍多的有关罗马旅馆的情形。

旅馆是罗马藏污纳垢的地方，由于当时能够为市民提供休闲娱乐的场所几乎没有，所以下层民众喜欢去那里打发时光是完全可以理解的。但另一方面，我们经常在古典作品中阅读到有关罗马上流精英对旅馆乐此不疲的光顾，其中，最引人注目的就代表国家的元老和皇帝们。皮索被称为"一位正直且颇有教养的贵族"，③ 然而，他却十分喜欢去旅馆这种下层人出入之地。这遭到了西塞罗的猛烈抨击，他说皮索和伊壁鸠鲁一样，鼓吹口福第一，是"奢侈之友"，"享乐成性"，是"无耻小人"，是"下流坏子"。西塞罗说皮索老是从下等旅馆出来时嘴里"有股难闻的酒菜味儿"，后面还跟着个"流氓无赖"，活像个"酒鬼"！"同事家里歌声缭绕，乐器锵锵，他却跑到旅馆去跳裸舞……皮索，他这个人呀，不讲究吃，也没有多少音乐细胞，就爱往龌龊的地方跑，喜欢品尝希腊风味的酒菜。"皮索每次去旅馆，为了不被人发现，还特意戴顶帽子，看来尽管他被西塞罗骂得狗血淋头，好歹他还知道羞耻。安托万身材魁梧，蓄着胡子，却是"当众毫不顾忌地尽情畅饮，用晚膳时总有几个莽汉陪侍"，根本就什么

---

① 普鲁塔克：《希腊罗马名人传·马可·伽图传》，陆永庭、吴彭鹏等译，商务印书馆1999年版，第346页。
② 北京大学哲学系外国哲学史教研室编译：《西文哲学原著选读》上卷，商务印书馆1981年版，第190页。
③ Graham, *The Penguin Dictionary of Ancient History*, London and New York：Penguin Books, 1994, p.500.

也不在乎了。① 罗马元老院议员拉特拉尼斯酒足饭饱后要在旅馆休憩片刻，"与其为伍的有刺客、水手、小偷、脱逃的奴隶、棺材制作匠"。② 塔西佗说尼禄"把自己打扮成一名奴隶的样子，在一群侍从的伴随下在首都的街巷、妓馆和酒肆到处游逛。这些人专门偷窃店铺里陈列的货物，袭击路上遇到的行人。受害者一点也不知道他们实际上是什么人，这样尼禄也就和其他人一样被打得鼻青脸肿"。③ 难怪塔西佗这位"惩罚暴君的鞭子"大骂尼禄"寡廉鲜耻，胡作非为"。苏埃托尼乌斯也证实尼禄对旅馆生活的偏爱："每当尼禄沿第伯河向奥斯提亚畅游，或在巴亚湾航行时，在河岸和海滨均设有歇脚的酒座以备痛饮，同时贵族主妇们打扮成小酒座老板娘到处邀他靠岸。"④ 为了敛财，卡里古拉甚至在宫中开妓馆。⑤ 执政官拉特拉努斯（Lateratus）整日整夜地泡在旅馆中，伴随他的是一位来自叙利亚的涂有香水的犹太人侍从。⑥ 罗马社会对旅馆持鄙视态度，然而旅馆的这些恶名正是从这些皇帝们不断的光顾中而得到"准确证实"的。⑦

经常光顾旅馆的不仅仅是元老和皇帝们，上流社会的人们也是旅馆的常客。据普劳图斯描绘，那些家境殷实的富人，时不时到旅馆潇洒，吃喝，淫乐，放松，酒足饭饱后穿上袍子在大街上游荡，他们是诸如"肥胖若香肠"、"步履蹒跚若酒鬼"的名门望族的花花公子以及破落贵族喀提林的儿子。⑧ 甚至连贵族妇女们也经常光顾旅馆或妓院。这方面最丑恶和骇人听闻的可能要算克劳狄皇帝的妻子麦撒里娜了。据尤维纳利斯说，每当听到克劳狄睡着了，她便披上头巾，戴上假发，带一个贴身女奴离开皇宫，来到妓院中她事先预订好的房间里，微笑问候所有来客，并要求立即就做，在老板允许妓女们回家时，她总是逗留到最后一个，才极不情愿地离去，仍欲火中烧，情性亢奋，最后回去的时候虽精疲力竭但仍不满足，脸被油灯熏得肮脏污秽。⑨ 尤维纳利斯还在他的另一首诗中描写一位贵族经常出没于奥斯提亚的一家旅馆："你会发现他和一帮暴徒、漆黑的水手、骗子、应当绞死的逃犯、低级的殡仪者一起坐在旅馆里的桌边，太

---

① 让-诺埃尔·罗伯特：《古罗马人的欢娱》，第 27 页。
② Juvenal, *The Satires*, X, 17; Ⅷ, 146, 151, 167.
③ 塔西佗：《编年史》，第 421 页。
④ 苏维托尼乌斯：《罗马十二帝王传》，第 240 页。
⑤ 同上书，第 179 页。
⑥ Juvenal, *The Satires*, Ⅷ, 158 – 167.
⑦ O. F. Robinson, *Ancient Rome: City Planning and administration*, p. 137.
⑧ 让-诺埃尔·罗伯特：《古罗马人的欢娱》，第 27 页。
⑨ Juvenal, *The Satires*, Ⅵ, 115 – 134.

监们烂醉如泥，以至于敲打小手鼓的力气都没有了。"① 塞涅卡要求民众安贫乐道，服从命运的安排，他自己则接受皇帝的大量赏赐，过着花天酒地的生活，旅馆也是他的常去场所，当有人指责他言行不一时，他是这样狡辩的："哲学家所谈的并不是他自己怎样生活，而是应当怎样生活。我是讲美德，而不是讲我自己……要知道，如果我的生活完全符合我的学说，谁还会比我更幸福呢？"② 他的狡辩生动地反映出罗马社会文化的另一面。

人们在谈到罗马文化的时候，无论是探讨其早期文化的务实特征还是帝国后期的衰落迹象，主要是从建筑、艺术、法律、文学、教育及宗教等角度进行阐述并得出有益的结论。当我们从旅馆这一社会史视角来考察罗马文化，特别是考察罗马文化的主要代表者及实践者罗马贵族的主张与实践时，我们就会发现另一有趣的文化现象：贵族们一方面极力推崇所谓的勤俭、克制、灵魂高尚等罗马美德；另一方面，他们又过着荒淫无耻的放荡生活。他们一方面自诩高雅，鄙视下等低劣的旅馆；另一方面又正是他们的不断光顾和恶行使得罗马旅馆名声恶劣。从这里，我们可以看到罗马文化的另一底色：低级品位与高尚追求之间的反差，委靡生活与自视高贵的滑稽。

尽管罗马道路上的旅馆生活有罗马贵族的参与，而且也正是这些贵族们的旅馆生活才给罗马文化带来了另一滑稽性质，但从总体上讲，道路上的旅馆基本上只具有民间性质，主要是民间社会生活的反映。但是，在道路上的驿站则是官方性质的，其内容主要是罗马官方生活的表现。罗马驿站不仅是罗马统治阶级加强统治的工具，而且伴随着帝国的兴亡，它也经历了一个由盛而衰的过程。

第六节　中国汉晋时期的旅馆

与罗马帝国相对应的亚欧大陆东端是中国的汉晋帝国。作为社会史的重要组成部分，中国汉晋时期的旅馆与古罗马时期的旅馆有许多相似之处，也有自己的特色。因此，在这里介绍一下同一时期中国旅馆的兴起和发展、分布特点以及其社会地位及政府政策的情况，对于我们对比了解东

---

① Juvenal, *The Satires*, Ⅶ, 173–176.
② 北京大学哲学系外国哲学史教研室编译：《西文哲学原著选读》上卷，第190页。

西方文化具有一定的意义。

就旅馆在中国兴起和发展的过程看，由于文献材料稀少，很难在其发展上找到比较清晰的规律。但最初的中国官方旅馆同罗马旅馆一样，也是在官方驿站的基础上发展起来的，而且也是社会经济发展的必然结果。

在中国古代，最初称旅馆为"逆旅"，所谓"逆旅"就是古人对旅途中休憩食宿处所的泛称，以后成为古人对旅馆的书面称谓。许慎的《说文解字》解释："逆，迎也。关东曰逆，关西曰迎。"旅"客也。〈左庄二十二年传〉：羁旅之臣。"（见《中华大字典》卯集方部，第202页。）事实上，中国古代旅馆种类繁多，称谓不一。由于各历史时期的文化背景、机构建置、生活习惯的差异以及人们对旅馆的认识与理解不同，中国古代旅馆在字号上出现了繁多的、与各个历史时期社会特征有一定渊源关系的名称或称谓。据学者考证，中国古代旅馆在称谓上出现了"馆"、"驿"、"舍"、"店"四大类几十种名称或字号。[①] 对于官方旅馆的兴起，"中国最古老的旅馆制度可以追溯到邮驿制度的起源上，驿站是中国历史上最古老的一种官方住宿设施"。[②] 对于民间旅馆的兴起，我们很难找到确切的历史记载，但有学者认为："中国古代的民间客店，在春秋战国之际已经确实成为普遍存在的独立行业。"[③] 但是旅馆的发展并不顺利，在战国时代就曾受到政府的严厉限制，比如商鞅变法中，其重要内容之一就是"废逆旅令"："废逆旅则奸伪、躁心、私交、疑之农民不行。逆旅之民无所于食，则必农。农则草必垦矣。"（《商君书·垦令》）到汉代，旅馆有了很大程度的发展，《汉武故事》记载汉武帝曾寄宿过旅馆。《东观汉记》也载："伦自度仕宦，牢落，遂将家属客河东，变易姓名，自称王伯齐，常与奴载盐北至太原贩卖。每所至客舍，辄为粪除而去，陌上号为道士，开门请求不复贵舍宿直。"[④]《后汉书·周防传》云："防，字伟公，汝南汝阳人也。父扬，少孤微，尝修逆旅以供过客而不受其报。"《郭林宗别传》亦载曰："林宗，每行宿逆旅，辄躬洒扫。人至见之，曰：此必郭有道昨宿处也。"[⑤] 到了西晋初年，又有人重弹商鞅旧调，主张封闭旅馆，为此，晋武帝（265—290年）时，官至太傅主簿的潘岳奏以《上客舍

---

① 郑向敏：《中国古代旅馆名称流变——"店"之流变》，《桂林旅游高等专科学校学报》2001年第3期。

② 王仁兴：《中国旅馆史话》，第4页。

③ 同上书，第45页。

④ 陈梦雷等：《古今图书集成》经济汇编考工典第132卷"旅邸部"，中华书局1986年版。

⑤ 同上。

议》上疏："谨按：逆旅，久矣。其所由来也，行者赖以顿止，居者薄收其直，交易贸迁，各得其所。官无役赋，因人成利，惠加百姓而公无末费。语曰：'许由辞帝尧之命，而舍于逆旅。'《外传》曰：'晋阳处父过宁，舍于逆旅。'魏武皇帝亦以为宜，其诗曰：'逆旅整设，以通商贾。'然则自尧到今，未有不得客舍之法。唯商鞅尤之，因非圣世之所言也。方今四海会同，九服纳贡，八方翼翼，公私满路。近畿辐辏，客舍亦稠。冬有温庐，夏有凉荫，刍秣成行，器用取给。疲牛必投，乘凉近进，发槅之所乏也。又行者贪路，告籴炊爨，皆以昏晨。盛夏昼热，又兼星夜。既限早闭，不及槅门。或避晚关，迸逐路隅，只是慢藏诲盗之原，苟以客舍多败法教，官守棘槅独复何人。彼河桥孟津，解券输钱，高第督察，数入校出，品郎两岸相检，犹惧或失之。故悬以禄利，许以功报。今贱吏疲人，独专槁税，管开闭之权，藉不校之势，此道路之蠹，奸利所殖也。率历代之旧俗，获行留之欢心，使客舍洒扫，以待征旅择家而息，岂非众庶颙颙之望。"奏折一上，"朝廷从之"，可见"废逆旅"的主张到西晋时已很不适应当时的社会经济的发展了。因此，随着社会经济的发展，特别是随着商业和贸易活动范围的扩大，旅馆的发展已是历史发展的必然。

尽管由于史料的缺乏，我们对中国民间旅馆兴起的具体时间并不是十分清楚，但有两点还是可以肯定的：第一，最初的旅馆是伴随着官方驿站而产生的；第二，随着社会经济的发展，商业的拓展和贸易范围的扩大，旅馆（特别是民间旅馆）得到了迅速的发展。

就旅馆的分布特点看，中国汉晋与古罗马的旅馆有很多相似之处。在潘岳的《上客舍议》中概括了汉晋时期旅店的分布特点，即"连陌接馆"和"近畿辐辏，客舍亦稠"。旅店既为便利商旅而设，自然选择在道路附近，那么"连陌接馆"就是很自然的现象了。这方面的例子在魏晋南北朝时期的史料中多有所见。如《魏书·崔光传》载："光弟敬友，置逆旅于肃然山南大路之北，设食以供行者。"《南史·柳元景传》载："元景弟子世隆，世隆子憕，梁武帝举兵至姑孰，憕与兄恽及诸友朋于小郊候接。时道路犹梗，憕与诸人同憩逆旅。"这些例子都反映了旅馆分布于道路旁边的特点。"近畿辐辏，客舍亦稠"，这既是晋代都城旅馆在分布上的一种自然趋势，也是后来出现城市旅馆区的前兆。至于旅馆要开设在"近畿"，则是受经济和政治制度发展演变的影响，可见作为中国古代民间旅馆还处在早期的一个标志。[①] 可见，中国汉晋时期旅馆的分布特点是它们

① 王仁兴：《中国旅馆史话》，第49—50页。

主要集中在城市和主要的道路旁边。

对比古罗马旅馆的分布情况，可以看出，中国汉晋与古罗马的旅馆在分布特点上有一些共同之处，那就是：城市和主要道路旁边始终是旅馆最集中的地方。无论在中国还是罗马，随着商业的发展和经济交往活动范围的扩大，城市和道路的地位不断加强。中国在汉代以后，不少城市发展成为大都会，道路交通网也四通八达；在罗马，特别是到帝国以后，作为罗马化标志的城市发展与道路扩张也十分迅速。正因为如此，二者的旅馆也随着城市化进程的加快和道路体系的形成而不断扩展。

就旅馆的社会地位及政府对它的政策看，无论是在中国还是古罗马，由于旅馆在社会中的地位都不高，因此，它们常常成为政府严格限制的对象，也成为社会鄙夷的对象。

在中国，早在战国时期，政府就对旅馆的发展采取严厉的限制措施。前文所述商鞅变法的"废逆旅令"就是典型的证明。在睡虎地墓中，发现了两只录存魏国的条文，时间都是在魏安釐王二十五年（公元前252年）其中一条是《魏奔命律》："廿五年闰再十二月丙午朔辛亥，〇告相邦；民或弃邑居壄，入人孤寡，徼人妇女，非邦之故也。自今以来，叚（假）门逆吕（旅），赘婿后父，勿令为户，勿鼠（予）田宇。三世之后，欲士（仕）士（仕）之，乃（仍）署其籍曰：故某虑赘婿某叟之乃（仍）孙。魏户律。"另一条是《魏户律》："廿五年闰再十二月丙午朔辛亥，〇告将军；叚（假）门逆旅，赘婿后父，或率民不作，不治室屋，寡人弗欲。且杀之，不忍其宗族昆弟。今遣从军，将军勿恤视。享（烹）牛食士，赐之参饭而勿鼠（予）殽。攻城用其不足，将军以埋豪（壕）。魏奔命律。"从这两条竹简中也可以看出，当时政府对旅馆的限制是何等严厉。然而，随着社会经济和商业的发展，这些措施并不能阻止旅馆业的兴起。公元前338年，"秦孝公卒，太子立。公子虔之徒告商君欲反，发吏捕商君。商君亡，至关下，欲舍客舍。客人不知其是商君也，曰：'商君之法，舍人无验者坐之。'商君喟然叹曰：'嗟呼！为法之敝，一至此哉！'"（《史记·商君列传》）这也许是对商鞅"废逆旅令"的绝妙讽刺。到西晋时，鉴于旅馆的迅速发展态势，又有人以"逆旅逐末废农，奸淫亡命，多所依凑，败乱法度"为由，主张封闭民间旅馆，改设官办的"官檎"，即"十里一官檎，使老少贫户守之，又差吏掌主，依客舍收钱"（《晋书·潘岳传》）。正是在这种背景之下，才有了潘岳的《上客舍议》，并得到了朝廷的允许。秦汉以后，政府虽然取消了对民间旅馆的限令，但对旅馆的征税却是不可避免的。《魏书·食货志》载：孝昌二年（公元

526 年）"税市，人者，人一钱。其店舍，又为五等，收税有差"。而且旅馆留给人们的认识却始终是"车船店脚牙，无罪也该杀"之类的社会舆论。① 因此，旅馆在中国古代社会的地位仍然十分低下。

在古罗马，旅馆的地位同样十分低下，这从前面关于罗马国家、社会评价对旅馆的态度中都可以明显看出。历史事实又证明，随着经济的发展和社会的进步，政府的限制、约束政策及社会的负面评价都不能阻止两国旅馆的发展。

① 王仁兴：《中国旅馆史话》，第 2 页。

第七章　罗马道路上的驿站

第一节　内战前罗马邻近地区的驿站

在汉语中，驿站是指旧日传递政府文书的人中途休息的地方。在古代的西方，驿站制度出现的时间很晚，而且这也不是西方的发明。尽管当时人们充满智慧，有很多传递信息的方式，如擂鼓或以其他看得见的信号等来传递信息等，但就具体情况看，我们对西方古代通信方式的详细情况的了解仍然十分有限。恺撒在高卢征战的时候，曾记录过当时人们传递信息的一种方式：喊话。当卡尔弩德斯人杀死当地的罗马公民并抢劫财物后，"消息很快传到高卢各邦。因为每当有一件比较重要或比较突出的事情发生，他们就利用喊话，把这消息传播到各地方各区域去，别人接到后，也照式照样再传送到邻地，就跟在这次发生的一样"。① 喊话这种方式显然只能适用于近距离的交流，对于远距离的信息传递，我们知道的内容就更模糊了，常常只能获取大致的轮廓，比如商人就是当时人们传递信息的主要媒介之一，恺撒记载说："高卢还有一种习惯，在遇到过路的旅客时，不问他们愿意与否，总要强迫他们停下来，询问他们各人听到或知道的各种各样事情。在市镇上，群众常常包围着客商，硬要他们说出从什么地方来，在那边听到些什么。"② 如元老院关于巴库斯秘仪（Bacchanalia）③ 的决议就是由当时从罗马城里的人带到乡下的："当从城里来的人们告诉在乡下城镇的朋友们关于元老院的决议时，恐惧从四面八方席卷意大利。"④

---

① 凯撒：《高卢战记》，第 157 页。
② 同上书，第 81 页。
③ 巴库斯秘仪起源于希腊，是妇女们在夜间秘密举行的一种仪式。它从意大利南部传入罗马。公元前 186 年，罗马男人也加入这一仪式，后来由于它被宣布为不道德行为和犯罪行为，因此遭到了元老院的禁止。
④ Livy, *From the Founding of the City*, XXXIV, 17.

　　人们的信件也大多通过商人或路过目的地的朋友捎带，这种情况直到西塞罗时代都仍然十分普遍，就是到帝国时代，由于驿站只是为皇帝（国家）服务的，"普通公民常常通过商人给他们的朋友递送信件，这些商人携带着易坏的货物来去匆匆。他们的信写在封蜡的木板上，收信人读完信后，在同一块木板上写回信，打上蜡再送回去"。① 而对于那些看得见的信号传递方式"都是早期在同一战壕里的人们的交流方式"，② 也就是说，它主要是用于军事目的，或者只是因为用于军事的原因而被历史学家记载下来，对于普通信息传递的记载，对于当时只写给上层精英阅读的历史学家们来说，他们常会有意无意地忽视。

　　由于当时的信息传递方式十分落后，因此经常导致整个罗马社会的信息闭塞，据李维记载，当罗马人民得知伊利里亚战争结束时，人们甚至都还没有意识到这场战争曾经发生过。③ 当时的执政官在亚克兴（Actium）乡下享受他难得的休闲的时候，他却对那些日子发生在罗马城里的事一无所知。④ 这种信息闭塞状况对于在战场上作战的将领及相距遥远的行省官员们来说，由于他们与中央的距离太远，从而使得上下的政令畅达很成问题。正因为如此，在马其顿战争期间，元老院只决定其战争的主要指导方针，而"其余的事务留给具有良好判断力的军队指挥官和军事委员会成员，他们在战斗现场，这能使他们确信采取什么样的措施才是最必需的。"⑤ 也许元老院的这种办法对于当时的那种状况来说是最好的办法之一。由此可见，前期罗马的信息传递十分落后，对当时的政治、军事（包括经济）造成了诸多不便。不过，李维有一条记载有些令人不解：在第三次马其顿战争中（公元前171—前168年），当 L. 埃米利乌斯·保路斯（L. Aemilius Pauluus）取得对佩尔塞乌斯（Perseus）的胜利后，当时传达这一胜利消息的信使们为尽早把消息报告罗马，传达这一胜利消息的信使们快马加鞭、竭尽全力地奔跑，但是，这一好消息在他们到达罗马之前就已经传到了罗马。⑥ 至于这一消息是如何传到罗马的，李维并没有给出明确的说明，我们也不得而知。其实这种状况也并不奇怪，因为"古人已经意识到，由于传送信息的困难和牵涉到远距离跋涉，他们的文献中

①　C. A. Burland, *Ancient Rome*, p. 58.

②　Raymond Chevallier, *Roman Roads*, p. 181.

③　Livy, *From the Founding of the City*, XLIV, 32.

④　Livy, *From the Founding of the City*, XLIII, 4, 6.

⑤　Livy, *From the Founding of the City*, XLV, 18.

⑥　Livy, *From the Founding of the City*, XL, 1.

常有矛盾之处"，① 更何况，他这里的记载似乎也并没有什么矛盾。

罗马共和国的信息传递方式十分落后（至少在共和国前期是这样），并不能说明整个古代世界的信息传递方式都十分落后，事实上正好相反。在罗马帝国的"帝国驿站"制度建立以前，与之相邻的前帝国早就建立了相当完备的通信体系。

在世界历史上，最早的较完备的驿站制度可能要算苏美尔的驿站。就是中国秦朝的比较健全的驿站制度也至少比古罗马的驿站制度早 100 多年。② 在苏美尔，最早关于驿站制度的记载是国王舒尔吉（Shulgi），他在自己的圣诗中宣称：

> 我扩展了道路，修直了陆上的大道
> 我使人们旅行安全，在那里修建了"大房子"
> 我在道路两旁修建了花园，建立了公共休憩场所
> 安顿那些友好的人们
> 不管他们来自社会上层还是社会底层
> 他们都可以在这里为自己洗尘
> 旅行者在夜间也可以在大道上出行
> 他们可以在这里找到栖身之所
> 就像在很好的城市里一样③

这里的"大房子"，实际上扮演着双重角色：首先是政府旅馆的角色，过往行人可以在这里投宿，而且十分安全。这些行人可以是"社会上层"，主要是政府官吏及大商人，也可以是"社会底层"。其次是政府驿站的角色。政府的公函和国家政令的发布，要通过信使们向全国各地传送，在传送过程中，这些"大房子"就扮演着重要的驿站角色。舒尔吉国王在首都与各城市之间建立了许多这种"大房子"。这些城市一般相距100 公里到 250 公里，最远的相距 400 公里。④

不管是"社会上层"还是"社会底层"旅行者，他们都可以在这些"大房子"里投宿并获取供给。当然，政府官吏的供给是由国家免费提供

---

①　Raymond Chevallier, *Roman Roads*, p. 181.
②　中国的邮递形式，最早可以追溯到传说时代的黄帝"合符"故事，但真正的驿站的健全却是在秦朝。（王子今：《邮传万里——驿站与邮递》，长春出版社 2004 年版。）
③　Lionel Casson, *Travel in the Ancient World*, p. 35.
④　Ibid. , p. 36.

的，而且官吏们的供给数量和质量都要依据其职位高低而有所不同，比如高级官员的供给肯定比普通信使待遇好。这是我们看到的关于比较系统的驿站制度的最早记录。

　　在此之后，最著名的驿站制度可能要算波斯帝国的驿站制度。对于波斯帝国的驿站制度，虽然古典作家们及近代史学家们都极力推崇，但是古典作家们对它的记载却少得可怜。我们今天可得到的信息主要来自三方面的记载。最早对波斯帝国驿站制度的叙述来自希罗多德的《历史》："他（薛西斯）便派一名使者到波斯去报告他目前的不幸遭遇。在人世里面再也没有人比这些使者传信传得更快了，原来波斯人是这样巧妙地想出了办法的。据说，在全程当中要走多少天，在道上便设置多少人和多少马，每隔一天的路程便设置一匹马和一个人；雪、雨、暑热、黑夜都不能阻止他们及时地全速到达他们那被指定的目的地。第一名骑手把命令交给第二名，第二名交给第三名，这样这个命令依次从一个人传给另一个人，就仿佛像是希腊人在崇祀海帕伊司托斯时举行的火炬接力赛跑一样。波斯人把这样的驿站称之为安伽列昂。当第一个信息来到苏萨，报道克谢尔克谢斯（薛西斯）已攻下了雅典的时候，它使留在国内的波斯人欢欣鼓舞非常，以致他们把桃金娘的树枝撒到所有的道路上，他们焚香，而且他们自己还沉醉在牺牲奉献式和各种欢乐的事情上。但是随着第一个信息而到来的第二个信息（波斯战败），却使他们大为沮丧，他们竟把他们的衣服撕碎，继续不断地哭叫哀号，而把一切过错推到玛尔多纽斯身上。波斯人这样做，与其说是痛惜船只方面的损失，勿宁说是担心克谢尔克谢斯本人的安全。"① 第二个来源是色诺芬在《居鲁士的教育》中提到的："关于他的庞大帝国，我们还发现居鲁士的另一发明，通过它，他能迅速知道任何地方的情况。在考察了马匹一天所能完成的行程后（那是很难骑的），他在每隔这样的距离之处设立了驿站（stathmoi, posting stations），驿站里配有马匹并有专人管理。每个驿站都有专人接收和传送信件，照看疲惫的马匹和送信者，并且做下一程的安排。有时候送信者不分昼夜赶程。……不可否认，这是人类在陆上最快的旅行。……"② 第三个来源是《圣经·以斯帖记》："三月，就是西弯月，二十三日，将王的书记召来，按着末底改所吩咐的，用各省的文字、各族的方言，并犹大人的文字方言写谕旨，传给那从印度直到古实一百二十七省的犹大人和总督、省长、首领。末底

---

①　希罗多德：《历史》，王以铸译，商务印书馆 2001 年版，第 598—599 页。

②　Xenophon, *Cyropaedia*, Harvard University Press, 1979 – 1986, 8. 6. 17 – 18.

改奉亚哈随鲁王的名写谕旨，用王的戒指盖印，交给骑御马、圈快马的驿卒，传到各处。谕旨中，王准各省各城的犹大人在一日之间，十二月，就是亚达月，十三，聚集保护性命，剪除杀戮灭绝那要攻击犹大人的一切仇敌和他们的妻子独生女，夺取他们的财为掠物。抄录这谕旨，颁行各省，宣告各族，使犹大人预备等候那日，在仇敌身上报仇。于是，骑快马的驿卒被王命催促，急忙起行。谕旨也传遍苏萨城。"①

在这三种记载中，我们可以看出，希罗多德是为了描述希波战争而顺便提及波斯帝国驿站制度的，因此这里并没有对它进行详细的介绍。色诺芬的《居鲁士的教育》一书虽然只是假托对居鲁士所受的教育和作为的描述，从而阐发自己的以斯巴达制度为模型的理想，但他在这里对波斯帝国驿站制度的表述却是比较客观和平实的。《以斯帖记》这部唯一一部从未提到上帝之名却又被置于《希伯来圣经》的"古犹太文学最佳作品"，② 却是地道的传奇文学，它所反映的波斯帝国的驿站制度状况，我们虽然可以借鉴，但要想找到更多的信息却是白费工夫。对于波斯帝国的驿站制度，也许我们所知的内容就只能是这么多了，因为古典作家们只为我们提供了这样一点可怜的信息，同时，考古也没有给我们带来更多的惊喜。有许多问题也许会成为永远的历史之谜：波斯帝国驿站的规模如何？政府如何管理？驿站的内部陈设情况到底怎样？信使的情况、驿马的情况、供给配备状况，等等，我们都不得而知。但是，无论如何，波斯帝国的驿站的确存在，而且在这方面确实走在古代西方世界的前面，这一点是毫无疑问的，它也成为后来希腊罗马世界驿站的榜样，因为"这一伟业显然为希腊人所倾慕"。③

希腊化时代埃及驿站系统也很发达，系统内的各种服务也很严格。据公元前3世纪的埃及文献记载，信使把信函送给收件人时，当地官员要把接收日期乃至时刻都要记录下来。④ 但遗憾的是，我们对埃及驿站体系的

---

① 《以斯帖记》，8，9—14。虽然《以斯帖记》所包括的时间是公元前521—前509年（徐思学：《旧约概论》，中国基督教协会神学委员会1998年，第143页），但是，它的成书时间却是在希腊化时代，从文献定型时间看，要比色诺芬的《居鲁士的教育》一书晚。

② 梁工、赵复兴：《凤凰的再生——希腊化时期的犹太文学研究》，商务印书馆2000年版，第290页。

③ John W. Humphrey, John. P. Oleson and Andrew N. Sherwood, *Greek and Roman Technology: A Sourcebook, Annotated Translations of Greek and Latin Texts and Documents*, London and New York: Loutledge, 1998, p, 425.

④ John W. Humphrey, John. P. Oleson and Andrew N. Sherwood, *Greek and Roman Technology: A Sourcebook, Annotated Translations of Greek and Latin Texts and Documents*, p. 425.

具体情况却并不清楚。

第二节　罗马共和国晚期的驿站

共和国晚期时代（公元前 146—前 27 年）是罗马史上一个群星璀璨而又风云聚汇的时代，既是无数风流人物各领风骚的时代，又是罗马文化史上被人称羡的"黄金时代"。[1] 但是，在这一时期，罗马仍然没有至少没有完备的驿站制度和体系，这不禁使得许多罗马史家（如蒙森、马尔夸特［Marquardt］、胡德曼［Hudemann］等）感到大为惊奇。[2] 在西塞罗的众多通信中，我们没有找到能够证明当时官方驿站制度得以建立的证据，相反，倒是有很多证据能够说明当时没有官方的驿站制度存在。行省官员们或任何其他私人信件，主要是通过他们自己的随从（lictor）、传令官（statores, orderlies）[3] 或农产税收者的随从来传送其信息，除此之外，似乎没有别的传送手段了。在奇里乞亚行省任总督的西塞罗给叙利亚代理财务官（proquaestor）萨路斯提乌斯回信说："你的传令官从你那里给我带来了两封信。"同时，他又给自己的财务官（quaestor）写信说："我想我派遣我的传令官和随从给你送信是很适当的。"[4] 这里很清楚地说明了当时的信件递送方式和情况：是用"传令官和随从"来完成这些任务的。公元前 43 年，近西班牙（Hither Spain）和纳尔波奈斯总督雷比达（Lepidus）也通过他的传令官给高卢总督普兰库斯（Plancus）送了一封很重要的信件。由此可见，在共和国晚期，我们仍然不能找到罗马建立官方驿站制度的有力证据。

尽管没有官方的驿站制度，但在罗马共和国时期信使却是存在的。信使在很早的时候就有了，特别是在战争中，信使的作用显得特别重要，很多重大的决议、战报或情报都要依靠他们来传递，他们是元老院和战场将领们之间的重要喉舌，比如，公元前 207 年，在美陶鲁斯（Metaurus）战役前，执政官克劳狄就是通过派送信使通知元老院他将计划进攻哈斯杜路

---

[1]　朱龙华：《罗马文化》，上海社会科学院出版社 2003 年版，第 66 页。

[2]　A. M. Ramsay, "A Roman Postal Service under the Republic", JRS, Vol. 10 (1920), p. 79. （本节关于罗马晚期共和国的驿站制度的建立情况，主要参考了该文，特此说明。）

[3]　Stator 原意是指勤务兵，在共和国后期，它已经成为行省的重要官员的主要侍从之一。

[4]　A. M. Ramsay, A Roman Postal Service Under the Republic, p. 79.

巴尔（Hasdrubal）的。① 在恺撒与元老院之间的内战期间，双方都有一批随时待命的信使为他们快速传递信息。恺撒在法萨卢（Pharsalus）的胜利消息就是通过"沿途布置的驿马"传送到他在麦萨那（Messana）的舰队的，② 庞培在西班牙全境也都驻有信使，以便及时得知恺撒的进展。③ 因此，我们在西塞罗的通信中看到的情况是，当时无论官方的还是私人的信件的传送都是通过自己的信使来执行的。这种情况在恺撒那里也同样得到了证实："他以惊人的速度长途行军，他乘坐雇来的四轮大车，一天100罗马里。……因此，经常出现这样的结果：他派出的信使还未到达而他已先到了。"④ 从这里，我们至少可以得到两个重要信息：第一，恺撒在赴任途中没有使用驿站；第二，公务信件的传递是通过他自己的信使来完成的。这里根本就没有提到驿站，如果当时有正式的驿站，作为恺撒这种身份的人不可能不使用它。因此，信使在罗马共和国时代不但存在，而且还扮演着重要的角色。但是，另一方面，我们又不能对这一时期的信使在罗马驿站制度产生和发展过程中的作用估计得过高。因为，就上面所列举的例子而言，这些信使基本上是产生和服务于军队和战争，与其说它是驿站制度产生的一个必然条件，不如说它是战争带来的一个副产品。我们不能因为这时候出现了数量较多的信使就断定这时已经出现或即将出现系统的驿站制度，如果排除战争与元老院的关系看，这一时期不存在官方的信使。

就这一时期的私人信使情况看，同样得不出这一时期罗马已经出现了有系统的信使制度，遑论官方驿站制度了。在通常情况下，信件的传送仍是由私人信使（tabellarii）来完成的，私人信使的最初来源可能是奴隶和被释奴（当然后来也可能有自由人参加）。⑤ 供养私人信使最多的是当时的包税人（publicani），这些包税人供养他们是因为自身的业务特别需要他们为自己奔波，我们完全可以理解这一点。当然，政府官员和私人都可以通过包税人的同意而获得这些信使们的服务。从信使的社会地位来看，他们在当时的罗马社会是十分低下的，甚至"在共和国最初的几个世纪里，这一任务被当作是有失体面甚至是极其耻辱的"。⑥ 信使的低下地位

① Livy, *From the Founding of the City*, XXVⅡ, 43.
② 凯撒：《内战记》，第154页。
③ A. M. Ramsay, *A Roman Postal Service Under the Republic*, p. 80.
④ 苏维托尼乌斯：《罗马十二帝王传》，第30页。
⑤ A. M. Ramsay, *A Roman Postal Service Under the Republic*, p. 80.
⑥ Ibid., pp. 80–81.

还可以从当时汉尼拔的行为中看出。在汉尼拔占领意大利期间，作为惩罚，各社区的意大利人不是像以前那样被作为罗马的兵源补充，而是作为奴仆的供给来源，汉尼拔迫使他们奔波于各占领行省，扮演着信使的角色。格里乌斯（Gellius）说这样做是为了羞辱他们。① 而且，遭受这种惩罚方式的还不止是意大利人，还有很多其他反抗过汉尼拔的民族，如布鲁提人（Bruttii）、鲁坎人（Lucani）以及位于坎帕尼亚的萨来努姆（Salernum）的皮肯提尼人（Picentini）。② 这里很明显地说明了当时信使的社会地位很低下，如果当时的共和国政府建立有官方的、常规的驿站体系，那么为此而提供的信使就不会被看作是一侮辱，而且充当信使的人也不一定会是地位低下的奴隶或被释奴。在这里，把充当信使与服兵役特别提出加以对比，把它与奴役性工作和对被释奴有失体面的工作相提并论，这与帝国时代驿站制度下由士兵充当信使的做法也形成了鲜明的对比，足见当时共和国缺乏在这方面的完善体系和制度。

但是，英国著名的罗马社会史家拉姆赛却对共和国时期没有驿站的观点提出了质疑，他根据对格拉古兄弟改革时期的一则铭文的讨论，提出了相反的看法。这条道路里程碑铭文发现于卢卡尼亚的波拉（Polla），文中所说的道路指的是从罗马到雷吉乌姆。该铭文的部分内容如下：

> Viam fecei ab Regio ad Capuam, et
> in ea via ponteis omneis miliarios
> tabelariosque poseivei. ③
> "我修建了从雷吉乌姆到卡普亚的道路，在这条道路上建设了所有的桥梁和里程碑，于安置了信使。"

刻写这段铭文的长官名字并没有出现，这也许是后来的另一铭文添加到原来的铭文之上的，现在它已经被损蚀了。但是，蒙森认为立碑人是公元前132年的执政官 P. 波皮里乌斯·埃利纳斯（Popillius Laenas）。铭文内容很明显地说明，在他任执政官期间，P. 波皮里乌斯建立了邮政设置并建造道路。另一个发现于哈德里亚（Hadria）附近的刻有他的名字和执政官头衔的里程碑也表明，他任期内的职责包括"道路监理"（cura via-

① A. M. Ramsay, *A Roman Postal Service Under the Republic*, pp. 80 – 81.
② Ibid. , p. 81.
③ *ILS*, 23.

rum）。对于这块里程碑中的 tabellarius，蒙森认为它是里程碑的一种古老形式，也就是说是以 tabula（石板）的形式来代替更多更常见的石柱（pillar）。奥·西希斐尔德（O·Hisrschfeld）则反对这种解释，他认为 tabellarius 是指有铭文的里程碑，而 miliarius 则指仅有数字而没有铭文的里程碑。拉姆赛认为这两种解释只是为了字面的通常意义而做出的解释，tabellarius 实际上就是指驿站中信使或与之相关的工作人员。

　　沿道路设置信使就意味着有固定常规的驿站、驿马或交通工具。因此，拉姆赛认为这条铭文证明了在公元前132年，邮政服务实际上已经沿着通往雷吉乌姆的道路建立起来了。但这并不是说这种服务体系也在其他地方都得以建立，甚至在其他地方建立的可能性都不能证明。在雷吉乌姆，道路转向了西西里及非洲行省方向，这是两个重要的谷物供应地，对都城的生活意义重大。后来成为皇帝行省的埃及是罗马的粮仓，它这时没在罗马人手中，因此，通往雷吉乌姆的大道是非常重要的道路——当然，这种重要性并不体现在运输货物上，因为谷物是从海上运到奥斯提亚城再送到罗马，其重要性在于保持对行省在行政上、军事上的控制。正是在这条道路上，一种固定的常规驿邮服务体系可能得以建立。这样，拉姆赛通过对这则铭文的分析得出了他自己的结论：这条铭文证明了在公元前132年，驿邮服务体系实际上已经沿着通往雷吉乌姆的道路建立起来了；尽管这则铭文并不能说明在其他地方也已经建立了规范的驿邮体系。

　　最后，拉姆赛分析了两个问题：第一，谁是这一计划的始作俑者？第二，这条道路一旦开始，它为什么没有在接下来的时期继续向前发展，而是走向衰落呢？关于第一个问题，拉姆赛认为所有问题都归结到格拉古兄弟身上。他们所采取的措施很明显是为了解决罗马的行政问题，而驿站体系对以前的帝国统治是十分有利的，而且，他们是那个时代除斯奇比奥·阿米里亚努斯（Scipio Aemilianus）这位在各方面都具有天赋的人物之外的最杰出的人物，也是唯一具有创造能力与创新观念的人物。新的邮政体系制度在提比略·格拉古的土地法（agrarian law）之后开始实施，这两项计划都由执政官 P. 波皮里乌斯来操作。最终，这些措施很适合格拉古的其他计划，特别是盖乌斯·格拉古的计划。几年后，在他担任保民官期间，他很注意南部意大利的道路建设：维修道路、建立更好的里程碑、为骑马者设立登马台等。尽管在他哥哥担任保民官期间他只有26岁，但他已有杰出的能力担当由新法律规定的三位土地法执行官之一。拉姆赛认为，我们确实没有听到这些措施，但这是由于古代文献的局限所致，在由土地法案引起的激烈的躁动之中通过一项没有任何争议的措施是有益无害的，因为它不涉及任何特权，而我们却没有注意到这项措施。

关于第二个问题，拉姆赛承认："我们只能推测了。"他认为也许在格拉古兄弟改革之后的反动中，道路修建也遭到了其他改革措施相同的命运，因为这些措施没有给元老派带来巨大的利益，从而遭到了元老派的反对。邮政服务制度也随之遭殃。更大的可能性是邮政服务制度在时间的流逝中停止了，在元老院行政制度的最后一个世纪的分裂与低效率中停止了。

最后，拉姆赛总结说，这样看来，奥古斯都在设立其帝国驿站制度方面并不是什么新鲜事物。他在这方面的许多措施都是重复老罗马的做法并复兴了这一早就存在但又久已荒废了的制度。当他最开始建立驿站制度时，他只是重复罗马共和国时期的模式而已——也就是说，它是通过信使的接力式的方式进行的。但是，在他统治的后期，他已经把它转变成了一种制度化的体系，并在其继承者中继续这一制度。

在这里，我们有必要对拉姆赛的观点进行分析。首先，我们看看他在证明罗马共和国时代就已经存在邮政体系的证据。在通篇文章中，作者的论据只有一个，那就是发现于鲁坎尼亚的波拉的那则铭文。对这则铭文的理解，我们可以根据文献与考古方面的材料给出不同的解释，这无可厚非，但是如果只用它来说明共和国时代就已经存在比较系统的邮政体系，难免材料过于简单，相对缺乏说服力。其次，就论证而言，在他的论证中，实际上很多都是推测，如从罗马到雷吉乌姆的道路上是怎样产生出比较系统的邮政体系，格拉古兄弟改革是怎样产生出这一计划的，特别是在讲到为什么这些措施没有得以继续延续的原因时，他更直言不讳地承认是推测。在单一的证据面前，在很多靠推测的论证过程中，作者得出结论，认为在罗马共和国后期（主要是指格拉古兄弟改革后），虽然并不能说明邮政体系已经在全国范围业已建立，但至少在从罗马通向雷吉乌姆的道路上已经建立起来了，而且后来奥古斯都的帝国驿站制度只是"重复老罗马的做法并复兴了这一早就存在但又久已荒废了的制度"。这样的结论虽然不失为一家之言，但这些推测到底有多少可以得到证实，最终结论到底在多大程度上可靠，还有待新的材料加以验证。

从古典作家的记载来看，他们从未提到过驿站，也没有提到过格拉古改革时有过建立驿站的举措。因此，在讨论罗马共和国后期的驿站制度时，由于缺乏足够的材料来反映当时的具体情况，我们只能采取比较谨慎的态度，认为在这一时期，罗马仍然缺乏这一制度，尽管在这方面可能有某些进步，但就整个国家而言，它仍然没有或基本没有这一制度。

第三节　罗马帝国时代的驿站

帝国驿站有很多不同的名称，如 cursus publicus, cursus vehicularis, cursus fiscalis, res veredaria, 等等，虽然这些名称的具体含义各有侧重，但都是用来指驿站的，其中使用得最多的就 cursus publicus，而且是特指帝国时代的驿站。① 驿站是罗马帝国时代才开始建立和使用的一种官方的正式邮驿制度。罗马帝国的驿站体系是在西方古代社会"最完善和有效的驿站体系"。② 这一杰作的缔造者就是罗马帝国的开创者奥古斯都。

关于帝国时代驿站制度的建立情况，我们只有唯一的材料来源，那就是苏维托尼乌斯的《罗马十二帝国传》中的《神圣的奥古斯都传》。关于奥古斯都建立帝国驿站的原因，苏维托尼乌斯十分简要地说："为了使每个行省正在发生的事情能得到更快的报告，他先在军用大道沿线每隔一个短距离配备年轻人传递消息。接下来设置了驿站马车。现在可看出后者是更为方便的做法，因为如果情况需要，人们可以询问直接从出事地点带来紧急公文的同一个赶车人。"③ 后世学者在谈到帝国驿站时，基本上都援引这段话。④ 如前所述，也有学者认为，《安东尼指南》中关于不列颠的15条主要"大道"不是当时真正的不列颠道路的描述，而可能是对当时帝国驿站的常规路线的描述，如果真是这样的话，那么不列颠用于驿邮的常规路线主要包括4条：（1）到坎特伯雷和肯特港口的路线；（2）到锡尔切斯特的路线；（3）华特林大道；（4）到科尔切斯特的路线。作者经过分析认为，《安东尼指南》为我们提供了一幅不容置疑的帝国在不列颠

---

① 有学者对罗马道路与 cursus publicus 的关系做过比较，参见 Anne Kolb, "*Transport and communication in the Roman state: the cursus publicus*", in Colin Adams and Ray Laurence, eds. *Travel and Geography in the Roman Empire*, London and New York: Routledge, 2001, pp. 101 – 103.

② Ugo Enrico Paoli, *Rome: Its People Life and Customs*, Translated by R. D. Macnaghten, Aberdeen: Longmans Green & Co. Ltd, 1963, p. 185.

③ 苏维托尼乌斯：《罗马十二帝王传》，第 78 页。

④ 如吉本在《罗马帝国衰亡史》中说："尽早获得情报以及迅速使命令下达的优越性使得罗马皇帝尽力在他们的广阔的统治区域内到处建立了正规的驿站。"（爱德华·吉本：《罗马帝国衰亡史》，第 50 页。）

的驿邮图景。① 因此，我们不难看出罗马帝国时代不列颠的驿站制度的发达。

事实上，从前面的叙述中我们看到，在罗马之前的波斯、埃及等地早已有十分成熟的驿站制度，因此，罗马的帝国驿站一定受到了它们的影响，虽然这种影响缺乏文献材料的证明。同时，它还受托勒密埃及的影响："罗马深受那个国家的运作方式（历法、财政制度、土地测量）的启发，特别是在恺撒到达埃及之后更是如此。"② 甚至有学者认为奥古斯都的帝国驿站就是"模仿东方已有的驿站体系"而建立的。③ 但是，不管奥古斯都的驿站制度在多大程度上受到外来影响，但他的这一制度是古代西方社会中最完善和最有效的驿站制度则是不争的事实。

一　帝国驿站的分类

对于帝国驿站的具体细节，我们知道得很少，主要来源仍然是苏维托尼乌斯记载的寥寥几句。根据后来学者们的研究，结合帝国后期古典作家的零星叙述以及伴随考古材料的丰富，我们对罗马帝国驿站的了解也有一定进展。

帝国驿站可以根据不同的标准分成很多类型，如根据配置及对传送之物的紧急需要与否可分为两类：快送驿站（cursus velox, ὀξὑδ ρόμoς, the express post）和普通驿站（cursus clabularis, πλτὑδρόμoς, the slow wagon post）。快送驿站备有快马（veredi, saddlehorse），并有驮马（parhippi, packhorse）运货；备有由三只驴拉的两轮轻便马车（birotae）；四轮马车（raedae），四轮马车夏天用 8 只驴，冬天用 10 只驴拉。驿站最初是由有公务在身的官员们使用的，特别是那些有紧急公务的人（agentes in rebus），但也用来运送金银和其他贵重物品。后来，君士坦丁皇帝命令优西比乌斯（Eusebius）的给君士坦丁堡的教会文稿也用快送驿站传送。驿站对于运送的货物重量有严格的限制：骑马者只能携带 30 英磅的货物，两轮马车不得超过 200 英磅，四轮马车不得超过 1000 英磅。④ 普通驿站则

① Tenney Frank, *An Economic Survey of Ancient Rome*: Volume Ⅲ, *Roman Britain*, *Roman Spain*, *Roman Sicily*, *La Gaule Romanine*, Paterson and New Jersey: Pageant Books, Inc., 1959, pp. 20 – 21.

② Raymond Chevallier, *Roman Roads*, p. 181.

③ Graham Speake, *The Penguin Dictionary of Ancient History*, p. 517.

④ A. H. M. Jones, *The Decline of the Ancient World*, New York: Holt, Rinehart and Winston, Inc., 1966, p. 313.

使用牛车（angariae, ox wagons），其最大载重量为 150 英磅，由两头牛拉。普通驿站主要用于运输军粮，但也用来运送军队的衣物及武器，以及用于公共工程的木材和建筑石料等。朱利安皇帝曾对康士坦提乌斯（Constantius）从高卢召集到东部前线的士兵做出一个特殊的让步：允许他们使用帝国驿站运送他们的辎重和家人。但这只是例外。这两种类型的驿邮服务有似于我们今天的快递邮件和普通邮件服务。

根据驿站为过往行人提供服务的大小，可以分为大驿站（mansiones）和小驿站（mutationes）。大驿站是指不仅能为过往行人提供畜力更换，而且还能食宿，而小驿站只能提供交换用的畜力。我们从安东尼驿站指南（Antonine Itinerary）和佩乌丁格里亚那地图可以得知驿站极其众多，但它们都没有为我们提供真实的全景，只是大概地记录那些城市和驿站。一位朝圣者的旅行记录为我们提供了这位旅行者沿路的情况，他从布尔迪加拉（Burdigala）到耶路撒冷并于 333 年返回。从布尔迪加拉到意大利边境，他经过了 14 座城市（还有一个村庄和一个要塞），有 11 个大驿站和 35 个小驿站。穿过意大利主教教区，从塞古西奥到波埃托维奥，他历数了 14 个城市，有 9 个大驿站和 30 个小驿站。接着，他穿过伊利里库姆（Illyricum）和色雷斯（Thrace）到君士坦丁堡，总共 900 英里，但城市很稀少，他只经过了 14 座，但在这些城市之间却有 28 个大驿站，53 个小驿站。从卡尔克东（Chalcedon）穿过小亚细亚到达奇里乞亚的边界，总共 560 英里，其间仅有 11 座城市，但有 15 个大驿站和 28 个小驿站。在从塔尔苏斯到耶路撒冷的沿岸城市就更多了，他经过了 20 座城市和 7 个大驿站及 21 个小驿站。在回来的路上，他经过色雷斯和伊利里库姆，再穿过色萨洛尼卡到阿波罗尼亚，在这一线，城市又比较稀少，只有 13 座城市和 14 个大驿站及 32 个小驿站。他接着穿过亚得里亚海到达希德鲁图姆（Hydruntum），再到米兰。在意大利，城市是比较稠密的，他经过了 42 座城市，但只有 6 个大驿站和 36 个小驿站。当然，各驿站的距离是不一样的，但很少有超过 15 英里的，通常都在 8 英里至 9 英里之间，朝圣者的旅行记录也证实这些驿站的平均距离为 10 英里或 11 英里。[①] 虽然我们在文献中见不到对罗马驿站设施的详细记录，但是，考古发掘却能提供罗马驿站的真实面貌。在奥地利的施蒂里亚（Styria），考古学家们发现了一处修建于奥古斯都时代且之后连续使用了 300 多年的罗马大驿站。该

---

① A. H. M. Jones, *The Later Roman Empire*, 284 - 602, Baltimore and Maryland: The Johns Hopkins University Press, 1986, p. 832.

驿站是一座两层楼的椭圆形结构，长 40—70 英尺，其中相对窄的一面朝向道路，与相对宽的一面平行的是供停放马车的院子。驿站内有马厩，可以喂养 10 多头牲畜，有铁匠工作的修理间、办公室，有长 6.5—19.5 英尺的厨房以及同样大小的餐厅。办公室、厨房和餐厅都面向南边，房间的下面还有热气输送管道，这是罗马常用的取暖设施。驿站的上面一层已经完全不存在了，可能因为是木质建筑的原因，已经被毁坏了，上面一层可能是客房。①

我们还可以根据驿站所能提供的服务功能分为 mansiones，mutationes 和 stationes，我们姑且称之为夜宿驿站、畜力驿站和护卫驿站。夜宿驿站（即 mansiones，单数为 mensio）是夜晚可以住宿的驿站，第二天再出发，信使们可以在这里整夜住宿和洗浴，并获取新的畜力（如马匹、公牛、骡子）。畜力驿站（即 mutationes，单数为 mutatio）是指可以在这里重新换马或骡后继续前进的驿站。护卫驿站（即 stationes，单数是 statio）最初只是指一种护卫，由士兵或道路卫兵保护旅行者免遭强盗的抢劫，它是后来才演变为驿站（a relay post）含义的。② 当然这些学理上的分类只是我们今天的研究才会去关注，在古代，人们虽然也使用这些不同的名称，但他们不会对这些驿站根据不同的角度进行分类感兴趣。

二　帝国驿站的组成

驿站组织是一项庞大的工程体系，到帝国后期，它几乎遍及帝国境内所有的主要道路及大小城市。但就每一个驿站而言，它主要包括驿站的使用证、可供更换的畜力、用于运输的交通工具以及驿站管理人员等。

首先我们看驿站的使用证。帝国驿站只用于政府公务，任何私人事务都严格禁止使用它，之所以如此，"部分原因是因为沿路地区要为它负担费用"。③ 如果允许私人使用，势必加重人民负担。因此，为了严格控制，国家规定只有持驿站使用证（warrant，evectio，diploma）的人才能使用。这种使用证，"他（奥古斯都）最初使用一个狮身人面像作为他的印章，后来使用由狄奥斯库里得斯亲手刻的他本人的肖像作为印章；他的后继者

①　Lionel Casson，*Travel in the Ancient World*，p.201.
②　Jo-Ann Shelton，*As the Romans Did：Asource Book in Roman Social History*，pp.183 – 184.
③　John W. Humphrey，John. P. Oleson and Andrew N. Sherwood，*Greek and Roman Technology：A Sourcebook，Annotated Translations of Greek and Latin Texts and Documents*，p.426.

们继续用后者作为他们自己的印章"。① 至于哪些人有权颁发这种使用证，以及什么样的人才有资格获得使用权，苏维托尼乌斯没有告诉我们。但是，无论如何，通过颁发使用证来控制驿站滥用的做法无疑对国家是有利的。从帝国前期的情况看，这种控制也起到了积极作用。这可以从小普林尼的通信中看出："陛下（图拉真），到现在，我从没有因为个人方便给任何人提供过驿站使用证，除了官方事务外也没有利用驿站去做过别的任何事情。但是，在一次必需的情况下，我打破了我长久以来的惯例，因为当我妻子得知他的祖父去世的消息后，她想去安慰她的姨妈，如果我不让她使用驿站，我认为这太残酷了……我向你写此信是为了表示我对你的感谢……但由于你信任我，我现在毫不犹豫地向你陈述此事，就像我在向你请求此事一样，因为如果我先向你请求，事情就会太晚了。（图拉真接受了他的解释。）"② 诸如普林尼这样具有高贵社会地位的人物，再加上他与图拉真皇帝的私人友好关系，因为私人紧急事务使用了驿站都得向皇帝汇报，足见当时国家对驿站使用的严格限制。当然，皇帝的使用则另当别论了，因为皇帝的旅行都要经过事先的精心准备，各地驿站有大量的人员为他准备食宿。③

到帝国后期，驿站使用对象的范围毫无疑问扩大了，不仅公务在身的人可以凭使用证使用驿站，很多官员也为自己的私人事务而大量使用驿站，到基督教取得对帝国的胜利后，凡是参加由帝国召集的宗教会议的高级神职人员都可以无偿地使用它。公元360年，国家规定，每个军团在运送病人时可以使用驿站。行省长官也被允许为他们的旅行而使用驿站。马约里安（Majorian）更是允许行省长官可把他们使用驿站的权利分为两类：一类是他们的私事，另一类是国家公务，他们可以配备四匹马。高级官员们，比如各级行政长官和军事首领在卸任后，政府也颁发驿站使用证让他们返乡。但是，更多的情况是很多人通过私人关系或其他方面的影响力私下获得使用证，从而利用帝国驿站为自己谋取私利，如西马库斯（Symmachus）曾要求驿站长官温肯提乌斯（Vincentius）更新由他的前任提奥多尔（Theodore）为运送他从西班牙买来的驿马而颁发的驿站使用证。他还感谢奥索尼乌斯（Ausonius）"四次为我提供驿站使用证，从而使我很方便地往来于我的人民之中"；斯提里科（Stilicho）也曾多次利用

---

① 苏维托尼乌斯：《罗马十二帝王传》，第 78 页。
② Pliny, the Younger, *Letters*, Harvard University Press, 1972 – 1975, 10, 120.
③ O. A. W. Dilke, *Greek and Roman Maps*, London：Thames and Hudson Ltd, 1985, p. 125.

驿站去西班牙买马；尽管美拉尼娅（Melania）没有驿站使用证，但她经常通过公共驿站从巴勒斯坦到君士坦丁堡定期旅行。① 对于神职人员无偿地使用驿站的情况，阿米安有生动的描述："他（君士坦丁乌斯）以一种昏庸老妪才有的迷信，混淆了基督教简明而朴素的教义，他更有兴趣进行繁琐的探究，而不是明智地解决纠纷和争端。他激起了许多争端，并且以文字上的争论助长了这些争端，使它们的传播范围越来越广。于是，成群的主教骑在驿马上东奔西走，忙于参加他们所称之为 Synodus 的宗教会议。他努力使各派在他的意志下达成一致，但最终的结果却是驿站交通系统陷于瘫痪。"② 事实上，到帝国后期，驿站不仅被滥用，甚至成为附近居民挪占的对象，以至于朱利安皇帝不得不下令禁止用驿站材料建造私人房屋。③

　　驿站的滥用（主要是大量官员的特权使用）不仅加重了人民的负担，也使国家的正常统治受到干扰，对帝国的危害极大。因此，早在克劳狄皇帝时期，国家就采取了很多措施来阻止驿站的滥用，但收效甚微，有一条铭文生动地反映出皇帝对这些措施失败的无奈："提比略·克劳狄·恺撒·奥古斯都·日耳曼尼库斯……宣布：尽管我时常试图减轻殖民地和自治市的运输负担——不仅是意大利及各省，还包括各行省类似的城市，尽管我认为我已经找到了足够的医治措施，但这些措施还是没能有效地抑制人们的邪恶……（以下铭文佚失）"④ 朱利安皇帝发现不仅教区牧师，而且其他官员们还在继续加重驿站的负担，于是他采取了新的而且更严厉的措施。皇帝给每一位教区牧师颁发 10 份驿站使用证，而每位行省官员只有一份，行省长官给自己的行省官员颁发两份且只能在本行省内使用。所有的使用证都要进行年度更新。⑤ 但是，这一措施又过于僵化，在实际操作中遇到很多问题，最后朱利安不得不做出修正，规定只要没有教区牧师使用，他同意行省官员们颁发为了运送货币和税收的驿站使用证。但是，根据尼巴尼乌斯（Libanius）的记载来看，朱利安改革的结果简直不可思议：就在他统治时期，有人看到驿站管理人员用自己的马匹把驿站维

---

① A. H. M. Jones, *The Later Roman Empire*, 284 – 602, p. 831.

② 叶民：《最后的古典：阿米安和他笔下的晚期罗马帝国》，天津人民出版社 2004 年版，第 109、159 页。

③ A. H. M. Jones, *The Later Roman Empire*, 284 – 602, p. 831.

④ John W. Humphrey, John P. Oleson and Andrew N. Sherwood, *Greek and Roman Technology: A Sourcebook*, Annotated Translations of Greek and Latin Texts and Documents, p. 426.

⑤ A. H. M. Jones, *The Later Roman Empire*, 284 – 602, p. 830.

持得很好。①

　　其次是可供更换的畜力。在古罗马，马匹比较珍贵，它们常常只用于战争或比赛，信件传送过程中并不经常使用。但是，在帝国驿站中，每个驿站却都配有一定数量的马匹或其他畜力。帝国初期驿站马匹的配备数量我们并不清楚，到后期，根据普罗柯比的记载，每个驿站有 40 匹马和相应数量的马夫。② 后世学者们在谈到帝国驿站的马匹配备时都引用这一数据。③ 这是一个非常巨大的数目，它的真实性引起了有些学者的怀疑，认为"如此庞大的数量可能只是在业务十分繁忙的路线才会有，因为 378年的法律规定每个驿站每天派出的驿马不能超过 5 匹（382 年修改为不得超过 6 匹），马车每天不能超过一辆，当然持有国家信件和有紧急标志的情况除外"。④ 畜力的使用年限为四年。驿站每年都要用行省的税收进行建设和维修，当然这些税收可以通过其他方式抵偿，因此，我们会看到，在帝国最初的四个世纪里，埃及的土地税收据上写着："为了公共畜力而交税"的字样。⑤

　　关于马具情况，我们知道得不多。许多马都是赤脚的，因此，它们大多沿着道路两侧的路基而行，而不是在坚硬的路面上奔跑。关于马套的许多证据来自凯尔特和不列颠，有考古证据证明凯尔特前罗马时期的牲畜有脚套，有些脚套已经在罗马考古中发现，但是直到 5 世纪，在罗马，马套的使用都不普遍。⑥ 马套边缘呈波状且很光滑，上面打有小孔。罗马的马套有两类，一种是所谓的斯巴达马套（solea sparta），它是用粗糙的斯巴达草或其他合适的材料制成的，根据牲畜脚的大小做成，并直接套在脚上。这种马套的优点是轻便，对牲畜来说也很舒适，不过，这种马套耐磨性能很差。另一种是所谓的铁马蹄（solea ferrae），它是用铁制的脚套，用绳索或皮带把它绑在牲畜脚上。这种脚套很笨重，从而使得牲畜行走缓慢，但它的优点是经久耐用，这种脚套在高卢、日耳曼和不列颠等地区使用得很普遍。⑦

　　畜力的轭和项圈也很重要。因为根据畜力的轭和项圈的不同，有不同

①　A. H. M. Jones, *The Later Roman Empire*, 284 – 602, p. 830.

②　普罗柯比：《秘史》，第 144 页。

③　吉本在《罗马帝国衰亡史》中说："全国各地每隔五六英里便有一所驿站，每个驿站经常有 40 头马匹备用。"（爱德华·吉本：《罗马帝国衰亡史》，第 50 页。）

④　A. H. M. Jones, *The Later Roman Empire*, 284 – 602, p. 833.

⑤　Ibid.

⑥　Jo-Ann Shelton, *As the Romans Did: Asource Book in Roman Social History*, p. 184.

⑦　Ibid.

的方法把牲畜和车相连。颈轭主要用于公牛而项圈则更多地用于马类
（马匹、骡子或驴）。尽管马在速度方面占有优势，但很少使用轭具，这
是因为很难找到合适的马具，而且马的饲养和保养费用也更高昂；同时，
它们在适应环境变化方面也不如公牛和驴。由于马和驴缺少有效的项圈，
妨碍了它们有效地拉马车。公牛常用来拖拉有轮工具，尽管它的速度很
慢，却使用得相当普遍。

驿站中，运送货物或其他笨重材料的畜力主要不是马匹，特别在普通
驿站中，其他畜力的使用率远比马匹高。这当中最重要的就是骡（一种
驴和马的杂交）和驴，它们在驮运货物方面的作用远比马要大。据估计，
一只驴子大约能驮 100 公斤（220 磅）的货物，而一只骡子更能驮大约 90
公斤到 200 公斤（198 磅到 441 磅）。三只骡子能驮大约一辆四轮马车拉
的重量，而费用却比马车要便宜得多。① 货物直接用绳子固定在牲畜背
上，或放在用皮、布、背篓固定的筐架上（通常是用软篮筐）。在东部一
些行省，如叙利亚等，人们则习惯使用骆驼。骆驼比骡和驴更能载重，它
能驮起 200 多公斤的货物。

喂养驿站畜力的草料是从各行省的地租中获取的。据记载，各行省，
"尤其是那些其地产位于内地的地主们，由于每年都以高价将其剩余的收
成卖给政府以供马匹和车夫食用，他们因而从这个制度中得到很大好处。
相应地，国家则对地产主们提供的粮草给予及时的补偿，并向这些人中的
每一位地主征收适当的赋税，因为这样做对整个国家都十分有利"。② 后
来，驿站草料的供给一度转到政府手中。到执政官阿拉托尼乌斯（Alato-
nius）时代，对驿站草料的供给做了改革，他制定了一个在固定日期送交
草料的日程表，并根据距离的远近和运输的难易情况分配到各城市，这一
措施很有效，因此很快在意大利全境推行开来。③ 到帝国后期，以交纳驿
站草料代替帝国租赋成为当时很多行省人民的惯常做法。但到查士丁尼时
代，有些地区的驿站被废除了，"直到埃及的整个东方的其他地区，皇帝
则将每天必经的驿站数量减至一个，并且不提供马匹，而只提供几头驴
子。这使得传递各省发生紧急情况的消息变得极为困难，这些消息大多是
在事情发生很久以后才送达京城"。④ 当地居民的税收也只能用黄金代替，
结果导致了许多居民破产。普罗柯比和约翰·吕杜斯（John Lydus）都抱

① Jo-Ann Shelton, *As the Romans Did: Asource Book in Roman Social History*, p. 184.
② 普罗柯比：《秘史》，第 144 页。
③ A. H. M. Jones, *The Later Roman Empire*, 284 – 602, p. 833.
④ 普罗柯比：《秘史》，第 145 页。

怨说："税收变成了黄金，谷物却一年又一年地烂在田里。"① 从这一角度看，驿站在当时方便了人民的租赋交纳。

再次是交通工具。现存材料或文献留下的关于交通工具的信息很少，即使有材料，它们也常常是作为艺术形式而保留的，特别是墓碑上的那些，而且这些材料经常描绘得不准确或不完整。在驿站中，使用最广泛和最重要的是马车。关于马车，瓦罗在《论拉丁语》中对它的名称来源做过讨论："马车（vehiculum，wagon）是用来运送豆类和其他东西的，之所以这样称呼它，是因为它是用柳条（osier）做成的编织物（vietur），或用这种编织物来运送东西。小型马车被称为篷盖马车（arcera，covered wagon，a shorter wagon），因为这种马车是用像柜子的木板（arca）做成的，所以我们叫它篷盖马车。载货重型马车（plaustrum）与上面所说的不同，它的得名是因为它是完全敞开的，不是部分敞开，它所运载的货物包括石头、木料和各种建筑材料，这些货物都能从外面看到。"② 但是，瓦罗没有给我们提供更进一步的信息，特别是关于它的起源。虽然"在古代，语源学上的定义是很不适当的，但它能为我们提供一种更好理解的术语"。③ 因此，瓦罗提供给我们的信息对于我们了解罗马的交通工具还是具有十分重要意义的。关于罗马的"马车"，经学者们的考证，它的设计是从凯尔特人那里借鉴来的，而且几乎所有的交通工具的拉丁名称都起源于凯尔特（主要是高卢人和不列颠人）。④ 在艺术形式中，对载人交通工具的描绘要比商业交通工具的描绘更多，它们的上部设计比较轻便且富有弹性。有些交通工具上设有悬坐的工具，主要是为了旅行方便。

马车使用各种各样的轮子，特别是沉重货物的运输更需要结实的车轮和坚固的毂。最初的坚硬的轮子继续在使用，但是带轮辐的轮子使用得更为普遍，有许多这样的单轮或多轮得以完整地发现（用木头做成的单轮或多轮）。建造和使用单轮需要很多技巧。这些轮子常有一个铁轮胎套在上面而不是钉在上面的。铁环（轮子中部铁环）保护毂或轮子中心部分，减少毂被震裂的可能性，并保持轮子的适当位置。

关于刹车系统的情况知道得不多，刹车主要是用来拉牵、控制和倒退、支撑的工具。我们可以想象，在运送过程中，遇到陡坡的情况是不可

① A. H. M. Jones, *The Later Roman Empire*, 284 – 602, p. 845.

② Varro, *On the Latin Language*, V, 140.

③ John W. Humphrey, John. P. Oleson and Andrew N. Sherwood, *Greek and Roman Technology: A Sourcebook*, *Annotated Translations of Greek and Latin Texts and Documents*, p. 428.

④ Jo-Ann Shelton, *As the Romans Did: A source Book in Roman Social History*, p. 184.

避免的，因此，马车的刹车也一定存在。据估计，当时的刹车杆很可能是一根拖在地面上靠它与地面摩擦来减速的大木棒，当然，也有人认为它是一根顶端弯曲的直杆，用钉子钉成十字形的工具。①

许多道路都很狭窄，不能容纳两辆马车通过。很有可能，除了在桥面和城镇里，马车不在坚硬的路面上行驶，相反，它是沿着道路边的泥草前进的，这样可以减少对马车的磨损。这也可以说明为什么当时很多畜力没有脚套。提奥多西法典（*Theodosian Code*）以及后来的立法对各种马车的载货实行严格的限制，很可能就是为了保护帝国驿站畜力及路面。载货限制包括两轮马车不超过 90.3 公斤（200 磅），邮政马车载重不超过 454 公斤（1000 磅），由牛拉的载重大车不能超过 680 公斤（1500 磅）。对交通工具的规格也有所限制。②

三　管理

帝国驿站是奥古斯都为了加强对全国的控制和管理而建立的，它是帝国政治统治的外在反映，也是帝国统治在实物表现上的延伸。在驿站体系中，无论各地驿站的行政管理者和实际操作者是谁，他们实质上都只是为帝国的皇帝服务，只是皇帝的耳目，只是给皇帝通风报信的工具而已。普罗柯比曾明确地指出驿站制度建立的目的："罗马皇帝们为了能够最迅速最便捷地获得有关敌人侵扰任何省份、城市骚乱或其他意外麻烦、各地官员的活动以及帝国各地其他任何人的情报，曾建立起下述公共邮驿制度，这一制度还可以保障那些送缴帝国年度税收的官员不会因路途而耽搁或遭遇危险。"③ 在这个有形实体的背后，真正的无形统治者是皇帝，是帝国对臣民的统治，正如拉姆赛所指出的那样："整个帝国驿站组织的巨大轮轴是在罗马的皇帝，这在两方面具有本质的意义：一方面，他要准确地知道他的命令或指示在到达指定地点并得以实施要花费多长时间，另一方面，帝国其他各部分的官员们应当知道他们的报告或要求到达中央政府所需要的时间。"④ 无论是皇帝知道自己命令的到达时间，还是各省官员向皇帝报告的时间，那都只是为皇帝服务的表现罢了。

驿站的管理和维修由各行省长官负责，其费用由行省的税收来负担。在实施过程中，行省长官是通过各行省人民的强制劳役和税收来进行的。

---

① 刘增泉：《古代罗马人旅行世界》，第 88 页。

② Jo-Ann Shelton, *As the Romans Did: A source Book in Roman Social History*, p. 185.

③ 普罗柯比：《秘史》，第 14 页。

④ A. M. Ramsay, "The Speed of the Roman Imperial Post", *JRS*, Vol. 15 (1925), p. 73.

这些行省长官要对与驿站保养有关的所有事宜负责，他们必须保养道路，维修桥梁，保证地方机关的日常工作，等等。为了这一目的，行省被划分成许多驿站区（postal districts），每个驿站区都有一个被称为包税人（manceps）① 或承包人（contractor）的人来具体管理，在他之下，有很多从属官员和奴隶为自己的专门任务进行训练：负责驿站马匹（stationarii）的管理；照看牲畜（muliones，hippocomi）；当牲畜生病时给予医治（mulomedici or vets）；供应草料（stratores）；维修马车（carpentarii），等等。到帝国后期，在一些地方，驿站长官由行省的卸任官员或教区牧师担任，也有一些帝国行政长官担任此职，更多的情况则是这些包税人由市镇议会任命。瓦伦提里安（Valentinian）皇帝曾试图提升高级官员负责驿站维护，他希望由那些获得荣誉头衔的人来担任此任，这些人都出生于最富有的家庭，却又成功地逃避了他们对国家的义务。瓦伦提里安认为他们来管理驿站会更好，但最终他的这项改革夭折。根据 381 年的法律，包税人的任期不得超过 5 年，任期满后，如果管理完善会得到国家奖赏。很明显，政府对包税人在责任和财政方面非常不满，并规定包税人离开他所管理的驿站的时间不得超过 30 天。②

最初，驿站的使用证颁发权都控制在皇帝的手中，但后来，各地官员也获得了驿站使用证的颁发权。正如前所述，由于驿站在帝国运输和人们出行方面提供的巨大方便，因此，许多人特别是卸任官员及与有颁发使用证权力的官员的私人，都千方百计地获取驿站使用证，从而谋取私利。驿站的滥用势必加重驿站的负担，实际上就是间接加重了国家的负担。因此，从很早时候起，皇帝们便注意到了驿站可能给帝国带来的负担。早在提比略统治时期就一方面规定萨加拉苏斯人（Sagalassus）必须随时为官方旅行者准备 10 辆马车和 10 只驴，另一方面又严格限制各个等级的交通数量，如代理人（Procurator）、元老出行可拥有 10 辆马车，而百人队长只能有一辆，甚至还特别规定了哪些服务是必须自己付费的。③ 到涅尔瓦统治时期，他曾采取了一系列措施来减轻意大利的负担，其中一项就与驿站有关，他废除了地方社团（communities）维持公共驿站体系服务的费用。④ 哈德良在位期间，为了加强对皇帝的集权统治，他采取过一系列改革措施，其中一项重要内容就是对驿站管理的改革。他把帝国的驿站交给

---

① Manceps 原意是指拍卖中的购货者，或者包税人，或者企业家。
② A. H. M. Jones, *The Later Roman Empire*, 284 - 602, p. 832.
③ Colin Wells, *The Roman Empire*, p. 145.
④ Ibid., p. 169.

由骑士组成的一个专门机构管理，并把这些骑士派往各行省，直接管理各地驿站。① 但是，这些措施并不能阻止驿站负担的加重。正因为如此，到朱利安皇帝时代，他对驿站的管理做了一定的调整，规定驿站使用证只能由皇帝指派的长官（magister）以皇帝的名义签发给需要它的官员们。各行省的驿站传呼员（curiosi）或巡查员（inspector）也只从"皇帝的代理人"（agentes in rebus）中选出并对皇帝负责。传呼员或巡查员的首领控制着整个帝国的驿站职位，同时，他们还控制着各城市与行省之间的个人和官方代表以及外国使臣的接待，从而完全控制了皇帝的信息来源。在接见外国使臣方面，这些首领还要提供必要的翻译人员，这样他就变成了外交事务大臣，从而在帝国中占据重要的位置。当然，这些驿站管理首领自然是皇帝的心腹或最亲近的人。② 君士坦丁统治时期，他把驿站的管理权交给自己的副手。③

到 4 世纪后期，帝国的道路和驿站的情况越来越糟糕。从公元 395 年起，霍洛里乌斯皇帝颁布了不下 10 次法令来阻止这种糟糕情形，其中有一道法令说，意大利地区的大道已经遭到了严重损坏，要求所有阶层的人都尽量为修路出力。他还取消了先前法律赋予给那些"杰出人物"免费使用驿站和道路的特权，并派专门的军队来监督执行情况。④ 这些法令执行的效果如何，我们不得而知，但是，从他后来不断颁布类似法令的情况看，可能执行效果并不理想。他后来又颁布了许多法令来制止驿站被滥用，甚至剥夺了帝国高级官吏对驿站免费使用的特权（皇帝亲自召集他们除外）；对于守卫驿站的军队也受到严厉警告，不能滥用驿站；城市长官也一次又一次地接到不能滥用驿站的命令；他还对滥用驿马的人处以重罚。但是，这些措施仍然没能阻止驿站被滥用，这从后来颁布的法令中可以看出。公元 401 年的法令要求各行省官员必须负担额外的驿马以便缓解当时的紧张情形；公元 404 年的法令表明当时在主要大道上招募道路官员和工作人员时居然没有人去；在高卢和西班牙，当地的高官们竟然把驿站上的赶骡人悄悄地撤走或释放了；由于管理人员的失职，驿站中的驿马没

①　Arthur E. R. Boak, *A History of Rome to 565 A. D.* 4th Edition, New York: The Macmillan Company, 1955, p. 345.

②　A. H. M. Jones, *The Later Roman Empire*, 284 - 602, p. 369.

③　H. M. D. Parker, *A History of the Roman World: From A. D. 138 to 337*, New York: The Macmillan Company, 1958, p. 266.

④　M. A. Samuel Dill, *Roman Society in the Last Century of the Western Empire*, London: Macmillan and Co. , Ltd, 1921, p. 238.

有得到很好的喂养。① 帝国采取的几乎所有措施都不能阻止帝国驿站的被滥用，如提奥多西法典中有一项条款规定，要通过核查驿站官员们铺张浪费和私人的非法占用来减轻驿站在经济上的压力。② 尽管如此，驿站的滥用还是难以遏制，因为对它合法使用的人总是越来越多，比如基督教在取得帝国统治地位后，凡是参加由皇帝召集的宗教会议的人都可以免费使用驿站，而且许多徇私舞弊现象也无法制止。因此，到了利奥皇帝（457—474）时代，他取消了一些教区和一些地区的所有普通驿站，如行政长官普萨埃乌斯（Pusaeus）就取消了东部教区的一些驿站。这些被废除的驿站马车被用来运送军队、外国使臣、军工厂的供给或军队的武器，驿站工作人员被作为专业马车夫受雇于国家。由于这时候东罗马帝国的大部分税收都是用黄金交纳，因此，军队和许多国家行政开支都用黄金支付。③ 但是，这些措施并不能真正制止驿站的滥用，也不能阻止官员们对驿站使用的铺张浪费。因此，到查士丁尼皇帝时期，卡帕多奇亚的行政长官约翰把各地区的快送驿站和普通驿站都废除了，包括小亚细亚地区。普罗柯比说，到查士丁尼时代，除了通往波斯前线的驿站外，整个帝国东部地区的驿站要相距很远才有一个，而以前在这样的距离内有 8 个，至少也有 5 个。④ 约翰也说，在亚洲，所有的快送驿站全都废除了。普罗柯比的责难反映了当时驿站在经济上的沉重负担。他说，在过去美好的日子里，驿站不仅能提供快速便捷的信息传送，而且对土地拥有者也有好处，特别是那些处于内陆地区的人，因为他们可以把大麦卖给驿站，这样他们就可以抵付他们的货币租赋了。正如他和约翰·吕杜斯（John Lydus）所宣称的那样，如果废除驿站，势必破坏他们的大麦出售，这样，他们自己消费的就多了，货币租赋负担也加重了。⑤ 但是，那些"美好的日子"永远一去不复返了。

对驿站的日常具体管理与维护，很少有资料提及。但是我们可以看到，帝国政府针对当时出现的一些情况做出的相应措施可以反映出当时政府局部的、具体的做法。一般而言，驿马都很强壮，速度也快，但是，在紧急情况下信使还是会用鞭子猛抽，一些粗暴的信使为了赶路甚至用木棒抽打马，因此，法律不得不介入干涉以保护驿马。法律禁止使用粗野方式

---

① M. A. Samuel Dill, *Roman Society in the Last Century of the Western Empire*, p. 239.

② A. H. M. Jones, *The Later Roman Empire*, 284 – 602, p. 833.

③ Ibid.

④ 普罗柯比：《秘史》，第 144—145 页。

⑤ A. H. M. Jones, *The Later Roman Empire*, 284 – 602, p. 834.

对待驿马。君士坦丁有一项诏令规定，信使可以对驿马使用鞭子，但禁止使用棍棒。① 提奥多西法典也规定了许多详细的规则，以防止对畜力的过分使用。比如规定牲畜和马车的最高载重额，每天发送的畜力和马车的数量，骑马者不能用带刺木棒抽打牲畜，只能用藤条或鞭子等。② 所有这些有关驿站具体管理的规定都从侧面反映出晚期帝国时代驿站使用中存在的严重问题。

对驿站的管理和使用一方面反映了帝国的意志，它加强了帝国（皇帝）对国家政治、经济和军队的控制，在维护帝国的统治方面起过重要作用；但是，另一方面，由于帝国的衰落，国家官僚体系的膨胀和腐化，对驿站的滥用越来越严重，尽管帝国想尽了各种办法阻止这种趋势，但还是没有挽救驿站的命运。对于这样一种先进和优越的制度，到罗马帝国后期，居然沦落到最终被彻底取消的地步，这无疑是一种悲哀。但正是这种悲哀，它在一定程度上也反映出罗马帝国后期的衰落趋势，反映出帝国（西罗马帝国）最终走向灭亡的命运。

四 速度

关于驿站速度问题是学者们热衷讨论的一个问题，但是更多的人在谈到驿站速度时似乎只是简单地惊叹于它的高速度信息传递，而且，要为其惊叹在古典作品中寻找依据也是很容易的事，因为这些作品在谈及驿站时，大多也因其速度惊人而感慨不已，或者记录当时的一些紧急事件，对这些紧急事件的传送，当然就少不了对驿站高速度的描述。正因为如此，学者们常常把帝国驿站的速度估计得很高。如伯兰德说："对皇帝而言，有很多快速四轮马车从一个驿站到另一个驿站为他递送文件，每隔几里就要更换马匹。这种邮车到帝国的任何地方都可以达到大约每天 200 英里。"③ 吉本在《罗马帝国衰亡史》中也说："全国各地每隔五六英里便有一所驿站，每个驿站经常有 40 头马匹备用，依靠一站一站接力的办法，沿着罗马大道一天跑上 100 英里完全不在话下。"④ 其他关于帝国驿站速度的说法更是五花八门，莫衷一是。马丽·约翰斯顿则认为信使靠步行的速度为每天 26—27 英里，如果乘坐两轮马车的速度为每

① Ugo Enrico Paoli, *Rome: Its People Life and Customs*, p. 186.
② A. H. M. Jones, *The Later Roman Empire*, 284 – 602, p. 833.
③ C. A. Burland, *Ancient Rome*, p. 58.
④ 爱德华·吉本：《罗马帝国衰亡史》，第 50 页。

天 40—50 英里。① 《罗马人的伟业》的作者谢尔顿也说："（驿站）信使平均每天旅行 75 公里（46 英里），但是如果快速传递的话，每天可达 200 公里（124 英里）。"② 科林·韦尔斯认为，信使的通常旅行速度大约平均每天 50 英里或更少，但在紧急情况下会更快些，比如塔西佗关于公元 68—69 年的记载表明当时的信使的速度是平均每天约 160 英里。③ 格雷厄姆·斯彼克在《企鹅古代史词典》中认为："信使的平均速度是每天 50 英里，这种速度在三种紧急情况下可以提高。"④ 但到底是哪三种紧急情况，他并没有进一步说明。所有这些结论中，到底哪种说法更接近普通驿站信使的正常速度呢？

就个案而言，在关于驿站速度方面最完整、最重要的内容是塔西佗关于公元 69 年上日耳曼地区的军队反对伽尔巴（Galba）的哗变和这些消息在罗马及其他地方被收到。⑤ 这次哗变发生在 69 年 1 月 1 日，当时第 4 军团和第 22 军团驻扎在摩哥提亚库姆（即美茵茨）的冬季军营中，他们拒绝按通常惯例在这一天向皇帝宣誓效忠。这一消息由第 4 军团的正规信使传达给驻扎在科隆军营里的下莱茵区军事长官维特里乌斯（Vitelius），信息的到达是在 1 月 1 日晚上，其间距离是 108 罗马里。所谓晚上，根据罗马人的用法，可以用来指代太阳下山后的任何时候。这次可能不是很晚，因为当消息到达的时候，维特里乌斯还在吃晚饭，尽管罗马人的晚饭时间很长，大约是从下午 5 点甚至更早开始。假如信使从天一亮就出发，执行这种使命的信使当然要使用为了保证上下莱茵区迅速交流的沿军事道路的帝国驿站，整个旅程可能花了 12 小时或 14 小时，这样，他的行程速度大约是每小时 10 罗马里，而且允许其中途休息。另一个很明显的关于驿站速度的例子是公元 238 年信使把马克西米（Maximin）在阿奎勒亚被杀的消息传到罗马。信使通过驿站在第 4 天到达罗马，如果信使全部走波洛尼亚大道（Via Bononia）的话，他每天要走 130 英里到 140 英里且连续走 4 天。如果他从拉文纳（Ravenna）乘船到阿奎勒亚的话，路程可能要缩短，而且可以避免必须绕过那一地区泻湖和沼泽地带而走的弯路，这样会大大缩减实际距离，但可能花的时间就更长了，因为乘船的

① Mary Johnston, *Roman Life*: *Successor to Private Life of the Romans*, Chicago, Atlanta and Dallas: Scott, Foresman and Company, 1957, p. 313.

② Jo-Ann Shelton, *As the Romans Did*: *Asource Book in Roman Social History*, p. 184.

③ Colin Wells, *The Roman Empire*, pp. 138 – 139.

④ Graham Speake, *The Penguin Dictionary of Ancient History*, p. 517.

⑤ 塔西佗:《历史》，第 11—18、46—49 页。

速度更慢。① 苏维托尼乌斯和普鲁塔克曾说有一次朱利亚·恺撒乘坐雇来的马车每天行军 100 英里且连续走了 8 天。② 公元前 9 年,当提比略在蒂齐鲁姆得到他那在日耳曼军营中的兄弟德鲁苏斯病危的消息后,他通过驿站一天一夜跑了 200 英里。③ 他的这次旅行速度是当时的最高纪录。

　　但是,以上所列举的例子只不过证明了信使在例外的情况下通过驿站以一种例外的高速度行进,特别是能在两三天内到达的相对短的旅程,因此它们都不可能是当时普通驿站的正常速度。对此,拉姆赛在《罗马帝国驿站的速度》一文中对这些仅以特例为依据的做法进行了批评。④ 他认为,要估算帝国驿站的速度,有两点必须首先明确。第一,主要目标不应当单纯集中在驿站的速度上,而应当是在合理的且可供计算的时间里能到达目的地的确定性。奥古斯都建立的帝国驿站只是政府的工具,只是帝国在行政上实行中央集权的一种方式而已。从他的整个行政体系看,这一点很明显,而且也得到了古代作家的普遍认同。奥古斯都的驿站建立在主要的道路上,每隔一定距离就有固定的信使和骑马,消息的传送一站接一站。这无疑保证了一种高速度,就像波斯信使的快速给希罗多德留下了深刻印象一样。但共和国的经验很快就表明其他方面的因素要比速度问题重要得多。人们发现,为了能够更准确地传达送信人的意思,让信使一个人跑完整个行程要方便得多。因为这个原因,奥古斯都改变了最初的信使接力式的做法,他为信使提供了马车,以便他们能够全程旅行。这能保证同一个信使连续好多天不停地前进但又不会感到疲劳。但是,这种变化清楚地表明,速度不是首要的考虑因素,原来的接力式体系永远地被放弃了。⑤ 整个旅程由一个信使完成这一点在塔西佗的《历史》中也得到了证明,他说"从叙利亚到犹地亚的信使来报告说,东方各军团已经向维特里乌斯宣誓效忠。"⑥ 因此,驿站的正常速度实际上就是信使的正常速度。

　　第二,我们必须记住,古代文献在实际记录中的任何涉及速度的旅行

---

① A. M. Ramsay, "The Speed of the Roman Imperial Post", *JRS*, Vol, 15 (1925), pp. 63 – 65.

② 苏维托尼乌斯:《神圣的朱利乌斯传》,第 30 页;Plutarch, *Julius*, p. 17.

③ Pliny, *Natural History*, Ⅶ, 84.

④ A. M. Ramsay, "The Speed of the Roman Imperial Post", *JRS*, Vol, 15 (1925), pp. 60 – 74.

⑤ 苏维托尼乌斯也说:"后爽设置了驿站马车。现在可看出后者是更为方便的做法,因为如果情况需要,人们可以询问直接从出事地点带来紧急公文的同一个赶车人。"(苏维托尼乌斯:《罗马十二帝王传》,第 78 页。)

⑥ 塔西佗:《历史》,第 139 页。

都可能只是一些特例。就像前面所列举的那些例子一样，普通的例子不值得记录，大家都知道它们就那个样，没有人会有兴趣，而且认为理所当然，就像今天以正常速度送到的信件一样，除非信件的寄送有什么特别之处，我们不会在意信件的收寄日期。在这一点上，计算帝国驿站速度的很多现代史家都忽略了它。他们把那些特别提到的驿站速度作为普通驿站的正常速度，然而从这些特殊的例子中是很难得出普遍的平均速度的。比如有学者凭借这些例子估计信使的速度在每天 160 罗马里。还有人用每小时 5 英里的军事信使速度作为普通的驿站速度。有些研究者还对传递信件的信使与诸如政府官员或获得特许使用驿站的其他普通人员的速度做了区分，包括所有遇到的障碍在内，普通旅行者长途旅行的平均速度大约为每小时 5 罗马里，但是对有公务在身的信使的平均速度为每小时 10 英里或一天 160 英里，当然允许中途休息。但是，这些速度估计所依据的例子仍具有例外特征。①

　　帝国驿站的速度到底怎样计算比较准确呢？我们还是只能从古典作家的记载中寻找。古典作家中对帝国驿站的常规速度表述得最准确的可能是普罗柯比的记载："皇帝们规定，在某些地方执行任务者每天的行程为八个驿站（stages）的里程，在另一些地方则少些，但几乎没有少于五个驿站里程的。……按照通常的要求，每天行进十个驿站的路程。"② 根据普罗柯比的记载计算，一个信使一天的行程最多为 67 英里，最少为 41 英里，这样推算下来，平均每天为 50 英里，具体速度与白天的时间长短、气候以及路面状况有很大关系。普罗柯比写作于公元 6 世纪，但是，我们完全有理由认为信使的正常速度不会在不同的时期内发生太大的变化，也就是说，这一记载完全可以看作是帝国时代普通驿站的正常平均速度。每天 50 英里的驿站速度，如果把一天按 10 小时计算，那么平均每小时就是 5 英里。这一速度完全能在古典记载中找证明。盖乌斯·恺撒于公元 4 年 2 月 21 日死于利齐亚海滨的利米拉（Limyra），这一消息于 4 月 2 日传到皮萨（Pisa）。从利米拉到罗马花了 36 天。在冬季，信使可能不会冒险去穿越爱琴海，而是走陆路穿越亚洲的行省，接着经过埃格纳提亚大道，这条道路在当时是罗马和东方的主要大道。经过这条路，从拉奥西亚到罗马大约有 1300 多英里，从利米拉出发的话，路程更远，穿越亚得里亚海就

---

① A. M. Ramsay，"The Speed of the Roman Imperial Post"，*JRS*，Vol, 15（1925），pp. 62 - 63.

② 普罗柯比：《秘史》，第 144 页。

要两天时间。但是，除非我们认为他在途中遇到了非同寻常的滞留，那么，很明显，他一定是按正常的平均速度在前进，也就是说，每天 50 英里。①

在现代眼光看来，驿站的平均速度仅为每天 50 英里，这无疑是很慢的，但在古代，一天 50 英里是可能在所有的季节里都完全能达到的高速度，这样的速度也不会降低信使和驿站的效率。这种常规而确定速度是帝国驿站建立和保持的主要目标，而且从行政效率的角度看，它要比单纯的速度问题重要得多。这种在所有季节里都有可能实现的适中速度比那些根据季节和环境变化而变化的高速度要有利得多。正常情况下信使骑马每天能走 50 英里，这对于正常人来说也不容易，他们大多往来于各地，夏天，旅行途中不仅酷热而且疲劳，冬天的旅行条件可能更加艰苦。因此，这个速度在现实中根本就不能看成是很低的。就是这种适中的驿站速度与共和国时代流行的众多事物相比也是一个巨大的进步。

第四节　中国汉晋时期的驿站

汉晋时期中国的驿站体系也十分发达，这里把它与罗马帝国的驿站制度加以简单的比较，可以看出这两个相距遥远国度的驿站制度在其建立和分类、畜力使用、速度、管理等方面的相似之处及各自特色。

首先看驿站制度的建立和分类。真正的驿站体系的建立必须有发达完善的道路体系为前提。中国的驿站制度最早可以追溯到上古时代黄帝"合符"故事，但真正得以健全其制度则是秦统一全国后的"车同轨，书同文"，特别是秦朝"为驰道于天下"（《汉书·贾山传》）之后。秦朝建立后，在全国兴建了四通八达的"驰道"，这为驿站制度的建立奠定了统一的基础。驿站的分类很具体，根据颜师古的解释，以车作为主要传递方式的称为"传"或"传车"，以骑马作为主要传递方式的称为"驿"或"驿骑"，以步行为主要传递方式的称为"邮"。后来进一步发展出所谓"传舍"、"邮亭"、"驿置"等。传舍是交通干道上县以上行政单位设置的通信机构；邮亭则是边境传递军事文书的专有机构，《说文·邑部》说："邮，竟上行书舍"；驿置指的是我们通常所说的驿站。到汉代，

---

① A. M. Ramsay, "The Speed of the Roman Imperial Post", *JRS*, Vol, 15 (1925), pp. 72 – 73.

"传"、"邮"、"置"的区别已经开始混淆了。① 最初的驿道是专门用于邮驿事务，与普通道路相区分的，因此被称为"驰道"。按《说文·马部》："驰，大驱也。"驰道显然与普通道路不同。罗马帝国的驿站根据不同的标准可进行不同的分类，如根据配置及对传送之物的紧急需要与否可分为快送驿站和普通驿站；根据驿站为过往行人提供服务的大小，可分为大驿站和小驿站；根据驿站所能提供的服务功能，还可分为夜宿驿站、畜力驿站和护卫驿站。虽然罗马帝国境内"条条大路通罗马"，但在道路的使用上，它没有中国的"驰道"与普通道路的严格区分。从中国汉晋与古罗马时期邮驿的建立和分类来看，它们都有一个共同的特点，即它们建立目的主要是出于军事上的需要，同时也是大帝国为加强其对被统治地区和人民的重要统治手段。

邮驿任务的执行主要得靠畜力进行。无论是汉晋之中国还是罗马帝国初期，马匹都主要用于军队（罗马用马较多的还有各种各样的比赛），作其他用途的一般很少，因此，在驿站体系中，马匹都显得十分珍贵。但作为帝国统治重要工具的邮驿往往出于迅速传递信息的需要又不能缺少马匹。汉文帝二年（公元前178年），曾经命令管理皇家的太仆清点马匹，留足日常使用的基本数量外，其余都移交"传置"，以增强驿传系统的实力。（《史记·孝文本纪》）汉文帝的这一做法被时人誉为"省厩马以赋县传"，"亲自勉以厚天下"。（《汉书·贾山传》）汉昭帝也在自己的诏书中声称自己曾尽量减少"乘舆马"，"以补边郡三辅传马"（《汉书·昭帝纪》），由此可见当时马匹之珍贵。这种状况最迟到西汉中期已经大有改观，这从西汉"大逐匈奴"中亦可窥见一斑。到魏晋时期，不仅马匹作为邮驿传递的重要工具更加普遍，而且马具也有重大改进。此时马镫作为骑行的马具，已经在实际生活中得到了广泛应用，马镫的应用，可以减轻驿骑的劳动强度，保证行进安全。这也是邮驿事业中的一项重大技术进步。② 在罗马，同样由于马匹比较珍贵，因而在信件传送过程中并不经常使用。在帝国早期时代，除了信使传递重要文件之外，其他的驿传经常用牛进行，但是，到帝国后期，每个驿站配备的马匹却数量惊人。关于这一点，前面已有介绍，不再重复。因此，从这一时期欧亚大陆两端大帝国驿站对畜力的使用情况来看，在前期，马匹的使用都远不如后期普遍，这从另一侧面也反映出这一时期两大帝国在生产力发展上的进步以及在邮驿体

① 王子今：《邮传万里——驿站与邮递》，长春出版社2004年版，第51页。
② 同上书，第66页。

系上的不断完善。

关于邮驿速度的问题是学者们乐此不疲的话题。在中国，据《汉书·武五子·传昌邑哀王刘贺》记载，汉武帝的儿子昌邑王刘贺前往长安，"日中"（大约 13 时）从昌邑国出发，"晡时"（大约 15 时至 16 时）即抵达定陶，两三个小时急行 135 公里，以致"侍从者马死相望于道"。侍从者骑乘的马因为追随轻车，以致疲惫而死，这说明当时驰车的速度远远超过了骑马者。《史记·酷吏列传》说，著名酷吏王温舒任河内太守时，"令郡具私马五十匹，为驿自河内至长安"，处理重大案件，上书奏行往来不过两三天，时人叹其"神速"。据《汉书·赵充国传》记载，赵充国率领军队与羌人作战于湟中（今青海地区），向汉宣帝请示军事部署和作战方案以及定帝认可批准的文书，竟然可以七天之内往来，"六月戊申奏，七月甲寅玺书报从充国计焉"。按照今天公路营运线路里程图最近捷的路线计算，西安到西宁间也有 1400 多公里，由此可以推知当时驿报速度竟达每天 400 公里左右。《通典·礼二三》引《汉官仪》说，"奉玺书使者乘驿传，其驿骑也，三骑行，昼夜千里为程。"传递皇帝颁布的重要文书的使者乘驿传执行使命，若采用"驿骑"的形式，往往以三骑接替驰行，行程定额每昼夜为 1000 公里。这与《赵充国传》的记载大体相符。另据《晋书·宣帝纪》载，曹魏中央政权有诏书令远在河内的司马懿赶回洛阳，"三日之间，诏书五至"。司马懿于是"昼夜兼行"，"四百余里，一宿而至"。这与前面两例也几乎完全吻合。这些史实都说明了当时邮驿速度的快捷。但是，我们应当注意到，史书中所记载的这些"疾行速走"都是一些特殊环境下的特别个案，并不是正常状态下的邮驿传递速度，因为在普通情况下，大家都知道它的情况，没有人会有兴趣，而且认为是理所当然的，就像我们今天以正常速度送到的信一样，除非在非常特殊的情形下，我们并不会去刻意记录这些信件，也不会在意它的传递速度。正因为如此，对于这一时期正常的邮驿传递速度，由于我们缺乏足够的资料，很难给予准确的估计。古典文献中关于罗马帝国邮驿速度的记载其实大多也是在特殊情况下的一些个案，其正常的平均速度也是学者们争论不休的一个问题，其中最有说服力的是前面提到的拉姆赛的考证，他认为普罗柯比所记载的正常情况下的平均速度为每天 50 罗马里（74 公里）最可信。尽管学者们对在关于邮驿的速度方面有不同意见，但无论如何，我们可以看出，无论是当时的中国还是罗马，邮驿体系都极大地促进了当时两国信息的传递，为帝国加强对各地区的控制提供了便捷条件。

驿站的管理，是关乎统治阶级政权的稳定与否的一个重要问题，因此，对于中国与罗马来说，统治阶级都十分重视对邮驿体系的监管。对于汉晋时期中国的邮驿管理，学者们有不同的看法。有学者认为秦汉因袭周制，在中央由太仆掌舆马邮驿事务。到东汉时，太仆之职并入司徒。地方除郡县外，其下的乡官组织也都负有管理邮驿事务之责。① 也有人认为秦汉邮驿管理在中央由丞相总负其责，但九卿之一的少府则是实际的中央收发机关的首脑，九卿中的卫尉、大鸿胪（景帝时称大行令）也与邮传有密切关系。此外，兼管邮驿事务的还有御史大夫，主要是通过巡行和对使用邮传的使者发放"封传"进行监察。东汉时由太尉负责，其下的法曹仅负责邮驿科程式，即法律制度和规章，这是由邮驿主要是为军事通信服务所决定的。至于具体通信则由尚书台负责。在地方均由太守县令掌管，但具体主管文书的属吏是令史，公文的经办人是郡县内分管某科事务的属曹。此外，在边疆地区尚有一套由都尉兼管的候官、候燧组织。还有人认为，秦时中央由隶属于典客的行人掌管邮驿事务，西汉时先后改典客为大行令、大鸿胪，其下的行人（武帝时改为大行令）、驿官令、丞主管邮驿事务；东汉时改由太尉府下的法曹掌之。地方上的各郡国都分设诸部督邮掌管邮驿事务；至于县、乡，未见有专管邮驿事务的官吏，大约与邮传事业具有全国性质不宜分割于各县、乡主管有关。但驿道所经之地，仍设有专门官吏主持其事。因此，"秦汉时从中央的'典客'（后改为大鸿胪）、'行人'令和太尉府下的'法曹'，到郡国的督邮，再到每个驿站的'厩啬夫'、'传舍啬夫'、'邮书掾'等'吏'，构成了一个不同于地方行政系统的邮传管理系统"②。在具体操作中，根据张家山汉简《行书律》的规定，邮人不负担徭役，没有从军的责任，家人也享受同样的优待，其所有田地，其中有一顷可以不必上缴租税。这些人在蜀国被称作"驿人"，晋代则称为"信人"或"信"。政府邮驿只供政府使用，非经特许，任何民间私用都会受到严厉的惩罚，就是皇亲国戚亦不例外。

在罗马，邮驿体系在名义上都由皇帝掌控，但在实际操作中，驿站的管理和维修由各行省长官负责，在实施过程中，行省长官是通过各行省人民的强制劳役和税收来进行的。这些在前面已有介绍，这里不再赘述。

无论中国还是罗马帝国，统治阶级加强对驿站管理的最终目的都是加强对全国的控制和管理，驿站体系本身就是帝国政治统治的外在反映，也是帝国统治在实物表现上的延伸。在这一体系中，无论各地的实际管理者

① 楼祖诒：《整理邮驿史料之商榷》，《交通杂志》1936 年第 4 卷第 8 期。

② 高敏：《秦汉邮传制度考略》，《历史研究》1985 年第 3 期。

和操作者是谁，他们实质上都只是为了帝国的皇帝，只是皇帝的耳目，是给皇帝通风报信的工具而已。在这个有形实体的背后，真正的无形统治者是皇帝，是帝国对臣民的统治，在这方面，中国的驿站制度与罗马帝国并没有实质区别。

第八章　罗马道路上的旅行

在罗马道路上，无论是罗马的房屋、旅馆这些主要反映罗马民间社会生活的现象，还是驿站生活这一主要反映罗马官方社会生活的现象，它们都具有相对的"静态性"，即罗马人民和罗马统治阶级都围绕旅馆或驿站这一相对静态的目标进行活动。在罗马道路上，具有"动态性"的流动生活同样丰富多彩，如罗马军团的运送、商人的穿梭、各种各样旅行者的来往等。如果我们撇开政治、经济、军事这些传统史内容，仅就狭义的、单纯的社会史角度看，在罗马道路上的动态生活中最重要的可能要算道路上的旅行了。

罗马人的旅行在古代世界中很有名，这与古罗马特别是罗马帝国稳定的政治局面，高度繁荣的经济是密不可分的。罗马是从台伯河畔的一个小村落发展成为一个庞大帝国的。在罗马成长的过程中，始终伴随着它的是不断对外战争，在这些战争中，罗马只能坚忍不拔地追求胜利，否则它随时都可能被周边列强消灭，这一规律在古代世界史中早就被证明了。① 公元前 6 世纪与伊特拉斯坎人的战争，公元前 5 世纪对维伊的战争，公元前 4 世纪的萨姆尼乌姆战争和拉丁战争，公元前 3 世纪的布匿战争和伊里利亚战争，公元前 2 世纪的马其顿战争以及后来的内战和米特里达梯战争，等等。在所有的这些战争中，罗马都有可能面临巨大的困难，但罗马人最终还是取得了胜利。在这样的战争环境中，盗贼四起，土匪横行，因此出门旅行是十分危险的事情。

从公元前 1 世纪末期起，奥古斯都最终开创了稳定的帝国，一手缔造了"罗马和平"，从此以后，罗马帝国大规模地修建和扩张道路、港口和其他基础设施，并充分保障陆上和海上旅行安全，这就为罗马人的旅行提供了必要的保障。"奥古斯都统治下的生活是快乐的，正如下面的铭文所

---

① 这些例子我们可以在西亚、非洲诸大国的兴衰过程中清楚地看到，如亚述、赫梯、巴比伦、埃及等。

说：'在他身上，上帝不但满足了所有人的祈祷，甚至还超过了人们的那些需求：海洋和陆地都处于和平，城市在秩序、和谐和繁荣中发展，一切美好的事物都达到了顶点，人民充满了对未来的憧憬和对现实生活的幸福感'。"① 正因为如此，到"公元1—2世纪，陆上旅行在某些方面比在铁路时代到来前的任何时候都要方便：它有庞大的道路网络，在任何天气情况下，这些道路都把最偏远的角落与帝国的首都相连。下雨只会把旅行者淋湿，决不会使他们整小时或整天地陷于泥沼之中。这些金光大道一直延伸，它们穿越沙漠，盘旋于峡谷之中，蜿蜒于崇山峻岭。点缀于主要道路边的旅馆和驿站恰到好处，尽管它们的食物和住宿很差，但可以租用牲畜和交通工具"。② 正是在这种条件之下，"人流和物流具有同样的数量规模。士兵和商人，官员和政府仆役，旅行爱好者，学生和行游信使乃至运输事务人员，还有众多其他各色人等，挤满道路和海途"。③ 在一定程度上可以说，罗马人对旅行的热衷正是这种"对未来的憧憬和对现实生活的幸福感"的一种表现。

由于本书讨论的是罗马道路，因此，就旅行而言，我们主要局限于罗马人的陆上旅行，对他们的水上旅行不作专门讨论。

第一节 罗马人旅行前的准备与交通工具

罗马人在旅行前都要为旅途做一定的准备，这些准备主要是为了旅行方便。他们的准备可以从他们的行李看出。除了必需的厨房用具、餐具、毛巾、被褥之类的东西，他们可能还要携带更多的换洗衣服，以及为适应严峻道路而带上其他穿戴用品：如耐磨的鞋子或者便鞋，宽沿帽、披风等。罗马人的披风种类较多，如天气温和时用的短披风（lacerna）；连帽大披风（paenula）用羊毛或皮革制成，长至膝盖，是雨天用的；连帽羊毛披风（birrus）也是用羊毛制成，有点像阿拉伯人戴的带有头巾的呢斗篷，这是天冷的时候用的。钱和值钱的东西放在腰间的钱包里，或者放在用绳子挂在脖子上的小包里。如果旅行者想要在路上知道时间的话，他还可以带上一个铜制的小日晷（其直径在1—3/8到2—3/8英寸），有些日

---

① B. E. Snell et al. *Patterns in Time*. J. M Dent & Sons（Canada）Limited，1964，p. 136.

② Lionel Casson，*Everyday Life in Ancient Rome*，p. 115.

③ R. H. 巴洛：《罗马人》，黄韬译，上海人民出版社2000年版，第106页。

暑可以在整个帝国内使用，有些则仅限于局部地区。[1] 妇女在路途中的衣服和男子差不多，只是通常要长至脚踝。对罗马人旅行前的行李准备，我们从埃及出土的一份文献中可以得到比较真实的信息。晚期帝国时代，有一位名叫提奥法纳斯（Theophanes）的罗马官员在公元 317—323 年间从上埃及到安条克旅行，他所记录的旅行前的行李清单为我们提供了罗马人出门旅行应携带的行李的一个缩影。他的衣物清单如下：三种衣服（无袖托加、普通托加、长袖托加）、大小帽子、各种披风、头巾、各种鞋子及便鞋、换洗的各种内衣裤、几条马裤。上面还记载有各种餐具：各种烹饪用具、餐巾纸；还有各种油灯，包括台式的和悬挂式的。为了洗浴，他还带有橄榄油、明矾、泡碱[2]，以及在洗完澡后所用的没药、浴衣、手巾、面巾、浴巾等。为了睡觉，他还带有床垫、被单、毛毯、枕头、地毯及一些垫子。[3]

　　很多人在出门旅行前还要带上地图，这种地图实际上是绘制在羊皮纸上的旅行指南。地图里不仅标明了各地之间的距离，而且还标明了可为旅行者提供住宿的旅馆、官方驿站等，有些特制的地图甚至还指出旅馆能为旅客提供的东西。中世纪制作的一张反映晚期罗马帝国状况的地图副本（即著名的佩乌丁格里亚那地图），上面标明了旅行的路线，各地的城市、城镇名称以及其他可供歇脚的地方，数字表明各地之间的距离。在许多名称的旁边还有彩色标志，以便人们一眼便能辨认出来，如中间有一个庭院，四周有建筑的标志代表一个旅馆，在房屋前面有两个尖屋顶代表不是很好的乡下旅馆，一个尖箱状的小屋代表一个很普通的旅馆，只有名字没有任何图标的可能是仅能提供住宿的最简单的地方。[4] 这种地图对旅行者不仅非常实用，而且携带也很方便，因此，对长途旅行者来说，出门前携带地图也是其准备工作之一。[5]

　　旅行途中，旅行者可能要拜访朋友，因此不可避免地还要给朋友带些礼物。一个士兵写信给将去军营探望他的妻子说："当你来的时候，给我

---

① 　Lionel Casson, *Travel in the Ancient World*, pp. 176 - 177.

② 　这是一种天然的碳酸钠或碳酸氢钠（小苏打），当时埃及盛产，人们用它来洗浴。

③ 　Lionel Casson, *Travel in the Ancient World*, p. 177.

④ 　Lionel Casson, *Everyday Life in Ancient Rome*, pp. 116 - 117.

⑤ 　在罗马，还有一种地图，是罗马人征服一个地区后，把该地区的地理范围标绘下来，作为该地区被征服的标志，并在胜利而归穿过罗马凯旋门时，作为战利品高高悬挂带回罗马。这种地图只是一种精神上的象征，对旅行者来说没有任何意义。（Florence Dupont, *Daily Life in Ancient Rome*, Translated by Christopher Woodall, Oxford and Massachusetts: Blackwell Publishers Ltd. 1994, p. 80.）

带 10 件羊毛大衣，6 瓶油，4 瓶蜂蜜，我的护罩——要新的那一件，我的头盔。再把我的长枪也带上，再带一些帐篷里要用的东西。"① 幸运的是，这位可怜女士的旅行是沿尼罗河而下，这些东西都载在船上，这就在很大程度上减轻了她的旅行负担，否则，还真不知道一位女子如何应付如此沉重的行李。如果一位旅行者要前往的地方旅馆稀少，那么他的第一要务是吃喝。比如，提奥法纳斯一行在穿越巴勒斯坦和埃及的沙漠时，他们就带上额外的面包、鸡蛋和酒，仅酒就有 150 升左右。行李越多就意味着要带更多的仆人，提奥法纳斯带了很多仆人，以至于所有携带物品的三分之一都是用于日常生活消费的。

　　由于意大利及各行省的城市中心都有很好的道路相通，因此，不管行李多少，它们都可以通过各种畜力或车辆来驮运。对于富人及官吏们来说，行李的准备是由仆人和家奴来完成的，路上也有陪行的奴隶照看车辆和畜力，因此他们行李虽然很多，但并不会过分刻意地去减少，特别是高级官吏们，更不会因此而有损他们旅行的威严气势。当然，对于穷人，特别是完全靠步行出门旅行的穷人，那就另当别论了。

　　罗马人在出门旅行前还要做的一件重要准备工作是看出门前的征兆。他们的征兆主要是通过梦来反映的。陆上旅行的出发时间肯定要根据征兆来确定，海上旅行就更不用说了，因为海上旅行如果遇到危险，其危害性更大。如果梦到恐惧，则预示着在路上会受骗或遇到歹徒，梦到猫头鹰则预示着暴风雪或强盗，梦到野公猪则预示着会遇到暴风雪。如果梦到瞪羚，则预示着旅行轻松或困难。驴子预示着旅行安全而缓慢，花环和沼泽则是坏的征兆。一些神祇，如赫尔墨斯神和阿弗洛狄忒则预示着很好的旅行，狄俄斯库里或狄奥尼索斯就预示着坏的旅行。如果梦到神祇的雕像在移动也是好兆头。② 神谕所的神谕一般是为国家行政服务的，但也有私人通过求取神谕来求出门旅行的征兆，但是求神谕的程序比较复杂，而且花费也很昂贵，因此，除了富人和高官们外，一般私人是难以通过求神谕来获取征兆的。③ 公元 64 年，尼禄皇帝想到东方诸行省特别是埃及去。他

---

① Lionel Casson, *Travel in the Ancient World*, p. 177.

② Ibid., p. 178.

③ 关于这一点，我们可以从希腊求神谕的过程中看出，比如在德尔斐神谕所求神谕的程序如下：凡到德尔斐祈求神谕者，必先预付一笔钱款，献祭一头山羊；在阿波罗神庙外的大祭坛上举行完献祭仪式后，祈求者须再次付钱，方可进入神庙；在神庙里还需举行一次献祭，然后才可从德尔斐的女祭司皮提亚（Phytia）处听取神谕。（吴晓群：《古代希腊仪式文化研究》上海社会科学院出版社 2000 年版，第 81 页。）

先发布敕令，声称他离开罗马不会很久，接着就到卡皮托林乌姆神殿去，请示有关他的这次出行的事情。他在那里向诸神作了祷告，但是当他走进维司塔的神室时，他四肢却发起抖来：这或许是因为女神使他感到战栗，或许是因为每当他想起自己所犯的罪行时，他总是要战栗的。于是，他就放弃了出行计划，借口是"他一切个人兴趣比起他对祖国的爱来都是无足轻重的。"① 尼禄之所以放弃这次出行计划，其明显原因就是因为出行前的征兆不好。在我们今天看来，罗马人好像很迷信，但是，在当时的罗马，人们就是这样看待旅行前的征兆的。

一切准备妥当之后就可以出发了。"工欲善其事，必先利其器。"在罗马人长期的经济发展和旅行生活拓展的过程中，他们发明或引进了多种多样的旅行交通工具，这些工具"有的很奢华，而有些则非常适用"。② 在这些交通工具中，最引人注目的要算罗马人的马车了。瓦罗说马车最初是"用来运送豆类和其他东西的"，③ 而且这些马车是从凯尔特（主要是高卢人和不列颠人）那里借鉴来的。④ 但是，崇尚实干的罗马人把借鉴来的东西经过自己的努力和改造，发展出了样式更多更完备的交通工具。人们在外出旅行时，可以根据自己的经济情况选择不同的交通工具。我们可以把这些不同的交通工具大致列举如下：

Arcera，（供病人乘坐的）有篷盖的马车。

Armamaxa，〈希〉暖轿，古波斯的一种带盖马车（主要供妇女和儿童乘坐）。

Basterna，〈希〉妇女乘坐的轿子。

Bigae，双套马车，两匹马驾的双轮大型马车。

Birota，两轮载人轻便马车。

Carpentum，双轮马车，这种车子带有车篷，方便美观，有两头骡子拉牵，在城里，罗马的皇帝和妇女常用这种车子。

Carracutium，一种二轮车。

Carruca，四轮马车（一种高级官员乘坐的轻便马车）。

Cisium，双轮马车。一种轻便马车，有篷子，可以容纳两人并排坐在车身里，由两头骡子或马拉牵，罗马官吏或信使通常坐这种车子。但车子

① 塔西佗：《编年史》，第 534 页。

② John W. Humphrey, John. P. Oleson and Andrew N. Sherwood, *Greek and Roman Technology: A Sourcebook, Annotated Translations of Greek and Latin Texts and Documents*, p. 427.

③ Varro, *On the Latin Language*, V, 140.

④ Jo-Ann Shelton, *As the Romans Did: A source Book in Roman Social History*, p. 184.

里没有放行李的地方。

　　Covin(n)us，古代战车；旅行用的马车。

　　Currus，（运货用的）四轮马车，主要用于运载重物，也用于马戏团表演之用。

　　Essedum，（高卢人，不列颠人以及罗马人用的）两轮战车；（罗马人的）旅行轻便马车。

　　Lectica，轿子，肩舆。这是从东方传入的一种运输工具，由八名轿夫抬着，并配有窗帘或布帘子，有的高级轿子还装有"透明石"做为玻璃之用。帝国时期，这种轿子主要用于运送伤患，官员与上层社会的妇女也经常使用这种轿子。

　　Lecticula，一种小轿。

　　Plaustrum，大车，四轮运货马车，载货车。一般是乡间所使用的货车，它有四个实心的、吱嘎作响的轮子，可以用来运载军人和奴仆的旅行装备。

　　Raeda，（高卢的）四轮马车，来源于高卢。车身有四个轮子，很结实牢固，能载许多乘客和行李。

　　这些交通工具中，有的工艺水平达到了令人赞叹的程度，如康茂德去世后，人们在清理他的财产时，发现工匠所设计的豪华四轮马车，不仅能挡风遮日，车上的装置还能指示所走的路程与时间，从而可以推算出旅行的速度。[①] 上面所列举的许多交通工具，一直到 19 世纪都没有多大的改变。[②] 正是仰仗令人赞叹的道路系统，如此多样性的交通工具，罗马旅行者才能熙熙攘攘地穿梭于帝国各地。

　　从上面所列举的旅行工具可以看出，罗马人出门旅行可供选择的工具非常多，他们可以根据自己的实际情况做出不同的选择。恺撒在担任执政官时，曾禁止人民乘坐四轮马车进入罗马城内。但具有特殊身份的祭司、凯旋的将军、参加公共活动的人，以及尼禄的管风琴师等，则被允许在白天时间奔驰在罗马城内街道上，这种情形在不列颠延续到图拉真时代。公元 3 世纪以后，罗马城内所有的车辆都被禁止了。这样，人们只能在

---

　① 罗马人对旅行速度和里程计算有自己的方法：他们使用一种叫做霍多美特尔（Hodome-ter）的齿轮传动装置来计算。他们在马车的轮轴上装上一个小齿轮，小齿轮带动大齿轮，大齿轮上有 399 个齿槽，并且还有一个长把手，大齿轮上的长把手就会击打装在车身上的小鼓，击打一次，小鼓就掉下一粒小石子。马车车轮的直径为 4 英尺（周长为 12.5 英尺），车轮转动 100 圈就是 1 罗马里的距离。

　② 刘增泉：《罗马人古代旅行世界》，第 92 页。

罗马城内步行，坐轿子，坐抬椅或骑马。坐轿子令人感到十分舒适。小普林尼曾坐在轿子里读书写字。奥古斯都常在轿子里吃饭睡觉。克劳狄在轿子内赌博，"并在车上安上了一块牌板以防止别人干扰他的赌博"。① 尼禄则"把斯波鲁斯打扮成女皇，乘轿子去希腊参加巡回审判和参观商业中心，然后在罗马游逛西吉拉里亚大街，一路上尼禄频繁地同他亲吻"。他甚至"同自己的母亲乘坐一个轿子时，已同她发生了乱伦关系"。② 这些轿子由6—8个轿夫吃力地抬着，平均每天的速度大约是15—20英里。③

事实上，只有富人或有国家公务的人才能乘坐上面所列举的交通工具，对于众多的下层民众，他们在旅行时基本上还是靠步行。就是乘坐马车，不管是轻便马车还是重型马车，坐起来都不是很舒服，因为它们的轮子是用木头和铁做的，没有弹性，颠簸得厉害。许多富人虽然对这种不舒服的马车无可奈何，但他们会以一些天才的方式来缓和旅途生活的枯燥。比如前面提到的克劳狄在轿车上的赌博；康茂德在他的马车上装有可以旋转的坐椅，可以使他面向太阳或转向阴凉或仅仅是为了改变视线方向；小普林尼那不知疲倦的叔父给自己配有速记员（stenographer）。普通马车平均每天能跑25—30英里。④

由于罗马人的旅行花样繁多，为了便于叙述，我们根据旅行目的的不同，粗略地把它们分为不同的类别：政治家的政治之旅、文化人士的文化之旅、为宗教目的而进行的宗教之旅和有闲阶层的休闲之旅。

第二节 罗马社会的政治之旅

通过连年对外战争，罗马的疆域面积不断扩大，到帝国时，其最大领土东起幼发拉底河，西至不列颠，北达莱茵河，南抵非洲北部，整个地中海成为其内湖。在辽阔的疆域内，居住着众多的民族，这些民族十分分散，各民族的文化风格各异，每个省份都有特殊的文化和传统习俗。如何加强对各民族的统治是罗马统治者们的一个重大课题。加强中央集权统治，设置行省并委派总督直接统治，因地制宜的"以夷制夷"等，这些

---

① 苏维托尼乌斯：《罗马十二帝王传》，第213页。

② 同上书，第240—241页。

③ Lionel Casson, *Everyday Life in Ancient Rome*, p.116.

④ Ibid.

自上而下的政治措施都是十分必要的。但是，"旅行者更是罗马民族融合的象征。对于一个国家而言：旅行者可以让国家更有活力，亦促进了统一的意识，进而激发人们的好奇心。"① 虽然这里的旅行者不仅仅指统治阶级的旅行，但是，统治阶级在他们"政治之旅"的过程中，却构成了当时罗马旅行世界极其重要的组成部分。

一　执政官与皇帝的出巡

作为国家最高统治者代表的执政官（或独裁官）和皇帝，从他们气势恢宏的旅行中可以看出两点政治目的：第一，为国家开疆拓土，或者为体察民情而巡视全国；第二，炫耀自己的荣誉与伟大。这些最高统治者不管出巡的直接目的是什么，其最终目的仍是为了加强对全国的统治，这就使得"旅游也成为其统治方式的一个组成部分"②。

在共和时期，执政官们的重要任务之一是率领军队，保卫国家安全，加强对外征战；或者为了争夺政治权力而拼杀，因此，他们常常辗转奔波于全国各地。公元前458年，在对埃魁人和萨比尼人进行艰苦战争的时期里，L. 昆提乌斯·肯奇那图斯（L. Quintius Cincinnatus）被任命为独裁官。元老院使节在4尤格大小的一块土地上找到了他，他正在亲自耕地。肯奇那图斯擦了灰尘和汗水，穿上妻子给他拿来的长袍（toga）后，就倾听使节所讲的话，立即去罗马。他在击溃了敌人后第16日交卸了独裁官的职务而重新返回自己的田地。③ 这一优美传说反映出共和早期罗马最高长官的崇高品质和当时淳朴的民风，这种旅行自然缺少途中的悠闲自在。公元前447年，在第一次维伊战争中，法比乌斯全氏族306人（只有一个少年留在家里）和大量的食客，都对维伊人作战，结果在从北流入台伯河的小河克列梅拉的岸上，法比乌斯氏族遭到了伏击，所有人都被歼灭了。公元前428年，执政官阿·科尔涅里乌斯·寇苏斯在一次决斗中杀死了维伊的国王而把他的甲胄奉献给朱庇特神殿。在第三次维伊战争中，独裁官玛尔库斯·富里乌斯·卡米路斯（Marcus Furius Camillus）用挖掘地道的办法占领了维伊城。公元前340年的拉丁战争中，由于"这一斗争和内战是非常相似的：相似到在拉丁制度和罗马制度之间无任何区别的程度"，④ 因此，执政官提图斯·曼里乌斯·托尔克瓦图斯（Titus Manlius

① 刘增泉：《罗马人古代旅行世界》，第175页。
② 王永忠：《西方旅游史》，东南大学出版社2004年版，第54页。
③ Livy, *From the Founding of the City*, Ⅲ, 26.
④ Livy, *From the Founding of the City*, Ⅷ, 8.

Torquatus）和普布里乌斯·穆斯（Publius Decius Mus）最严格地禁止对敌人的一切交往，甚至禁止除队伍以外的任何单独冲突。曼里乌斯的儿子在侦察的时候忘记了禁令，和拉丁队伍的指挥官发生了决斗并把对方杀死了。当他胜利地回到自己父亲的地方向他叙说自己的胜利时，他那严厉的执政官父亲当着队伍的面把他作为一个违犯命令的士兵判处了死刑，尽管全军苦苦哀求，他还是下令处死了自己的儿子，从而为严明纪律提供了典范。[①]

由于罗马就是在年年的扩张和征战中成长大的，因此，执政官们的这种"旅行"也就十分频繁。如从公元前343—前290年的三次萨姆尼乌姆战争，公元前280—前275年对庇鲁斯的战争，公元前264—前241年的布匿战争，公元前229—前219年的两次伊里利亚战争，公元前214—168年的三次马其顿战争，公元前136—前100年镇压两次西西里奴隶起义，公元前88—前63年的三次米特里达梯战争，等等。在这些战争中，最为宏伟悲壮的可能要算从公元前218—前201年的第二次布匿战争，汤因比说："第二次布匿战争影响了罗马的历史进程。"[②] 在这次战争中，汉尼拔通过阿尔卑斯山通道进入意大利，这是多么壮观的大部队"旅行"，接着他又横扫整个意大利，简直如入无人之境。罗马多名执政官战死疆场，结果还是不能阻止汉尼拔的排山倒海之势，最后不得不重新采用"独裁官制"。第二次布匿战争中的坎尼战役（公元前216年），罗马军队损失惨重。在这次战斗中，罗马军队陷入汉尼拔及其盟军的包围之中，据说当时汉尼拔军队没有一支投枪，没有一块投石器所射出的石头落空，罗马军队共8万人，战场上阵亡的大约有7万人，其余的不是被俘就是逃散了，他们的统帅一个阵亡一个逃跑，而汉尼拔的军队却只损失了不到6000人。[③] 这次惨败后，在罗马几乎没有一家人不为自己失去亲人而哭泣的，罗马城一片恐慌：妇女们哭号着群集在广场和城门里迫不及待地等待着战场方面传来的每一个消息。

对于公元前1世纪之前的罗马战争，虽然罗马的对外扩张野心是他们造成这些战争的主要根源，而且，他们的对外战争和扩张给被征服民族和

---

① Livy, *From the Founding of the City*, Ⅷ, 6 - 10.

② 宫秀华：《罗马：从共和走向帝制》，东北师范大学出版社2002年版，第69页。

③ 对于坎尼战役中双方军队人数问题学术界的意见不一。波利比乌斯在他的《通史》中说罗马有8万步兵和大约6000骑兵，迦太基人有4万多步兵，1万多骑兵。李维说罗马军队方面最大的数字是8个军团，再加上同盟者的军队有8万人。（Livy, *From the Founding of the City*, ⅩⅩⅡ, 36.）阿庇安则没有说明这次战役的总体伤亡情况，只说"在几个时辰内，他们的士兵中，有5万人被杀死，很多被俘虏了。"（阿庇安：《罗马史》，谢德风译，商务印书馆1979年版，第165页。）

人民带来了深重的灾难，但是，我们不可否认，在这些连绵不断的战争中，罗马的执政官们（或独裁官）的确为自己国家的开疆拓土作出了重要贡献。他们率领罗马军队"旅行"奔走于全国各地，为罗马版图的扩大和国家的强盛鞠躬尽瘁。他们的行为往往能体现出罗马民族的优良品质，反映出罗马民族的崇高道德，也反映出他们务实干练的民族精神。这些执政官们虽然也注重自己的个人名声，但是，他们总是能以国家和民族利益至上，这与后来内战时期的执政官们把战争完全作为自己政治斗争和权力砝码的工具是有本质区别的。

最迟从苏拉开始，共和国的执政官们就完全把对外战争当作自己政治斗争的资本。从公元前 87 年苏拉前往巴尔干，马略在罗马发动政变，到苏拉对米特里达梯的战争，攻占并劫掠雅典等一系列行动，其最终目的是为了建立自己的独裁统治。公元前 60 年，恺撒、庞培和克拉苏在争夺执政官权力的过程中最终达成了妥协，形成了"前三头同盟"，这种权力的划分与共和原则是完全背离的，难怪瓦罗说他们是"三头怪物"。[①] 为了扩张自己的势力，恺撒在高卢征战多年，并出征布列塔尼亚（不列颠），诛杀庞培。在高卢忙碌的战事之余，恺撒还不远万里回意大利去主持巡回审判大会。[②] 到公元前 43 年，安东尼、雷比达和屋大维又形成了"后三头同盟"，并对全国做了瓜分：安东尼得到了两高卢，雷比达得到了两西班牙和那尔波高卢，屋大维得到了萨丁尼亚、西西里和两阿非利加。伟大的哲学家西塞罗也成为这次同盟的牺牲品。当百人队长把西塞罗的头和手送给安东尼时，"安东尼的喜欢是不可形容的。他表扬了那个百人队长，除规定的奖赏外，他还另外给了他 25 万亚狄迦德拉克玛，因为他杀死了他生平最大的和最仇恨的敌人。西塞罗的头和手，在广场中那个他常常发表公开演说的讲坛上悬挂了很长的时间，跑来看这些示众之物的人数比以前跑来听他的演讲的人数还要多些。据说，甚至在他用餐的时候，安东尼也把西塞罗的头放在他的桌子前，直到他把这个可怕的东西看厌了的时候为止"。[③] 当然，"三头同盟"并没有结束政治野心家们的权力斗争，后来安东尼也被屋大维所杀。从此之后，屋大维在共和的外衣之下建立起了自己真正的独裁统治，从而开创罗马国家的新时代。由此可以看出，在内战时代，政治野心家们不得不时常奔走"旅行"于全国各地，然而，他们

① 科瓦略夫：《古代罗马史》，第 592 页。
② 凯撒：《高卢战记》，第 155 页。
③ 阿庇安：《内战史》下卷．谢德风译，商务印书馆 1979 年版，第 331 页。

的这种旅行已经完全背离了保家卫国的范畴，纯粹是为了自己的政治斗争
和权力争夺。

　　到帝国时代，罗马皇帝们虽然也要不时地进行战争，如卡里古拉皇帝
在"去麦瓦尼亚城游览克里图姆努斯河源及其圣林时，有人提醒他必须
补充他的巴达维人的卫队，因此他突然产生了远征日耳曼的念头"。①　但
是这些征战已经不是皇帝们"旅行"的主旋律了。特别是在帝国的疆界
相对固定之后，皇帝们的旅行在很大程度上就不再是为了争权夺利，而有
相当部分是为了体察民情，考察民风，主持正义。提比略皇帝十分喜爱旅
游，"他遍游坎佩尼亚，在卡普亚建造了卡庇托尔庙献神，在诺拉建造了
一座神庙献给奥古斯都——这些都是他旅游的借口——之后，动身去卡普
利埃"。②　公元 26 年，正当提比略皇帝"功成名就，且年富力强之时"，
他突然"感到公务太累，想要休息一下"，③　因此决心隐退，过隐居生活，
他的近卫军长官谢雅努斯也"劝提比略到罗马附近一个游乐的地方去消
磨一些日子"，④　于是他前往奥斯提亚过隐居生活去了。但他并没有真正
使自己引退，仍然大权在握，且不断旅行于全国各地。他在旅行途中严格
监督各行省的总督，同时受理了大量的诉讼案件，而且把大量的补助金送
给受到地震灾害的城市，在新的行省（高卢、多瑙河沿岸、西班牙）修
筑了许多道路。后来，提比略到了卡普利埃岛，并在那里度过了自己的
余生。

　　哈德良皇帝可能是罗马帝国最著名的旅行者了，他统治罗马共 21 年
（117—138 年），其中大部分时间都是在意大利以外的行省度过的，"他的
生活几乎是始终处在永无止境的旅途之中……在他统治期间，帝国所有的
省份没有一处不曾受到这位专制帝王的光临"。⑤　他视察最边远的行省，
检查各行省的情况，受理各行省的诉讼案件。许多行省城市还在他当政期
间取得了殖民地或自治市的地位，他还亲自在行省进行许多建设工作，并
慷慨地资助各地城市建设。由于他本人是希腊文化的狂热崇拜者，因此，
他特别喜欢到希腊旅行，并把自己正式登记为雅典公民。他对希腊的捐赠
比其他任何地方都要慷慨。他在雅典建立了一座大型体育馆，两侧由 100
根石柱组成，石柱是由比提尼亚进口的石头打磨而成的，体育馆前有两座

①　苏维托尼乌斯：《罗马十二帝王传》，第 179 页。
②　同上书，第 134 页。
③　同上书，第 119 页。
④　塔西佗：《编年史》，第 232 页。
⑤　爱德华·吉本：《罗马帝国衰亡史》，第 25 页。

雕像，一个是古代雅典的英雄和创建者忒修斯，另一个就是哈德良。正对罗马广场一边的拱门上刻着："这就是雅典，忒修斯的古城。"另一边的铭文则向世界宣告："这是哈德良的城市，不是忒修斯的。"这座拱门及上面的文字至今还保存完好。① 当然，希腊人对哈德良的回报还不止于此，他们对哈德良歌功颂德，热烈崇拜，在雅典，哈德良被称为奥林匹亚的宙斯，他的妻子萨比娜（Sabina）也被神化为赫拉。难怪熟悉他的人都称他是"小希腊人"。② 正因为哈德良长时期在外旅行，因此他被称为"骚动不安的皇帝"。

到帝国后期，各地诸侯为了争夺皇位四处征战，"皇帝们"的旅行也十分频繁，但这些旅行的主旋律似乎又回到了共和末期的内讧中了。特别是在 3 世纪危机期间，仅 253—268 年间，各地割据称帝的就有 30 多人，史称"三十僭主时代"。由于时局混乱，割据势力篡位夺权，内战不止，整个帝国几乎处于瘫痪和瓦解之中。在这样一个混乱时代里，"皇帝们"的"旅行"固然十分频繁，但恐怕他们的"旅行"既不是为了体察民情，也不是为了悠闲享乐，而是为了争夺政治权力而疲于奔命。当然，这样的旅行与前期帝国皇帝们的旅行是完全不同的。

执政官与皇帝们的征战出巡并不是他们旅行于全国的唯一目的，另一目的是他们为了炫耀自己的荣誉与伟大，彰显自己的伟业。对于执政官而言，他们在外征战，目的自然是为自己的政治前途增加砝码，但是，当他们凯旋时，那种规模盛大的凯旋式正是他们荣誉的体现。只要前线取得胜利，捷报传到元老院，元老院也要为他们举行盛大的谢神祭③来庆祝胜利，彰显执政官的功绩。正因为如此，恺撒在他的《高卢战记》中不无自豪地反复强调元老院为他举行的谢神祭，而且特别强调举行这些庆典的时间很长，如 15 天，20 天等。④ 不仅如此，恺撒还十分生动地描写了他在结束高卢叛乱后自己受到热烈欢迎的场面："所有的自治市和殖民地都以难于想象的荣誉和热爱来欢迎恺撒，因为这是他对全高卢联合作战取得胜利之后第一次到来。一切可以用来装饰城门、道路和恺撒经过的每一个

① 戴尔·布朗主编：《罗马　帝国荣耀的回声》，第 59 页。

② 同上书，第 53 页。

③ 谢神祭（supplicatio）是罗马全国性的宗教仪式，常在巨大的灾难（如布匿战争中的德拉西曼之役的惨败）或巨大的胜利后举行。仪式举行时，全城的庙宇开放，神像和圣物都陈列在公共场所，供人们献牲奉祀，各祭司团体也都举行隆重的祭祷仪式。举行这种典礼的时间长短，由元老院决定后，执政官公布执行，通常为一天到三天，天数越多，表明该事件越重大。

④ 参见恺撒的《高卢战记》，第 2 卷，第 35 节；第 4 卷，第 38 节；第 7 卷，第 90 节等。

地方的手段，都尽量用上了。所有的人都带着孩子跑来欢迎他，到处都献奉牺牲，市场上和神庙中也无处不陈设着祭席，似乎在提前举行一次渴望了很久很久的凯旋庆祝似的。有钱人的豪奢和穷人的热情都表现得淋漓尽致。"[①]

到帝国时代，皇帝为了炫耀荣誉和博取民众欢迎的热烈场面就更频繁了。皇帝的旅行当然是一件大事，这犹如古代中国的皇帝出巡一样，无论是出发地还是目的地都做大量的准备工作。如尼禄旅行的时候就要细心地准备各种车辆。塞维鲁皇帝到东方省份的时候，向各省总督发出要求，要他们为他的旅行接待做好准备，皇帝决定在何处停留，也早在出发前就已经有安排了。皇帝出门远行其声势甚为浩大，除了有大批随行的官员外，更有当地官员迎来送往，阵容非常盛大。[②]

皇帝炫耀的第一大要事是必须证明自己是真正的皇帝，因此，无论是其穿着打扮还是出行规模及出行安排上都必须与众不同。在帝国时期，大多数人只听闻皇帝的名字，但却没有多少人能够见到皇帝真正的容颜，因此，假装"皇帝"并不是件难事，也就是说，作为罗马的皇帝，很有必要在旅行时表现出来，如果皇帝出巡时排场不够，气势不大，就很有可能会被误认为是冒充的，这样不仅有损皇帝的形象，更甚者可能威胁到皇帝的人身安全，因此，每一个皇帝旅行时就非得讲究排场和气势不可。那么如何才能使出门在外的皇帝让人确信他是真皇帝呢？最简单的方式，就是衣着装扮与众不同，皇帝的穿着往往有一些饰品佩带在身上，例如：身披饰带、羽毛、桂冠、鬃毛等饰物，对于普通的百姓而言，这些耀眼的饰物出现在他们的眼前，至少会让他们相信"此人"必有来头。豪华的马车及随行人员长长的队伍都是财富和地位的证明。因此皇帝只说自己是皇帝身份还不够，只有用真正的高贵地位与自然的奢华来证明皇帝的身份，那才是最有效最实际的证明。[③]

提比略皇帝十分喜欢旅行，他的余生也是在外地度过的。据塔西佗记载："他常常在罗马附近的不同地点登陆，驾临台伯河上皇帝的庭园，随后再返回海上的孤岛。……能够引起他淫欲的不仅仅是美貌和肉体的美丽，有时男孩子的天真，有时高贵的出身也都能引起他的淫欲。现在造出

---

①　凯撒：《高卢战记》，第 236 页。

②　刘增泉：《罗马人古代旅行世界》，第 175 页。

③　同上书，第 176 页。

了过去从来没有过的名词 sellarii 和 spintiae①：一个名词是源自一个地方的猥亵行为，一个名词源自像姑（像姑即明僮，也就是男妓）的轻佻。奴隶们奉他的命令去为他搜索对象，如果对方顺从的话就给以赏赐，如果违抗就加以威胁，如果有亲族或是父母抗拒，那末对这些孩子便进行劫夺、诱拐，完全不顾他们自己的意愿，就好像对待被攻占的城市一样。"②

尼禄皇帝一生酷爱旅行，又随时不忘附庸风雅，显示自己的技艺天才。在的他旅行途中，总是可以看到浩浩荡荡的随行队伍，包括传令兵及奴隶等。他特别喜欢去希腊旅行，因为只有在这里，他的"才艺"才为人认可，他那膨胀的虚荣心也才能得到满足，为此，他认为"希腊人是唯一会欣赏音乐的人，只有他们同他的激情合拍"。他在希腊巡回演出过程中，通过自己的"才能"赢得无数的桂冠③后，一路上如同凯旋的英雄，趾高气扬地回到罗马。"在他进入罗马时，他乘坐的是奥古斯都凯旋时用过的战车，穿紫红色的衣服，披缀有金星的希腊斗篷，头戴奥林匹亚桂冠，右手则高举皮提亚圭冠；人们在他前面拿着他赢得的其余桂冠，每顶上有题词，写着在何地、对何人以及唱什么歌或演什么戏时赢得了这些奖品。在他的战车后面，象凯旋式一样跟随捧场者，他们高呼，他们是奥古斯都的随从和他的凯旋的士兵。然后，他途经大圆形竞技场被拆除了拱门的地方，④ 穿过维拉布鲁姆和市心广场，来到马拉丁和阿波罗神殿。一路上，人们到处杀牲献祭，不断地往路上泼洒香水、纷纷向他敬献鸟禽、彩带和糖果。他把自己神圣的桂冠挂在自己寝宫的床头，同时在那里摆上自己弹琴打扮的塑像。"⑤ 通过这种盛大的夸耀场面，尼禄的虚荣心得到了极大的满足。不仅如此，尼禄的旅行生活还极尽奢华之能事，以至于他的妻子波贝在旅行时，为了保持她的容颜，竟然带着 500 头母驴，以便在途中洗奶浴。图密善皇帝"在出征和旅行时，他很少骑马，通常乘坐肩舆"。⑥ 据史书记载，伽尔巴皇帝喜欢隐居，并不热衷旅行，"如果不在副

---

① Sellarius 原是"有关座位的"意思，这里是指"淫荡的人"或"色鬼"；spintiae 指观看三人一组的交媾行为。

② 塔西佗：《编年史》，第 270—271 页。类似的记载见苏维托尼乌斯《罗马十二帝王传》，第 136—137 页。

③ 这件事发生在公元 66—57 年间，据估计，他通过出席奥林匹亚和戴尔波伊赛会所获得的桂冠达 1800 个。为了感谢希腊人民的"热情接待"，他还宣布了希腊人的自由。

④ 拱门之所以被拆除，是为了让游行队伍能够顺利通过，后来图密善在这里重建新的拱门，以纪念韦伯芗和提图斯。

⑤ 苏维托尼乌斯：《罗马十二帝王传》，第 235—239 页。

⑥ 同上书，第 341 页。

车上装有百万塞斯特尔提乌斯的金子，他从来不肯外出哪怕消遣一下"。①
这说明，皇帝不出门旅行则已，一旦出门旅行，则气势与排场都很盛大。
这种盛大排场不外是向世人炫耀自己是凌驾于万人之上的皇帝。

　　"骚动不安的皇帝"哈德良在旅行时，也总是喜欢带着一支出色的随
从队伍，在队伍中有艺术家、乐师、文人墨客等。罗马皇帝如果要出门远
行，都会带着自己的妻子一起旅行。这也是他们出门旅行时的必要礼仪。
比如屋大维和莉微皇后一起到东方访问；哈德良和萨比娜皇后一同前往埃
及等。图拉真和普罗提娜皇后一起在东方停留一段时间，一直到公元117
年图拉真去世后，普罗提娜才返回罗马。

　　公元215年，罗马皇帝卡拉卡拉来到了亚历山大里亚。他对希腊语地
区混杂着土著埃及人很不高兴，因此采取了一项重要措施，就是下令把这
些土著埃及人全部驱逐。其中，著名的希腊教父奥利金（Origenes，约
185—254年）由于是希腊埃及混血儿，就属被驱逐之列。被逐的奥利金
受阿里亚等主教之邀，离开亚历山大到巴勒斯坦布道，在那里，他与恺撒
里亚的塞俄克提斯图斯（Theoctistus）主教和耶路撒冷的亚历山大主教结
下终身友谊，并在那里教学。② 卡拉卡拉皇帝的这次埃及之行不仅对土著
埃及人是一次重大灾难，对基督教徒也是一种不幸，尽管他对基督教的迫
害并不严厉。

　　公元4世纪皇帝的一次著名旅行是君士坦丁乌斯访问罗马城。阿米安
对他作了生动的记录。这位生于东方长于东方的皇帝，在解决了东方和高
卢行省的诸多事务之后，决定去传说中的罗马城看看，当他在庞大军队护
送下走进罗马的时候，犹如刘姥姥进了大观园。"君士坦丁乌斯看到罗马
元老的时候，简直认为他走进了整个世界的圣地。当他看见罗马民众的时
候惊呆了，社会各阶层的人从城市的各个角落蜂拥而来。……当人们用欢
呼声向奥古斯都（君士坦丁乌斯）致敬的时候，欢呼声在山峦间、海洋
间回响。但是皇帝却不为所动，他显出一副沉着冷静的样子，就像他平时
在行省巡视那样。在他经过城门的时候，城门很高大，他仍然躬了躬腰
（尽管他个子很矮），另一方面，他的脖子就像被钳住一样，他保持视线

---

①　苏维托尼乌斯：《罗马十二帝王传》，第270页。（根据中译者注，说伽尔巴要带100万
　　塞斯特尔提乌斯的金子"为的是在任何时间都能漫游"。刘增泉在《罗马人古代旅行世
　　界》中认为"伽尔巴皇帝带着如此之多的金币，可能是作为奖赏或旅行费用之用"。不
　　管怎样，伽尔巴皇帝出门旅行的派头很大则是无疑的。）

②　王晓朝主编：《信仰与理性：古代基督教教父思想家评传》，东方出版社2001年版，第
　　44页。

一直向前方，他的脸既不向右转也不向左转（就像死人一样），车轮震动的时候他的脑袋并不抖动，他既不咳嗽，也不摸一摸自己的脸和鼻子，也不向四周招一招手。"① 虽然阿米安对当时的历史是抱着讽刺态度描写的，但我们还是不可否认地看到晚期帝国的走向没落的态势，而君士坦丁乌斯这次访问罗马也能从侧面反映出来：尽管迎接他的场面非常壮观，但皇帝本人却像泥塑木雕般死气沉沉，毫无生气，他的表现在客观上也正是当时帝国实际情况的写照。

二　罗马其他高级官吏的旅行

在罗马社会，除了国家最高统治者会因公因私旅行奔走全国各地外，其他高级官吏也常常旅行于全国。这些贵族有闲阶层在旅行目的方面也同样有因公或因私的区别，当然，因公务而旅行自然没有因私出门旅行方便自由。在这里，我们主要讨论这些高级官吏们因公旅行的情况。

在共和时代，国家的权力和行政中心是元老院，各项政策和决议都要从这里发出，当然这些文件有专门的信使传送，但是元老院议员也可以奉命前往宣布。因此，我们常在典籍中读到有关元老院议员前往某行省的记载。到了帝国时代，虽然元老院只是皇帝的咨询御用工具，但是，元老议员们在客观上还是享有这些权力。同时，元老议员可以奉命视察各行省各地区，特别是遭受天灾人祸的各行省。提比略皇帝统治时期，有一年，亚细亚有 12 座重要城市在地震中被摧毁，提比略免除了受灾地区的租税，并"决定由元老院派一名要员去进行视察和给予救济"。②

无论在共和时代还是帝国时代，行省总督总是在一人（执政官或皇帝）之下万人之上，拥有极大的权力和崇高的地位。公元前 241 年，罗马征服迦太基后建立了第一个行省，派往管理该行省的官员是一位大法官，主要负责该行省的案件诉讼和税收。公元前 227 年，罗马建立第二个行省撒丁—科西嘉行省时，是通过增选行政长官担任行省总督的。③ 跟随总督一同前往行省的还有一批助手，在这一时期，行省总督的主要工作仍是往来于各地的巡回法庭，处理各种案件，对于税收的一系列具体工作则由助手处理，因此，这时候的总督还不像后来总督的权力那样大。后来，各行省总督的权力不断扩大，总督职位也成为政客们竞相争夺的目标。执

---

① 叶民：《最后的古典：阿米安和他笔下的晚期罗马帝国》，第 153—154 页。
② 塔西佗：《编年史》，第 123 页。
③ 陈可风认为"应把设立专门的管理官员——行政长官，作为行省制度的开端"。（陈可风：《罗马共和宪政研究》，第 182 页。）

政官卸任后，往往会被元老院任命为各行省的总督。根据惯例，这些新任总督要在规定的时间内上任，上任途中，也是他们出门旅行的大好时机。到共和国后期及帝国时代，行省总督主要的职责在于行政和司法事务，在皇帝直辖的行省里，总督还负有军事职责。同时，在意大利，一些生活在罗马之外的公民每年必须回到罗马参加选举，在各行省，一些人必须回到"原籍地"（place of origin）以便人口普查，这些都构成了当时的政治之旅的重要内容。①

罗马文献资料记载过几位著名的总督。最滑稽的是关于维特里乌斯和苇伯芽两位皇帝曾担任阿非利加行省总督的情况。据苏维托尼乌斯的记载说："通过抽签，他（苇伯芽）当选为阿非利加总督（63 A. D.），在这里他清廉公正，享有很高声望。"② 塔西佗则说："原来维特里乌斯在这里以总督身份进行统治时，他的行为曾是正直和受到爱戴的；但苇伯芽在这里担任长官时，他给人的印象却是恶劣的，并且受到了当地人民的憎恨。"③ 到底这两种说法哪一种更接近历史，我们今天已经难以证明。图拉真在当皇帝前也做过总督，而在他统治时期，最著名的总督可能要算比提尼亚的小普林尼了。小普林尼在他的书信集中保留了大量他与图拉真的通信，这些信件成为这一时期珍贵的历史资料。据小普林尼书信记载，图拉真对各行省的疾苦非常关注，对总督控制也非常严格，如小普林尼没有得到图拉真的同意便不能让普路撒城的居民修建浴池，不能在尼科美底亚城成立消防队，等等。小普林尼还向皇帝询问，当人们向他密告基督教徒的时候他应当怎么办，图拉真回答说，匿名的控告是不应当相信的，如果已证明是属于基督教徒的话，也只要他放弃它就行了，只有在拒绝放弃新教的时候，才必须用惩罚的办法。④ 在旅行方面，小普林尼提供的最著名的例子就是当他的妻子在得知他的祖父去世的消息后，她想去安慰她的姨妈，在事先没有得到皇帝批准的驿站使用证的情况下，他私自使用驿站，然后写信给图拉真请求原谅。

与总督一起的通常还有一套辅助人员，这些人员中，属于高级行政官吏的有财务官。财务官在公元前 5 世纪末是两个，后来数目不断增加，到恺撒时代已增加到 40 人。财务官的职责是通过抽签的办法来分配的。在罗马城，国家的军旗和国家文件库由他们监督，监督就职的高级官吏的宣

---

① Jo-Ann Shelton, *As the Romans Did: Asource Book in Roman Social History*, p. 326.

② 苏维托尼乌斯：《罗马十二帝王传·苇伯芽传》，第 4 页。

③ 塔西佗：《历史》，第 160 页。

④ Pliny, the Younger, *Letters*, Cambridge, MA: Harvard University Press, 1969.

督，还掌管一些次要的经济职权。跟随行省总督的财务官是总督的有力助手，总督不在的时候他们可以代理总督职责。他们掌管军中财务，如军中经济，行省财库，发放薪饷，出售房获物，等等。这些辅助人员无论是上任途中还是在处理经济问题过程中，经常都要旅行于各地，恺撒就曾在远西班牙当财务官，他"在那里受总督委派到行省各城市巡回审理案件"。①

监察官是极有威信和受到尊敬的高级官吏。根据惯例，监察官由过去的执政官选出。从公元前 433 年起，监察官每 5 年选出一次，任期 18 个月。监察官的职责包括：审查元老的名单；进行公民调查；监督公民的道德以及管理国有财产和公共工程。公民调查每 5 年举行一次，监察官以在马尔斯原野上对每一个家长进行个人询问的办法记载下他的名字、年龄、最近的亲属、居住地点和财产，再根据这些资料编制公民名单并把他们分别列入不同等级和特里布斯，同时结合公民调查还要审查元老名单。对公民道德的监督主要是惩罚那些法律管不到的、违反善良风俗的行为，如：虐待孩子、不孝敬父母、浪费、暴饮、对奴隶过分残酷，等等。对这些行为，监察官可以公布相应的命令，把人们开除出元老院或特里布斯，对有污点的不良行为提出批评等。作为财政方面的高级官吏，监察官有权把国有财产征税（如国有土地租税）、关税、行省税收和其他租税的征收权拍卖出去的权力；他们还有权把公共工程（如修路、修水道等）承包给工头们，并把供应国家各种必需品的事务承包出去，他们的任务是监督承包者与国家签订的契约的认真履行。监察官职位表面上虽然不握有行政实权，但通过其职责可以看出其地位是很高的，难怪普鲁塔克说："这个职位似乎凌驾于本城邦其它一切的荣誉之上，在某种意义上说，是政治生涯的顶峰。"② 老伽图是一位非常著名的监察官，他一生生活十分节俭，对自己要求十分严苛，"在他统帅一支部队时，每月为他本人和他的侍从领取的干粮不超过三雅典斗，为他载运的牲口每天领取的饲料是不到一斗半的大麦。"③ 他严厉抨击奢侈之风："如果在一个城里鱼价比牛价还贵，想保全这样的城邦实在不易。"④ 因此，他在任期间，雷厉风行地反对奢侈腐化，整饬社会风化，制裁放荡行为。他从元老院驱逐了 17 名元老，这些被驱逐者中，有些固然犯了严重过失，但有些人的过失却是微不足道的，如被认为大有希望出任执政官的马尼利乌斯，之所以被驱逐，"原因

① 苏维托尼乌斯：《罗马十二帝王传》，第 4 页。
② 普鲁塔克：《希腊罗马名人传·马可·伽图传》，第 360 页。
③ 同上书，第 350 页。
④ 同上书，第 351 页。

是大白天里他当着女儿的面拥抱了他的妻子。伽图讲他本人除非天上雷声轰鸣，否则决不拥抱他的妻子，所以他开玩笑说，天一打雷他就是个幸福的人了"。① 他还把输送部分公共用水到私人住宅和花园去的水管切断，推倒、拆毁占用公地的建筑物，把公众建筑的费用降到最低点，尽量抬高公用土地的租金，等等。②

在伽图所处的时代，罗马的奢靡之风已经盛行，因此，对于罗马人来说，迦图在全国各地的旅行对他们来说也许是最为恐惧的事情。

当然监察官并不仅仅视察民风，他们还要对全国的道路维修、引水渠的修建与维护等负责，因此，他们也会经常为这些工作而奔波旅行于全国。

行政长官作为罗马诉讼方面的最高领导者这一职位出现于公元前366年，后来又担当起领导罗马行省的职责，如罗马最初两个行省的总督就是由行政长官担任的。最初的行政长官是一人，从公元前242年起每年选出两位行政长官，一个是城市的行政长官（praetor urbanus）（或称内事行政长官），主要管理本国公民之间的诉讼；另一个是其他城市的行政长官（praetor peregrinus）（或称外事行政长官），主要管理外国人之间或公民与外国人之间的诉讼。后来，随着行省数目的增加，行政长官的数量也增加了，到公元前1世纪中期增加到16名之多。

由于行政长官的主要职责是掌管诉讼，他们准许参加双方的诉讼，任命法官并给法官以指示。因此他们也时常奔走于全国各地，巡视民情，调解纠纷，受理案件等等，颇有巡回法庭的味道。这些高级官吏们由于公务原因出行，当然很容易获得帝国驿站的使用证，可以免费使用国家资源，如驿站、马匹、马车等，③ 而且他们的架势也很气派，让人从老远就能感觉得到他们的旅行非同一般。

塞涅卡也曾对罗马皇帝及高官们旅行的豪华场面有过记载："某位高官在旅行时跟随一批努米底亚的骑兵队，这个队伍的士兵们全剃着光头，因此非常的显眼，此时路上有许多来来往往的行人，这支光头队伍迅速地把他们支开，以便在滚滚灰尘中让官员的车辆能够畅行无阻。倘若没有人

---

①　普鲁塔克：《希腊罗马名人传·马可·伽图传》，第362页。

②　同上书，第364—365页。

③　Anne Kolb, "Transport and communication in the Roman state: the cursus publicus", in Colin Adams and Ray Laurence, eds. *Travel and Geography in the Roman Empire*, London and New York: Routledge, 2001, pp. 101 – 103.

预先清理路上来往的行人与车辆，那就表明这位官员是不够分量的。"①
这与我们今天的正式行政访问颇有类似之处，对被访者接待规格的高低往
往反映出他的地位和身份。因此，皇帝们的排场不仅是自己身份和地位的
象征，也能反映出他们在普通民众面前的优越感。国家高级官吏的旅行同
样要表现出与普通民众不同，只有这样才能显示他们的地位，才能满足他
们虚荣心和荣誉感。因此，皇帝和高官旅行时，总是随身携带许多东西，
塞涅卡说："政客们的旅行都有骡子驮着水晶瓶、宝石瓶，而这些都是金
银雕刻工匠的杰作，高官们坐在舒适的马车内缓缓地通过喧闹街道时，侍
从们忙着在他们的脸上擦上防晒香脂以保护他们的皮肤。"② 在这种意义
上可以说，罗马人的政治之旅既是一种休闲的方式，更是一种身价和地位
的体验。

第三节　罗马社会的文化之旅

　　罗马人旅行的目的多种多样，其中重要旅行原因之一就是文化上的追
求，我们姑且称他们的这种旅行为文化之旅。文化之旅有各式各样的
表现。

　　希腊罗马神话传说或荷马史诗中描写的神奇之地常常使罗马旅行者趋
之若鹜，在好奇心的驱使之下，他们当中的许多人都想去亲自体验一下尤
利西斯式的冒险。如北部希腊的"圣谷"（Vale of Temple），由于诗人们
的不断描写，因此成为旅行的热点地区之一。奥陆格列从希腊到罗马途
中，他在宾德斯停留很久，面对着"……充满神奇故事的希腊古书……"
他无法抵抗自己的购买欲望。③ 那些被认为曾经发生过此类神奇故事的地
方便成为人们的冒险之地。人们喜欢把那些神话起源地作为最佳朝圣之地
并呼朋引伴前去旅游。因此充满神话传说的地方确实也引起了旅行者的兴
趣，前往这些地方旅行的人也越来越多。维吉尔曾描写过这些神奇之
地："……他指给埃内看，罗马人称为卡马塔特的祭坛大门，人们说这是
古代罗马人为了向女祭司卡马提斯表示尊崇而设立的。女祭司将会预言埃
及子孙们的前途……"④ 这样的地方很多，如在萨拉米斯（Salamis），人

① 刘增泉：《罗马人古代旅行世界》，第 177 页。
② 同上。
③ 同上书，第 160 页。
④ 同上书，第 161 页。

们可以参观老萨拉米斯国王特拉蒙（Telamon）坐过的地方；海伦在罗德斯的坟墓；阿基琉斯和埃阿斯在特洛伊的墓地等等。罗马人还经常去巴拉丁山脚下一窥那曾装着两个孩子（罗慕洛斯与勒莫斯）的摇篮所在地的无花果树。希腊、拉丁文学中经常描写的一些河流也成是富裕罗马人的重要旅行目标，如尼罗河、多瑙河、莱茵河以及小亚细亚的河流等。罗马境内的各神庙也是人们旅行的重要目标，神庙中常常伴有诸如波利克里图斯（Polyclitus）、米隆（Myron）、斐迪亚斯（Phidias）、普拉克特里斯（Prax-iteles）、斯科帕斯（Scopas）、里西普斯（Lysippus）等著名艺术家们的艺术杰作。比如，人们可以在卡皮托林山上和圆形大剧场看到米隆所作的宙斯雕像和赫拉克利斯雕像；在命运神庙中看到斐迪亚斯的雅典娜雕像以及另外两尊穿着希腊服饰的人物形象；在卡皮托林山上还可看到普拉克特里斯的作品，以及他在奥克塔维亚的柱廊里所作的爱神雕像，斯科帕斯的代表作则有弗拉维圆形大剧场的阿瑞斯和阿芙罗狄忒的雕像，阿波罗神庙中的阿波罗雕像以及尼俄伯的雕像；里西普斯的作品位于阿格里帕建立的浴场前面，他的赫拉克利斯雕像位于卡皮托林山上，他还在奥克塔维亚的柱廊里为亚历山大的 25 位将军塑有铜像。人们还可以在戴安娜神庙、神圣的朱利亚神庙以及马尔斯神庙中看到阿普列斯（Apelles）的壁画，在菲力浦的柱廊里或和谐神庙里看到宙西斯（Zeuxis）的壁画，等等。到罗马帝国时代，各种各样的公共建筑也非常多，这些公共建筑也是旅行者光顾的好地方。当然，对于远古和当代的重要闻名之地，他们自然不会不去看一看，如世界七大奇迹，① 哈德良在提布尔的豪华别墅等。

　　在这类旅行中，我们可以举一个很著名的例子。公元前 167 年夏末，罗马军队的著名统帅"洁白无疵"② 的埃米尼乌斯·保鲁斯（Aemilius Paulus）在彼德拉战役中彻底摧毁了马其顿后，他获得了极大的荣誉。李维说，在此之后，"他决定在希腊旅游一圈，看看这个早就闻名遐迩而又通过自己的名声和荣誉得到的地方。……他没有带随身扈从……他从色萨

---

①　所谓的世界七大奇迹是公元前 3 世纪一位亚历山大里亚的学者提出的。它们分别是建造于公元前 4 世纪晚期或 2 世纪的罗德岛太阳神铜像（the Colossus of Rhodes），后毁于地震；建造于约公元前 353 年的摩索拉斯陵墓（the Mausoleum）；建造于约公元前 457 年的奥林匹亚宙斯神像（the statue of Zeus at Olympia），后毁于大火；建造于约公元前 600 年的巴比伦"空中花园"（the Hanging Gardens）；建造于约公元前 550 年阿尔忒弥斯神庙（the Temple of Artemis at Ephesus）（位于今天土耳其西南部），公元 5 世纪毁于基督教徒之手；建造于约公元前 270 年的埃及亚历山大港灯塔（the Lighthouse at Alexander），14 世纪时毁于地震；建造于约公元前 2700—前 2500 年（这是一种公认的说法）的埃及金字塔。

②　科瓦略夫：《古代罗马史》，第 384 页。

利到著名的神谕所德尔斐。在这里，他向阿波罗神献祭……接着他去宙斯的神庙看神谕发出的洞口……接着他去卡尔基斯看尤里浦斯（Euripus）和埃维厄岛（Euboea），这里有桥与大陆相连。从卡尔基斯，他穿过了距此大约3公里的奥里斯（Aulis），这里是一个著名的港口，曾经云集了阿伽门农（Agamemnon）成千上万的舰队，并且这里也是阿尔忒弥斯神（Artemis）的神殿所在地，在这里，万王之王曾向女神祭坛用自己的女儿奉献牺牲。他又来到了阿提卡，这里有古代预言家安菲洛库斯（Amphilochus）的崇拜之地，圣地十分古老且十分悦人，因为这里有温泉和许多溪流。接着，他去了雅典，这也是以其古老而著称的一个地方，有许多地方值得看看：雅典卫城、港口、连接港口与雅典的城墙、海军基地等，神人雕像也高高矗立。他向雅典娜女神奉献牺牲后离开了雅典，前往科林斯，在第二天到达。科林斯是一座辉煌的城市，当时它还没有被毁。雅典卫城及其地峡也值得看：雅典卫城高高耸立，四周城墙环绕，有泉水流入；地峡伸入海中，把海的东西两边分开。接着他参观了阿尔戈斯经历的诸城，又到了埃皮达乌鲁斯，这里虽然并不富有，但却因著名的医药神阿斯克勒庇俄斯（Asclepius）的神庙而闻名遐迩，该神庙离城有5英里……接下来他去了斯巴达，这里没有什么辉煌的建筑，但有值得人们纪念的政治体制和教育模式，之后，他去了帕兰提乌姆（Pallantium），经过麦加罗波利斯去了奥林匹亚。在奥林匹亚，他看了许多风景，但是使他深受感动的是宙斯——他觉得人们正把自己看作神一样。"[1] 从这一著名的旅行例子中，我们可以看到罗马人对传说或充满神秘地方的向往。

在罗马，各地区的奇异现象也深深地吸引着人们前往旅行。如罗马人对小亚细亚的特洛伊城就感到特别好奇，因为它是罗马诞生的泉源，传说中的战神马尔斯是那一对孪生兄弟的父亲，而特洛伊的木马屠城故事也与罗马城的建立有着密不可分的关系。[2] 西西里岛上的埃特那火山（Etna）的自然现象吸引着众多旅行者，当火山喷发时人们先是在埃特纳村中找到了避难所，接着人们又随着导游爬上高处的山顶观看那滚滚浓烟的火山口。小亚细亚的赫拉波利斯不仅以其温泉著名，而且也是很好的观光地，

---

[1] Livy, *From the Founding of the City*, XLV, 27-28.
[2] 罗马人认为自己的祖先是埃涅阿斯（爱神家族），从而表明自己是古代文明的继承者和复兴者；后来又加进了罗慕洛斯（战神家族）的历史传说，这样，罗马早期历史记载中就形成了爱神—战神为罗马人的祖先的历史传统。爱神—战神的历史体系是罗马霸权主义思想的基础，为了爱而征服世界也逐步成为贯穿在罗马历史著作中的中心思想。（叶民：《最后的古典：阿米安和他笔下的晚期罗马帝国》，第41页。）

它在地上有一道缝隙，有一人宽。狭缝中散发着剧烈的有毒气体，当鸟从上面飞过时就很可能被毒死，甚至连牛闻到了它都有可能被毒死，但是，这里有一道栅栏把它围了起来，游人可以在外面参观。那不勒附近的阿佛纳斯湖（the Lake of Avernus），曾被维吉尔称为地狱的入口，这里同样吸引着人们前往参观。

在所有的奇异现象或奇异地区中，埃及占有重要地位。埃及不仅有文学作品中经常描写的自然景观尼罗河，还有许多人造的世界奇迹，因此，人们对埃及伟大的遗产有极大的好奇心，斯特拉波说："人们了解埃及历史非凡伟大的一面，它更有无可辩驳威严的一面，尼罗河涨潮带来的淤泥给埃及人带来繁荣富裕。"① 因此，与其他众多的东方国家相比，埃及总是更能勾起罗马人的想象。它的政治和宗教总是十分有趣，它的风景和地理总是令人好奇：尼罗河洪水的涨落，尼罗河的源头，它的运河，它的动植物，乃至它的绿洲。古迹方面亦令人羡慕：亚历山大墓，法老，金字塔，阿蒙神庙，象形文字。从老普林尼那里，我们知道旅行者到达底比斯是怎样地惊奇于它的规模巨大，分布整齐，年代久远。② 公元前 112 年，一封由亚历山大里亚的埃及外交官给埃及市镇长官的信中写道："路齐乌斯·麦米乌斯，身居要职且拥有巨大荣誉的罗马元老，正沿尼罗河观光而来……以盛大典礼接待他并照顾好他……食宿已经安排好……给他的礼物也已送到。"③ 反映的就是当时人们到埃及旅行的情况。罗马人到埃及旅行不仅仅是为了观光，他们还有一些特殊的旅行目的，那就是到那里寻找娈童和侏儒，因为在罗马人看来，埃及的娈童和侏儒是最好的。马提雅尔曾描述过娈童的完美形象："如果世界上曾经有人能满足我的要求，听着，福拉库斯，我需要这样的奴隶。首先，这个年轻的奴隶要出生在尼罗河畔；任何地方的人都无法煽起更多的纵欲的火焰。其次，他的皮肤要像雪一样白，因为在棕色人种的埃及少有这种肤色，所以更显漂亮。他的眼睛要与星辰相媲美，要有掠过颈部的柔软的头发。福拉库斯，我不喜欢鬈发。他的额头要低，鼻梁的曲线不要太突出，嘴唇要红过帕埃斯图姆的玫瑰。在我一点都不想爱抚他时，他要经常向我要求，但是，在我想给他爱抚时，他要拒绝。他通常比他的主人更享有自由。他要回避男孩儿，不与女孩接触：对于其他所有人，他是男人，唯独对我，他是男孩儿。人们或

① Strabo, *Geography*, 1. 2. 22.
② Pliny the Elder, *Natural History*, XXXVI, 94.
③ Lionel Casson, *Everyday Life in Ancient Rome*, p. 116.

许会说，这足够了。我知道所指的是谁，而且我没有搞错，因为如果要我自己来判断，毫无疑问，他就是我的阿马佐尼库斯。"① 在罗马人看来，完美娈童的首要条件就是必须出生在埃及。

据说在埃及和埃塞俄比亚边境处生活着介于神话传说与历史事实之间的叫作俾格米人的侏儒种族。希腊化时代的艺术在经典作品中给予侏儒重要地位，他们幼小的、奇形怪状的身体会出现在尼罗河的景色中。这个风尚流传到罗马并且风靡一时。房屋的墙壁上绘着俾格米人与他们传说中的天敌鹤以及与家禽饲养场的动物，或是与当地的野兽搏斗的情景。通常，在粗俗的细节中添加了有关他们细长的阴茎和臃肿的睾丸的低级幽默。他们也常常出现于日常生活和简单的活动中，其滑稽形象成为生活漫画。如同侏儒一样，俾格米人是畸形人，罗马人以粗俗的笔调描绘的俾格米人和以细腻的风格表现出的裸体小爱神的功能是一样的。② 难怪有人说埃及是罗马旅行者的天堂，它不仅为旅行者提供了异国风情，异国生活方式和纪念物，而且要去埃及旅行也相对容易。

埃及不仅仅是罗马帝国的非洲省份，它还被视为皇帝的财产，即使是元老院议员也被禁止前往，这样更增加了它的神秘性。对旅行者来说，亚历山大港是一座充满魅力的城市，他们见识到了托勒密王朝时期完善的文化机构。图书馆、博物馆以及科学与文学研究中心，这些深具文化气息的机构，都让罗马人感到耳目一新，并称许它是名副其实的学园，那里学派林立（最为著名者莫过于亚历山大学派），③ 更是文化爱好者的乐园。许多旅行者也被埃及文化深深吸引住。他们借运送小麦的理由从拜占廷出发，或从罗马的奥斯提亚港口乘坐运送谷物的船只到埃及。为游览埃及，旅行者们乘坐小船沿尼罗河上溯。他们沿着卡努匹克的支流一直航行到尼罗河三角洲的顶端，他们从那儿到达现在的开罗。④ 塔西佗曾描述公元19年提比略皇帝的侄子日耳曼尼库斯在埃及的旅行奇遇。在没有皇帝的允许情况下，日耳曼尼库斯以严重的违法为代价，参观埃及各地名胜。日耳曼尼库斯在埃及的旅行对当时埃及在罗马世界作为旅行圣地的地位作了很好

① Martial, *Epigram*, IV, 42.

② 让-皮埃尔·内罗杜：《古罗马的儿童》，第318页。

③ 亚历山大学派有广义上和狭义上的意义。广义上的亚历山大学派是一个广泛意义上的学术团体，它包括希腊化时期的文学流派、哲学流派、艺术学派以及科学学派等；狭义上的亚历山大学派在哲学上指的是新柏拉图学派，在文学上指的是考据学派，在科学上指的是科学学派。（参见陈恒《希腊化研究》，商务印书馆2006年版，第345页。）

④ Lionel Casson, *Travel in the Ancient World*, p. 259.

的说明。他"逆着尼罗河上行；他首先访问了一个叫做卡诺普斯的城市：
这个城市是斯巴达人为了纪念埋葬在那里的一个名叫卡诺普斯的舵手而建
立起来的，埋葬的时期正是美涅劳斯①返回希腊，被烈风吹到遥远的大海
之上从而来到了利比亚的海岸的时候。从卡诺普斯出发他又访问了附近奉
献给赫拉克利斯②的一个河口。根据当地居民的说法，赫拉克利斯是埃及
人，他在同名的人们当中是最古老的，后来与他同样勇敢的那些人也采用
了他的名字。在这以后，他又拜访了古老的底比斯的那些巨大的古迹。③
在那些巨大的石造建筑物上还有埃及的字母刻在上面，记述了昔日的壮丽
豪华，而奉命把埃及语言传译过来的一位高级祭司说，这个国家一度拥有
70 万服军役的人；而国王拉姆吉斯便依靠着这一支军队依次地征服了利
比亚和埃塞俄比亚，征服了米底亚人和波斯人、巴克妥利亚人和西徐亚
人、亚美尼亚人以及相邻的卡帕多奇亚人所居住的国土，这样他便统治了
从一面的比提尼亚海到另一面的吕奇亚海的全部土地。他治下各民族的贡
物表，到现在还可以读得出来：每一个国家缴纳的黄金和白银的分量、武
器和马匹的数目、在神殿中作供物用的象牙和香料，还有粮食和其他日用
品的数量。这种税收规模之大，比起强大的帕尔提亚王国或是罗马帝国目
前征收的租税来并无逊色。但其他一些壮丽之极的观览物也引起了日耳曼
尼库斯的兴趣，特别是门农（Memnon）的巨大石像，这座石像每当太阳
照射到它上面的时候，便发出人一样的呼叫声；那些争强好胜的国王们花
无数金钱在那有狂风扫过的，几乎无路可通的沙漠上修建的象山那样高的
金字塔；从尼罗河引进了泛滥的河水的人工湖；还有别的地方的那些人们
无法测量的狭窄的峡谷和深渊。随后，他又来到了埃列芳提尼和昔耶涅，
这里一度是罗马帝国的边界，不过现在④这个边界已经扩展到红海了。"⑤

罗马时代，对旅行者最具诱惑力的埃及纪念物就是塔西伦提到的巨大
石像门农。这座雕像的腿上和座基上刻画满了游人的涂划，这些涂划的时

---

① 美涅劳斯（Menelaus）是阿加门农的弟弟，海伦的丈夫。

② 这里是指埃及的赫拉克利斯，不是希腊的赫拉克利斯。关于埃及的赫拉克利斯，希罗多
德在《历史》（Ⅱ，43—45）中有详细的论述："实际上，赫拉克利斯这个名字不是埃
及人从希腊人那里得来的，而勿宁说是希腊人……从埃及人那里取得了这个名字。"布
鲁克什（Brugsch）认为它就是底比斯的太阳神孔苏—尼费尔赫提普（Khonsunefer-
hetep）。（希罗多德：《历史》，第 129—131 页。）

③ 包括今天的卡尔纳克（Karnak）、路克索尔（Luxor）和美迪尼特—哈布（Medinet-Habu）
的废墟等。

④ 指公元 115 年左右，在图拉真的征服之后。

⑤ 塔西伦：《编年史》，第 118—120 页。

间各不相同，其中有三分之一可以辨认，大约是从提比略时代（公元14—38年）到公元205年。这些涂划大多是有意刻画在上面的真实铭文，它们有可能是从附近雇来的专业石刻匠们刻上的。很明显，只有所谓的社会精英们才被允许留下这些高贵的铭刻纪念。这些涂划的最前面一位名人是哈德良的妻子萨比娜，她于公元130年陪同丈夫来到这里，并见证了"第一时间里（即太阳升起前）两次听到的门农的奇迹吼声"。她的丈夫没有留下任何记录，可能是因为他生气了，因为从陪伴他的才华横溢的诗人们留下的一些诗篇里发现，门农脾气很坏，没有向他的这位尊贵的客人展示他的奇迹，而在哈德良之前，这一奇迹已经向很多罗马高官们展示过，更不用说在埃及的总督们了，也曾向许多驻扎在这里和经过这里的军事将领们展示过这种奇迹。随着时间的推移，它在知识分子和罗马官员们中的吸引力越来越大，直至吸引到罗马皇帝的光临。作为罗马最高统治者，哈德良可能觉得出于礼仪应当来这里并留下题名。在他统治时留下题名的有三位埃及总督，三位地方长官，一些地位略低的官员，包括一位法官，以及三位自称是"诗人"的人。在哈德良之后，上面的铭文突然没有了。到这时，上面的铭文涂划有100多处，巨像上所剩空间也不多。最后的日期是公元205年。巨像上留下的几乎两个世纪的信息清楚地表明了对此现象怀疑的人少，而相信的人多，这些刻画者不仅证实了他们的到来，而且证实了他们对奇迹的深信不疑。官员们的话都很简明扼要，表达了他们必须表达的一种程式化感情："我，路奇乌斯·富尼苏拉努斯·卡里西苏斯（Lucius Funisulanus Charisius），赫尔蒙提斯（Hermonthis）和拉多波利斯（Latopolis）地区的长官和我的妻子富尔维亚，两次听到门农的吼声，一次在太阳升起前，一次在太阳升起后，哈德良皇帝第七年的月神月8日（即公元122年9月5日）。"云集这里的知识分子、男女诗人们、教师和其他有文学细胞的人都发现散文体的语言太苍白，不能表达他们的感情，于是他们求助于韵文诗，常常是荷马的古体韵文诗——毕竟，门农是来自特洛伊传说中的人物。一位罗马的埃及行省总督，很明显是一位文化人，他把官僚陈词和诗体两种文体结合起来，用拉丁语简明地写道："第16任执政官，皇帝戴克里先·恺撒·奥古斯都·日耳曼尼库斯的那年（公元92年）3月14日，埃及总督提图斯·佩特罗尼·乌斯塞库杜斯（Petronius Secundus），在太阳升起前听到门农的吼声，这使他感到十分荣幸，并用希腊韵诗铭刻如下：'万能的门农，在阿波罗的阳光照耀你的时候，虽然你仍矗立在原来那神圣的位置，但你大声尖叫。'另一位官员，署名为"诗人和代理人"，可能负责测量雕像：

　　哦，西蒂斯（Thetis），海的女儿，她知道门农还活着，
　　当他被海岸山上她的阳光温暖时，
　　当阿基里斯这个战争狂的声音在希腊或特洛伊再也听不见的
时候，
　　他还在大声地和他的母亲说话，
　　在那海岸山上，尼罗河从底比斯劈开一条间隙，自豪地成为城市
的大门。

　　大多拙劣诗人模仿荷马，但留下的却是打油诗。比如，有一个笔名叫
法勒努斯（Falernus）的人，他自称是"教师和诗人"，而且毫不谦逊地
显示他的"天才"：

　　他学会了演说，他学会了保持安静，
　　他学会了他所知道的语言与安静两种能力，
　　在拂晓前，他穿上母亲为他制作的金黄色长袍朗诵诗篇，
　　他的诗篇健康而甜美，
　　超过了其他所有最清晰的诗歌朗诵。
　　这首诗是教师和诗人法勒努斯写的，
　　诗中浸透着优雅与沉思。

　　有一首四韵步诗，作者是公元89—91年的埃及总督麦提乌斯·卢福
斯（Mettius Rufus），这首诗也好不到哪里去：

　　哦，伟大的门农，尽管你的身体遭到了极大破坏，
　　你还是有声音发出，
　　因为麦提乌斯听到了这声音，他才这样说，
　　此诗是四韵步诗。

　　在61处希腊文涂划中，其中诗体不超过35处，在45处拉丁文涂划
中，诗体只有4处——我们必须记住，荷马的语言是希腊语。上面的散文
体信息，虽然并非都像上面所引用的半官方腔调那样苍白，但最多也只是
简短地提及一些经历。一位名叫阿尔特米多努斯（Artemidorus）的乡村职
员曾携带他的家人去参观过，他写道："我和我的妻子阿尔西诺及孩子托

勒迈俄斯（Ptolemaios）、埃努里翁（Ailurion）（也叫奎德拉图斯［Quad-ratus］），在哈德良·恺撒第 15 年科亚克月第二日（即公元 130 年 12 月 7日）听到了神奇的门农之声。"①

　　罗马人虽然在政治和军事上征服了希腊，但是在文化上，希腊文化却成为罗马文化的导师，正如贺拉斯所说的那样："被征服的希腊打败了它的野蛮征服者并把艺术带到了粗野的意大利。"② 正因为如此，罗马富家子弟纷纷前往雅典、罗得岛及希腊其他地方学习，许多希腊人也到罗马建立学园，讲学，或者成为罗马贵族的食客。正是由于历史和传统的原因，雅典在罗马时代仍聚集着许多哲学教师和雄辩的智者。许多学生从希腊各地、罗马及遥远的亚洲省份慕名而来，有时候，人们甚至会赶很远的路，只为了聆听一场演说。据说有一位行政官员离开了自己的工作去拜访当时著名的哲学家托鲁斯（Taurus），而其目的仅是为了聆听托鲁斯的教诲。还有一个人专门看望李维，并在看望他之后又立刻重新上路了。③ 每一个智者都有自己的学校和学派，他们竭力吸引新人。各种学派之间的争论也十分频繁。"对那些居住在雅典的年轻人来说，这是一个充满诱惑的地方。各种巫术、神秘教也在这里泛滥成灾，异教主义的狂热一触即发。"④许多著名人物都曾在这里求学，如著名的教父巴西尔（Basil of Caesarea）就曾在此学习过。那些有学问的人也不停地穿梭于帝国各地，宣讲自己的演说，特别是那批"第二智者"，更是"文化的旅行者和传播者"。波勒莫（Polemo）是生活在哈德良时代的一位著名智者，他经常旅行于帝国各地，同时代的人对他的旅行做过如下描述："当他旅行的时候，跟随他的有一大群驮着东西的牲畜和马匹，还有许多奴隶以及为了寻猎而带的各种猎犬；他自己则习惯坐在佩有银质缰绳的马车上。"⑤ 他和他的后代还从哈德良皇帝那里获得了在帝国境内自由旅行的特权，甚至伴随他旅行的还有哈德良皇帝的侍从。在罗马帝国，这样著名的智者还有很多，如纳乌克拉提斯的托勒密（Ptolemy of Naucratis）、拜占庭的马尔库斯、斯科佩里安（Scopelian）、亚历山大·伯罗普拉顿（Alexander Peloplaton），

①　Lionel Casson, *Travel in the Ancient World*, pp. 275–278.
②　Horace, *Epistles*, Ⅱ, 1, 157–158.
③　刘增泉：《罗马人古代旅行世界》，第 148 页。
④　王晓朝主编：《信仰与理性：古代基督教教父思想家评传》，第 102 页。
⑤　Graham Anderson, *The Second Sophistic: A Cultural Phenomenon in the Roman Empire*, London and New York: Routledge, 1993, p. 29.

等等。①

　　直到公元前 2 世纪，只有少数的罗马公民能够接受教育，而且"希腊—罗马式的上等教育无疑仅仅是上层社会人士的特权"，② 而上层社会人士接受教育的机构全都是希腊式的学校，这里不仅包括了外交与军事的教育，甚至政府体制也仿效希腊体制。尽管罗马贵族中有强烈反对希腊文化的人，但更多的罗马人还是希望他们的子弟能学习希腊哲人的知识与良好的教养，对希腊古典文化更是积极地追求，希腊文化的大门也为这批罗马人而敞开。学习希腊的文化知识也一直是罗马上流社会的兴趣，对从事政治生涯的人而言，希腊文化知识更是必不可少的。一般而言，罗马大家族的子弟大都投身于政治，因而对知识的需求更必不可少，有钱人家子弟更进一步学习修辞学和哲学，并为此而寻找最好的希腊教师和学校。柏拉图和亚里士多德的学园里挤满了来自地中海世界慕名而来的学生。屋大维就是深受希腊文化熏陶的典范，尽管"他从未获得流利地讲希腊语或用希腊语写任何文章的能力"，"但他对希腊各科学问的学习都感兴趣，并且也都做得极为出色。他的雄辩术教师是帕加马的阿波罗多洛斯，他年轻时从罗马来到阿波罗尼亚时，虽然阿波罗多洛斯当时已是位老者，仍把他一起带回来。后来，通过与哲学家阿瑞乌斯及其两子狄奥尼修斯和尼卡诺尔的交往，他对各种各样的学问都精通起来"。③ 罗马对于希腊和埃及的逃亡者都十分欢迎，因为很多逃亡者都是有学问的人，他们在罗马得到了庇护，甚至可以定居罗马乃至成为罗马公民，如恺撒就"把罗马公民权授给所有在罗马行医的人和文学艺术教师，以此让他们更想住在罗马城，并使其他人向往这里"。④ 到帝国时期，很多来自于雅典、亚历山大以及东方的语法学家、修辞学家和哲学家们到罗马传播文化知识。"阿提卡运动"的著名代表人物普鲁塔克早年在雅典学习，其知识到达相当的程度时，则又前往罗马讲学，以此传扬希腊文化，这些希腊学者也赖此得以过富足的生活。但并不是任何有学问的人在罗马都能获得成功。如著名讽刺诗人玛尔库斯·瓦列里乌斯·马尔提亚是一位出生于西班牙的有知识的无产者，他是到罗马来"寻求幸福的"。但在他最终获得名声之前，不得不

①　Graham Anderson, *The Second Sophistic: A Cultural Phenomenon in the Roman Empire*, pp. 29 – 30.

②　M. 罗斯托夫采夫：《罗马帝国社会经济史》，马雍、厉以宁泽，商务印书馆 1985 年版，第 274 页。

③　苏维托尼乌斯：《神圣的奥古斯都传》，第 99 页。

④　苏维托尼乌斯：《神圣的朱里乌斯传》，第 23 页。

长期地过着文丐的半饥半饱的生活。即使是荣誉也并没有给马尔提亚提供牢固的保证，"他常常不得不和以前一样地在富有的保护者的家中扮演着寄食者的角色（即食客）。在马尔提亚快要死的时候，他返回了西班牙"。① 这位伟大的诗人并没有在罗马寻求到他的幸福。

　　公元176年希腊学者乌尔布斯（Urbs）在雅典建立了四个哲学讲座。其中包括两个"辩论"协会，一个"诡辩术"社团和一个"实践教学"讲座，而这样的学术殿堂，亦花费了相当庞大的费用。围绕这些社团和讲坛转的主要是学生。很多学生由于自己的城市里没有学校，必须到邻近地区求学。如库迈地区设立一个讲座机构就可以解决学生远到米兰上课的不便，学生也可以省下一大笔开销。小普林尼说："您现在为学生居住等日常琐碎之事而忙碌，学生所缴纳的学费可以作为教师们的工资。"② 但是在意大利学校里学习，无论其花费多寡，都无法与希腊相比，因此人们到希腊求学已经成为一种风气，似乎没有到希腊镀一层金，就显得知识贫乏。到希腊旅行也成为罗马人学习希腊文化必经的历程。奥陆格列的一篇文章清楚地揭示出"旅行"对于罗马杰出人士的重要性："埃拉德是我们在雅典学习时期的导师，他富于演说的天赋。当我们在雅典时，常常在庄园里邀请城里的朋友，有些人更远从罗马来到希腊，聚集在导师身边受教，为的是使他们的精神和文化生活趋于完美……"③

　　散居在帝国各处的文化界人士，为了在政治上获取一定资本，经常把那些有前途的世家子弟和充满理想抱负的年轻人送到希腊学习。恺撒年轻时就曾到罗德岛学习雄辩术，其主要原因是为了避仇，也趁着这段闲暇时间继续学习阿普列的雄辩课程。弗龙托到埃及的亚历山大里亚求学，屋大维的外甥被送到马赛学习。苔西佗曾说："西塞罗渴望聆听希腊哲学家的修辞学，从希腊的学者那里也窥见了希腊的知识世界。"④

　　虽然罗马人认为他们"文化之旅"的首选地是希腊，如那里的德尔斐、雅典、科林斯、奥林匹亚等地总是游人如织，但是小亚细亚的其他希腊城市亦享有崇高的荣誉，特别是位于东方门户的安条克更是一个充满生机的城市，那里的文学与哲学受到东方文化的影响颇深，是东西文化交流的汇聚点。到罗马帝国时代，我们看到很多著名的希腊教父都曾到过安条克，或在这里学习，或在这里讲学、布道。当然，这时的罗马也成为了著

---

① 科瓦略夫：《古代罗马史》，第831页。
② 刘增泉：《罗马人古代旅行世界》，第164页。
③ 同上书，第165页。
④ 同上书，第166页。

名的文化中心，也成为众多有志青年或贵族青年神往的地方，自然也是许多大学问家们展示自己才华的地方。著名的《变形记》①的作者阿普列乌斯于 124 年左右生于非洲的马达乌努斯城（Madaurus）。②富家出身的阿普列乌斯在迦太基受到修辞学的教育，在雅典学习哲学并在希腊东方旅行了许多地方。他后来就到了罗马，在那里从事律师的活动，最后他又回到迦太基，在那里享有巨大的声名和荣誉。③再如出身幼发拉底河畔的撒摩撒塔城（Samosata）的卢奇安（生于 120 年左右，死于 2 世纪末）是一个贫苦手工业者的儿子，他通过自身努力而在修辞学教养方面达到了最高的造诣。他以一个游历的修辞学家（"诡辩家"）的身份，访问了意大利，到过罗马并在一个高卢的城市中教授雄辩术。然后路奇亚努斯回到东方，以修辞学家和作家的身份出现，并以元首驻埃及的官吏的身份终其余年。④到帝国后期，我们可以看到很多著名的拉丁教父或到罗马学习，或到罗马布道。希波大主教奥古斯丁就是其中一位。虽然他家里并不富有，但是由于"父亲的望子成龙"，家里为他上学耗费了大量心血，用他自己的话说："谁不称道我的父亲，说他不计较家庭的经济力量，肯担负儿子留学远地所需的费用？许多远为富裕的人家都不肯为子女作此打算。"⑤但奥古斯丁并不懂事，行为也放荡不羁。不久，他父亲就去世了。父亲的去世使奥古斯丁家里的经济更为拮据，但他母亲与他父亲一样，即使再清贫，也要送儿子去继续深造。后来在一位名叫罗马尼亚努斯的富有同乡的鼎力资助下，奥古斯丁终得奔走迦太基，攻读修辞学与哲学。但是，由于信仰的动摇以及与弟子们相处的困难，使奥古斯丁感到不能继续待在迦太基。在朋友的建议下，他准备到罗马去寻求发展，希望在罗马能遇到自己

---

①　十分巧合的是，《变形记》的故事也是发生在罗马"旅行"之中的。醉心于魔法并幻想洞悉其秘密的少年路克优斯在旅行的时候到了女魔法师的国土帖撒利亚。他停留在自己的一个相识者的家里，这个人的妻子是一个有名的、具有强大魔力的女魔法师。路克优斯试图借助女仆的帮助来和神秘世界交往。但是女仆错误地把魔法的饲料给了他，这种饲料把他变成了一头驴子。变成了驴子的路克优斯仍然保存了人的心理。就在那一夜里，强盗们把他偷走了，在此之后便开始了长长的一系列传奇故事和苦难事件。路克优斯最终得以向伊吉达女神祈祷，女神托梦给他，并答应，如果他能把自己的余生献给她，她就拯救他，他答应了。第二天，驴子遇到了伊吉达女神的队伍，吃了女神祭司的花冠上的圣玫瑰而重新变成了人，忏悔的和复活的路克优斯接受了埃及女神所传授的秘密而成了她的祭司。

②　公元 1—2 世纪的许多罗马作家和著名学者都是出生于行省，这一方面反映了"罗马化"在各行省的扩张，另一方面也反映出各行省在帝国经济和文化生活中意义的增长。

③　科瓦略夫：《古代罗马史》，第 833 页。

④　同上书，第 837 页。

⑤　奥古斯丁：《忏悔录》，周士良译，商务印书馆 1996 年版，第 27 页。

满意的弟子。不料节外生枝，他的母亲正巧也来到了迦太基，她不放心奥古斯丁只身去罗马，奥古斯丁只好向母亲撒谎，瞒着她偷偷起程。388 年秋，奥古斯丁又从罗马回到故乡塔加斯特。他变卖家产，并把所得分给穷人，而自己却聚集一批志同道合的朋友过着一种真正修道院的隐居生活。这段时间，他深居简出，不与任何异性交往，甚至连自己的妹妹也不愿单独见面，整日沉浸于宗教沉思和研究之中，特别致力于将新柏拉图主义与新约的融合，以此给基督教思想注入新的活力，最终，他成为基督教的一代大师。

对于众多的民众来说，到罗马城并不完全是为了学习或讲学，也有其他文化上的原因，如为了观看罗马盛大的节日表演，他们也会成群结队地前往罗马。为了纪念宙斯而举办的奥林匹克运动会或为了纪念阿波罗而举行的匹提亚（Pythian）庙会等传统的希腊运动会延续到罗马帝国时代，运动会期间会吸引大批民众前往观看。赛车表演更是罗马常见的运动节目。著名的角斗表演也会吸引大批观众前往，"角斗表演能使男子汉变得坚强，视死如归，看到流血的伤口就兴奋，使奴隶和罪犯痴迷于荣誉和胜利"。"只有角斗士的表演才能引来众多的观众，其他任何表演都没有那么大的吸引力，不管是民众聚会还是市民大会。"① 当众多的节日表演在罗马或其他行省的圆形大剧场举办时，成千上万的人们都涌向这里，从而使得罗马人的这一旅行盛况蔚为壮观。② 这些盛大的节日表演一方面能丰富罗马民众的文化生活，另一方面，它也是罗马统治者稳定政权的手段之一。"人们已经正确地强调过：这些盛大的节日表演给了皇帝与罗马民众建立必要联系的机会，这种联系对于建立平稳的政权机制十分必要。同时，圆形大剧场和斗兽场也成为民众向皇帝表达他们愿望的集会地。"③

这些表演不仅罗马有，在各行省也有，因此前往各行省观看表演的人也很多，在埃及发现的纸莎草文献上曾记载着："（这些天）由于很多人都渡海去埃及观看人类艺术表演，我也渡海去了。我沿河而上，来到了西

① Pliny, the Younger, *Panegyricus*, Harvard University Press, 1969, 33. 我们经常误解古罗马的角斗表演，仅仅把它看成是罗马人嗜杀成性的有力表现，但这是一种误解。在罗马人看来，角斗是非常平常的节目表演。（有关角斗表演的论述，参见高福进、侯洪颖《角斗士：一段残酷历史的记忆》，上海辞书出版社 2006 年版；以及 Jerome Carcopino, *Daily Life in Ancient Rome: The People and the City at the Height of the Empire*, Translated by E. O. Lorimer, New York: Yale University Press, 1965, pp. 264 – 279.）
② Lionel Casson, *Everyday Life in Ancient Rome*, pp. 111 – 112.
③ Roland Auguet, *Cruelty and civilization: The Roman Games*, London and New York: Routledge, 1972, p. 188.

奈，又从尼罗河口到了利比亚，那里有阿蒙神谕所，我在这神圣的地方刻上了我朋友们的名字，以此永久地记录下他们的敬意。"① 这一文献生动地反映当时人们到行省观看表演的情形。

从罗马人的文化之旅可以看出，罗马人的文化虽然在早期不如希腊，并以希腊文化为导师，也因此杜比逊（Dubuisson）才认为罗马人在公元前1世纪具有文化的自卑情结，但接下来罗马极力推进的希腊化政策致使这种自卑情结逐渐地减弱。希腊文化与罗马文化的相同点和相互联系使双方的冲突点消失，而罗马文化一旦完全吸收了希腊文化，便也产生了与之相称的文艺，因而希腊与罗马的文化敌对关系也就慢慢消失。② 正是这种文化隔膜的消失，使罗马文化与希腊文化在一定程度上可以视为一个整体，但这并不表明罗马文化只是希腊文化的简单复制，也不是希腊文化的二道贩子，罗马文化在政治、经济、宗教、法律、社会、文学、科学、建筑等各方面都给后世留下了丰厚的遗产，值得后世认真学习、借鉴和在此基础上创新。③ 因此，对于罗马人的文化旅行，他们不仅热衷于希腊的文化遗产，而且对自己的文化遗产也同样重视。

当然，我们必须指出的是，有能力和精力作文化旅行的罗马人毕竟是少数，他们大多是罗马社会的上层或有文化的下层民众，同时，他们出游的动机和目的也往往各不相同，或出于好奇，或出于信念，或出于客观需要，等等，但无论哪种目的，他们的文化之旅都构成了罗马旅行世界重要而精彩的一部分。

第四节　罗马的宗教之旅

在古代社会，宗教在人们的日常生活中占有重要地位，罗马亦不例外；宗教又是统治阶级加强政治统治的手段之一，在罗马同样也不例外。罗马国家宗教的监护权是掌握在政治统治集团手里的，宗教祭司也完全由国家控制。因此，"罗马如同其他社会一样，宗教制度和仪式反映出了国

---

① Lionel Casson, *Travel in the Ancient World*, p. 360.
② 刘增泉：《罗马人古代旅行世界》，第162—163页。
③ 理查德·詹金斯主编：《罗马的遗产》，晏绍祥、吴舒屏译，上海人民出版社2002年版。对它的评价可参见晏绍祥《罗马的遗产——〈罗马的遗产〉评价》，载《博览群书》2002年第7期。

家内部的权力关系，而且也为现存秩序提供辩护"。[①] 但是，罗马人在宗教方面的贡献并不大，"对于诉诸情感的吁请、精神领域的强化、生活的解释以及某些直接的生活问题，罗马宗教几乎无所贡献"。[②] 难怪有人称罗马宗教是"冷漠而浅薄的宗教"，这样说罗马宗教，虽然有些极端，但也不无道理。虽然"罗马宗教始终未能超出冷漠而浅薄的实用主义窠臼"，[③] 但对于任何外来宗教，罗马人却从不排斥，只要它们符合罗马的审查标准，[④] 它们就能得到国家的宽容，从而在罗马境内传播，因此，罗马国家特别是帝国对外来宗教的态度并非基督教和犹太教所渲染的那样极不宽容，"基督徒所认为的'迫害'对罗马统治者而言，仅是他们维护公共秩序的责任，防止一些在他们看来似乎是一群叛徒或胡闹的疯子的男男女女。如犹太人一般，基督徒之所以与罗马民法发生冲突并不是因为他们的绝对的信仰与习惯，而是因为他们拒绝接受罗马皇帝的神性，以及敬拜他如神。最初几个世纪的基督徒对有教养的希腊人与罗马人而言，是任性的与粗鄙的狂信者；对一般人民而言，他们是危险的怪物，这是实实存在的。但是罗马帝国并不怎么在乎其统治下诸城邦、部族与国家的道德和信仰方面细节问题"。[⑤] 正因为罗马社会对外来宗教的宽容态度，因此，在罗马，我们既可以看到官方宗教的最初统治地位，也可以看到其他宗教的盛行，特别是各种东方宗教。

罗马的早期官方宗教（即我们通常所说的异教）基本上就是希腊宗教的翻版，希腊宗教里的诸神在罗马宗教里基本上都有对应的神祇，如希腊主神宙斯在罗马被称为天庇特，战神阿瑞斯在罗马被称为马尔斯，酒神狄奥尼索斯在罗马称巴库斯，希腊诸神使者赫尔墨斯在罗马则被称为墨丘利，等等。当然，罗马也有本土神灵，如古老的意大利神萨杜恩及福纳斯、波摩娜、弗洛拉、鲁西娜等。[⑥] 到帝国时代，罗马境内盛行的除官方

① Peter Garnsey and Richard Saller, *The Roman Empire: Economy, Society and Culture*, London: Gerald Duckworth & Co. Ltd, 1987, p. 163.
② R. H. 巴洛：《罗马人》，第 157 页。
③ 赵林：《西方宗教文化》，武汉大学出版社 2005 年版，第 115 页。
④ 罗马对外来宗教的审查标准主要有三条：第一，它们是否会动摇罗马宗教的主宰地位；第二，它们在政治上是否安全；第三，它们是否合乎道德。（参见 R. H. 巴洛《罗马人》，第 160 页。）
⑤ 布林迪西、克里斯多夫、吴尔夫：《西洋文化史》第 1 卷，台湾学生书局 1984 年版，第 239 页。
⑥ 萨杜恩是农业之神，相当于希腊神话中的克罗诺斯，福纳斯是畜牧农林神，波摩娜是果树女神，弗洛拉是花神，鲁西娜是生育女神。

宗教外，主要还有基督教和犹太教以及其他东方宗教。当然，在基督教占据统治地位后，它便成为整个罗马社会的主流宗教。对于宗教圣地的朝圣旅行，在基督教和犹太教的教义中都有明确的规定，因此，朝圣便成为其宗教活动的重要组成部分；虽然罗马异教没有统一的教义和宗教仪式，也没有对于宗教圣地的朝圣义务规定，但是，罗马民众对于宗教圣地的朝圣活动仍然十分盛行。

一　罗马异教的朝圣旅行

公元前31年，当屋大维击败托勒密王朝的最后统治者安东尼和克里奥巴特拉的时候，整个东部希腊语区的历史命运结束了，它转向了罗马帝国第一个皇帝奥古斯都之手，这样，地中海也就成了罗马的内海。但是，正如奥古斯都的桂冠诗人贺拉斯所注意到的那样，在文化意义上，正是罗马的被征服者征服了野蛮的征服者并把文化艺术带到了罗马。在罗马帝国统一的文化中，无数的神祇、仪式、祭仪在地中海地区传播，特别是那些来自东方的宗教，如在公元3世纪末和4世纪，源自于东方的神祇如米特拉神（Mithras）或萨拉皮斯神（Sarapis）的形象和神庙已经遍布罗马帝国，远至不列颠。虽然基督教在4世纪已经成为帝国的官方宗教，但就整个帝国情况而言，"没有任何证据能证明基督教的传播能胜过任何其他宗教在帝国内的传播，因为基督教最初只是一个模糊的、奇特而微不足道的巴勒斯坦教派"。①

罗马世界的朝圣模式在很大程度上是在继承希腊和希腊化遗产的基础上发展起来的。在罗马各地，神祇众多，各地也常有各不相同的地方祭祀仪式和方式，而且各种宗教神话及各种神祇相互混同，著名圣所亦很多，这就使得罗马的宗教特征有些类似今天印度教的特点。原则上，罗马的所有神祇都具有容忍性，这与后来许多宗教（如犹太教、基督教、摩尼教和伊斯兰教）对其他神祇的完全不能容忍的排他性形成了鲜明的对比。至帝国时代，还有一种官方宗教，或称为帝国仪式，即全国范围内对皇帝及其继承者的崇拜。但是，"为了表达一种更为热烈的、直接的和个人的宗教虔诚，每个人可能有自己特别的献祭仪式，就象《金驴记》中的路奇乌斯（Lucius）对伊西斯女神（Isis）那样，或者象公元2世纪演说家阿里乌斯·阿里斯底德象医药神阿斯克勒庇俄斯那样，或者传播一种神秘

① Simon Coleman & John Elsner, *Pilgrimage: Past and Present in the World Religions*, Cambridge and Massachusetts: Harvard University Press, 1995, p. 22.

的宗教，如古代的厄琉息斯（Eleusis）秘仪或者较近时代的米特拉秘仪"。① 因此，在罗马流行最广的还是对诸神的崇拜，朝圣者为了表达自己的宗教虔诚或其他目的而大量前往圣地或圣所，从而形成壮观的古代异教朝圣之旅。

位于意大利北部的翁布里亚的斯波勒杜姆（Spoletum）附近有著名的河神克里杜姆努斯（Clitumnus）神庙，在这里可以看到大量的希腊宗教习俗模式。这里有大量的神祇，它们向朝拜者提供各种预言和神谕，而朝拜者则往往会在神庙周围留下自己的铭文，这些铭文有以正规的铭文形式出现的，也有随意在墙上涂鸦的，通过这种方式，朝拜者达到了自己与神灵沟通的目的。对此，小普林尼曾有过精彩的描写："这是一个古老而神圣的圣所，里面站着克里杜姆努斯神，他穿着罗马的紫色花边长袍。遗留在这里的神谕证明了他的存在以及他具有先知般的神圣性。周围是很多小圣所，每一个圣所都有它的神祇，并有自己的名称和仪式，还有一些有自己的温泉……事实上，这里的每一样东西都会使你高兴，你还可以找到一些可以阅读的东西。在这里，你能看到大量书写在柱子和墙上为纪念温泉和神祇的铭文。这些铭文大多会使你钦佩不已，但也有一些会使你觉得可笑——尽管我知道你确实性情和蔼不会笑。"② 这里的大量铭文，对城市生活非常熟悉的普林尼来说，有些确实非常幼稚可笑，甚至有些粗俗，但它们的确就是这样，这就是当时朝圣者虔诚心灵的见证和表达，对于这一点，普林尼自己也明确承认。到了公元 2 世纪，很多社会精英，比如演说家阿里斯底德等，他们不但参与了到圣所朝拜的神圣旅行，而且还对他们的朝圣做了记录。和其他许多古代作家记录神圣仪式一样，普林尼特别评价了位于主要中心地带的各种圣所的特别之处，这些圣所，他们有自己的神祇和自己特殊的仪式及崇拜。

在埃及南部边界的塔尔米斯（Talmis），有一座献给曼都里斯（Mandulis）神的神庙遗址。这里，有大量的诸如普林尼所描写的献祭铭文。一个名叫桑斯诺斯（Sansnos）的人在墙上写了一系列格言："崇敬神灵。向所有神祇献祭。满怀敬意走向圣所。最首要的是要相信你的祖先神祇，要崇敬伊西斯女神和萨拉支斯神，他们是诸神中最伟大者、最大救星、最友

---

① Simon Coleman & John Elsner, *Pilgrimage: Past and Present in the World Religions*, p. 22.

② Pliny, the Younger, *Letters*, VIII, 8, 7.

好的、最善良者、最仁慈者。"① 从这里可以看出，桑斯诺斯作为一位罗马人，首要的是相信自己祖先留传下来的诸神，这表明了罗马传统宗教在罗马人生活和信仰中的统治地位；同时，他对东方神祇又极力推崇，这一方面说明了当时东方宗教对罗马社会生活的影响，另一方面也再次表明古代罗马的宗教混合特征及其非排外性特征。无论如何，不管桑斯诺斯为后人留下这些记录的动机何在，他的名字和他献给神祇们的这些铭文都记录了他的"旅行是对每一圣所都充满敬意的"，② 而不仅仅是因为虔诚的宗教敬畏和奉献牺牲原因。

　　在离塔尔米斯不远处，还有一处圣所，它的周围也点缀满了朝圣者的铭文，其中一位匿名奉献者对神的幻想把他的虔诚心灵表现得淋漓尽致："我把我这样一个陌生人的所有虔诚和所有罪恶都奉献出来，我追求长时期的贞洁，在神灵面前献祭。我有一种幻想，我找到了自己灵魂的栖身之所。因为你给了我巨大的祈祷并通过神圣的拱顶向我显示了你自己。你在不朽的圣水中洗涤你自己后又出现了，你又来到了你的圣所……"③ 诸如此类的圣所在古典作家笔下记载得很多，有些记载还得到了考古学上的证实。④

　　对于朝圣者来说，朝圣仪式是非常重要的，尽管罗马的朝圣献祭仪式在很大程度上也是沿袭希腊，但各圣地的具体仪式差别还是非常大的。在举行仪式前，朝圣者一般都要以虔诚的态度禁绝各种邪恶行为，甚至日常生活中的有些正常行为也必须禁止，包括某些食物的禁食，当然最主要的是禁忌性生活，因为在他们看来，这些被禁忌的行为是对神灵的不敬，会惹怒神祇。关于希腊罗马宗教净化仪式的最好叙述可能要算卢奇安在《论叙利亚女神》中的描述。该描写是对腓尼基的赫拉波利斯或称马布格（Mabbug）的圣所和仪式的一手材料的描述。作者本人就是一位朝圣者，因此，他不但对圣所的各种神话及仪式本身极其敏感，而且对那些朝圣者也极其关注："我将讲述每一个朝圣者的所作所为。不管什么时候，只要有人打算来到这个圣城，他就要把自己的头和眉毛打理一番。在奉献一只绵羊作为牺牲之后，他就把牺牲切开并吃其中一些部分。但是，他会把羊

① Simon Coleman & John Elsner, *Pilgrimage: Past and Present in the World Religions*, p. 24.
② Ibid.
③ Ibid.
④ Peter D. Arnott, *The Romans and Their World*, New York: St. Martin's Press, 1970, p. 238.

毛放在地上并跪在上面，再把羊的脚和头放在自己的头上。当他祈祷时，他要求神接受现在的牺牲并许愿下次将奉献一只更大的牺牲。结束这些仪式后，他会在自己的头上戴着花环，所有人都同样地进行着朝圣。当他离开自己的故土进行旅行时，他们既用冷水洗澡，也喝冷水，并且总是睡在地上，因为在他们完成旅行并返回故土前，如果他们接触了床，那是对神灵的亵渎……"① 这一系列的复杂仪式，包括自己神圣化的一些行为（理发和修整眉毛），最初的牺牲和禁绝诸如热水和床这种家庭舒适只不过是节日里实际接触圣所之前的一些准备而已。他们用这些来标记自己的特殊旅行，经历非同寻常的环境，从而使每一个遇到他们的人都知道：他是一位朝圣者，他们把旅途本身就当作了一种仪式。公元 2 世纪旅行家鲍桑尼亚斯（Pausanias）在他的旅行记录《希腊旅行指南》中，也为我们提供了许多关于朝圣方面的内容，特别是关于朝圣仪式的准确性、特殊性以及仪式顺序等。他本人就是一位从小亚细亚的伊奥尼亚出发的朝圣者，他不仅走遍了希腊最著名的圣所，而且走访了很多遥远并且名气小得多的圣所。他以其对所走地区地形的准确描述而著称，他对各宗教仪式的描述十分准确和仔细。在第一卷关于阿提卡的记载中，他描述了宙斯祭坛的仪式："在宙斯祭坛上，人们放满了大麦和小麦的混合物，也没有人看管这些。他们准备用来献祭的公牛来到了祭坛前并在分享这里的谷物。其中一名被称为杀公牛者的祭司杀死了公牛，接着他按照祭仪规定，扔下斧头就逃跑了。其他的祭司则把斧头带去审判，好像他们不知道这是人干的而不是斧头干的。"② 后来，鲍桑尼亚斯来到了祭坛的最高点，他告诉我们，雅典人从不在这里祭献活物，也不奉献酒（这两种奉献都是古代奉献牺牲模式的正常组成部分）。他们奉献的却是蛋糕。这种仪式对于特定的神或圣所来说是很特别的。雅典卫城里的宙斯和其他地方的宙斯神像不是同一回事。③ 朝圣者在前往圣所途中要学习的内容之一就是怎样学会当地的崇拜，并像当地人那样进行崇拜。这就是为什么鲍桑尼亚斯要坚持不懈地记录奥林匹亚的各祭坛所使用的不同仪式。在我们今天看来，古代人的这些记载显示了他们的愚昧与迷信。但是，在当时，它的确见证了人们极大的宗教热情，也见证了他们的文化特征。

朝圣者到达目的地后，在不同的地方和位置也有不同的仪式和宗教活

---

① Simon Coleman & John Elsner, *Pilgrimage: Past and Present in the World Religions*, p. 24.

② Pausanias, *Description of Greece*, Harvard University Press, 1998, I, 24, 4.

③ Pausanias, *Description of Greece*, I, 36, 5.

动。在狄俄尼索斯神（Dionysus）的圣所门前有两个巨大的生殖器："有个男人一年之中要两次爬上这些生殖器中的一个并在上面生活七天。他这样做的原因是为了提升自己。人们认为他在高处与神交流，并在为所有的叙利亚人祝福，而神就在不远处聆听这些祈祷者的声音。"① 在这些圣所的观光地，还有很多塑像和神谕所，神谕就从神谕所里发出，但它们实际上是来自被阉割了的祭司。这些神谕记录了古代人们的习俗及其令人匪夷所思的神话起源："在神谕所中，每年都有很多人阉割自己，把自己变得不男不女……这些人不再穿男人衣服，相反，他们穿着女人的服饰并做女人做的工作。"有时候，人们还做出一些违背人伦和人类行为常规的极端做法："正当剩下的人在吹长笛和举行仪式时，有很多人很愤怒，因为有些只是来观看的人也参加了这些表演。我将描述他们的所作所为。突然，一个年轻人抛掉了他的衣服，咆哮着冲向圣所中心，并拔出一把剑——我想，他可能在那里有很多年了。他拿起剑，迅速地把自己阉割了，接着，他手里拿着自己的阉割物冲向城市，把这些阉割物扔向一间房子里，并从这间房子里拿取了女人衣服和装饰品。"② 不管这段叙述是否准确，但这些记载无疑会激起古代世界的宗教暴力、宗教危险和宗教激情。这不是国家规定的制度化仪式，而是一种充满活力和危险的仪式，它充分反映了当时朝圣者的价值取向。

异教中常流行一种神秘仪式，朝圣者经常都能看到这些仪式，而且它们还经常被记录下来，如著名的厄琉息斯秘仪、密特拉教（Mithraism）秘仪、摩尼教（Manichaeism）秘仪，甚至基督教中也有神秘仪式，它们在罗马帝国后期得到了广泛的传播。这些秘密仪式对朝圣者来说既是一种权威的体现，又是一种精神的寄托。由于它们的神秘性，使得这些秘密的禁忌仪式一般不为外人所知。但正是因为它们的神秘性和严厉禁忌，才更能激起从皇帝到普通民众的朝圣兴趣，如对厄琉息斯秘仪进行崇拜的皇帝就包括哈德良、路奇乌斯·维鲁斯、马可·奥勒略以及他的儿子康茂德，最后一位异教皇帝叛教者朱利安（公元 361—363 年在位）也是一位厄琉息斯秘仪的崇拜者，他还企图把厄琉息斯作为圣地，并支持它成为帝国政策的一部分，以此来对抗基督教。③

罗马异教与其他世界性宗教不同，它是没有圣书的非系统的、非理论

---

① Simon Coleman & John Elsner, *Pilgrimage: Past and Present in the World Religions*, p. 25.

② Ibid., p. 26.

③ Ibid., p. 29.

化的宗教，它没有神学，没有成文的规制，没有教条。事实上，它根本就不是一种单纯的宗教，而只是各种经验、信仰、仪式以及对神奇事物的不同反应的各种迷信而已。但罗马世界的异教朝圣与犹太教、基督教和伊斯兰教的宗教朝圣有许多相似之处。在礼仪和社会的许多方面，他们强调仪式化的旅行，而圣地往往离朝圣者所居住的地方很远，在旅行过程中，他们不断地修正自己的日常道德行为，同时，朝圣还可以给朝圣者治病，带来各种奇迹，并与另一世界的神圣力量相接触。这与基督教徒和穆斯林一样，朝圣可以使信徒们通过神圣仪式和相同经历而建立和加强他们之间的宗教认同。因此，可以说在一定程度上，罗马的异教朝圣不仅是罗马人在宗教情感和宗教文化上的反映，也是他们自身民族认同的重要反映。①

二　基督教徒的朝圣旅行

朝圣是很多宗教对教徒规定的主要宗教义务之一。在罗马，当公元4世纪基督教取得合法地位后，基督教徒开始大规模前往圣地朝圣。"我在荒野中行走时，偶尔来到一个洞穴，躺下便睡。我在沉睡中做了一个梦。我梦见一个衣衫褴褛的人，背对他的家门站着，手里拿着一本书，背上负一个重担。"② 这是17世纪约翰·班扬（John Bunyan）（一译约翰·本仁）在其名著《天路历程》中对基督教朝圣者的描写。他的这一描写开启了基督教徒朝圣的难忘形象：远离自己的家园，走向朝圣之旅，背着沉重的包袱，手里拿着圣书。朝圣者的这一形象也正是罗马帝国基督徒朝圣者形象的概括。罗马帝国的基督徒朝圣者构成了晚期帝国道路上的又一景观。

基督教徒前往圣地朝圣的原因主要是宗教上的需要。与其他许多宗教不同的是，在最初，耶稣没有指示或嘱咐他的信徒们要前往圣地朝圣，相反，耶稣明确指出："你们拜父也不在这山上，也不在耶路撒冷。""那真正拜父的，要用心灵和诚实拜他。"③ 基督教在罗马帝国取得合法地位之前，它还处于秘密传播状态，并不时地受到帝国的迫害，因此，这时候还

---

① 关于罗马民族认同问题成为近年来学术界讨论的一个热点话题，其中许多内容涉及罗马的宗教，主要著作可参见 Ray Laurence and Joanne Berry, *Cultural Identity in the Roman Empire*, London and New York: Routledge, 1998; Janet Huskinson, *Experiencing Rome: Culture, Identity and Power in the Roman Empire*, London and New York: Routledge, 2000; Emma Dench, *Romulus' Asylum: Roman Identities from the Age of Alexander to the Age of Hadrian*, Oxford and New York: Oxford University Press, 2005.

② 班扬：《天路历程》，赵沛林、陈亚珂译，陕西师范大学出版社2004年版，第1页。

③ 《约翰福音》，4，21；23。

少有基督教徒因为特定的宗教目的而前往巴勒斯坦朝圣。在基督教得到罗马帝国的承认后，一些基督徒开始把耶稣圣言和他的某些经历与朝圣相联系，认为耶稣号召使徒"来跟从我"①就是要他们跟随他前往圣地，而且在耶稣复活后与旅行者一起前往以马利。②这样，基督教徒就找到了他们前往圣地朝圣的神圣理由。

宗教上的喻意理解也是促使基督教徒前往圣地朝圣的原因。在他们看来，包袱就是原罪，但上帝已经通过耶稣基督救赎了人类；圣书当然是《圣经》。人的原罪包袱驱使他们通过诸如朝圣之类的精神仪式达到救赎。这种理解与喻意早已超越了罗马异教的精神蕴含，因此，"包袱和圣书这两种要素从根本上改变了基督教从古代世界继承而来的朝圣传统的本质。上帝向先知和福音传道者所传示的《圣经》不仅详细说明了通过基督得以救赎之路，而且标明了基督曾经生活过和他的信徒们应将前往的圣地"。③ 文献中保留的第一位基督教朝圣者据说就是在"包袱和圣书"的双重推动力之下前往巴勒斯坦的。这位朝圣者也是当时的统治阶级的代表人物君士坦丁的母亲海伦娜皇太后，她于公元326—327年前往圣地朝圣。巴勒斯坦的恺撒里亚的主教和帝国的传记作家优西比乌斯是这样描述她的："尽管她年事已高，但她却有着非同寻常的智慧，她以年轻人般的敏捷迅速地遍览了那片令人崇敬之地。"④ 但是，海伦娜前去寻找的真正圣地并不是耶稣的坟墓或耶稣留下的圣迹，她寻找的是曾被早期的一位名叫梅利托（Melito）的萨尔特（Sardis）的基督徒旅行者描述为"圣迹宣布和完成"的地方。⑤

前往圣地朝圣的另一重要原因是统治阶级的支持，当然，统治阶级支持基督教徒朝圣的最终目的是为了加强自己的统治。基督教在取得合法化的过程中，是与君士坦丁大帝的名字分不开的。在与异教者李奇尼乌斯（Licinius）的斗争中，君士坦丁在很大程度上是依靠基督教会和蛮族军队的力量而取得胜利的。取得帝国西部地区的统治权后，他又进一步利用基督教作为帝国的精神支柱和思想统治工具加强自己的统治。公元312年，

---

① 《马太福音》，4，19。
② 《路加福音》，24，1—35。
③ Simon Coleman and John Elsner, *Pilgrimage: Past and Present in the World Religions*, p. 78.
④ Eusebius of Caesarea, *Life of Constantine*, Oxford University Press, 1999, 3, 42.
⑤ Simon Coleman and John Elsner, *Pilgrimage: Past and Present in the World Religions*, p. 78.

君士坦丁大帝不仅允许基督教与其他宗教并存，使其取得合法地位，归还从前所没收的基督教堂和教会财产，在此之后还颁布诏令，赐给基督教会许多重要特权，如教会有权接受遗产和馈赠，教会神职人员豁免赋税和徭役，免费使用帝国驿站等。公元 324 年在基督教的历史上具有特别重要的纪念意义：就是在这一年，君士坦丁大帝统一了东西部帝国，也使得基督教在历史上第一次以基督教君主的名义统一了地中海世界的东西两半部分。当然，统治阶级的支持也得到了回报，基督教开始为帝国歌功颂德，把帝国的统治说成是上帝意志的体现。公元 5 世纪的教会史家保卢斯·奥罗西乌斯（Paulus Orosius）写过一本《反异教徒史》（*History Against the Pagans*），他在书中反复强调，罗马帝国是上帝在尘世中留下的卓越标记，正是在上帝意志的驱使下，就在基督诞生的那一年，奥古斯都关闭了雅努斯神庙的大门，在全世界建立了真正的、最安全的和平。也就是在那时，当全人类真正的上帝在人类降临时，奥古斯都的统治者头衔也消失了，罗马帝国变成了最后的王国，它将永远置于基督的统治之下。① 这样，基督教就与帝国统治融为一体了。

　　君士坦丁大帝得到基督教的支持取得胜利后，立即干预教会事务并加以改造以适应其统治需要。325 年，他召开了尼西亚宗教会议（Council of Nicaea），这是第一次基督教所有教派的教会都参加的会议。这次会议的目的是要解决基督教内部在教义和组织等方面存在的严重分歧。这次会议产生了一些新的规定和仪式，"朝圣就是其创立的基督教仪式中的许多新鲜事物之一"。② 通过对基督教内部事务的干涉，帝国统治阶级不仅加强了对基督教的控制，而且也使得基督教成为自身统治的精神工具。正是由于君士坦丁大帝的支持，朝圣的热潮就在他统治时期开始了，而且第一位朝圣者就是他的母亲海伦娜。海伦娜的朝圣具有重要意义，因为它是统治阶级身体力行公开支持朝圣的表现。这一举动对后世基督教徒的朝圣也有很大影响，因为根据公元 4 世纪迅速传播的说法，她不仅找到了真正的十字架的位置及其遗留物，而且还在耶路撒冷和伯利恒建立了一系列巨大的教堂，这样，她的朝圣旅行成为后来许多人的楷模。"自从公元 326 年君士坦丁的母亲海伦娜前往圣地后，后来有许多人在那里建立自己的仪式中心作为自己宗教活动的据点，还有一些人在圣地建立修道院，或直接或

---

① Clifford Ando, *Imperial Ideology and Provincial Loyalty in the Roman Empire*, Berkeley, Los Angeles and London: University of California Press, 2000, p. 347.

② Simon Coleman and John Elsner, *Pilgrimage: Past and Present in the World Religions*, p. 80.

间接地向那些朝圣者提供交通工具。"① 事实上，海伦娜的朝圣动机是值得探讨的。从宗教角度看，她可能是去为自己的家庭赎罪，因为公元 326 年，君士坦丁因为他的长子克里斯普斯（Crispus）犯有通奸罪而处死了长子，接着，他自己的妻子法乌斯塔（Fausta）也自杀了。在海伦娜看来，这是不是上帝对她的惩罚呢？也许，她在一定程度上怀有某种负罪感。但我们必须看到她的行为的另一目的，"甚至年迈的海伦娜的慈善活动也具有某种政治的、模糊的意义。当穿越东部旅行的时候，她把大量施舍赐予个别城市的居民，并且给那些走近她的个人以额外赏赐。她还向士兵散发大量慰问品；穷人也得到钱和衣服，其他人则因得到帮助而免于欠债坐牢、流放和各种压迫"。② 这样看来，统治阶级对朝圣活动的支持及自己的身体力行是有其深刻政治背景的，而且这种"政治的、模糊的意义"对他们来说是更为现实的利益。

帝国时代，便捷的罗马道路网络和安定的社会环境也为基督教徒的朝圣提供了方便。自从奥古斯都开创"罗马和平"以来，繁荣稳定的社会局面维持了近 200 年，这不仅为罗马的社会经济发展创造了有利条件，也为朝圣者提供了安全保障。到帝国前期，贯通罗马全境的道路网络最终形成，四通八达的大道为朝圣者提供了交通上的方便，以至于杰罗姆不无感慨地写道："与以前的日子相比，在早期帝国旅行是多么方便，基督教的迅速传播显得多么的容易啊！这里有普遍的和平，大道保持良好，没有盗贼，一种统治（罗马帝国统治）和两种语言（即希腊语和拉丁语）盛行于全境而不像以前那样混乱，基督教产悄无声息地从一个口岸通向另一个口岸。"③

从基督教诞生到现在已经好几百年过去了，耶稣神迹显现的地方也只是留在了《圣经》之中，很多地点在巴勒斯坦已经不能确定了。基督教徒出于对神圣耶稣的崇敬而前往圣地，但是，他们在到达圣地后，经过他们的宣传和渲染，那些本来不能确定的神迹显现之地却得到了确证。公元 333 年，一位波尔多旅行者前往巴勒斯坦朝圣，他记录下了自己的旅行经过和圣地的确切地点。"在锡安山，在圣墙里，你能看到大卫的宫殿。那

① Averil Cameron, *The Late Roman Empire*：AD 284－430, Cambridge and Massachusetts：Harvard University Press, 1993, p. 124.
② 雅各布·布克哈特：《君士坦丁大帝时代》，宋立宏、熊莹、卢彦名译，上海三联书店 2006 年版，第 264 页。
③ Terrot Reaveley Glover, *life and letters in the fourth century*, New York：G. E. Stechert & Co.，1924, p. 126.

里原本有 7 个会堂，但现在只剩下一个了——其余的正如先知以赛亚所说的那样被‘耕犁和播种’了。当你出发穿越锡安山，走向尼内阿波利斯大门（the Gate of Neapolis），往右向下走进山谷，你就可以看到一些城墙，那里有本丢·彼拉多（Pontius Pilate）的房子，还有耶稣受难前审理他的帐篷。在你的左边是耶稣受难小丘（the hillock Golgotha），我们的主就是在那里被钉上十字架的。离这里不远处是一个拱顶，他们把耶稣的尸体放在那里，第三天，主复活了。到了君士坦丁皇帝时代，这里修建了一个‘会堂’——我是说‘一个上帝之所’——它的旁边有一个非常美丽的水塔，水塔旁边是一个浴室，孩子们就在那里受洗。"[1] 这些事件和地点虽然在《圣经》中早就有记录，但是，正是这位朝圣者把发生这些事件的地点的地图绘制出来的，如基督遭到鞭打和审判的地点以及大卫宫殿和耶稣受难的位置等，他通过旅行把它们的地形学位置直接标示出来。这些圣经事件和地点与现存的地上标识得到了认同，如锡安山上的柱子就被认为是耶稣受鞭笞的柱子，上面的拱顶也被认为是耶稣的墓。具有重要意义的东西，如"有彼拉多房屋的那些墙"（也许就这些墙本身而言是非常普通的）则包含了耶稣受难和死亡故事的重要含义。通过朝圣，"这些在基督教化之前没多大意义或关联的地方，现存突然获得了一种文学上的重要意义，从而使它们神圣化了"。[2] 因此，朝圣旅行实质上也是一种再造神圣的过程。它把《圣经》中的宗教教条通过地形学的形式融化演变到实在物体上，从而把抽象的教条变得通俗实在，这就使得信徒们不仅可以看见耶稣基督留下的遗迹，而且还可以通过与它们的亲近而接近上帝。在这种使神圣世俗化的过程中，世俗之地也变得神圣化，也使得这些世俗实在变得抽象神圣了。另一方面，朝圣过程本身在后来又逐渐被神圣化，演变成一神圣行为，对朝圣行为的神话式渲染，这也是一种再造神圣的行为。正因为这样，我们看到，很多朝圣者在后来被基督教徒神化，被看作是上帝的另一类使徒。对朝圣者及其朝圣行为的神化，这也是一种再造神圣的过程。

这种再造的神圣反过来又增强了宗教文本的吸引力，激发了信徒的宗教热情。杰罗姆（Jerome）在写给诺拉的保利努斯（Paulinus of Nola）的信中说："吸引人们到耶路撒冷的主要动力是他们想观看并感受基督肉体

---

[1]　Simon Coleman and John Elsner, *Pilgrimage: Past and Present in the World Religions*, p. 83.

[2]　Ibid., p. 84.

存在过的地方。" 这正如耶路撒冷的希尔（Cyril of Jerusalem）所说："其他人只是听说而已，我们却是看到并感受到了。"① 优西比乌斯也把对圣墓的发现当作"故事发生现场的奇迹的明确证据"。② 这也是为什么到后来会有越来越多的信徒费尽千辛万苦要前往巴勒斯坦朝圣的原因之一。这种朝圣现象在基督教统治意识形态的中世纪时代发展到高峰。

罗马帝国时代的朝圣在经济上带来的影响具有两面性。首先，它促进了圣地经济的发展。大批信徒的到来，增加了这里的流动人口，他们的衣食住行和对圣物纪念品的购买都促进了这里的朝圣贸易的发展，圣地本身也就从这些贸易中受益匪浅。另一方面，还有很多信徒在这里有大量的捐赠，也促进了这里经济的发展，如美拉尼亚（Melania）除了在这里建造了很多建筑外，她还送了 15000 罗马金币到巴勒斯坦，耶路撒冷的教会也在 4 世纪得到了大量捐赠，自己也成为一个繁忙的教会中心。因此，圣地在公元 5 世纪就变得非常繁荣了，而且这种繁荣局面在提奥多西二世（Theodosius Ⅱ）及王后优多克西亚（Eudoxia）的捐赠下得到了进一步发展。③

朝圣给圣地经济带来繁荣的同时，也给整个帝国经济带来了巨大灾难。教会是重要的地产所有者之一，但是，它却享有免税权，这就使国家失去了一大税源，减少了国家的财政收入；国家对失去的这些收入只好要转嫁给广大人民，从而增加了人民的负担。不但如此，对于那些神圣的朝圣者，国家还要为他们做出不少牺牲。著名的西班牙修女埃格里亚（Egeria）④ 在公元 384 年前往圣地时，她在每个地方都得到了帮助，当然也包括地方官员们的帮助，这些官员们要在自己的范围内为她提供食宿并把她送往下一站。在从苏伊士到埃及三角洲这段比较危险的地区，她是由沿途道路的驻军护送的。当杰罗姆的朋友保拉（Paula）前往耶路撒冷的时候，巴勒斯坦的地方长官还腾出自己的官邸给她使用。⑤ 同时，帝国规定，教会人士（主要是高级教职人员）可以无偿使用帝国的驿站，这也给帝国经济带来了巨大负担，对此，阿米安曾有生动的描述："成群的主教骑在

---

① Simon Coleman and John Elsner, *Pilgrimage: Past and Present in the World Religions*, p. 84.

② Eusebius of Caesarea, *Life of Constantine*, 3, 25.

③ Averil Cameron, *The Late Roman Empire: AD 284 – 430*, p. 178.

④ 埃格里亚是西班牙一位富有的修女，也是一位著名的朝圣者。公元 381—384 年她前往圣地和埃及旅行，并留有旅行日记《旅行记》（*Travels*），这是最早的基督教朝圣旅行记录，它为研究当时的圣地地形和仪式具有重要价值。《旅行记》仅存部分。

⑤ Averil Cameron, *The Late Roman Empire: AD 284 – 430*, pp. 124 – 125.

驿马上东奔西走，忙于参加他们所称之为 Synodus 的宗教会议。他（君士坦丁乌斯）努力使各派在他的意志下达成一致，但最终的结果却是驿站交通系统陷于瘫痪。"① 由此可见，圣地经济的繁荣在一定程度上是以帝国经济的更大牺牲为代价的，这也难怪帝国会走向灭亡。

第五节　有闲阶层的休闲之旅

在罗马，真正为了旅行而旅行的人大多是上层社会的人，除了我们前面提到的皇帝、高级官吏、商人、大量的文化骚人以及民众和教徒的政治之旅、文化之旅和宗教之旅外，其实在罗马还存在一个巨大的旅行群体，那就是数量庞大的有闲阶层。这里的有闲阶层主要是普通的贵族和社会上层人士，当然，从广义上讲，皇帝、高级官吏们以及大量文化人也属于有闲阶层，因此不可能把他们严格地加以区分。

与古代中国一样，罗马也是一个"重农抑商"的社会，罗马旧式贵族的活动大多也仅限于农业方面。虽然显贵们可以选择另一种行业来表现自我的尊贵，比如成为一名高级演说家、哲学家、诗人、医生、运动家等。但农业在贵族中的生活仍占据统治地位。在罗马，由于这是一个特权社会，因此贵族是不必亲手劳动的，他们重视家产管理和国家事务，但自己并不事必躬亲，主要任务都交给奴隶们、被释奴或自由人去处理，而他们自己则长期生活在城市里。为了避免城市生活的喧嚣或酷热，或者为了放松心情或摆脱烦琐的政治事务，这些有闲者会经常到乡下休闲②，展示他们的休闲旅行。

在罗马，皇帝和元老院议员乃至被解放的奴隶和文人都有可能在乡下拥有华丽的庄园或别墅。比如屋大维，尽管他并不爱好豪华的乡村别墅，但他也偶尔带着宫廷随从浩浩荡荡地去罗马郊区的庄园度假。皇后也有一处大庄园，这处庄园立于台伯河下方，离罗马只有几里路程。提比略皇帝在卡普利埃（Capreae）也有几处大别墅，"这个小岛以三英里宽的一道海峡同苏尔伦提努斯海角③的尽头相对峙"。"它的四周没有一个海港，有一

---

① 叶民：《最后的古典：阿米安和他笔下的晚期罗马帝国》，第 109、159 页。

② 罗马社会史家托勒曾对"休闲"进行过学理上的解释："休闲是通过选择与要求来建立一种自由与愉悦的情感的象征体系。"（J. P. Toner, *Leisure and Ancient Rome*, Cambridge: Polity Press, 1995, p. 17. ）

③ 即今天的索伦托。

些临时的碇泊处甚至连小船都几乎无法接近，但哨兵在上面却可以俯瞰所有停船的地点。冬天气候温和，因为山脉把冷风都挡住了。在夏天，柔和的西风吹到岛上来，这样在大海的环绕下，就成了一个宜人的胜境。它所面临的海湾极其美丽。"他曾长期在此生活，原因是，"他曾发布敕令，不许人们打搅他的私生活，并且把军队配置在外面相应的地方，阻挡从陆地上各个城市前来的大群的人们。但是，他还是十分讨厌那些自治市、移民地，以及陆地上的一切，因此他才躲避到卡普利埃岛上来。""提比略住在这里时，卡普利埃岛上有 12 座雄伟广大的别庄，每个别庄都有它自己的名字。"① 由此可以看出，提比略皇帝长期在这里居住的一个重要原因是不耐烦于人们对他私生活的打扰，是为了在乡间庄园里过悠闲生活，用塔西佗的话说是要在此"同样地热心地沉溺于罪恶的私生活和荒淫无耻的享乐了"。② 尼禄除了拥有豪华的"金色别墅"之外还有许多庄园，特别是在阿尔巴（Alba）和包利（Bauli）的庄园别墅③更是他经常莅临之地。

皇帝的农庄别墅中最为著名的可能要算哈德良别墅了。该别墅是由哈德良皇帝建立的，他建立的原因我们不太清楚。他把这座别墅建立在提布尔（Tibur）山下的热带平原而不是建立在凉爽的山坡上，占地面积达 180英亩。它包括 2 座剧场，3 套浴室，一些图书馆和无数的柱廊，这简直是一座能为成千上万的人提供空间和设施的城市。它的建筑大胆、前卫，其影响相当于今天的世界建筑博览会。它的装饰不仅包括众多的马赛克画和壁画，而且还有成千上万的雕像，这些雕像主要是著名的希腊作品的复制品。那里有许多地下通道，其目的是为了让提供劳动服务的奴隶大军不要在别墅上面践踏。④

皇帝们的庄园别墅不仅规模宏大，而且排场十分气派，因此，它们不但反映了皇帝们的威严与地位，同时也反映出他们悠闲的生活。但是，并不只是皇帝才有这种悠闲。

所有有能力的人都在夏天逃离酷热的城市到凉爽的海边或山上去。每当春天来临之际，罗马上层阶级就开始了他们一年一度的迁徙。在罗马，正如前面所述，出门旅行的食宿并不方便，因此这些富人们就回到自己的

---

① 塔西佗：《编年史》，第 253—254 页。

② 同上书，第 254 页。

③ 尼禄的包利庄园别墅过去属于演说家霍尔提西乌斯，后来转入历代皇帝之手，大概 3 个世纪之后又归西姆玛库斯所有。这座庄园别墅在巴伊以南不远。

④ Lionel Casson, *Travel in the Ancient World*, p. 146.

农庄，或者从一个朋友的农庄到另一个朋友的农庄休闲。用当时的标准衡量，西塞罗只是一个拥有中等财富的人物，但他的农庄至少也有6处，它们分别位于罗马和那不勒斯、西部的库麦、图斯库鲁姆（Tuscullum）的"清凉山"、普佐勒斯（Pouzzoles）以及亚平宁山脉等地。有3处位于那不勒斯海湾或附近，有一个位于这一海岸的北面，另两处在离罗马不远的山上。他在那不勒斯海湾的邻居都是罗马历史上赫赫有名的人物——尤里乌斯·恺撒、马可·安东尼以及著名的鲁库路斯（Lucullus）。当然，这些人的建筑使得西塞罗的农庄相形见绌。奥古斯都的继父在这里曾招待过恺撒及其2000随从。所有庄园中最为宏伟壮观的是鲁库路斯在那不勒斯建造的那一座（往西12英里处），他还有另一座略逊色一点的农庄。奥古斯都在这一带至少拥有四座庄园。他的继任者提比略的最后10年基本上是在卡普利埃岛上的纪念建筑中度过的。尼禄则一直待在海湾西岸的巴伊（Baiae）庄园里，那天晚上他企图溺死他的母亲，最后他在离此几英里的她自己的卧室里暗杀了她。[1] 事实上，由于巴伊有丰富的温泉，它不仅是温泉圣地，而且也是避暑圣地，因而成为人们最喜爱的地方，富人们的庄园沿海星罗棋布，沿山满山遍野，城里的房子都是平民百姓在住。所有寻求娱乐者都云集于此，他们给这里带来了纯洁欢乐的声誉的同时，也给它带来了污秽的名声。[2] 这里即使到了18世纪亦仍然迷惑着许许多多的旅游者。18世纪的作家也记述了意大利巴伊海湾的美景："巴伊海湾……意大利最美丽的地方，此在罗马人心中久负盛名，它像迟暮的美人，在那张衰老的脸庞上，透过皱纹，还能看出过去那欢愉的痕迹……"[3]

据小普林尼记载，公元1世纪，非洲的罗马行省有一半的土地是属于元老院调解员所有。他们有充分的理由去旅行并探察土地开发情形。图拉真皇帝也拥有好几处的庄园。他对新建的庄园充满兴趣，对旧的庄园则不屑一顾。马尔提亚在特拉西尼（Terracine）有一处别墅，他喜欢在那里读书；在离开罗马93公里的奥克舒尔（Auxur）也有他肥沃的庄园。[4] 小普林尼也分别在托斯卡尼（Toscane）、图斯库鲁姆、提布尔和普瑞斯勒

---

① 塔西佗：《编年史》，第455—459页；苏维托尼乌斯：《罗马十二帝王传》，第245—246页。

② Lionel Casson, *Everyday Life in Ancient Rome*, p. 112.

③ 刘增泉：《罗马人古代旅行世界》，第150页。

④ 同上书，第145页。

（Presle）拥有好几所庄园。①

当然，这种类似的地方还有很多。斯塔提乌斯曾写道："春天的时候人们即离开罗马城到凉爽的普拉恩内斯特避暑，其他的人则到狄安娜（Diana）度假，无论是在阿尔基德（Algide）山上，在图斯库鲁姆（Tusculum）的树荫下，在提布尔的森林中，在阿尼奥（Anio）冰凉的海水里……他们皆尽情享受度假的乐趣。"② 围绕罗马东部和东南部的阿尔班山（Alban）和萨宾山（Sabine）也同样布满了乡间休闲所。仅图斯库鲁姆附近就有四个皇帝曾在此建立别墅，并有 10 多次成为私人别墅。在罗马帝国时代，这种奢侈并不限于富人，中等阶级也有他们的乡间休闲地。贺拉斯从他的庇护人麦卡纳斯（Maecenas）那里获得了萨宾山上的一处农场，这里虽然没有规模宏大的别墅，但有中等规模的土地，上面建有一幢中等规模的住宅，对此，贺拉斯对他的庇护人感激不尽，无不表现对他的感恩。马尔提亚最初有一套三层楼的阁楼，最后终于在贺拉斯别墅的附近建立了一个小村子，周围有几英亩。尽管我们称它为乡间居所，但很多只是作为这些富翁地产的纯粹的装饰品。马尔提亚常取笑一位名叫帕尼库斯（Pannychus）的二流律师，这位律师靠其顾客提供的产品过活，生活贫穷但有保障，当这位律师购买一块土地以颐养天年时，马尔提亚的态度立刻发生了逆转：

> 帕尼库斯，你终于购得一块土地，
> 破旧房屋的屋顶需要修葺，
> 路边的墓地可作风景，
> 你已经抛弃了你在城里的地产与法庭。
>
> 如果觉得不好，你就把那破旧的长袍扔掉吧，
> 小米、大麦、小麦、黑麦，
> 你在当律师的时候就习惯买卖它们了，
> 现在你是一个农夫了，你必须是这样！

当这种"农夫"周末到乡下去休闲，他们必须带上自己的食物。举一个马尔提亚在阿庇安大道上看到的例子，一辆马车装满了卷心菜、韭菜、莴苣、家禽：

---

① Pliny, the Younger, *Letters*, Ⅱ, 120.
② Statius, *Silves*, Ⅱ, 54.

他是在从乡下返往城里的路上吗？

方向反了，

他正在从城里去乡下的路上！①

　　这些富人就这样经常变换自己的休闲活动，通过到他们的 "休闲之家"（vacation homes）的旅行来消除疲劳、排遣无聊、打发时光或避暑，在那里他们可以狩猎或垂钓。对于诸如西塞罗和普林尼这样的人，他们在罗马政治生活中起领导作用，事业上踌躇满志，到庄园的旅行意味着和平与宁静的另一种享受。但是，对于其他富人来说，他们在罗马的生活是忙于各种休闲活动而不是公共服务，因此，旅行也并不能减轻他们的疲劳与沉闷。塞涅卡描述的希望通过旅行来取得内心宁静的强烈愿望对此有一定的反映："有些人的旅行漫无目的，在海边晃来荡去。不管他们在海上或陆上旅行，一种不健康的骚动总是折磨着他们。"②

　　罗马人在晚年时期会选择到乡村过着隐退、安逸的生活，而他们隐退之地则大部分都是离罗马城不远的近郊。年老的罗马人会依其个人的喜好安排自己的隐退生活。乡村的海滨是老人们最喜爱的地方，因为这些老人喜欢脱去衣服躺在沙滩上做日光浴。乡村也是显贵的罗马人结束其晚年生活的地方，有钱的罗马人，通常都乐于去乡村度过晚年。一些不那么富裕的罗马人虽然买不起昂贵的乡村别墅，但仍寻求离开喧嚣的城市到乡下租一幢 "令人惬意的房舍"，这通常比在城市里租的房子便宜。最穷的罗马人只能在自己的窗口摆放一些花瓶插些美丽鲜艳的花朵自我欣赏一番。或在自家门前的小花园里种一些花草树木之类的植物，让这些有农民血统的城市居民还存有一些农村的怀念。③ 到乡下休闲的富贵之人的享受方式也多种多样，如：睡懒觉、按摩、欣赏音乐或戏剧表演。冬天的时候小普林尼在提图斯（Titus）温泉浴场享受洗浴④；然后，他会到附近广场绿地边散步边阅读，这是他人生的一大享受。他在骑马穿越其领地时，可以欣赏到乡村的宁静风光，这可以激发他的创作灵感。"难道你真的相信在罗马的烦恼和喧扰之中能作诗吗？琐事扰人，这个人求主持公道，那个人请我去听他朗诵的诗歌……所有的诗人都热爱乡村，逃离城市……"⑤

---

①　Lionel Casson, *Everyday Life in Ancient Rome*, pp. 113 – 114.

②　Jo-Ann Shelton, *As the Romans Did: Asource Book in Roman Social History*, pp. 331.

③　Juvenal, *The Satires*, Ⅲ, 223 – 225.

④　Pliny, the Younger, *Letters*, Ⅲ. 59.

⑤　Pliny, the Younger, *Letters*, Ⅲ.

　　当然，到乡下休闲也不完全是为了消遣，也有人因为健康原因到乡下去的。如一些富人在感到身体不适时就会想到乡村休养。在史料中记载一名被释奴那喀索斯，他为了逃离繁重的工作压力而去西努塞休养，在这里，他可以恢复他的体力使身体更为健康。那喀索斯原是小普林尼的奴隶，被解放之后他的生活似乎比较好，在西努塞休养期间，他尝尽牛奶的美味，也呼吸到新鲜的空气。① 罗马人早就知道温泉对疾病具有一定的治疗效果，因此许多人特别是生病的人都喜欢去温泉洗浴治病。据斯特拉波记载，著名的阿布拉（Albula）温泉②含有硫磺，对于神经质的病患者有一定的疗效。一般人则喜欢去卡瑞（Caere）温泉浴场，此地的温泉据说可以治疗骨折伤痛。③ 不能生育的妇女则会去西努塞洗温泉，这里的温泉可以帮助不孕的妇女生育。患有精神病的人在这里休养也会使病况好转，此地的乡村景色能使病人精神愉快。罗马东北部的卡提勒（Catilae）冷泉对于身体有病痛的人具有一定程度的疗效。结核病人会选择去埃及的亚历山大调养，当然首要的条件是必须有钱有时间，而罗马人普遍地认为旅行本身就是一种治疗神经紧张的良方。实际上，人们去埃及并不是他们主要的目的，而是在旅行过程中由于船上的颠簸使病人呕吐，这样的晕船呕吐对许多疾病具有相当的疗效。④

　　家庭之间的相互联系也促进了罗马人的旅行。为了家庭聚会人们不会考虑路途遥远与疲劳，即使有很大的困难，也会实现这神圣性的聚会以联络家庭每一个成员的感情。小普林尼在拜访他妻子的祖父、姨母和好久不见的朋友时感到非常兴奋。亲友们围绕在小普林尼周围让他享受到温馨的友情与亲情。此后，出于友谊和尊敬，他毫不犹豫地绕一个大圈去拜访他一个姻亲的祖父，而其住处并不在他要经过的路上。⑤ 不过，对于罗马人的这种因家庭联系而旅行的最不幸的旅行是去看望生病的亲人故友或奔丧。如果是病危的亲戚则向他们表示慰问之意，探望一般的病人，也会祝福病人早日康复。罗马作家奥格列到一位女朋友家里探访，并受到热诚的款待，不久他又要去拜访受到痛风折磨的执政官弗龙托，在那里他看到一些非常关心执政官病情的朋友聚集在弗龙托房间里。当然，这种不幸之旅

---

① 刘增泉：《罗马人古代旅行世界》，第151—152 页。

② 位于现在意大利的巴金和瓦底蒙湖附近。

③ Strabo, *Geography*, Ⅴ, 3, 13.

④ 刘增泉：《罗马人古代旅行世界》，第153 页。

⑤ Pliny, the Younger, *Letters*, Ⅱ, 54.

是人们最不愿意的，在罗马的旅行世界里也不占据主导地位。①

　　罗马人在旅行途中往往会寻找旅行快乐，这些快乐多种多样，有些人会在河边找寻乐趣，如阿喜列乌斯就喜欢在有柳树的河边休息，他喜欢躺在河岸上凝神远处的风景，还有很多人喜欢在岸边钓鱼。斯特拉波则非常喜欢波河平原的景色，他认为这个地方是意大利半岛最美丽的地方。他非常称赞距离罗马25公里的拉琉城（Larium），这座城市的精致花园成为了当时的风尚。狩猎也是一些旅行者最喜爱的户外活动之一，如小普林尼就喜欢在托斯卡尼打猎，但他也没有忘记自己是一位作家，所以他不断地思考和写作。对于罗马人的旅行乐趣，正如学者所描述的那样："有些人在他们做长途旅行，视察他们的庄园之后，或者在奴隶的帮助下狩猎之后，他们认为自己的游乐同亚历山大大帝或恺撒的远征一样劳累；或者他们划着色彩缤纷的小船在湖中游荡之后，会感觉自己经历了英雄夺取金羊毛一般的冒险，特别在夏天更是如此。"②

第六节　旅行中的烦恼

　　日本作家和评论家鹤见祐辅在《往访的心》中曾以散文诗的笔法对旅游的本质作过精彩描述："旅行者，是解放，是求自由的人间性的奔腾；旅行者，是冒险，是追究未知之境的往古猎人时代的本能的复活；旅行者，是进步，是要从旧环境所拥抱的颓废气氛中脱出的、人类无意识的自己保存底努力。而且，旅行者是诗。一切的人，将在拘谨的世故中秘藏胸底的罗漫底的性情，尽情发露出来。这种种的心情，就将我们送到山和海和湖的旁边去，赶到新的未知的都市去。日日迎送着异样的眼前的风物，弄着'旅愁'呀、'客愁'呀、'孤独'呀这些字眼，但其实是统统一样地幸福的。"③ 罗马人喜好旅行，但是，并不是所有的旅行对旅行者来说都是十分愉悦的事情。事实上，除了专门为身心愉悦而出门旅行的人（如前面所讲到的去乡下别墅休闲者）之外，大多数是因客观原因而被迫旅行，旅行对他们来说也许是一件苦差事，因为他们在旅行途中常会遇到一些烦恼甚至危险。这在一定程度上也说明了为什么罗马人出门旅行前一

---

　　① 刘增泉：《罗马人古代旅行世界》，第149页。

　　② 叶民：《最后的古典：阿米安和他笔下的晚期罗马帝国》，第172—173页。

　　③ ［日］鹤见祐辅：《思想·山水·人物》，载《鲁迅全集》第十三卷，人民文学出版社1973年版，第519—520页。

件重要准备工作是看征兆。罗马人在旅行中可能遇到的烦恼多种多样，罗列起来，大致可以归纳为三类：恶劣的自然条件、旅行中被抢劫等危险以及旅途中的孤独烦恼等。

一　恶劣的自然条件

意大利半岛气候良好，雨水充足。在罗马统治的整个版图内，西欧的大部分地区也地处西风带，全年受极地海洋气团控制，强大的北大西洋暖流行经沿海，属于典型的温带海洋性气候，冬温夏凉，年温差较小，全年有雨，以秋冬为主。在广大的地中海世界，则属于典型的地中海式气候，夏季炎热、干燥、少雨，冬季温和多雨。因此，总体而言，整个罗马世界的气候是很好的。但是，在古代社会，这种总体上的好气候并不意味着不会给旅行的罗马人带来麻烦，相反，有时候天气或自然灾害会给旅行造成极大困难。虽然"条条大道通罗马"，但是对众多的普通旅行者，他们的出行完全是步行而不是乘坐马车或依靠畜力，因此，这些道路也并不能减轻他们的劳累和困难。

对于某些单身旅行者，他们既没有足够的钱又没有可以投靠的朋友，只有一个装着破衣服的包袱，而这包袱就是他们全部的家当。他们把包袱扛在肩上的木棍一头的叉子上，这根棍子对他们而言，既是武器也是拐杖。有时他们走的道路不仅泥泞不堪，甚至还要穿越阴沉沉的树林，这些树林常常有盗匪出没，甚至一不小心就可能掉进灌木覆盖的深沟里。罗马道路有些是泥砖路，天气干燥的话，路面就充满了灰尘，这多少也给旅行者带来了不快，难怪皇帝卡里古拉"乘坐8人抬的肩舆，所过城镇要求居民先打扫道路，洒水压歇尘土"。①

平原地区夏季炎热且途中缺乏饮用水，冬季的山区则被风雪所覆盖，这些对旅行者皆构成不利的要素。在意大利的拉丁姆平原有块大沼泽地，这里的空气由于水源不流通，散发着一股恶臭，沼泽区蚊子肆虐，癞蛤蟆的叫声更是响彻云霄，这个地方对旅行者而言实在令人难以忍受。② 在高卢地区人们更看到令人惊讶的奇观，许多人竟然被青蛙和蛇赶出了家园。有时候乡间的道路上突然涌现数以万计的老鼠，这也使旅行者知难而退。③ 维吉尔在《地理学家》中提到意大利南部的矮丛林中生活的两栖蛇

---

①　苏维托尼乌斯：《罗马十二帝王传》，第180页。
②　刘增泉：《罗马人古代旅行世界》，第18页。
③　Pliny the elder, *Natural History*, VIII, 43.

类，这种蛇的肚子上有大斑点，平时在水塘里出没，偶尔也会跃上干燥的陆地上，或游行于田野间。在干渴时，它会感到疲惫不堪且四处乱窜，此时睡在斜坡上的旅行者最容易成为两栖蛇攻击的目标。① 在旅行的途中，人们还可能遭到狗或狼的攻击。②

除了这些自然现象给旅行者带来的烦恼外，自然界中对旅行者威胁最大的可能要算自然灾害了。这些自然灾害有很多，如地震、火山爆发、海啸、暴风雨、水灾、瘟疫和火灾，等等。这些自然灾害威胁着每一位出外旅行的人。对于经常发生自然灾害地区的人而言，由于已经有丰富的经验，他们的风险也小些。罗马人对于不可预测的事情总是感到恐惧。当大规模的灾难爆发时，那些毫无准备的旅行者更容易成为牺牲品，这种骤然降临的灾难会成为他们难以磨灭的记忆。在这些自然灾害中，地震所占的比例是很大的。③ 小普林尼在给他的朋友塔西佗的信中描述了公元79年维苏威火山喷发时的情景，这次火山喷发中，他的叔叔，著名的学者老普林尼遇难了，"……一连几天，人们都预告感到了大地的震动，但却没有惊慌，因为火山的爆发对坎帕尼亚的人早已习以为常了……"据小普林尼记载，正在喷发中的维苏威火山把周围居民吓坏了，人们拼命地乘小船出海逃命，含硫的气体令人窒息。老普林尼也在这场灾难中窒息死亡。维苏威火山的爆发让人们惊恐万状。许多人举手向上帝祈祷，但更多的人认为上帝已经抛弃了他们，这个夜晚就是他们的世界末日。④ 埃特那火山的喷发对于居住在附近的人而言是稀松平常之事，但在旅行者看来却是一件惊慌不已的事情。难怪卡里古拉皇帝"在西西里旅行时，他虽曾以各种方式嘲笑过各地的神迹，但当听到埃特那火山喷火发出隆隆声、看到烟尘喷流而出时，立即连夜逃出麦西拿城"。⑤

对旅行者而言，恶劣的自然环境和自然灾害是他们旅行中经常会遇到的问题和麻烦，但旅行中的烦恼还远不止这些，更多的问题还在于来自人为的危险。

二　盗贼危险

在罗马人的旅行中，人为的麻烦和苦恼是最令人头痛的事，因为它常

---

① 刘增泉：《罗马人古代旅行世界》，第18页。

② Pliny, the Younger, *Letters*, VI, 25.

③ 刘增泉：《罗马人古代旅行世界》，第37—38页。

④ Pliny, the Younger, *Letters*, VI, 20.

⑤ 苏维托尼乌斯：《罗马十二帝王传》，第184页。

常使旅行者处于无奈甚至危险之中。如住在城里的旅馆中，当夜晚降临时，没有任何人可以保证住在罗马的旅客能安静休息，因为在这时候，马车的吱嘎声，鞭子的挥打声，赶驴人的咒骂声就开始了。这是因为罗马禁止车辆在白天进城，这些重型运输工具只有在黄昏到黎明这段时间来回穿梭。喧嚣声严重地影响了旅客们的休息。但这还不是最主要的麻烦，最可怕的恐怕是经常发生的盗贼匪徒的偷盗抢劫。在共和国时期，罗马常年对外战争，这在客观上为盗贼的横行提供了条件，就连恺撒这样的人物都曾在法玛库萨岛附近被海盗俘获并被囚禁差不多 40 天，[1] 对于其他旅行者，这些危险可想而知。孟德斯鸠说："罗马这个城市没有商业，又几乎没有工业。每个人要是想发财致富，除了打劫之外，没有其他的办法。"[2] 打劫者发财了，但对被抢劫者（包括旅行者）来说却是一种灾难。因此，罗马人"旅行的主要危险是来自强盗的抢劫和糟糕的路边食物"。[3]

罗马军队是盗匪的重要来源之一。这似乎有些不可理喻，但确实又是事实。军队是国家安全的捍卫者，却又常常成为国家不安的最大隐患。罗马在征服北非之后，那里经常发生起义事件。在提比略时期，就发生过罗马军团的逃兵事件，当时的一名逃兵叫塔克发里那斯（Tacfarinas），他纠集了一群流离失所的流民组成了一支庞大的队伍，在帝国的迦太基行省烧杀掳掠。这样的乌合之众，罗马却花费 8 年的时间，才勉强把叛乱者平息，这在罗马历史上是少有的。旅行者除了必须面对这些有组织的抢劫外，还要小心强盗、散兵游勇、逃脱的奴隶，这些人根本不知道法律为何物，他们结伙组成强盗集团随时准备做坏事。强盗所窥伺的不只是人，还有马匹，这种四足动物是人们不可缺少的交通工具，也是重要的运输工具。马匹的利润相当好，因此旅行者的马匹常常被偷。没有马匹之后的旅行又使旅行者倍感不便，因而必须重新购买马匹，而这些旅行者往往又成为偷来马匹的买主。有一种强盗专门抢劫牲畜，他们在路上或其他牧场里抢劫。这些现象甚至到了奥古斯都时代都还很猖獗："拦路的强盗肆无忌惮地到处游逛，他们身上挂着刀剑，表面上好像是为了自卫。乡间行人，不分自由民和奴隶，遭到他们劫持，关在主人家的下房里。他们还打着某个新行会的招牌结成许多团伙，干着各种各样的罪恶勾当。"[4]

在通常情况下，罗马法规定，被抢劫的人只能向盗贼追索。这是一件

---

① 苏维托尼乌斯：《罗马十二帝王传》，第 2 页。
② 孟德斯鸠：《罗马盛衰原因论》，婉玲译，商务印书馆 1962 年版，第 11 页。
③ Jo-Ann Shelton, *As the Romans Did: Asource Book in Roman Social History*, p. 326.
④ 苏维托尼乌斯：《罗马十二帝王传》，第 66—67 页。

很困难的事情，因为这样做的前提条件是盗贼首先必须被捉住。但是，如果旅馆中的客人或船上的旅行者的行李被偷，那么他们有权向店主或船长提起诉讼。因此，船长的职责是一方面对要旅客们负责，另一方面要管理好自己的水手。这里可能有相互联系的责任问题，毕竟，如果旅行者带着一大口袋珍宝住店，这对旅馆也是一种灾难，因为这店里的奴隶无法提出证据证明这些东西对他没有诱惑力。正因为如此，罗马法允许经营者们在他们的行李寄存处写上通告："我没有冒险接收金、银、珠宝等贵重物品。"可能旅馆老板就这样做过。① 难怪一位罗马士兵写信警告将去军营探望他的妻子说："带上你的珠宝，但千万别戴着！"② 正因为如此，对于那些身无分文的人而言，旅行反而是一件轻松的事情，因为小偷不会光顾这些穷人。③

当然，旅行者为了保护其财物通常会采取各种措施。他们通常把贵重物品放在钱袋里，然后再把钱袋挂在腰带上，或放在脖子上挂着的小袋里。到帝国初期乃至中期，都不断地有作家描写强盗杀人抢劫的故事。小普林尼就曾记载当时被新任命为"百人团队长"的霍比斯图斯（Robustus）失踪的故事。他在上任途中，突然消失不见了。人们有各种不同的猜测，也许是不满他的奴隶杀了他，或者是遭到强盗们抢劫之后再被杀掉。这是一件悬案，但可以确定这不是一件突发事件。由于陆路旅行令人感到不安，因此有些富人高官宁可走海路也不走陆路。公元 5 世纪时一位名叫路提利乌斯（Rutilius）的高卢官员，当时要从罗马前往高卢，人们纷纷劝说走陆路会比较安全，但最后他还是选择了海路。虽然海上航行也不绝对安全，但他还是采用了两害相权取其轻的旅行方式。④

罗马政府一直在与盗匪势力作斗争，以保证国内的安全与和平。恺撒在被海盗掳掠并交付 50 塔兰特赎金后，带领舰队很快消灭了海盗。⑤ 屋大维"为了制止强盗活动，在所有适当的地方设置了卫兵岗哨，并检查下房，解散行会"。⑥ 提比略皇帝"特别注意社会治安，剿灭流窜的土匪和镇压非法暴动。在整个意大利，他使军队驻地比以往集中些……他力求

---

① Lionel Casson, *Travel in the Ancient World*, p. 205.

② Ibid. , p. 177.

③ Juvenal, *satires*, X, 23.

④ 刘增泉：《罗马人古代旅行世界》，第 36 页。

⑤ 苏维托尼乌斯：《罗马十二帝王传》，第 2—3 页。

⑥ 同上书，第 66 页。

事先防止民众骚动，一旦发生了，他就严厉镇压"。① 同时，罗马国家对
被捕强盗的惩罚也十分严厉，他们会被判重刑或被钉在十字架上。国家对
这些盗匪势力的斗争是有利于保障人们旅行安全的。

到公元 3 世纪后半期，长期的"罗马和平"已接近尾声，帝国的秩
序和法律被不断地破坏。有一个名叫皮索伊斯（Psois）的人，刚旅行回
来就给他一位在赫尔墨波利斯（Hermopolis）的朋友写信道："正当我们
高高兴兴地准备回家的时候，我们在马洛山（Mt Maro）遇到了一群强
盗，我们当中的一些人被杀……感谢神灵，我被抢得一干二净之后逃脱
了。我本来是想到你那里来告诉你发生在我们身上的事情的，但是我不
能，于是我就直接去了奥克西里库斯（Oxyrhynchus）……如果情况允许
的话，我要去参加 11 月份的节日庆典。我祝愿你好。"② 到公元 5 世纪，
据诗人西多尼乌斯·阿波利纳里斯（Sidonius Apollinaris）说，从高卢到
罗马的道路也变得很不安全，而且沿途旅馆又少又差。③

从公元 4 世纪后期起，前往圣地耶路撒冷的朝圣者越来越多，对这些
旅行者们的最关键的问题不是一般的旅行困难，而是旅行中的危险问题。
罗马帝国的皇帝们再也没"罗马和平"时代的强大陆军和海军可以保护
他们。在西部，汪达尔人、西哥特人和其他蛮族已经撕开了帝国的边界。
整个地中海世界中，海盗又回复到猖獗的程度。但这些都还不是最主要的
问题，对于朝圣旅行者而言，他们可能遇到的最大危险是来自阿拉伯人的
劫掠。这从著名教父杰罗姆通过马尔库斯（Malchus）僧侣之口所描述的
事件中可以看出："当你从贝洛阿（Beroea）（即阿勒颇）去埃德萨的时
候，邻近大道的是一片荒地，那里永远有阿拉伯人出没，四处扎营。由于
这一地区的旅行者知道这一情况，因此，他们出门时会结伴而行，以便相
互帮助来减少危险。在我们的出行队伍中，男女老少都有，总共 70 人。
你瞧，突然，一群骑在马和骆驼上的阿拉伯人向我们袭击过来。他们的长
头发上裹着头巾，半身裸露，戴着斗篷，穿着便鞋。他们的肩上挂着箭
袋，挥舞着手里的弓和长枪——你看，他们来了，不是去战斗，而是来抢
劫。我们被他们抓住了，并被分割包围，他们把我们带向不同的方向。我
跟着其中的一群，一个女孩落入了一个首领手中。我们与其说是被请上骆
驼，还不如说是被拖上驼背。我们被悬挂在骆驼背上穿过了巨大的沙漠，

---

① 苏维托尼乌斯：《罗马十二帝王传》，第 133 页。

② Lionel Casson, *Travel in the Ancient World*, p. 223.

③ M. A. Samuel Dill, *Roman Society in the Last Century of the Western Empire*, London:
Macmillan and Co., Ltd, 1921, p. 205.

走向毁灭的恐惧占据了我们心头。我们的食物是一些半生不熟的肉，喝的是骆驼的奶。"这个故事是虚构的，不是事实，但它仍然能在一定程度上很好地反映旅行者在沙漠中旅行时所遇到的危险情况。①

由于罗马人的旅行充满了不确定性以及旅途中的不安全感困扰着他们，因此许多人旅行都要结伴而行，以避免路途上的强盗或散兵游勇，同时，他们会选择自己熟悉的路途，这样可以减少旅途中的危险。结伴而行，不仅可以增加旅行中的安全保障，还能给枯燥的旅行生活带来一定的乐趣。有钱人的旅行有大群的仆役前呼后拥，在旅途上虽然辛苦但也显得热闹，一般也不会感到孤寂。中产阶级的人也可以找好朋友相偕而行，他们还可以享受旅途上交谈的乐趣。如果他们能平安地到达目的地，会留下美好的回忆。与博学多闻的人结伴同行更是旅途中的一大乐趣。这些充满智慧的学者在旅行中常常被众多的弟子们一路簇拥，聆听充满哲学智慧的交谈，而弟子们与老师也形影不离地结伴而行，到处充满了欢声笑语，这样，在旅途中不但可以授业解惑，还进一步增加了旅行的乐趣。②

正因为罗马人的旅行容易遇到困难或危险，因此，他们在旅行前总会先看征兆，而且为了旅行安全会向神祇献祭（或许愿给它竖一个祭坛），这些神祇主要是贸易与旅行的保护神墨丘利（Mercury）或海神涅普图努斯（Neptunus），具体的许愿对象要根据自己的旅行目的而定。如果一切安全，旅行者在旅行结束或安全返回家后，会给神祇献祭或竖立一座祭坛。在罗马道路的两边一般也随处可见庙堂，有时是在道路的交叉连接处。在这些庙堂里，旅行者可以安抚道路上的诸神。如在圣贝纳尔德山口（St Bernard Pass）就有一个献给朱庇特的神殿，那里有许多牺牲和献祭。有一个小铜牌，上面曾挂有什么东西，铜牌上面的铭文写道："献给朱庇特神，盖乌斯·朱利乌斯·普里穆斯因为安全出门并安全返回而自愿并满怀敬意地向朱庇特还愿。" Poenino | proitu et reditu | C（aius）Iulius Primus | v（otum）s（olvi）l（ibens）m（erito）.]③ 那些牺牲和献祭物也一定是旅行者在返回途中，当他确信能安全回家后献给庙堂的。道路边上常有许多石堆之类的宗教纪念物，它们也是旅行者在旅途中为自己的旅行安全而祈祷留下的见证。

①　Lionel Casson, *Travel in the Ancient World*, p. 316.
②　刘增泉：《罗马人古代旅行世界》，第34—35页。
③　*ILS*, 4850a.

三　旅行中的孤独

对经常在外旅行的人来说，他们经常要面对的另一种旅行烦恼是旅途中的孤独感。这可以从遗留下来的一些铭文看出。如庞贝城墙上的铭文说："他一个人睡在这里，十分想念家乡。"① 类似的铭文还有很多，如："我们很高兴来到这里，但是我们更高兴离开你，我们希望再见到你，啊，罗马，我们自己的家庭守护神。"② "维比乌斯·雷斯提图图斯（Vibius Restitutus）躺在这里，孤零零地，他想念他的家乡。"③ 这些都是当时旅行者在旅途中的孤独感的真实写照。

关于旅途中孤独感的更多内容可以从旅行者的信件中反映出来。这些信件或反映了对亲人的思念，或寄托了对朋友的牵挂。西塞罗在流放途中，从他给亲友的书信中可以看出，他一直想念亲友们，想念妻子，想念可爱的孩子们，尤其想念十分令人疼爱的女儿，她是那么可爱，那么贞洁，那么聪慧，在她身上，他看到了自己的特征，自己的气息。他想念小西塞罗，他是他最后的希望，他是那么优秀，那么温驯。④ 奥索尼乌斯在写给刚刚离开他的儿子的信中说："我的儿子，你已经乘着船漂泊在冰冷的摩泽尔河上了，你离开了父亲的亲吻和拥抱，你的父亲心痛地嫉妒着将你带走的河水。我很孤独，尽管有一群朋友伴我左右，我还是孤独。我虔诚地祝福远离的船只，我的儿子，我仍然独自望着。我责怪牵引绳飞快地逆流而上。怎样的一天啊！在孤独中，我站在荒凉的河畔焦虑不安。一会儿我抽搭着柳树的嫩芽，一会儿我撕扯着草地。在绿草中，我驻足于湿滑的卵石地上。就这样漫长地挨过了第一天，第二天；就这样在不安中度过了两个晚上，然后，就这样度过了其他的夜晚；就这样整整一年将要过去，直到命运将你带回到了父亲的身边。只要在我的葬礼之后我的儿子继续活下去，我便可以接受死亡。"⑤

这样的信件还有很多，大约3—4世纪，一位旅行者十分思念自己的母亲，他在信中写道："亲爱的妈妈，我在恺撒利亚给你写信，让赫利奥多洛斯（Heliodorus）带给你。我打算从这里前往卡帕多奇亚，我很好，也希望你身体健康。我已经写了很多信向你问安，可你却没有给我回信。

---

① Raymond Chevallier, *Roman Roads*, p. 191.
② 家庭守护神（Lares），在拉丁语中，Lares 一词常常转喻为家。
③ Raymond Chevallier, *Roman Roads*, p. 191.
④ 让-皮埃尔·内罗杜：《古罗马的儿童》，第298页。
⑤ 《古罗马的儿童》，第300—301页。

如果你很好的话，请来信告斥我，或者写信告诉我你的情况，这样可以减少我的担心！到现在为止我都在为你担心，因为我没有从你那里收到任何信件。也许我应当征得我的保护人的同意，迅速地赶到你身边以便向久别的你问安。你可以从跟我一起去的人那里得到我的消息，也可以从尼洛斯（Neilos）和优德蒙（Eudaimon）那里打听，他们正在往回走。向我姐姐泰西斯（Taesis）和我哥哥左伊洛斯（Zoillos）及我所有朋友问好。这么久的时间了，他们都还好吧！"[①]

埃及保留了许多旅行者与家人之间的类似通信。比如，一位热爱丈夫的妻子写信给丈夫说自己是多么地想念他："给我写信——如果你不给我写信，我会因为每天看不到你而死的。我多么希望自己能飞到你身边……我为见不到你而备受煎熬。"另一位妻子，她的丈夫很明显在亚历山大待了很长时间，她写给丈夫的信完全是另一种心情："当所有其他人都回家时，我很讨厌你不回家。在家里，我一个人照顾我自己和孩子，打发着这种日子。由于食品价格的原因，我已经支撑到最后关头了。现在，我在想，你回来了可以减轻我的负担了，但你还没想到要回来，没有替我们的处境想想。你在那边，我这里什么都没有，更不用说你什么都没给我带回来，你可知道我的日子和这些危机是怎样度过的！而且，据给你带信的霍努斯（Horus）说，你在那边的滞留时间已经超期了，你也已经解放了，我十分讨厌你！"[②]

公元2世纪末或公元3世纪初，一位名叫德龙（Theon）的人收到了他儿子小德龙的信，这封信生动地反映了孩子对父亲的思念，也十分有趣："你做的好事！你不带我去城市！如果你不想带我去亚历山大，我就不给你写信，不和你说话，甚至不向你问好。如果你不带我去城市，我从此之后就不和你握手或向你问好。如果你没有想过带我一起去，这就是后果。我妈妈对阿尔克拉乌斯（Archelaus）（可能是小孩的老师）说：'他烦死我了，把他带走！'不过你做了一件好事，很好的，你送给了我一件大礼物——零花钱！12号，就是你走的那天，他们给我搞恶作剧了。给我写信啊，我求求你了。如果你不给我写信，我就不吃饭，不喝水。你知道了吗！"[③]

旅行者在旅途中遇到的烦恼当然不只是孤独感和对亲友的思念。公元

---

① Lionel Casson, *Everyday Life in Ancient Rome*, p. 224.

② Ibid., pp. 224-225.

③ Ibid., p. 225.

3 世纪的一封通信反映了当时很多旅行者经常遇到的一个老问题。这是一位根本就没有到达目的地的女士写的，她没有遇上强盗，但她迷路了，而且盘缠已用光，"亲爱的母亲：首先，我向上帝祈祷你身体健康。我想让你知道，我是提比月（Tybi）13 号（即 1 月 8 日）去提兰里斯（Tyrannis）的，但我找不到去你那里的路了，因为赶骆驼的人不想去奥克西里库斯。还不止这些，我还去安提诺（Antinoe）乘船回家，结果我在那里什么也没有找到。所以，现在我在想，我还是把行李送到安提诺，并在那里等船出发。请给送这封信的人 2 塔兰特（talents）300 德拉克玛（drachmas），作为我在提兰里斯向他们借的钱及路费的补偿。不要耽误他们的时间……如果你手头上没有那么多钱，就向别人借点吧……把钱给他们，因为他们一刻也不能等待。请你不要让我失望，他们对我很好，请不要滞留他们。"①

对于旅途中的烦恼，最为著名的描写可能要算诗人贺拉斯沿阿庇安大道的旅行了。他对这次旅行的描写，比较全面地反映了当时旅行中的各种苦恼和麻烦。贺拉斯出生卑微，生于意大利南部一个小城镇，父亲是一个释放奴（freedman）。但是，他父亲尽可能地让他接受了最好的教育。贺拉斯作为财务官手下的一位书记员工作过一段时间，但他设法发表了一些诗歌，这些诗歌不仅吸引了诸如维吉尔之类的诗人，而且吸引了一个名叫麦卡纳斯的著名而慷慨的文学赞助人。麦卡纳斯是一位富裕的马术精通者，又是奥克塔维安（Octavian）的忠诚可靠的顾问（后来成为奥古斯都的顾问），通过麦卡纳斯，奥克塔维安认识了贺拉斯。贺拉斯的旅行描述是指他从罗马到布隆迪西乌姆的旅行。② 他没有说他这次旅行的目的，但他告诉了我们由麦卡纳斯和科克乌斯（Cocceius）给他安排的会合地点是在安克苏尔（Anxur）。科克乌斯是马可·安东尼（Mark Antony）的一位密友。这次旅行大约发生在公元前 30 年，当时，麦卡纳斯和科克乌斯前往雅典向安东尼递送奥克塔维安的信，贺拉斯和维吉尔送他们到布隆迪西乌姆。但是，贺拉斯没有给我们他这次历史外交使命的任何细节，他只是把这次旅行描述成一次自由自在的休闲，把重点放在幽默而无关紧要的细节上，仅把自己装扮成一个贫穷的、单纯的诗人。③ 结果正是他避重就轻只描述旅行本身，反而为我们留下了关于罗马旅行的生

① Lionel Casson, *Travel in the Ancient World*, p. 223.

② 布隆迪西乌姆，即现在的布林迪西，位于意大利南部亚得里亚海岸的一个城市。这里的船只定期驶往希腊，如果走阿庇安大道，从罗马到布林迪西约 370 英里。

③ Jo-Ann Shelton, *As the Romans Did: A source Book in Roman Social History*, p. 325.

动材料。

　　"我踏上旅途，把喧闹的罗马城留在了身后。当我到达一个叫阿里奇亚（Aricia）①的小镇时，我住进了一家小酒馆。我的同伴赫里奥多努斯是希腊人中最有学问的一位修辞学家。从阿里奇亚出发，我们来到阿庇乌斯广场（Forum Appii），②在这里云集着渡船的人们和贪婪的酒馆老板。由于过度懒散，尽管精力充沛的行人走这一段路程只需要一天时间，而我们却花了两天时间。如果你走得慢，在阿庇安大道上并不使人劳累。由于阿庇乌斯广场的饮水十分污秽，我只得忍饥挨饿并耐着性子等待同伴给我带吃的来。③现在夜幕快要降临，天上星星闪烁。随行奴隶嘲笑船夫，船夫责骂奴隶：'在这儿交钱！''你已经收了好几百了。''哦，够了。'交完运费后，骡子（拉着船）缓缓前行，整整一个小时就过去了。该死的蚊子和沼泽里的蛙声使我根本无法入睡（贺拉斯现在正在船里），船夫和另一行人把劣质酒喝得太多，酩酊大醉，他们唱着小夜曲，思念起远方的女朋友。最后，那个行人终于筋疲力尽，昏昏睡去。懒散的船夫把骡子的缰绳套在石头上让骡子去自己放牧，自己却倒下呼呼大睡。当我们发现船一动不动时，天边已经露出鱼肚白了。结果，一个性情暴戾的人拿着柳树条狠狠地打船夫和骡子的头及腰。最后，在上午我们才到达费洛尼亚水域（Feronia's waters）④。我们在那里洗过手和脸，并吃过早饭，接着拖拖拉拉地走了三（英）里路，爬上了安克苏尔，这上面有耀眼而突出的大岩石。在那里，麦卡纳斯和科克乌斯与我们相会，他们俩人都是外交官，自从他们因弥合破碎的联盟而取得声誉后，他们就身负重要使命，麦卡纳斯非常优秀。在安克苏尔⑤，我在困乏的双眼上涂了一些黑膏油。麦卡纳斯和科克乌斯来了，跟他们一起的是安东尼最好的朋友——文雅的绅士福提乌斯·卡皮托（Fonteius Capito）。……第二天，为了防止旅行疲劳，我们在福米埃（Formiae）停了下来⑥，在卡皮

---

① 从罗马到阿里奇亚大约16英里。贺拉斯可能是骑马而不是步行。
② 从阿里奇亚到阿庇乌斯广场大约有27英里，阿庇乌斯广场得名于312公元前年的监察官阿庇乌斯·克劳狄乌斯（Appius Claudius），是他开始修造阿庇安大道的，也以他命名，位于被称为庞培提纳大沼泽（Pomptine Marshes）的沼泽平原北面。
③ 贺拉斯宁愿忍饥受渴也不愿冒得痢疾之险
④ Feronia是古代意大利的一宣女神。在庞培提纳大沼泽的南边有一座费洛尼亚神庙，贺拉斯正是在这里离船上岸的。
⑤ 从阿庇乌斯广场到安克苏尔（现在的特拉契纳［Terracina］）大约19英里。
⑥ 从阿庇乌斯广场到福米埃大约26英里。

托家里吃过午饭①，在穆里纳家里度过了当晚。② 我们都期望第二天赶快
到来，因为在那一天普劳提乌斯（Plotius）、瓦里乌斯（Varius）和维吉
尔将在西努埃萨与我们会面。③ 天底下没有人比他们的灵魂更伟大，没有
人比我更敬慕他们的了！啊，多少次我们相互紧紧拥抱，尽情欢笑！只要
我心智正常，就找不到比他们更好的朋友。我们在坎帕尼亚桥附近的驿站
的小房子里度过了那个晚上……第二天，我们从这里出发前往卡普亚，④
在卡普亚，我们给骡子卸下了鞍座。麦卡纳斯在玩球，但我和维吉尔却打
了一会儿盹儿，因为如果你的眼睛很累或者消化不良，玩球是很痛苦的事
情。我们从卡普亚到了考迪乌姆（Caudium），⑤ 在那里，科克乌斯在他那
积储丰富的庄园中款待了我们，这个庄园位于该地小镇及其酒馆上面的小
山上。……我们在那里吃得很好。从考迪乌姆出发，我们直奔贝内文
托，⑥ 在那里，过度热情的酒馆老板在烤肉叉上烤一些瘦小画眉时几乎把
整个房子都烧了。火炉里的火星溅到地上，火焰迅速烧遍古老的厨房，还
烧到了地板上。如果你在那里，你会看到饥饿的客人和奴隶抓抢食物，他
们都努力地从火中抓出些什么来。离开贝内文托不久，我们就进入了阿普
利亚（Apulia）⑦ 的山区，我对这里很熟悉。山上热风席卷，如果那天晚
上不是住在特里维库姆（Trivicum）附近的一个酒馆里，我们根本就翻不
过这些山。⑧ 由于酒馆里的火灶里烧着湿树枝、湿树叶，屋里的浓烟令人
睁不开眼。我傻痴痴地等待一个骗人的女孩直到半夜，当我终于入睡后，
我梦到了维纳斯女神，我的泪水湿透了被褥。第二天，我们坐着四轮马车
奔跑了 24 英里，接着在一个小镇上度过了一晚，那个小镇的名字我不能

① 很明显，卡皮托在福米埃有自己的休闲庄园。旅行者们宁愿住在朋友的家里或庄园里，也
不愿待在酒馆或旅舍中。私人家宅毫无疑问地要干净得多，安静得多，也舒服得多。不仅
普通旅行者如此，包括士兵和政府官员们也更多地宁愿住在私人家里而不愿住在旅馆中。
Phaina 的居民曾在信中向叙利亚长官抱怨"士兵和其他官员即使公共旅馆为他们开放的时
候，他们也要求住在私人家里。"（Maurice Sartre，*The Middle East under Rome*，p. 141.）
② 穆里纳，全名路西乌斯·里齐里乌斯·特伦提乌斯·瓦罗·穆里纳（Lucius Licinius
Terentius Varro Murena），是贺拉斯在这一地区拥有休闲庄园的另一个朋友，贺拉斯及其
同伴可以在这里歇脚。
③ 普劳提乌斯和瓦里乌斯都是诗人。
④ 从西努厄萨到驿站大约 9 英里，到卡普亚约 17 英里。
⑤ 大约 21 英里。
⑥ 大约 11 英里。
⑦ 阿普利亚，意大利东南地区的名字。贺拉斯出生于维努西亚（Venusia），是阿普利亚地
区的一个小镇。
⑧ 从贝内文托到特里维库姆大约 25 英里。

在诗中提起。① 但是我能给你一些线索：其他地方最便宜的供给物——
水，在这里是要花钱买的，但这里的面包比其他任何地方的都好得多，有
经验的旅行者常常会为前面的旅行带上几块面包。事实上，坎努西乌姆
（Canusium）② 的面包里……含有砂子，那里的水也不丰富。瓦里乌斯回
去了，留下他的朋友们两眼泪汪汪。③ 由于长途旅行和旅途上令人烦恼的
雨，当我们最终到达鲁比（Rubi）时，已经精疲力竭了。第二天，天气
有所好转，但道路却更加糟糕，我们径直来到了巴里乌姆（Barium）。我
们下一站是格纳提亚（Gnatia）……最后是布隆迪西乌姆。④" ⑤

　　贺拉斯的这次旅行是沿着著名的阿庇安大道前进的，而且也算是罗马
上层人的旅行了，但从他生动的描述中，我们可以看出，他的旅行虽然愉
快但令人烦恼之事也不少：饮水的污秽，奴隶船夫的粗野，旅途的疲劳，
途中的无聊，酒馆遭火灾，夜晚的孤独，食物的糟糕等等。由此看来，并
不是所有的旅行，都是轻松开心的事，事实上，在古代社会，任何人在旅
行中都有可能遇到这些烦恼。

---

① 可能是因为这个小镇的名字不适合于诗的韵律体结构（metrical patten），因此不能写出。
② 很明显，坎努西乌姆是他们的下一站。
③ 可能是瓦里乌斯回到罗马了。
④ 从坎努西乌姆到鲁比大约23英里，从鲁比到巴里乌姆大约23英里，从巴里乌姆到格纳
　提亚大约37英里，从格纳提亚到布隆迪西乌姆大约39英里。
⑤ Horace, *Staires*, I. 5. 1 – 33, 37 – 51, 70 – 97, 104.

第三部分

罗马道路与罗马社会

第九章 罗马道路与罗马政治

　　罗马道路与罗马政治，一个是有形的实物存在，一个是无形的权力问题，二者似乎风马牛不相及，也没有人专门详细地讨论过它们二者之间到底存在怎样的关系，但是，这并不能说明它们之间没有直接或间接联系。事实上，它们之间的确有一定的联系，因为"道路是罗马权力的根基"。①没有这个"根基"，罗马权力就要被动摇，罗马政治也有可能重新书写。

第一节 罗马对外扩张的动力

　　罗马从台伯河畔的一个小邦，发展成为地跨欧亚非三大洲的大帝国，与它常年的对外扩张是分不开的。早在埃涅阿斯在游历冥界时，他的父亲安奇塞斯在对比了希腊人和罗马人的差别时就明确指出："这里还有其他一些人（注：即希腊人），我相信有的将铸造出充满生机的铜像，造得比我们高明，有的将用大理石雕出宛如真人的头像，有的在法庭上将比我们更加雄辩，有的将擅长用尺绘制出天体的运行图，并预言星宿的升降。但是，罗马人，你记住，你应当用你的权威统治万国，这将是你的专长，你应当确立和平的秩序，对臣服人要宽大，对傲慢的人，通过战争征服他们。"②

　　后来的罗马人确实也遵守着"祖训"，极力对外扩张。自公元前 5 世纪初开始，罗马人先后战胜拉丁同盟中的一些城市和伊特拉斯坎人等近邻，接着又征服了意大利半岛南部的土著和希腊人的城邦，成为地中海西部的一大强国。从公元前 3 世纪开始，罗马人通过三次布匿战争（公元前 264—前 241 年、前 218—前 201 年、前 149—前 146 年）夺取了地中海

---

　　① Raymond Chevallier, *Roman Roads*, p. 17.

　　② 维吉尔：《埃涅阿斯纪》，杨周翰译，人民文学出版社 1984 年版，第 163 页。

沿岸霸权；通过四次马其顿战争（公元前 215—前 204 年、前 200—前 197 年、前 171—前 168 年、前 150—前 148 年）征服了马其顿并控制了整个希腊。后来又通过叙利亚战争和外交手段，控制了西亚的部分地区，通过延续几百年的高卢战争控制高卢地区，并在东方继续向东扩张，直到受到强大的帕提亚王国的抵挡而停止其扩张步伐。

　　罗马道路正是罗马军事扩张的结果，前面所述的许多著名大道的建造都是当时军事扩张的结果。如第二次萨姆尼乌姆战争期间，为了行军方便，也为了把罗马与南方重镇卡普亚相连，建造了阿庇安大道；弗拉米尼亚大道和瓦勒里亚道路等都是伴随着罗马对意大利北部地区的征服而建造的；奥勒里亚大道也是在征服伊特拉斯坎诸城以及建立沿海殖民地之后建成的；埃米尼亚大道是罗马征服波伊人的结果；波斯图米亚大道是在对利古里亚人的长期战争中建造而成的；富尔维亚大道也是为穿越阿尔卑斯山脉进行远征而建立的，等等。因此，罗马道路本身就是为了军事征服而修建的，它是为罗马的对外扩张服务的。①

　　反过来，罗马道路又成为对外扩张的动力。从前面的描述中可以看出，罗马道路建设是紧随罗马军事扩张而延伸，军队走到哪里，道路就被带到哪里。罗马从台伯河上的小邦不断向外扩张，特别是向东方和南方扩张，因此罗马主要的大道也最先在这些地方建立，从罗马通向卡普亚的阿庇安大道就是典型的证明。后来，伴随罗马军队向南的进一步扩展，阿庇安大道又从卡普亚延伸到贝内文图姆、埃克兰努姆、贺拉斯的家乡维努西亚、塔伦托，后来直到布林迪西乌姆。通过军事扩张不断地向前延伸的道路还有很多，如埃格纳提亚大道、弗拉米尼亚大道、拉丁纳大道，等等。伴随道路及军队营地兴起的城市又变成罗马新扩张的神经中枢点，成为罗马政治扩张的另一基础，有人说军队是罗马"行进中的城镇"，② 但是，如果没有道路这些神经线把神经中枢点相联系，这些"行进中的城镇"就会迷失前进方向，在这个意义上，我们也同样可以说道路是罗马"行进中的城镇"。

　　正是这些"行进中的"城市与道路，它们又成为罗马进一步扩张的

① 美国著名学者腾尼·弗兰克认为，罗马的对外扩张是"基于防范而非出于进攻"，罗马帝国主义是"防御性帝国主义"，这种观点与以往学界对罗马对外扩张的理解大相径庭，是值得注意的一种新见解。（腾尼·弗兰克：《罗马帝国主义》，宫秀华译，上海三联书店2008年版。）不管罗马的扩张是防御性的还是进攻性的，但罗马的对外扩张却是不争的事实。
② 戴尔·布朗主编：《罗马：帝国荣耀的回声》，陈俐丽译，华夏出版社、广西人民出版社2002年版，第137—189页。

基础和动力。如阿庇安大道不仅加强了把南方的拉丁姆地区统一到罗马国家之中的力量，而且也巩固了此前松散的罗马—坎佩尼亚联盟，"从这个意义上看，阿庇安大道形成了一个强大政治影响的起点，它为以后罗马深入半岛南部大希腊的战略扩张提供了基础"。[①] 其他诸如被称为"国道"的拉丁纳大道以及瓦勒里亚道路、弗拉米尼亚大道、卡西亚大道等同样为罗马向东南、东方、东北和北方的扩张提供了基础。正如有学者指出的那样："罗马从意大利半岛上的拉丁姆平原，到帝国初期扩张到欧亚非三洲的疆域。人口从早期的意大利奥特人到伊特拉斯坎人，进而把地中海四周的居民都变为罗马公民，其主要的'原动力'应该是交通网路的便捷所致。"[②] 可以毫不夸张地说，如果没有这些道路为罗马提供进一步扩张的基础，罗马对外扩张的进程难免大打折扣。

第二节　罗马国家强有力的统治工具

罗马道路是罗马统治者加强统治的有力工具。伴随罗马对周边地区统治的确立，如何加强对这些地区的统治就成为统治者面临的新任务。这种统治从形而上的层面讲，是统治阶级上层建筑的运作；从形而下的层面看，罗马统治的有形标志起着至关重要的作用。

首先，作为国家行为的罗马道路的建设，本身就是国家政治统治的一种表现形式。在共和国时代，重要的道路建造权是掌握在元老院手里的；帝国时代则是在皇帝手中。它们对道路建造的决议本身就是一种政治行为。罗马国家当然也知道道路建造对罗马国家的重要性。"共和国时期的关键理念之一是：道路对国家的控制是至关重要的。罗马国家已经被罗马大道所征服，共和国从来没有试图把道路建设强加给市政当局。罗马道路通过的土地是罗马人民的公共土地（solum publicum populi Romani），由执政官们亲自监督（甚至直到今天他们还被称为道路执政官 [via consularis]）。"[③] 道路建造的实际领导者不一定都是执政官，但一定是共和国的高级行政官员，从这里也可以明显看出，共和国的道路建设绝不会是非政治行为。

---

①　Romolo Augusto Staccioli, *The Roads of Romans*, p. 61.

②　刘增泉：《罗马人古代旅行世界》，台北：五南图书出版公司 2003 年版，第 218 页。

③　Theodor Mommsen, *A History of Rome under the Emperors*, London and New York: Routledge, 1992, pp. 100 – 101.

　　帝国时代,道路建设同样延续着它的政治色彩。从奥古斯都开始,几乎没有一个皇帝不重视对罗马道路的建造和维护。奥古斯都本人建造了著名的弗拉米尼亚大道,他的同僚们则恢复了其他的一些道路。① 到了帝国最后时代,皇帝们仍然强调对道路的维护,395 年,提奥多西皇帝还强调:"任何拥有尊严的人都绝对不能终止我们对道路与桥梁的建设与维修……我希望所有的人都能满怀热情地竞相维护公共道路。"② 道路的畅通在很大程度上决定了军队的运送和调配,决定了对军事的直接操纵,"由于对军事的直接操纵,道路的修建就具有了一种政治色彩"。③ 因此,罗马道路的建设明显不仅仅是单纯的修路,它是罗马政治的一种实体表现形式。

　　其次,从一定程度上看,罗马道路是罗马统治的有形标志在被征服地区的统治主张。这种政治主张从关于道路的拉丁词汇的意义演变过程也可以略见一斑。如 actus 的本意是驱赶、驾驶、迫使以及驱赶动物的权利,后来指为动物设下的小路,再后来是指为交通工具设下的四步之宽的小路,最后又演变成公职或公务以及有权实施或执行公务的含义;而 limes 最初指的是光秃秃的泥路(来自 limus,泥泞,泥浆),通常是指边界或者是岔路,或者是指百人队的分队,接着用来指防御堡垒旁边的道路,最后,在专门的军事意义上指边界防御工事。这两个词都从最初原始动作或实物演变成了一种政治术语。就 limes 而言,它从罗马人的道路演变成了罗马人的"边界",从而划分了罗马人"统治万国"的空间范围,因为"在道路建设方面,与罗马人能力密切相关的是罗马人的空间观念,罗马人的空间观念主要是用边界来界定的"。④ 从 actus 和 limes 这两个术语的演变,不难看出,"这两个词的演进反映了地方服务和权力归属被赋予了一种法律形式"。⑤ 这里的法律显然只能是罗马的"法律",只能是罗马统治阶级意志的反映。这两个词汇的概念无论怎样演变也只不过是罗马统治工具的载体而已。随着道路的延伸,法律形式下的权力归属也随之扩张,把整个地中海世界都纳入了罗马版图,事实上也基本上是把罗马所知的所

---

① Dio Cassius, *Roman History*, Translation by Earnest Cary, Cambridge, MA: Harvard University Press, 1924, LⅢ, 22, 1.

② Victor W. Von Hagen, *The Roads that Led to Rome*, p. 45.

③ Theodor Mommsen, *A History of Rome under the Emperors*, p. 101.

④ A. D. Lee, *Information and Frontiers: Roman Foreign Relations in Late Antiquity*, New York: Cambridge University Press, 1993, p. 86.

⑤ Raymond Chevallier, *Roman Roads*, London, 1976, p. 17.

有世界都归入了自己的统治。难怪"正如一位罗马人所说的那样，这些帮助罗马统一的道路网络'为全世界提供了统一的法律……把不同的地区纳入了统一的名义（即罗马）之下'"。[1] 在诸如《安东尼指南》和《佩乌丁格里亚那地图》这样的地图中，它们本身就是通过交错密集的道路来彰显罗马权力的，[2] 这些道路把国家的权力中心与边缘地区相连，成为罗马国家与边境地区的联系纽带。[3] 由此可见，罗马道路的确是罗马统治者加强政治统治的工具。

在意大利这样的统治核心地区，罗马国家的政治统治表现无时无处不在，因为到公元前1世纪初，整个意大利诸公社都获得了公民权，城邦国家的公民无时无处不能感受到国家的政治统治和影响。但是在远离罗马国家统治中心的地区，元老院或者皇帝的决议、国家的行政行为，也许不会受到本地民众的重视甚至对它们有所感受，罗马国家离它们似乎很遥远，他们真正能够感受到的只有"罗马式"的存在，如光洁平整的罗马道路，气势恢弘的纪念柱、凯旋门、引水渠，别具一格的罗马神庙，与众不同的罗马房屋，等等。因此，罗马道路便成为罗马国家有形政治统治主张的表现之一。比如在偏远的日耳曼地区，位于沃林根（Oeheingen）的一条道路被称为奥勒略道路（Vicus Aurelius），它是由马可·奥勒略建造的。上面有一段铭文："正如符腾堡（Wurttemberg）南部的罗滕堡（Rottenburg）地区一样，通过道路建设，从而使得内卡河谷（the Neckar valley）和奥登瓦尔德山脉（Odenwald）变成了帝国的一部分。"[4] 在这么远离罗马的地区，只有诸如道路这样的罗马符号也许才是罗马的真正统治主张的表现形式。同样的例子还可以在高卢地区看到，在高卢，"一条道路直达阿奎塔尼亚行省的首府桑提斯，途经罗昂、维希、克莱蒙、苏尔谷地（the Sioule valley）、利摩日（在这里有一条从洛代夫到罗德兹的岔路）、卡奥尔以及佩里格。……里昂的圆形大剧场的铭文提到了非利乌斯·鲁弗斯（Filius Rufus），他是奥古斯都和罗马的祭司，也是位于桑提斯的日耳曼尼库斯拱形门的赞助人，这些原因是不难理解的，因为在如此遥远之地，罗马的存在只有在上述的道路中才能感觉到"。[5] 从这里不难看出，罗马道路正是罗马统

---

① Victor W. Von Hagen, *The Roads that Led to Rome*, 1967, p. 13.

② C. R. Whittaker, *Rome and Its Frontiers: The Dynamics of Empire*, London: Routledge, 2004, pp. 63 – 65.

③ C. R. Whittaker, *Rome and Its Frontiers: The Dynamics of Empire*, p. 78.

④ Theodor Mommsen, *A History of Rome under the Emperors*, pp. 271 – 272.

⑤ Raymond Chevallier, *Roman Roads*, pp. 161 – 162.

治在其所经过地区的政治统治主张的重要表现方式之一。相反，在没有罗马道路的被征服地区，如阿尔卑斯山区，虽然大部分部落很早就承认了罗马的统治，而且采取了罗马的行政制度，只有撒拉喜人部落尚未完全屈服，而他们又掌握着小圣倍尔那的通路，结果有时罗马的统帅竟不得不向撒拉喜人购买无阻碍地通过他们的土地的权利，给罗马统治带来了极大阻碍。①虽然这个例子看起来有些牵强，但它也能从侧面说明一定的问题。

再次，从罗马国家对被征服地区的道路建设的重视程度，也可以看出它对该地区的重视程度。从最早的意大利中北部地区的主要大道的建造情况看，其所经过地区都是对罗马国家具有重要战略意义或重要经济意义的地区，罗马国家对大道的建设也体现出对这些地区的高度重视，后来各行省的主要大道的建设，其所经过地区，也往往是罗马国家非常重视的地区。相反，如果是罗马国家不重视的地区，或者是要故意压榨的地区，罗马就不会重视对它的道路建设，西西里岛就是一个典型的例子。"从本质上讲，西西里是意大利的一部分，在共和国时期，它还没有被罗马所获取，正是恺撒把拉丁权授予这里，并因此获得了这里，拉丁语成为这里的官方语言。奥古斯都采取了更进一步的措施：整个岛的居民都获得了公民权，②但是，罗马的行省政治仍保留实行，除了海盗行为，西西里必须受中央政府的统治。但这并没有什么实质性区别：从实践的意义上讲，西西里和意大利是统一的；从其他方面来看，西西里是无可救药的，它在共和国的统治之下，经济上已经被压榨得干干净净，这从一个很小的细节中就可以看出，即在西西里，罗马没有建造过哪怕一条道路！③ 只有沿海地区被殖民化，因此这里的城镇——特别是坎塔尼亚（Cantania）和潘霍姆斯（Panhormus，即帕勒莫［palermo］）——很兴旺发达，但岛上的农业却遭到了破坏，塞克斯图斯·庞培（Sextus Pompey）领导的奴隶起义也是由于这个原因。"④ 在意大利南部也同样遭此厄运，"奥古斯都没有在意大利南部进行建设道路，这就如同在西西里一样，他已经放弃了对内地（如阿普利亚、卡拉布里亚［Calabria］）的文明化，大规模的抢劫很盛

---

① 科瓦略夫：《古代罗马史》，王以铸译，三联书店 1957 年版，第 680 页。

② 事实上，没有文献证据证明这是发生在奥古斯都时代。

③ 西西里的瓦来里乌斯大道建造于公元前 210 年，另外还有一些二级道路。科西嘉只有一条道路为人所知，萨丁尼亚也仅有一个次级道路系统。（莱斯莉·阿德金斯、罗伊·阿德金斯：《探寻古罗马文明》，张楠、王悦、范秀琳译，商务印书馆 2008 年版，第 329—330 页。）

④ Theodor Mommsen, *A History of Rome under the Emperors*, pp. 104 – 105.

行，直到图拉真时代才又对这些地区加以关注"。[①] 当然，这些反面的例子都只是相对而言，即相对于其他地区而言，并不是蒙森所认为的那样绝对。

道路作为罗马统治工具的直接表现莫过于道路上的驿站了。帝国驿站是奥古斯都为了加强对全国的控制和管理而建立的，它是帝国政治统治的外在反映，也是帝国统治在实物表现上的延伸。在驿站体系中，无论各地驿站的行政管理者和实际操作者是谁，他们实质上都只是为帝国的皇帝服务，只是皇帝的耳目，只是给皇帝疲命的工具而已。在这个有形实体的背后，真正的无形统治者是皇帝，是帝国对臣民的统治，正如拉姆赛所指出的那样："整个帝国驿站组织的巨大轮轴是在罗马的皇帝，这在两方面是具有本质的意义：一方面，他要准确地知道他的命令或指示在到达指定地点并得以实施要花费多长时间，另一方面，帝国其他各部分的官员们应当知道他们的报告或要求到达中央政府所需要的时间。"[②] 无论是皇帝知道自己命令的到达时间，还是各省官员向皇帝报告的时间，那都只是为皇帝服务的表现罢了，因此，作为道路组成部分的驿站同样只是罗马统治阶级的统治工具而已。

第三节 罗马国家统治的晴雨表

罗马道路是罗马统治在被征服地区的有形政治主张，罗马国家的强弱兴衰也能从它的身上得到体现，因此，道路也成为罗马统治的一张晴雨表。打开罗马世界的道路交通网络图，可以清楚地看到，在整个帝国版图内，越是统治成熟的地方，它的道路就越宽广和优良，越是统治牢固的地方，它的道路就越密集。罗马最主要的优良大道，如阿庇安大道、拉丁纳大道、弗拉米尼亚大道、卡西亚大道、奥勒里亚大道等，都主要集中在意大利本土。其中原因并不难理解，因为这里是罗马统治最为成熟的地方，国家有时间和精力对它们进行精心修缮和管理，而且这里作为罗马政治统治的核心地带，道路建设自然也会近水楼台先得月，享受各种优渥待遇。相反，罗马对其他地方统治的成熟程度相对要差得多，因此，它的道路精

---

① Theodor Mommsen, *A History of Rome under the Emperors*, p. 122.

② A. M. Ramsay, "The Speed of the Roman Imperial Post", *JRS*, Vol. 15 (1925), p. 73.

美程度自然也就会略逊一筹。①

　　另一方面，从罗马道路分布的疏密程度看，帝国内主要大道最密集的区域也是意大利半岛，特别是以罗马为中心的地区，据说到4世纪，通过奥勒良城墙（the Wall of Aurelian）的第15道大门进入罗马城的道路就有19条之多。② 从意大利本土出发，向四周延伸，可以看到越是远离罗马的地方，道路就越来越稀少，以至于我们在两河流域东部、莱茵河北部、不列颠北部以及北非南部，就很少看到罗马道路了。再往边远地带走，如波罗的海沿岸及其北部，我们就再也看不到罗马道路的身影了。原因同样在于意大利本土是罗马统治最牢固的地方，越往边远地带走，罗马统治越薄弱，道路自然也就越稀疏。这些边远地带稀疏的道路实际上标志着罗马帝国的扩张已经达到其极限。当恺撒派使者到莱茵河北部去要求日耳曼人交出曾经对他和高卢人作过战的人时，他们对恺撒朴实而精辟的回答对罗马国家的扩张极限作了很好的诠释，他们回答说：“莱茵河是罗马人权力的界限，如果他认为日耳曼人不得他的同意擅自渡河侵入高卢，是不合理的行为，为什么他又要求把自己的号令和权力伸到莱茵河这一边来？”③ 罗马向北的扩张已经达到了它的极限，无论其统治者有多大野心，他们终究不能超越这一极限，正因为这样，在这些地区的道路相对于意大利本土要稀疏得多。

　　作为罗马政治统治晴雨表的道路另一表现是它反映了罗马国家的兴衰。标准罗马大道的兴起是在公元前4世纪末，这也正是罗马国家在向意大利中部进行大规模扩张的时期。道路的大规模建造是伴随着罗马国家的大幅度扩张而展开的，反过来它又促进了罗马国家的扩张。道路建筑的鼎盛时期是共和国后期到“罗马和平”时代，而这一时期恰好是罗马国家最为强大的时期，罗马道路通过外在实体形式展示罗马国家的强盛。公元3世纪以后，罗马国家开始极盛而衰，而罗马道路的建造也从这一时期开始放缓了步伐，直至其伴随着罗马国家的衰亡而最终走向废弃和湮没。因此，我们可以看出，罗马道路建造的兴衰历史，一定程度上就是罗马国家的兴衰历程。

---

① 两点说明：第一，这并不意味着罗马在除意大利或重要行省之外没有良好的道路建设；第二，这里所说的逊色只是从整体情况相对而言，并不排除特定个案。

② Mary Johnston, *Roman Life: Successor to Private Life of the Romans*, Chicago: Scott, Foresman and Company, 1957, p. 329. （奥略良城墙修造于公元271—275年间，主要是在奥利里亚努斯［Aurelianus］皇帝统治时期。）

③ 凯撒：《高卢战记》，任炳湘译，商务印书馆1979年版，第87页。

　　作为罗马政治统治晴雨表的道路的又一表现是它对所经地区居民的影响。在罗马的统治中心和统治成熟、牢固的地区，道路作为国家统治的象征，与当地居民的联系要广泛和密切得多，它给当地居民带来了政治上的荣誉和经济上的方便，也得到了当地民众的认同，使他们得到了一种国家归属感的体验。但是，边远地区道路在当地所起的统治作用却大为削弱，它们对当地民众的影响也远不如统治成熟的地区。在不列颠，笔直的罗马道路与蜿蜒盘旋的低地等高线形成了鲜明的对比，也显示了大自然对罗马军队技术力量的臣服，对罗马人来说，道路把这些被征服的地区与城镇和军事要塞相连接，增加了罗马对这里的征服和控制意义。但对不列颠当地居民来说，这些道路在他们眼中却完全是另一番景象，他们很少使用这些道路，这些道路的主要使用者是罗马的政府官员、商人和军队，与他们的关系不大。当地居民在这些道路上行走的时候，他们强调的却是这些道路把乡村与城市里的强制性的、经济性的和象征性的权力相联系，并通过城市与帝国权力相联系。因此，对罗马人来说，他们在道路方面强调的是对罗马的认同和权力；对当地居民来说，这些道路给他们带来的只是冷漠和无助，甚至是压迫。① 罗马人与当地居民对待罗马道路截然相反的态度鲜明地反映出罗马在这些边远地区的统治已达到极限，罗马势力到达这里已是强弩之末了。到图拉真"这位自朱利亚·恺撒和奥古斯都以来最伟大的皇帝"② 时，帝国的整个统治区域达到极点；而就在一二十年后的哈德良时代，帝国疆域就开始回缩了，他从亚述和美索不达米亚地区撤退，加强对危险边境的巩固。"哈德良从图拉真新征服的各行省的撤退，象征着自提比略抑制年轻的日耳曼尼库斯的好战热情以来，'帝国的极限'第一次在制度上得到了承认。"③ 他"采取的加强边疆防守、建设要塞、修筑城墙等一系列巩固和加强边防的措施，体现了当时罗马帝国的统治政策。至此，罗马长期扩张的历史，从基于防范而非出于进攻的战略为开端，到奉行闭关自守和自我防御的政策而告终结"。④ "纵贯于罗马领土的道路网

① David Petts, "Landscape and Culture Identity in Roman Britain", in Ray Laurence and Joanne Berry, *Cultural Identity in the Roman Empire*, London and New York, 1998, pp. 87 – 88.

② Dorothy Mills, M. A., *The Book of the Ancient Romans: An Introduction to the History and Civilization of Rome from the Traditional Date of the Founding of the City to its Fall in 476 A. D.* New York: G. P. Putnam's Sons, 1927, p. 392.

③ Clifford Ando, *Imperial Ideology and Provincial Loyalty in the Roman Empire*, Berkeley, Los Angeles and London: University of California Press, 2000, p. 330.

④ 腾尼·弗兰克:《罗马帝国主义》，宫秀华译，上海三联书店 2008 年版，第 346 页。

络不仅是罗马人杰出的成就，而且对后世产生了深远的影响。它使得罗马人建立并保持了欧洲历史上最为持久的帝国。……只有足够富裕和强大的国家才能无可挑战地延伸其如此广泛且深远的影响，才能实现如此的重任，才能建立并保养如此延绵的道路，才能为它提供适当的设施和必需的安全保障。当罗马帝国分裂成众多的独立国家后，它的道路体系也随之崩溃，因为中世纪没有一个国家有足够的金钱和强大的组织来保持它，罗马道路体系逐渐瓦解成道路碎片。当西班牙、法国和英国的马车痛苦地颠簸或陷入路中沼泽时，谁会想到 1500 年前，罗马的马车却可以在任何季节都舒适地驰骋在那光洁平整的罗马道路上。"[①] 伴随着蛮族的大规模入侵，罗马帝国再也无力维持它昔日的辉煌了。同样地，帝国境内的罗马大道在帝国鼎盛时代达到交通网络的最完美时期，伴随着帝国的日渐萎缩，罗马道路也一天天衰落，罗马帝国衰亡后，罗马道路网络也逐渐废弃，慢慢地，很多道路不是淹没在四轮马车或两轮马车的车辙下，而是被淹没在历史的车轮底下。

---

① Lionel Casson, *Travel in the Ancient World*, p. 163.

第十章　罗马道路与罗马经济

　　农业和畜牧业自古以来就是罗马的主要经济部门，在罗马经济生活中占据统治地位，就是到了共和国晚期，与农业相比，罗马的手工业仍然"显得变化小、进步不快"。① 这两个部门也受到统治阶级的极力推崇，这在那位"表现出罗马人的所有品格，热爱土地，工作勤劳，小心积蓄，过着保守的简朴生活，而其谈吐的才华又不下于一个激进派人士"② 的老伽图身上表现得最为明显。"当有人问他（伽图）家庭经济中什么最有利时，他回答说：'好好放牧。'当问他其次是什么时，他回答说：'较好地放牧。'当问他再其次是什么时，他回答说：'不好好地放牧'当问他再其次是什么时，他回答说：'耕种田地。'当有人问他：'贷款谋利怎么样？'这时伽图反问道：'杀人怎么样？'"③ 他在《农业志》中也开宗明义地写道："有时经商逐利，如不十分危险，那是很好的；贷款取利，如果非常公道时亦然。盗贼处罚两倍，贷款取利者四倍，我们的先人们持这种观点，并这样写在法律中。从而可以断定，他们认为贷款取利者是比盗贼坏得多的公民。他们称赞好人时这样称赞：'好农民'，'好庄稼人'。受到了这样称赞的，就被认为受到了最大的称赞。但我认为商人是勤奋和热衷于逐利的，然而如上所述，却是多冒风险和易遭灾难的。"④ 由此可以看出，伽图对贷款谋利和商业的评价都不高。西塞罗也有类似看法："首先那些会引起人们憎恶的收入是不值得称赞的，如收税人的收入，高利贷者的收入。……那些向商人购买货物又随即出卖的人也应该被认为是可鄙的，因为他们若不进行欺骗，便不可能有任何获利。……至于说到买卖，如果是小规模的，那也应该认为是可鄙的；如果是大规模的，货物丰

---

　① 杨共乐：《罗马社会经济研究》，北京师范大学出版社1998年版，第64页。

　② 威尔·杜兰：《世界文明史·凯撒与基督》，幼狮文化公司译，东方出版社1999年版，第143页。

　③ 西塞罗：《论义务》，王焕生译，中国政法大学出版社1999年版，第245—247页。

　④ 伽图：《农业志》，马香雪、王阁森译，商务印书馆1997年版，第2页。

富，从各处运来许多东西，又无欺骗地分给大家，这样的买卖完全不应该受谴责。……在一切可获得一定收入的事业中，没有什么比农业更美好、更有利，没有什么比农业更甜美，没有什么比农业更合适于人，没有什么比农业对自由人更合适。"①

农业和畜牧业占统治地位的状况到共和国后期得到了一定程度的变化，这一时期的商业也得到了很大的发展，"到公元前 1 世纪，地中海流域的商业和贸易重心已经开始从东方转移到意大利，而罗马和浦泰俄利则是当时意大利最为发达的商业和贸易中心"。② 到帝国时代，罗马商业就更发达了。人们对商业利益的态度也发生了巨大变化，这从镶嵌在庞贝城里的壁画铭文中也可以看出人们对赚钱的兴趣："你好，利益！" "获利是快乐！"③ 罗马道路的兴起和发展，对罗马商业的发展也起到了重要的推动作用。

第一节　道路与罗马商业

罗马道路建设的主要原因是出于军事目的，即为了军事扩张而建造道路或为了配合军事扩张而建造道路。尽管这样，但是一旦道路建成以后，在军事运送之余，特别是在和平时期，它在经济上的作用很快就体现出来了。笔直的道路把遥远的地区连接在一起，这一点直到近代都无法与之相比，因为不是每一个社会为了长途旅行都这样不停地使用道路。比如在不列颠，笔直的、有很强目的性的道路为长途交流提供了专门的保障，这与中世纪以及近代早期英国的地方道路和田间小道形成了鲜明的对比，显示出它更多的是为当地经济服务。④ 这是由道路本身的本质决定的，因此，道路的便捷有利于商业的发展。罗斯托夫采夫在总结罗马帝国商业时写道："水陆航运几乎完全保证安全无恙，高额关税业已取消，尤其是罗马大道纵横连属蔚为壮观，这一切都促使各省的商业达到空前未有的繁荣局面。而这一发展的本身又反过来有力地刺激了各城市内部商业的兴起，外省大多数城镇中那些提及零售商和店东的碑铭为数之多以及他们店铺遗迹

---

① 西塞罗：《论义务》，第 143—145 页。

② 杨共乐：《罗马社会经济研究》，第 83—84 页。

③ Jo-Ann Shelton, *As the Romans Did：Asource Book in Roman Social History*, p. 138.

④ John Boardman, Jasper Griffin, Oswyn Murray, ed., *The Oxford History of the Roman World*, Oxford：Oxford University Press, 2001, p. 394.

都正好表明了这一现象。"①

另一方面，军事原因也并不是道路建造的唯一原因，道路的扩张也有其他方面的原因，如加强对被征服地区的统治，经济方面的原因等，比如，出于加强对行省的控制，奥古斯都在高卢地区积极建造道路，把当地的城市与乡村和港口联系起来。② 哈德良皇帝为了促进安提诺波利斯城的商业繁荣，修建了从这里通往红海边的贝雷尼斯的大道。③ 在埃及，在著名的波尔皮里特斯山矿产区和克劳迪亚努斯山矿区，为了开采这里的石头，专门建造了波尔皮里特斯山道路和克劳迪亚努斯山道路，虽然这两条道路的建造也有一定军事目的，但就它们所起到的实际作用看，经济方面占有重要地位。④ 再比如在北非，有些道路，如奥古斯都修建的从阿马埃达拉（现在的海德拉）到塔卡佩（即加贝斯湾）的道路，就是为了划分当地的土地。⑤ "罗马和平"时代的罗马一派稳定繁荣景象，但在苏格兰地区，由于喀里多尼亚（Caledonian）部落要掳掠不列颠的富庶城镇，因此，罗马军队在安东尼乌斯·庇护统治时期，在苏格兰河的入海口（the Firths of Forth）与克莱德之间修造了新的防御工事和道路，不过这条道路使用的时间并不长，但其道路痕迹至今可见。⑥ 提比略皇帝时期在北非建造的埃利乌斯·拉米亚道路的最初目的也不是出于军事需要而在于它对当地的经济意义。⑦ 这些本身出于经济原因而建造的道路，在经济特别是商业方面的作用就更加明显了。

关于罗马早期的贸易情况，我们知道得很少，但可以肯定的是，很早就在罗马形成了一些集中的市场（fora，类似于我们今天的批发市场），特别是在每隔八天的市场日中，这些集中市场都要展示和销售自己的商品。重大节日也是给商人们带来利益的好日子。从很早的时候起，罗马台

---

① M. 罗斯托夫采夫：《罗马帝国社会经济史》，马雍、厉以宁译，商务印书馆1985年版，第237页。

② Gary K. Young, *Rome's Eastern Trade: International Commerce and Imperial Policy, 31 BC-AD 305*, London and New York: Routledge, 2001, p. 78.

③ Tenney Frank, *An Economic Survey of Ancient Rome: Volume II, Roman Egypt to the Reign of Diocletian*, Paterson and New Jersey: Pageant Books, Inc., 1959, p. 635.

④ 关于这里道路的建设情况，参见 Robert B. Jackson, *At Empire's Edge: Exploring Rome's Egyptian Frontier*, New Haven & London: Yale University Press, 2002, pp. 55 – 74.

⑤ David Cherry, *Frontier and Society in Roman North Africa*, Oxford: Clarendon Press, 1998, p. 36.

⑥ C. A. Burland, *Ancient Rome*, London: Hulton Educational Publications, 1958, p. 57.

⑦ R. G. Goodchild and J. B. Ward Perkins, "The Limes Tripolitanus in the Light of Recent Discoveries", *JRS*, Vol. 39 (1949), pp. 81 – 95.

伯河边就有牛市（Forum Boarium）、油与蔬菜批发市场（Forum Holitorium）、鱼类批发市场（Forum Piscarium）。[①] 在公元前 170 年，鱼类批发市场被费尔维乌斯（Fulvius）并入了肉类市场（Forum Macellum）。其他商品的市场大多集中在可能要追溯到王政时代的罗马市场（Forum Romanum）。批发市场每天都要交易，但是在集市日（nundinae）[②] 里会更频繁。近邻市镇都会把它们的赶集日安排得井井有条，以免同其他市镇相冲突。在每个市镇中都有官方日历表，在表中的每一个洞里都挂有一个铜牌，上面刻有近邻市镇的名字及其赶集的日期。商人们习惯于按照赶集日期从一个市镇赶往另一个市镇。[③] 随着道路的扩张，在道路所经过地区的城镇或道路的交叉汇集地，市场也随之兴起，有些市场甚至就是以道路的名字来命名的，如在一条被称为昆塔纳（via Quintana）的道路上，就建立有正式的昆塔纳市场。[④]

便捷的道路能为商业的发展提供良好的条件，这也成为罗马人在选择他们田产时的一个重要标准。伽图评价"好的田产"时，其中一个重要标准就是道路："如果有可能，（田庄）要地处山脚下，向南，环境有益卫生，[那里]要工人多，而且要靠海，靠可以行船的河流，有良好的水域或繁华的城市，有良好的往来人多的道路。"[⑤] 罗马帝国最富裕的城市，通常也是罗马世界中最大的财主们所居住的城市，都是那些商业最发达的城市，它们或位于距海不远的重要商道上，或是内河航运四通八达的中心地。[⑥] 在便捷的道路上，商人可以通行帝国各地，人们的很多东西也通过良好的道路获得。"有一位叙利亚商人被葬在不列颠的约克，他一定是死在商路上的。曾有罗马使臣到达中国，商人们在那里做香料和丝绸生意。从罗马到荒漠边缘之地，到处都是罗马帝国大道。商队穿过荒漠，翻越崇山峻岭，他们来到了另一个帝国，沿着新的道路来到中国汉帝国的各大城市。另一些商路穿过荒漠来到波斯到达俾路支（Baluch-

---

① 据李维记载，这个鱼类批发市场在公元前 210 年被烧毁。（Livy, *From the Founding of the City*, Cambridge, MA: Harvard University Press, 1976, 26, 27, 3.）

② 罗马历以八天为一周，第九天举行集市。

③ Tenney Frank, *An Economic Survey of Ancient Rome: Volume I Rome and Italy of the Republic*, Paterson and New Jersey: Pageant Books, Inc., 1959, pp. 200 – 201.

④ 苏维托尼乌斯：《罗马十二帝王传》，张竹明、王乃新、蒋平等译，商务印书馆 2000 年版，第 239 页。

⑤ 伽图：《农业志》，商务印书馆 1997 年版，第 2—3 页。

⑥ M. 罗斯托夫采夫：《罗马帝国社会经济史》，马雍、厉以宁译，商务印书馆 1985 年版，第 251 页。

istan）和印度①。从阿拉伯湾和印度出发，一些商船航海到达盛产香料的印度尼西亚诸岛。除了中国和印度，在罗马帝国之外是没有道路的，只有人行小道和牛车小路通往日耳曼森林，再往东，大草原上的骑马者不需要大道。"②

随着罗马统治的扩张，到帝国时代，从罗马到荒漠边缘之地，罗马大道四通八达。军事扩张也给商人们带来了巨大的商机。富裕的人开始从事大规模的商品运输。罗马商人旅行于罗马各个行省，把货物从罗马运往不列颠和叙利亚，从不列颠运往希腊和埃及，从西班牙和北非运往罗马。更富冒险精神的商人则走出了罗马帝国的边界，深入到更僻远的地区，比如在斯堪的纳维亚就发现了意大利生产的商品，③ 还有很多商人与印度和中国建立了商业联系。④ 无论罗马军团走到哪里，罗马商人总是尾随而至，由这些军团修建的宏伟的罗马大道用于快速的贸易物资和商业供应的数量与军事运送和军需供应运送的数量不相上下。难怪西塞罗踌躇满志地说："先生们：我充满信心地这样说，我没有草率讲话。高卢挤满了商人和罗马公民，在高卢，没有一个行业没有罗马公民卷入，在高卢，没有一个铜板逃离了罗马公民的账簿册。"⑤ 这些商人奔波于各条大道上，"我们知道有一位叙利亚商人被葬在不列颠的约克，他一定是死在商路上的。"⑥ 没有便捷的道路交通网络，罗马商人要如此无孔不入，无远弗届是很难想象的。

在罗马的商业贸易□，商人们的陆上主要运输方式通常是通过骆驼和驴子进行，尽管在上埃及发现了有关私人公司用马车从事运输的税收记录，一些大地产者也利用马车为农场从事各种各样的工作，但马车在运输中却用得很少。在埃及，商人们的运输主要走商队路线，比如从科普托斯到迈俄斯霍尔莫斯或者贝雷尼斯，从奥克西里库斯或索克诺帕·内苏斯

---

① 维吉尔在《埃涅阿斯纪》中提到"东方日出之国"（the people of the Dawn）（中译本译为"东方日出诸国"［维吉尔：《埃涅阿斯纪》，杨周翰译，人民文学出版社 1984 年版，第 217 页]），有学者认为，这里的"the people of the Dawn"就是指印度。（C. R. Whittaker, *Rome and Its Frontiers: the Dynamics of Empire*, p. 144.）

② C. A. Burland, *Ancient Rome*, London: Hulton Educational Publications, 1958, pp. 56 - 57.

③ Jo-Ann Shelton, *As the Romans Did: Asource Book in Roman Social History*, p. 139.

④ 关于罗马东方的商业贸易，可参见让-诺埃尔·罗伯特《从罗马到中国——恺撒大帝时代的丝绸之路》，马军、宋敏生译，广西师范大学出版社 2005 年版。

⑤ Jo-Ann Shelton, *As the Romans Did: Asource Book in Roman Social History*, p. 139.

⑥ C. A. Burland, *Ancient Rome*, p. 56.

(Socnopaei Nesus) 到小绿洲 (Little Oasis)，从西埃纳 (Syene) 或者埃里芬丁 (Elephantine) 到大绿洲 (Great Oasis)，从佩卢西乌姆红海边的阿尔西诺，并从佩卢西乌姆到巴勒斯坦的格拉 (Gerrha)。当哈德良建造了从安提诺波利斯城到贝雷尼斯的大道后，这条大道可能使用了一段时间。法乌姆 (Fayum) 的海关登记表有大量的贸易经过各地驿站，很可能它们中的大部分是由私人的驴子和骆驼进行运输的。在不太平的日子里，他们必须组织一支沙漠护卫队来保护商队的安全，税收也必须要支付。从科普托斯到迈俄斯·霍尔莫尔的道路很可能是由国家控制，也有为旅行者提供的必需通道，在这条大道上从事运输的商人必须接受政府的某种形式的监督，很可能是通过出租特许证的方式进行的。一头骆驼的收益一般在每天 1—4 德拉马克，从小绿洲到索克诺帕·内苏斯（大约为250 公里，一个来回需要 18 天）每塔兰特①货物的运费大约是 7.5 德拉马克。②

道路交通的便捷为商人们提供了方便，但同时也成为盗贼觊觎的目标，道路可能会变得不安全，这就需要军队对商人的保护。事实上，罗马各行省驻军的一个重要任务也是要保护商人们的利益和生命安全。恺撒在高卢征服时，曾派遣其部下塞维乌斯·盖尔巴讨伐阿尔卑斯山的部落，"原因是想打通商人需要冒很大的危险和缴纳很重的捐税才能通过的阿尔卑斯山道路。"③ 军队对道路的保护为商人的安全出行提供了保障。

商业的发达给罗马带来了品种繁多的商品。共和国时代的意大利贸易总的来说具有入多出少的特点。共和末年，意大利从外省输入的商品极为丰富，其中主要有：从高卢和西班牙输进的金、银、铅等金属原料；从西西里、撒丁尼亚和阿非利加输入的粮食，从阿拉伯运来的香料、乳香和没药；从希腊各地运来的葡萄酒和从非洲输入的野兽和象牙等。富裕的罗马人还热心购买小亚细亚、腓尼基、叙利亚各城市和埃及亚历山大里亚所制造的精细织物、地毯和玻璃器皿。有人甚至还特意派人到希腊购买艺术品。除此以外，当时的奴隶贸易也比较发达。意大利的出口商品很少，只有几个地区生产的产品（如伊特拉斯坎的金属产品，坎佩尼亚的青铜器、铁器和陶器，波河流域的木材和羊毛）才在意大利以外的行省占有一定

---

① 塔兰特 (Talentum)，希腊重量单位，一塔兰特大约在 20—40 公斤。
② Tenney Frank, *An Economic Survey of Ancient Rome*: Volume Ⅱ, *Roman Egypt to the Reign of Diocletian*, Paterson and New Jersey: Pageant Books, Inc., 1959, p. 403.
③ 凯撒：《高卢战记》，任炳湘译，商务印书馆 1979 年版，第 63 页。

的市场。① 到帝国时代，特别是帝国初期，罗马国家进入和平繁荣的时期，商业贸易更加繁荣发达，几乎世界各地商品都在罗马版图内流通交换。面对这些来自世界各地琳琅满目的商品，罗马人欢快心情无以言表。2 世纪的一位希腊修辞学家埃里乌斯·阿里斯提德斯在他的《罗马颂》(*In Praise of Rome*) 中是这样描述罗马城的：

　　罗马人啊，大陆横卧地中海周围，
　　从那里，货物供给源源不断，
　　所有一切都从所有大陆和海洋运给你们，
　　各季节的、各国家的、各河各湖的、希腊和外国人的手工艺品。
　　结果，谁要想看到所有这些货物，
　　那么，他要么去旅行整个世界以便获取它们，要么就生活在这个城市。
　　这里不仅有所有人生产的一切，而且数量庞大，
　　每一季节，每一收获后，
　　众多的船只从四面八方运送货物来此。
　　这座城市犹如世界的公共市场，
　　如果你愿意，你可以看到众多来自印度和阿拉伯湾的货物。
　　你可以想象那些地方的树已光光，如果他们需要什么，他们可以到罗马来，
　　衣物来自巴比伦，装饰品来自外域，数量庞大，
　　货物运送之容易，比从纳克索斯岛 (Naxos) 或塞斯诺斯 (Cythnos) 到雅典方便多了；
　　埃及、西西里和利比亚的可种植之地是你的农场；
　　往来船只熙熙攘攘，
　　供船只航行的海上空间巨大，停泊港口却又稀少——实在令人惊奇。②

在罗马各行省，商业贸易同样非常活跃。西班牙是罗马非常重要的一个行省，物产丰富，它在每一方面的供给都十分充足，不仅能为本行省居

---

① 杨共乐：《罗马社会经济研究》，北京师范大学出版社 1998 年版，第 85 页。
② Jo-Ann Shelton, *As the Romans Did: A Source Book in Roman Social History*, pp. 139 – 140.

民提供充足的保障，而且还能为意大利和罗马城居民提供保障。西班牙出口的商品物类很多，包括牲畜、蔬菜，矿产的几乎每一种商品要么是作为原材料出口，要么是作为制成品出口。在西班牙的很多地区，羊毛、亚麻是常规的出口贸易商品，亚麻制品（萨埃塔比斯的纸巾）在罗马很流行；塞塔比斯谷地主要出口油类，马拉卡地区的主要出口贸易商品是鱼酱。巴埃提卡被普遍认为是"极其肥沃之地"，富产各种产品，而且，通过出口它的剩余产品，其价值会倍增。在图尔德塔尼亚（Turdetania），不但大量的谷物从这里出口，而且橄榄油、酒类、果物、鱼类和其他食品都有大量出口。①

　　西班牙对罗马的大量出口，令人印象最为深刻的证据就在特斯塔乔山（Monte Testaccio），这是一座高 150 英尺的壶罐碎片废墟小山。虽然这座小丘上不是所有的壶罐碎片都来自西班牙，甚至有人否认它的大部分都不是来自西班牙，但是，不断出现在碎片上的阿斯提吉（Astigi）、科尔杜巴（Corduba）、伊斯巴利斯·伊塔利加（Hispalis Italica）、马拉卡、萨贡托、港口（Portus，可能是指加的塔努斯港 [Portus Gaditanus]，即加的斯 [Gades]）等这些名字一定是来自西班牙，上面的 fisci rationis patrimoniae provinciae Baeticae（有少部分来自塔拉科）也是很好的证明。关于壶罐里装的货物，有学者推测，可能包括橄榄油、谷物和腌制的鱼；也有人认为西班牙出口商能出口的货物都可能包含在这里面。②

　　在西班牙的进口商品方面，没有留下什么直接的记录。有一份奉献给伊西斯女神献祭品的清单主要列有珍珠、翡翠、钻石、宝石、红水晶、青玉，还有一份清单上列有翡翠，在珍珠上还有经销商的名字，这些商品中，毫无疑问有些是进口的。在阿齐（Acci）和塔拉科还发现了象牙装饰品。即使是本地工业发展到足以满足日常需求之后，质量较高的玻璃制品也有进口。③ 铜制品也在一些地方发现，包括一组"明显是从希腊进口"的铜制品。为了提高产品质量，西班牙还从法国和非洲带回酒、绵羊和公羊、开心果、樱桃等。意大利的酒从北部和南部（塔拉哥和阿斯提吉）输入西班牙各城市。在饥荒岁月里，谷物从阿奎塔尼亚进口。在西班牙的罗马道路上，发现有两个双耳瓶，其中一个是在从卢古杜鲁姆（即里昂）

---

① Tenney Frank, *An Economic Survey of Ancient Rome: Volume III*, *Roman Britain*, *Roman Spain*, *Roman Sicily*, *La Gaule Romanine*, Paterson and New Jersey: Pageant Books, Inc., 1959, p. 141.

② Ibid., 1959, p. 184.

③ 关于西班牙的玻璃，参见 Pliny, *Natury History*, 36, 194.

到阿斯提吉的路上发现的，另一个是在从罗德斯岛（Rhodes）走向科尔杜巴的路上发现的，它们一定是用来装载进出口商品的。希腊人和非洲人的大理石进口到西班牙，至少有一只标有意大利的船只已经得以证实。来自拉丁姆、坎帕尼亚、木提纳、非洲的台灯，以及来自格劳芬斯克（Graufesenque）、莱祖克斯（Lezoux）、蒙坦斯（Montans）和巴纳萨克（Banassac）的黑色陶器都为它们上面的印章所证实；在安普里亚斯（Ampurias）的遗址中，发现了80多件陶器；同样的陶器还在普特沃里和奥贾（El Aouja）发现，它们和来自阿特乌斯（Cn. Ateius）的数量更多的陶器一起，构成了西班牙完整的陶器资料。① 从这陶器资料和其他考古材料中可以看出，西班牙行省的商业贸易是很发达的，而且这些商业都是与罗马道路密切相关的。

在道路运输中，关税是罗马收入的又一来源。罗马的关税站主要设置在各行省的边境上，特别是那些有重要大道穿过的边境站。尽管我们对道路上的关税税率和关税收入总额并不清楚，但它对罗马经济的重要性并不能因此而低估。在小亚细亚地区，当地税收的三个主要来源是什一税、关税和放牧税，而关税的收入仅次于什一税。② 在科普托斯发现一张公元90年制定的关税表，它证实了在科普托斯与贝雷尼切之间的沙漠通道上商业往来很频繁。这条道路沿途还设有屯戍驿站，由埃及税务官（Arabarches）和贝雷尼切山区行政长官对这一地区的商旅加以保护。③ 它记载了从红海到这里的商路上，经过该关税站的人所应缴纳的税额：比如前往红海的舵手交8德拉马克、商船巡视员10德拉马克，水手5德拉马克，修船奴5德拉马克，艺术家8德拉马克，妓女108德拉马克，坐船来的妇女20德拉马克，士兵的妻子20德拉马克，有篷的马车4德拉马克，桅杆20德拉马克，有角动物4德拉马克，等等。④ 从这张表中不难看出，这里是红海贸易的一个税收中心。在非洲，恩加乌斯—西提非斯道路是从小西尔提斯通向毛里塔尼亚前线的主要干道，在这条路上的萨拉伊也有一张关税表，它记录了沿此路货物的流通量，时间是202年。它提到的货物包括海

---

① Tenney Frank, *An Economic Survey of Ancient Rome*: Volume Ⅲ, *Roman Britain*, *Roman Spain*, *Roman Sicily*, *La Gaule Romanine*, pp. 185 – 186.

② Tenney Frank, *An Economic Survey of Ancient Rome*, Vol. Ⅳ, p. 565.

③ M. 罗斯托夫采夫:《罗马帝国社会经济史》，马雍、厉以宁译，商务印书馆1985年版，第225页。

④ Gary K. Young, *Rome's Eastern Trade*: *International Commerce and Imperial Policy*, *31 BC-AD 305*, London and New York, Routledge, 2001, pp. 49 – 50.

绵、鱼汁、羊毛制品、枣椰子、奴隶、树脂、沥青、牲畜、皮革制品、酒类、干无花果等，而且我们还不清楚这些记录是否完整。[①] 在非洲，还曾用道路关税（vectigal rotarium）修建过一条道路。[②] 尽管在帝国境内有关税站，这对商人来说并不利，但是，正如罗斯托夫采夫所指出的那样："帝国内部贸易的唯一障碍是每个行省边境上所设的关税，这些关税并不很高。"[③] 因此，这些并不高的关税，不仅不会严重阻碍商人们的贸易活动，反而会给帝国带来巨大的收益，从而成为国家财政的重要来源之一。

这里我们必须指出的是，在大宗商品贸易中，陆上运输的成本要比海上运输高得多，比河运费用也要高。在陆上运输中，一个牛队每天不会超过 18 公里的行程，而且对于橄榄油磨坊来说，每 25 英里还要加上 16%的运输成本。[④] 据估算，海运、水运和陆上运输的比例是 1:4.9:28，也就是说，陆上运输费用是海上运输费用的 28 倍。[⑤] 因此，虽然罗马拥有令人惊叹的交通网，然而，问题和困难也同样存在：每一个行省里都兴起了无数的新城市，其中有些离海很远，离水运干线很远，甚至离主要道路都很远。这些城市尽力修筑区间道路，使它的辖区同主要道路、同河流、同海洋联系起来。但这是一个很缓慢的过程，修筑和修补道路需要花费大量的金钱。这些区间道路的修建费和养路费完全由城市自己负担。而且，即使修建了很好的道路也并没有解决问题。陆上运输比起海运和河运花费大得多。因此，要从陆上运输大量粮食不是那些较小较穷的城市所负担得起的。因此，购粮官（σιτ ώνη ς）的职位成为市政长官宦途中最艰险的历程之一。[⑥] 因此，对于大宗货物（如粮食等）的运输往往采用水上运输（包括海运和运河运输）更合算，"沿海的许多工商业城市宁愿从海道获取谷物，而不愿花费大笔的运输费从陆道得到谷物"。[⑦] 公元 2 世纪时，一位亚历山大里亚的商人在罗马给他在埃及的兄弟写信说："我很好。来信是要让你知道我在埃裴夫（Epeiph）6 日（即 6 月 30 日）抵岸并在同月的 18 日卸下了货物。同月 29 日（6 月 19 日），我（从台伯河口）来到

---

① Raymond Chevallier, *Roman Roads*, p. 153.

② Theodor Mommsen, *A History of Rome under the Emperors*, p. 252.

③ M. 罗斯托夫采夫：《罗马帝国社会经济史》，第 84 页。

④ Tenney Frank, *An Economic Survey of Ancient Rome: Volume I Rome and Italy of the Republic*, p. 201.

⑤ Benjamin Isaac, *The Near East under Roman Rule*, p. 417.

⑥ M. 罗斯托夫采夫：《罗马帝国社会经济史》，马雍、厉以宁译，商务印书馆 1985 年版，第 213 页。

⑦ 同上书，第 105 页。

了罗马……我们每天都在盼望我们的出海通知单（sailing papers），到今天为止我们都还没找到拉谷物的租船人。记得代我向你妻子和其他人问好。"文中提到的海上运输队有足够多的船只，每年从埃及运往罗马的小麦达 135000 吨。从埃及输入小麦，从西班牙进口橄榄油，从法国运进酒类，从雅典拉来经过雕刻的石棺——所有这些及其他产品运输由海上商人们穿梭于地中海，其规模之大，在 18 世纪前的欧洲是前所未有的。商人们也使用陆上道路，但规模要小得多，因为陆上运输是用驴子或牛车，这些方式既慢且费用昂贵。修建道路的首要目的是为了政府，通常原则下，政府官员是道路的主要使用者。①

尽管如此，陆上贸易在罗马商业和罗马社会生活中仍然占有重要地位，因为对于很多内陆地区，货物运送只有依靠陆上道路进行。只是到 3 世纪危机后，由于对道路维修的忽视，才使得陆上贸易遭到不时的中断。②

第二节　道路与罗马城市

罗马高度发达的道路网络不仅促进了商业的发展，而且还促进了城市的兴起与发展，加速了罗马国家的城市化进程。在罗马，道路的扩张几乎完全取决于军事需要，很少考虑到所经地区的地方利益和经济得失，因此，在道路建造之初，罗马道路所经过的地区不一定必须与当地城镇相连。然而，正是由于这些道路的建造，驿站和当地市场的建立，以及尾随军队而至的罗马商人，沿道路兴起了不少城镇。"公元前 1 世纪后期到公元 1 世纪前期的小城镇的发展进程更是深受帝国道路和驿站的影响。"③道路吸引人们蜂拥而来的原因很多，如观光旅行、出于对道路的好奇、新消息或事物的吸引、获取新观念或新信息、为赶时髦、为了各种各样货物，等等，④ 正因为这样，散布在道路周围的许多人口中心很快发展成为城市。事实上，古老的罗马城就是这样起源的，它产生于萨拉里亚道路

①　Lionel Casson, *Everyday Life in Ancient Rome*, p. 109.

②　R. F. Arragon, *The Transition from the Ancient to the Medieval World*, New York: Henry Holt and Company, 1936, p. 43.

③　Barry C. Burnham and John Wacher, *The Small Towns of Roman Britain*, Berkeley and Los Angeles: University of California Press, 1990, p. 12.

④　Raymond Chevallier, *Roman Roads*, p. 116.

（尽管此时它还不是标准的罗马大道），此路是一条从台伯河口通往亚平宁腹地的很古老的"盐路"。①

　　道路对罗马边境地区的城市兴起具有特别意义。在边境地区，一方面，由于这些地方的重心是军队和军事防御，因此驻扎着大量军团，而这些军团对于各种物资供给又有大量需求；另一方面，由于这些地区不是国家的政治、经济中心，因此政府对它们其他方面的控制相对薄弱，这就为当地居民及商人们自发地向军队提供供给和进行贸易提供了方便。在长期的交往中，沿着军事大道及沿途的军事要塞兴起了各种各样的经济中心，这些经济中心作为帝国军事占领的副产品而发展成为城市。这些城市与那些通过国家政策扶持的、作为国家政治、经济中心的城市迥然不同，后者主要是通过强制的奴隶劳动、战利品、政府不平等的税收政策等而建立或兴起的，而前者则根本享受不到这些优惠政策，它们主要是为满足边境地区的经济需要而自发产生的。正因为如此，这些边境地区的城市受到政府的约束也要小得多。② 罗马道路在这些边境地区的城市兴起过程中扮演着重要角色，如果没有方便快捷的道路交通网络，当地居民及商人们的货物运输及交换必然受到严重制约。事实上，这些地区的贸易中心主要就集中在军事大道上，或者位于作为交通网络中心点的军事要塞上，因此，在一定程度上可以说，正是边境地区的罗马道路促进了边境城市的兴起。

　　随着城市数量的增多，罗马的城市化进程也得到了发展，特别是到了帝国时代，罗马皇帝有意识地推行城市化政策。根据罗斯托夫采夫的意见，"所谓都会化运动就是指原先的部落、村庄、祠庙等发展成为新型都市而言。……毫无疑问，各行省之都会化始于奥古斯都，而在克劳狄统治时代有迅速的进展"。③ 到哈德良皇帝时代，罗马在行省的城市化运动达到最高峰。④ 奥古斯都在"分而治之，因地制宜"的总原则指导下，在政治、经济、宗教、文化等方面推行了一系列行之有效的方法来推进他的城市化政策，并取得了显著成效，仅就意大利而言，奥古斯都时代罗马国家已在原有的托斯卡尼地区的 12 座城市和拉丁姆地区的 30 座城市的基础上，又在意大利半岛建立了 300 座城市，在意大利北部建立了 380 座城市。⑤

---

①　Romolo Augusto Staccioli, *The Roads of Romans*, p. 7.

②　Steven K. Drummond and Lynn H. Nelson, *The Western Frontiers of Imperial Rome*, pp. 144 – 147.

③　M. 罗斯托夫采夫：《罗马帝国社会经济史》，第 127 页。

④　同上书，第 497 页。

⑤　杨俊明、杨真：《奥古斯都时期古罗马城市化》，《湖南科技大学学报》2006 年第 5 期。

再比如，在非洲，奥古斯都统治之初，罗马在阿非利加行省及附近地区总共有516个区，城市数目仅为51个，没有市镇的区就达463个，大多数地区都只是处于半游牧部落状态。① 罗马军队对这些地区的占领以及大量移民的到来，促进了以罗马军营为中心的城市发展，四通八达的道路更加速了这些军营向城市的转化，从而促进了这些地区的城市化进程。在帝国的西部和北部地区，罗马人通过自己的方式在这里建造城市，以罗马生活方式进行开发，从而使得这里没有一个地区不留下罗马强大统治的标记。② 的黎波尼塔尼亚地区曾是很落后的地区，但罗马人在这里建立了三个著名的城市，其中的勒普契斯还成了"一个皇帝的理想城市"，"这三个城市彼此之间以及与外界联系的罗马道路网也被发现探索出来了"。③ 到帝国后期，非洲的城市数量更是大大增加，在这里的主教区就有650多座城市。④ 这些数目庞大的城市虽然是各种因素相互作用的结果，但毫无疑问，它们的兴盛也与罗马道路的功绩是分不开的。由于罗马道路建造而加快城市化进程的地区还有很多，"差不多上文所提到的所有的阿非利加城市以及不列颠、西班牙、高卢、日耳曼尼亚、阿尔卑斯山区和多瑙河流域诸行省、色雷斯、马其顿、希腊、小亚细亚、叙利亚、埃及等地的许多城市都属这类"。⑤ 但是，我们也不能机械地理解为只要道路到达哪里，哪里的城市化进程就能一蹴而就地实现了。必须指出的是，城市化进程是一个漫长曲折的过程，它要受多种因素的影响，而且地区差异也很大，不能一概而论，甚至就连伊特拉斯坎这样的地区，伴随"罗马和平"的到来，也只是"加速了它的进程"而已，早期帝国对这里的城市化影响只是在原有基础之上的一种"强化"，而不是"根本改变"。⑥ 因此，一方面要看到道路在被征服地区的城市化进程中的作用；另一方面又不能非此即彼地走向另一个极端，而且到了晚期帝国时代，随着罗马社会的衰落，很多地方的城市也随之衰落下去。

有学者指出，罗马帝国前期的统治可以从三个角度来看待：第一，从

① M. 罗斯托夫采夫：《罗马帝国社会经济史》，第453页。

② Dorothy Mills, M. A., *The Book of the Ancient Romans: An Introduction to the History and Civilization of Rome from the Traditional Date of the Founding of the City to Its Fall in 476 A. D.*, pp. 425 – 426.

③ M. 罗斯托夫采夫：《罗马帝国社会经济史》，第475页。

④ 杨共乐：《罗马社会经济研究》，第100页。

⑤ M. 罗斯托夫采夫：《罗马帝国社会经济史》，第204—207页。

⑥ Peter Garnsey, *Cities, Peasants and Food in Classical Antiquity: Essays in Social and Economic History*, Cambridge University Press, 1998, p. 116.

政治与行政的角度看，毫无疑问，罗马和意大利处于特权中心，而行省则处于权力的边缘；第二，从流通和交换的角度看，其标志则是以道路和水路为轴心的发展，特别系统规划和定期保养的道路网络，政府官员、旅行者、商人和军队在上面穿梭往来；第三，从地方角度看，城市及其周边地带是社会的空间细胞。① 在这三个角度中，除第一个纯政治的角度外，在其余的两个视角中，罗马道路都占有十分重要的地位，尤其是第二个角度中，罗马道路就是它的核心之一。由此我们可以看出，罗马道路对罗马社会的重要影响，特别是它对罗马经济发展的巨大促进作用。

① Mireille Corbier, "City, Territory and Taxation", in John Rich and Andrew Wallace-Ha-drill, eds. *City and Country in the Ancient World*, London and New York: Routledge, 1993, p. 211.

第十一章 罗马军事与罗马道路

在罗马的观念中，领土世界（Orbis terrarium）就是他们的罗马世界（Orbis Romanus），他们要征服他们所知的整个世界。罗马人的观念用他们亦路亦界的"边界"（limes）来划分。伴随着领土范围扩张的加剧，罗马人的边界也随之不断延伸，limes 的含义也不断地变化。但是，任何庞大帝国的扩张都不可能是永无止境的，随着罗马扩张走向极限，帝国的统治也走向了极限而最终只能把它的范围局限于其"边界"之内，直至"边界"被蛮族冲破而把帝国分裂成众多的蛮族王国。

第一节 罗马人的军事扩张与世界帝国理想

罗马人最初在拉丁姆地区的时候，他们面对四周非常强大的各部落，随时可能面临周边部落对他们的吞并危险，事实上，他们受到周边部落的入侵和统治也是家常便饭。因此，最初罗马人的首先任务是保全自己，生存下去，他们这时候还来不及构想其所谓的帝国，对"世界"的奢望更是遥不可及。

自罗马人建城以后，他们的首要任务是要保卫罗马城，保卫罗马城的疆界不被周边民族侵犯。因此，"对他们而言，（罗马）空间也是以城市为中心的"。① 罗马最早的戒镇是所谓的方形罗马（Roma Quadrata），位于帕拉丁山上，沿着山脚形成不规则的梯形。城界是由罗慕路斯确定的："设置有青铜像的牛场是作为城界的犁沟的起点，② 这道犁沟把赫尔

---

① 唐纳德·R. 凯利：《多面的历史》，陈恒、宋立宏译，上海三联书店 2003 年版，第 88 页。
② 瓦罗在《论拉丁语》中说："许多人按照埃特路里亚的仪节建立拉提乌姆的城市。他们用牛、公牛、母牛联成一组沿着城域内部犁一圈沟（由于宗教方面的原因他们在选定吉日做这件事），这样他们就可以用一道沟和一道墙来保卫自己。他们把犁出了土的地方称为沟（fossa），而把抛到里面的二称为墙（murus）。"（Varro, *On the Latin Language*, Ⅴ, 143.）

克里土的大祭坛包括在境界之内了。从那一地点开始沿着帕拉提努斯山的山麓，每隔一定距离便设立一个界石，直到康苏斯的祭坛，从那里经过库里亚老会堂，家神庙而到罗马广场。人们认为广场和卡披托里乌姆神殿不是被罗慕路斯，而是被提图斯·塔提乌斯并入城界之内的。后来城界便由于国运的兴隆而日益扩大；现在由克劳狄乌斯所规定的城界已很容易确定，而且已正式记载在官报里面了。"①

现代学术界一般认为罗马城的疆界是由第二位国王努玛·波皮利乌斯确立的，并由疆界神特米努斯（Terminus）进行捍卫，神圣的特米里亚节则生动地展现了罗马人对于边界的独特观点，以及他们的防守和扩张。努玛颁布法令规定，任何破坏和移动奉献给疆界神的石头的人，都被认为是对神祇奉献的蔑视，因此，如果愿意，任何人都可以以不可赦免的亵渎神灵罪杀死他，从而不致自己遭致犯罪的污点。他建立这一法律不仅是为保护私人财产，而且也是为保护那些公共财产。他还用边界石头来进行划分，因此，边界神还把罗马领土与他们的邻国领地相区分，以及把罗马领地与私人土地相区分。特米里亚节作为一种纯宗教形式，一直延续了下来。② 该神最初的地位并不高，其祭祀的地方位于山洞，用血、火灰及其他牺牲品进行祭祀。后来由于年复一年在 2 月 23 日对它奉献牺牲和进行崇拜，其权力和地位得到了加强。③ 但无论如何，该神在早期罗马诸神中，地位并不突出。④

随着罗马国家的建立和版图的增加，原来与罗马城界外延相当的"边界"，逐渐地失去了作为最初城镇边界范围的意义，演变成罗马国家的边界，成为罗马国家边界在地理和版图上的外在实体标志。

据说当罗马修建朱庇特神庙的时候，在所有地位较低的众神中护界神特米努斯拒绝让位给朱庇特。不管这一传说是不是后来的附会，但它显示了特米努斯神的牢固地位。⑤ 该神也成为罗马国家永不衰落和永远年轻的

① 塔西佗：《编年史》，第 368 页。
② Dionysius of Halicarnassus, *The Roman Antiquities*, Cambridge, MA: Harvard University Press, 1937, II, 74.
③ Ovid, *Fasti*, Book II, February 23. (http://www.poetryintranslation.com/PITBR/Latin/OvidFastiBkTwo.htm#_Toc69367696)
④ 神特米努斯神不仅是罗马人边界的保护神，也是罗马的家庭保护神。参见 H. H. Scullard, *Festivals and ceremonies of the Roman Republic*, London: Cornell University Press, 1981, pp. 17 – 18.
⑤ Livy, *From the Founding of the City*, I, 55; Varro, *On the Latin Language*, L. L. v. 74.

象征。① 于是后人便以此为依据，并从他的这种固执态度中得出推论，更被占卜官加以利用，认为这是一种无可怀疑的征兆，表明罗马国家的边界将绝无可能后退。这一预言的提出，正像通常出现的情况一样，在相当长的时间中，都对它的实现起着极大的作用。②

如果说关于罗马最初的世界帝国理想的设想在早期的罗马还仅仅停留于神话想象中的话，那么到罗马版图急剧扩大后，这种想象不仅可以成为现实，而且显得十分必要了。特别是到奥古斯都开创"罗马和平"后，罗马的世界帝国理想更是随之膨胀，而在这之中起急先锋作用的就是当时为之摇旗呐喊的文人们。他们在为罗马世界帝国理想的编织过程中，往往要把这一理想推移到罗马建城之前，其中，最著名的就是维吉尔。维吉尔在《埃涅阿斯纪》中"塑造"了罗马世界帝国的理想。埃涅阿斯在游历冥界时，他的父亲安奇塞斯在对比了希腊人和罗马人的差别时就明确指出："这里还有其他一些人（即希腊人），我相信有的将铸造出充满生机的铜像，造得比我们高明，有的将用大理石雕出宛如真人的头像，有的在法庭上将比我们更加雄辩，有的将擅长用尺绘制出天体的运行图，并预言星宿的升降。但是，罗马人，你记住，你应当用你的权威统治万国，这将是你的专长，你应当确立和平的秩序，对臣服人要宽大，对傲慢的人，通过战争征服他们。"③ 他还借主神朱庇特之口说过名言："对他们［即罗马人］，我不施加任何空间或时间方面的限制，我已经给了他们无限的统治权。"④ 不管维吉尔是为了给奥古斯都唱赞歌，还是为了把罗马与希腊人"拉祖配"攀上关系，他都反映了这一时期罗马人的世界帝国理想。

对于这一理想，奥古斯都本人更是在他的《功德碑》（Res Gestae）中毫不掩饰，极度自豪地予以宣称："我在全世界的陆地和海域进行内外战争，作为胜者，我宽免了所有请求饶恕的公民。对那些可以被宽恕而无害的外族，我宁愿保护而不剪灭他们。""在我的凯旋式上，曾有九个王或王子被引领在我的战车前。""我们的祖先规定，每当在罗马人民的整个帝国内的陆地和海洋上以胜利开创了和平时，亚努斯·奎里努斯神庙应被关闭，尽管据史册记载，自建城以来到我出生前，该神庙共被关闭两

---

① Sir William Smith, *A Classical Dictionary of Greek and Roman Biography Mythology and Geography*, Revisd throughout and in part Rewritten by G. E. Marindin, London: John Murray, 1932, p. 928.

② 爱德华·吉本：《罗马帝国衰亡史》上册，第 24 页。

③ 维吉尔：《埃涅阿斯纪》，第 163 页。

④ 同上书，第 10 页。

次，在我任元首期间，元老院三次下令关闭该神庙。""来自印度国的特使——之前在任何罗马将领面前从未出现过——常被派到我处。巴斯塔奈人、西徐亚人、居于塔纳伊河两侧的萨尔马泰部族诸王、阿尔巴人之王以及希贝里人之王和米底人之王均通过使节寻求我们的友谊。"① 理论上讲，奥古斯都所说的"全世界"，只是指当时罗马人所知道的全部区域，但此时的罗马根本就没有统治它所知道的全世界，尽管如此，仍可以看出罗马人的所谓世界帝国理想。奥古斯都的这些话，不仅代表了他本人的理想，更代表了当时罗马人的思想。

这时候的罗马人事实上已经把奥古斯都视为全人类的统治者，因而奥古斯都本人也获得了无数关于他统治整个世界的赞誉。贺拉斯在其《抒情诗》（Odes）中，称奥古斯都为"人类保护者"，② 并把其养子德鲁苏斯、提比略的军事胜利都归于他的功劳。奥维德则在《罗马历书》（Fasti）中称奥古斯都的角色就是"人类之父和人类守卫者"。③ 公元 12—13 年，纳尔波（Narbo）城在建立奥古斯都的统治仪式时，规定在 1 月 7 日举行牺牲献祭仪式，因为这一天"奥古斯都已经宣布了他对整个世界的统治"。该城还计划在 9 月 23 日举行牺牲献祭仪式，因为"这一天，时代的福音已经给予奥古斯都作为世界的统治者"。④ 后来，皮萨城（Pisa）在其起草的关于盖乌斯·恺撒的诏令中，提到奥古斯都时很明确地说，奥古斯都是"整个罗马帝国的守卫者和全世界的保护者"⑤。

到奥古斯都时代，罗马人的世界帝国理想似乎已经实现了，他们似乎真正成为了整个世界的主宰。奥古斯都的继任者继续延续着奥古斯都开创的"世界帝国"，罗马帝国走向了真正的繁荣，特别是到"五贤帝"时代似乎其世界帝国梦想达到了极致。这也难怪阿庇安在其《罗马史》序言中难以抑制其洋溢之情："自从皇帝出现到现在将近二百多年了，在这二百多年中，罗马城已经大大地美化起来了，它的收入增加得很多，在长久和平与安定的时期中，一切都已经向持久的繁荣进展。一些国家被这些皇

① 这里采用的是张楠、张强先生的译文，参见张楠、张强《〈奥古斯都功德碑〉译注》，《古代文明》2007 年第 3 期。

② Victor Ehrenberg and A. H. M. Jones, *Documents Illustrating the Reigns of Augustus and Tiberius*, Oxford: Clarendon Press, 1955, No. 100.

③ Ovid, *Fasti* 1 - 2. （http://www.poetryintranslation.com/PITBR/Latin/OvidFastiBkTwo.htm#_Toc69367696）

④ Victor Ehrenberg and A. H. M. Jones, *Documents Illustrating the Reigns of Augustus and Tiberius*, No. 100.

⑤ Ibid., No. 69.

帝并入帝国之内，其他一些国家的暴动被镇压下去了。因为他们占有陆地上和海洋上最好的部分，他们的目的，就整体来说，是以谨慎的办法来保全他们的帝国，而不是想无限地扩充势力来统治贫穷而又无利可图的野蛮部落；我在罗马已经看见，这些部落中有些由它们的使节们自己申请愿做罗马的臣民，但是皇帝不愿接受他们，因为他们对他没有益处。对于其他许多不愿由本国政府来统治的国家，他们派去了国王。对于有些属国，他们所花费的多于他们从这些国家所取得的，因为他们认为纵或统治这些国家要花费许多金钱，但是放弃它们是不名誉的。他们用许多军队驻守在帝国四周，把整个陆地和海洋上一带，好像一个完整的要塞一样地驻防起来"。① 阿庇安热诚地赞颂罗马，并以一种完全不同的方式来解释罗马。"在他看来，罗马帝国主义已经达到了它的自然极限，影响蛮族王国政治的努力几乎超过了罗马力量的承受能力。但是，与其过度放纵相比，罗马皇帝已经是非常公正地使用他的军事把他的臣民与其他人类相分离。"②

罗马人的世界帝国理想和观念在罗马社会根深蒂固并一直延续，他们一直都认为自己的责任"更多地是要通过边界把原著民变成罗马人而不是要把自己的人民带到边界之外的荒野不毛之地"。③ 就是到公元 5 世纪，这一观念仍然在罗马人心目中认为是理所当然。公元 417 年 10 月，路提利乌斯·纳玛提亚努斯（Rutilius Namatianus）在离开罗马前往其故乡高卢时，他含着眼泪对这座城市进行了告别，以表达自己对离开它的罪过，他怀着赎罪的心情对它发出了赞美："您把各具特色的不同民族整合成一个单一的祖国：您使那些不知道法律的人获益匪浅，您通过您的征服影响和分享给被征服者一份您的法律从而驯服了他们；您一度把一个（罗马）城市变成了一个世界。"④ 罗马人的世界帝国观念持续到罗马帝国的灭亡时，他们才不得不面对罗马帝国分裂的事实。但即便如此，这一观念仍然保持在欧洲人的心目中，查士丁尼企图恢复罗马帝国的努力，"既非神圣、更非罗马"的神圣罗马帝国的出现，乃至希特勒的世界帝国之梦都可以在罗马人的世界帝国观念里找到其渊源。

---

① 阿庇安：《罗马史》，谢德风译，商务印书馆，1979 年，序言，7（第 13 页）。
② Clifford Ando, *Imperial Ideology and Provincial Loyalty in the Roman Empire*, p. 332.
③ Stephen L. Dyson, *The Creation of the Roman Frontier*, New Jersey: Princeton University Press, 1985, p. 5.
④ Alan Cameron, "Rutilius Namatianus, St. Augustine, and the Date of the *De Reditu*", *JRS* 57, No. 1/2 (1967), pp. 31 – 39.

第二节　罗马的军事扩张、道路的建造与边界的拓展

罗马人的扩张是从罗马城周围展开的，最初的扩张并没有后来世界帝国意识那么理想化，只是为了保存自己，不要被周边民族灭亡。[1] 但罗马人确实在遵守着"祖训"，极力对外扩张，这是不争的事实。

从王政时代开始，罗马的影响和区域在不断地扩大，它征服了周围的聚落。到共和国初年，罗马已经在政治上和军事上控制了拉丁姆地区的许多城市。从公元前 5 世纪初开始，罗马人先后战胜拉丁同盟中的一些城市和伊特拉斯坎人等近邻，特别是公元前 493 年罗马人与拉丁人的战争后，签订了拉丁同盟，使"罗马在公元前 5 世纪上半期遏制了来自周边聚落的进攻"。[2] 在此之后，经过长期的战争于公元前 396 年攻陷维伊城。公元前 338 年，拉丁同盟被解散后，罗马疆域得到了很大的扩展。

公元前 3 世纪开始，罗马人的主要战争开始转向意大利本土之外。通过三次布匿战争（公元前 264—前 241 年、前 218—前 201 年、前 149—前 146 年）夺取了地中海沿岸霸权；通过四次马其顿战争（公元前 215—前 204 年、前 200—前 197 年、前 171—前 168 年、前 150—前 148 年）征服了马其顿并控制了整个希腊。后来又通过叙利亚战争和外交手段，控制了西亚的部分地区，通过延续几百年的高卢战争控制高卢地区，并在东方继续向东扩张，直到受到强大的帕提亚王国的抵挡而停止其扩张步伐。在西部地区，公元前 133 年，罗马攻陷努曼提亚后，罗马在西班牙的长期战争宣告结束，罗马统治已经扩展到西班牙的大部分地区。公元 1 世纪，恺撒对高卢的征服，使得罗马的边境推进到了英吉利海峡和莱茵河地区。"前三头同盟"时期，恺撒通过兼并攫取了努米底亚朱巴二世（King Juba Ⅱ）的部分王国，从而扩大了非洲行省的范围。地跨欧亚非三大洲的庞大帝国在屋大维统治之前，事实上已经形成。屋大维统治建立后，放弃了在东部的扩张计划，转而巩固帝国内部。因为据说根据罗马"祖训"，"那时

---

[1]　正如美国学者弗兰克认为的那样，罗马的对外扩张是"基于防范而非出于进攻"，罗马帝国主义是"防御性帝国主义"。不管这一观点受到学界的争议如何，但至少对于罗马的最初扩张来说，还是颇有道理的。（腾尼·弗兰克：《罗马帝国主义》，宫秀华译，上海三联书店 2008 年版。）

[2]　莱斯莉·阿德金斯、罗伊·阿德金斯：《探寻古罗马文明》，张楠、王悦、范秀琳译，商务印书馆 2008 年版，第 200 页。

（屋大维统治建立后），战争将熄灭，动乱的时代将趋于平和；白发苍苍的'信义'女神，守护家庭的维斯塔女神，罗慕路斯和他的孪生兄弟雷木斯将制定法律；战神的可怕的大门将关闭，[①] 用精巧的铁栓箍紧；门内，亵渎不恭的'骚乱'之神将坐在一堆残酷的武器上，两手反背，用一百条铜链捆住，张开可怕的血口嚎叫着"。[②] 据塔西佗记载，按照古昔的风俗，帝国的疆域在扩大时，城界也有权力相应地扩大。[③] 这项权力不是谁都可以行使的，就连作为政府执行权化身的皇帝也没有重新分配城界的权力。[④] 但这项权力在恺撒、苏拉和奥古斯都三人手中行使过。也正是在这三人时期，罗马的地理版图和国家结构发生了巨大的变化。在奥古斯都的后继者中，提比略基本遵循了奥古斯都的不再扩张的建议。到图拉真皇帝时代，帝国的版图已经达到罗马帝国的全盛，从哈德良皇帝时代起，帝国统治的地理范围直到达到了它的最大极限，在此以后，罗马帝国的地理版图再也没有超过这一时期。

　　罗马道路的扩张是伴随着罗马国家版图的扩张而展开的。在公元前4世纪以前，由于罗马国家的扩张还仅仅局限于意大利半岛，更多的只是局限于半岛北部地区，军队的长途运送要求不如后来那么明显。因此，在公元前4世纪以前，罗马人虽然也有道路的建造，但这时候的道路并没有后来的标准罗马大道的要求那样严格。随着罗马国家扩张的不断膨胀，罗马人对军队运送的要求不断提高，修建标准的正规大道也就成为了必然。罗马的第一条标准大道是阿庇安大道，它从公元前312年开始，一直持续到公元前307年才最后完成，而这一时期正是第二次萨姆尼乌姆战争（公元前328—304年）如火如荼进行的时候。据李维说，当时之所以建造这条大道，就是为了行军的方便。[⑤] 前面提到的许多著名大道就是因为军事扩张，为了运送军队的方便而建造的，如弗拉米尼亚大道、瓦勒里亚道路、奥勒里亚大道、埃米尼亚大道、波斯图米亚大道、富尔维亚大道，等等。

　　罗马不断扩张在仪式上的体现便是胜利女神地位的提高。罗马建立之初，胜利女神似乎并不眷顾罗马人，虽然他们最终取得了对周边民族的胜

---

① 指罗马雅努斯神庙于公元前29年关闭。

② 维吉尔：《埃涅阿斯纪》，第10—11页。

③ 塔西佗：《编年史》，第367页及以下。延伸或重新分配城界意味着帝国疆域的扩张或变化。

④ Theodor Mommsen, *A History of Rome under the Emperors*, p. 85.

⑤ Livy, *From the Founding of the City*, IX, 29.

利，但一路磕磕碰碰吃的苦头也不少。据李维记载，直到罗马征服了整个意大利半岛后的公元前 3 世纪，胜利女神才在罗马拥有祭坛和神庙。当时是路齐乌斯·庞斯图米乌斯·麦格路斯担任执政官，为了兑现他多年前的誓言，于公元前 294 年建立了胜利女神祭坛。① 两个世纪以后，这种仪式在罗马军队仪式生活中获得了特殊的地位，因为马略把胜利女神像绣在军团的军旗上，从这时起，胜利女神在罗马士兵心目中具有特殊地位。当奥古斯都从塔伦托带回胜利女神像并于公元前 29 年 8 月 28 日把它奉献给恺撒时就已经开始修建但没有完成的元老院时，这是它获得罗马官方认可的典型表现。② 自此以后，整个帝国的帝国艺术都模仿这一做法。各行省居民很快也意识到了皇帝与胜利女神的并列，因为胜利女神给他们带来了和平，并且还会继续带给他们来自帝国边界以外的安全。在此之后，除了在意大利城市的军事驻扎地建立胜利女神像外，在山内高卢地区、沿莱茵河诸行省以及日耳曼和非洲地区都建立有胜利女神神庙。胜利女神与她所伴随和保护的罗马皇帝一样接受荣誉，与城市和个人把帝国形象与当地神祇雕像相联一样，许多地方民众把对胜利女神的崇拜融入帝国仪式的庆祝中。③ 这种庆祝仪式是罗马在所到之处的政治统治主张的体现。这种仪式不仅是一种崇拜仪式，也是当时罗马扩张的一种精神表达，一种罗马地理范围与国家版图的抽象表达。

伴随罗马军事和道路扩张的是罗马边界（Limes）④ 的不断扩大，从罗马道路的分布图上可以看出，从帝国向四面八方延伸的道路的尽头，往往就是通向敌人领土的开阔地带上的道路，是帝国在该地区的最前沿。边境地区往往是具有岗哨（fortified posts）和瞭望塔（signal-towers）的军事道路。随着罗马扩张的继续，这些前线便不是一种静态的前线。当罗马扩

---

① Livy *From the Founding of the City*, X. 33.

② Cassius Dio, *Roman History*, Cambridge, MA: Harvard University Press, 1924, LI, 22.（胜利女神）最著名的纪念物可能要算位于元老院的祭坛。它于公元前 29 年由奥古斯都建造，君士坦丁时代，它被其他异教所取代，公元 382 年又被格拉蒂安（Gratian）移走，中途一度又被优格尼乌斯（Eugenius）移走，可能后来还被斯提利科（Stilicho）移走过，并最终随着其他的异教仪式而消失。（N. G. L. Hammond and H. H. Scullard, *The Oxford Classical Dictionary*, p. 1120.）

③ Clifford Ando, *Imperial Ideology and Provincial Loyalty in the Roman Empire*, pp. 278 - 279.

④ Limes 一词的含义比较复杂，有学者认为它"是一个关于要塞、军营、殖民地、道路和、运河等能组成边境防御网络的复杂体的普通术语"。（Steven K. Drummond, Lynn H. Nelson, *The Western Frontiers of Imperial Rome*, New York: M. E. Sharpe, Inc., 1994, p. 242.）

张步伐缓慢下来并最终停止后，各行省的戍边部队逐渐形成了一种连续的前线边界以利于加强对国家边疆的控制。在征服韦特劳（Wetterau）后，图密善沿陶努斯（Taunus）建立了一系列木架瞭望塔。这种有形的隔离带最初在哈德良时代得到了有效应用：他在拉埃提亚和上日耳曼地区用栅栏建立了木架瞭望塔，在不列颠和努米底亚（Numidia）建立了石头城墙。在其他地方，这种工程或者沿河（下莱茵河、多瑙河中下游、上幼发拉底河）而建，或者在沙漠地带沿前线道路（从红海通向幼发拉底河，控制游牧部落迁徙前线）而建。在达奇亚和毛里塔尼亚·廷吉塔纳（Mauretania Tingitana），这些要塞网络没有明显而严格的前线界线。前线有军队守卫，军队驻扎在各要塞之间，这些要塞位于辅助性的岗哨和瞭望塔之间。巡逻队要随时保持头脑清醒，传递信号，防止哪怕是微不足道的侵犯，保证关税的征集，但最重要的是要保持政治控制，防止外部敌人与帝国内部不满因素的接触。无论是内陆地区在东方的西亚前沿、北方的莱茵河—多瑙河前沿，还是在海外西方的不列颠前沿及南方的非洲前沿，这些边界都是罗马与外族的重要划分依据。但是，无论是内陆地区的边界线的拓展还是海外边界线的扩大，罗马道路都在其中起到了非常重要的作用。

在内陆地区，莱茵河—多瑙河上游的三角地区形成了一个凹入罗马领土的地区，这里一直是罗马北部防线的一个潜在的脆弱地带，虽然在共和国时代罗马人就不断地对它进行征服，但直到公元 1 世纪后期到公元 3 世纪中期，这里才被罗马直接控制。在奥古斯都企图建立一个直到易北河的大日耳曼行省（Greater German province）的努力失败后，莱茵河和多瑙河成为罗马的北部边界。在摩哥提亚库姆（美茵茨）、阿尔根托拉特（斯特拉斯堡）和文多尼萨的防御工事由莱茵河谷地和多瑙河南部地区的辅助要塞所支撑。克劳狄皇帝把军队开进了这两河之间的防线，加强了两河的防御。经过公元 69—70 年的混乱以后，苇伯芗皇帝重新组织了这一地区的防御。他在莱茵河东岸修建了从莫哥恩提阿库姆到奥古斯塔温德利库鲁姆的道路，并且在上内卡河建立了一些要塞。公元 85 年在查坦战役（Chattan War）[①] 之后，图密善皇帝通过一条边境线保护了莫哥恩提阿库姆东北部的韦特劳地区，即建造了一条每隔一定距离都有木制瞭望塔和堡垒的巡逻道路，他还在多瑙河北部建立了一系列要塞。为了把韦特劳体系与上内卡河相连接，大约在公元 90 年，他建立了一条通向奥登瓦尔德山

---

① 关于这次战争及其影响，参见 M. P. Speidel，"The Chattan War, the Brigantian Revolt and the Loss of the Antonine Wall"，*Britannia*，Vol. 18（1987）．

脉的边境线，沿途有堡垒加以保护，哈德良皇帝又在这条道路的前面加上了木栅栏。大约公元 150 年，奥登瓦尔德山—内卡河边界的守备军向东部前线推进了 20—25 公里，在这一过程中，要塞和瞭望塔由木制的变成了石头砌成的了。在公元 3 世纪早期，上日耳曼边界由于在木制栅栏后面加上了城墙和壕沟而得到了进一步加强，但在拉埃提亚地区，木制栅栏由石头城墙和每隔一定距离的瞭望塔所代替。公元 3 世纪末，阿勒曼尼人（Alamannia）的入侵导致了这里罗马势力的衰落。到 259—260 年，这里的边界已经废弃了，交纳什一税（Agri Decumates）的城镇和农庄都已经被疏散，莱茵河和多瑙河又恢复了它的防御角色。① 从公元 1 世纪，罗马人在这一地区大规模地进行道路建设、边境扩张，而从这时候起正是罗马帝国如日中天的时候，因此，虽然他们在这里遇到了不少麻烦，但总体说来，他们在这里的扩张还能进行，体现出一种进攻性。但从 3 世纪后期起，随着罗马帝国开始由盛而衰的时候，这里的道路建设和边境防守力度也逐渐衰落，他们在这里更多体现的是一种防御性而不是进攻性。

在沿海地区的非洲，这里的情况与内陆地区有所区别。非洲的道路建设和边境防御的压力不如莱茵河—多瑙河地区大，因为这里没有严重的军事威胁，与其他相对应的地区相比，它所需要的军队人数要少得多（2.8 万人），而且边境线也能够进一步向西延伸，其中，最关键的地区是南阿尔及利亚和突尼斯。这里唯一的军团是奥古斯都第三军团，苇伯芽时期它被从阿马埃达拉调到了特维斯特（即特贝萨），图拉真统治时期将其调到了它的最后基地拉姆巴埃西斯。在这一时期，奥雷斯山区被一系列要塞和道路所穿越和环绕，在南边的土地，包括从格美拉（Gemellae）向东到塔玛勒尼（Tamalleni）的地区，也一样为要塞和道路所掌控。可能在哈德良统治时代，非洲壕沟（fossatum Africae）（不连续的沟和墙），在不同的地方建立起来以便控制当地的土著运动。边界的最远处是在塞维鲁时期延伸过去的迪米迪要塞，但这一额外延伸在戈尔迪亚努斯三世（Gordianus III）统治时期的大约公元 240 年被拆除了。在毛里塔尼亚恺撒里西斯，最初是一些辅助性的要塞密布于奥西亚—拉皮杜姆（Auzia-Rapidum）防线和谢利夫河谷，到塞维鲁时期，它向更南发展出另一防御体系。在廷吉塔纳，辅助性要塞相对要多些，而且都位于行省内部。在东边的突尼斯，的黎波里塔尼亚（Tripolitania）直到公元 2 世纪晚期当岗哨向南直到

---

① Richard J. A. Talbert, *Atlas of Classical History*, London and Sydney: Croom Helm Ltd., 2001, p. 141.

加达美斯时,这里才有军队。从公元 3 世纪起,这里和昔兰尼加加强防御性的房屋证实了对来自日益增加的游牧部落的危险的自我防御的必要性,这些游牧部落可能是由于骆驼的广泛使用而加强了它们的危险性。到了 4 世纪,整个边界(廷吉塔纳除外)在总防线(praepositi limitis)下被划分为不同的部分。[①]

从上面关于莱茵河—多瑙河以及非洲地区的罗马军事扩张、道路建造以及边界的拓展可以看出,罗马国家的军事扩张、道路建造与边境线的扩张是融为一体的。毫无疑问,军事扩张是其根本目的,也是道路建造与边境扩大的原因和前提条件。到了 3 世纪以后,特别是 4 世纪以后,罗马的军事扩张步伐缓慢甚至停滞后,要建造新道路的需求空间远不如前,其道路建造的步伐也相应地缓慢下来,同样,罗马的边境线也由从前的不断扩张转为防守甚至后退。

第三节　罗马 limes 的演变

在罗马道路史和罗马军事史上,有一个非常重要的术语就是 limes,这一术语不仅含义比较丰富,而且其衍生出来的意义也比较多。更重要的是,这一术语从最初的实体概念演变成后来的抽象意义,反映出罗马国家的军事和政治内容,因此值得特别探讨。[②]

limes 最初的意思是指光秃秃的泥路,它来自于 limus,即泥泞,泥浆,通常是指以泥泞道路形成的边界或者岔路,这一用法的时间很长,在罗马帝国建立之前的整个罗马时期,该词的意义都没有什么变化。在罗马帝国建立后,这一术语的用法开始发生了变化,其意义也变得丰富起来。首先,它的含义变成了军事道路。如公元 10 年提比略在对外战争中经常在敌人的领土上建造军事道路,"他深入了更遥远的内地,建造了军事道路(limites),毁坏了田野,摧毁了房屋,在他所经过的地区不费一兵一卒就平息了敌人,然后带着荣誉回到了冬季营地"。[③] 在塔西佗的《编年

---

① Richard J. A. Talbert, *Atlas of Classical History*, p. 155.

② 以色列著名古代史专家本杰明·伊萨克对 limes 及 limitanei 这两个术语进行过专文讨论,参见 Benjamin Isaac, "The Meaning of the Terms Limes and Limitanei", *JRS*, Vol. 78 (1988). 本书对该文多有借鉴,本书中所引用的古典文献,都经过本书作者本人核对。

③ C. Velleius Paterculus, *The Roman History*, Cambridge, MA: Harvard University Press, 1924, II, 120.

史》中，也多处使用到这一术语，如公元 14 年对日耳曼尼库斯的征服中，"罗马军队利用一次急行军穿过了凯西亚（Caesian）森林和提比略开始构筑的军事道路（中译本译为"边界"）。他们在这条军事道路（中译本"这道边界"）上筑营，营地的前后都有土垒防卫着，两侧则是伐倒的树木构筑起来的栅栏"。① 这里，日耳曼尼库斯使用了上面提到的提比略建造的军事道路。在公元 16 年，日耳曼尼库斯在莱茵河地区建造了新的军事道路，"此外，从阿里索（Aliso）要塞到莱茵河这一整块地方，都用新修的各军事道路（limitibus）和堤道（aggeribus）（中译本：一道壁垒和工事）被彻底地防御起来了"。② 这里使用的是复数形式，这说明，日耳曼尼库斯在这一地区建造的并不止一条军事道路，而是整个地区的军事道路网络体系，以方便在新入侵地区的军队运送。卡西乌斯·狄奥在《罗马史》中说，公元 9 年，昆提利乌斯·瓦鲁斯（Quintilius Varus）的军队遭到了日耳曼人的攻击，原因是他们不得不深入森林，在必要的地方建造道路和桥梁。③ 这次战役与其他战役的重要不同之处在于当瓦鲁斯的军队进入敌人领土时，他们不得不准备军事道路，而通常情况下在征服某一地区之前，罗马人应当为运送军队提前建造道路。类似的情形还发生在图密善皇帝时期。"当日耳曼人根据他们的习惯从他们的森林及其他隐蔽的地方不断地向我们的军队发起攻击并且能安全地撤回到森林里时，图密善皇帝在 120 英里军事道路的帮助下，不仅改变了战争的进程，而且还在

---

① Tacitus, *Annal*, Cambridge, MA：Harvard University Press, 1986, I, 50；塔西佗：《编年史》，王以铸、崔妙因译，商务印书馆 1997 年版，第 42 页。

② Tacitus, *Annal*, II, 7；塔西佗：《编年史》，第 73 页。

③ "山区被峡谷河水冲击得崎岖不平，且丛林密布。因此，对罗马人而言，就是在敌人猛烈攻击他们之前，他们也很难穿越丛林，很难在必要的地方建造道路、桥梁。他们在和平时期就带着许多马车和牲畜这些负担，更何况还有不少的妇女、孩子和随身跟随的奴隶们，这也是他们前进时分散拖沓的一个原因。同时，暴雨和狂风更把他们吹得七零八落，树根和木头使得地面变得更加湿滑，使他们行走更加困难，丛林里的树梢不断地被吹断并掉落下来，从而使局面变得更加艰难。然而，正当罗马人遭遇这些困难的时候，野蛮人突然从最浓密的丛林里出来，从四面八方包围了他们。最初，他们从远处向罗马人投射球弹，接着，当罗马人无法自我防御且有很多人受伤后，他们就靠得更近了。由于罗马人根本不能以正常的秩序前行，加上马车和没有武装的人的惊慌失措，因此，罗马人在任何地方都不能形成一体，在各方面都远不如对手，从而使他们遭受了巨大的灾难并且毫无还手之力。"（Cassius Dio, *Roman History*, LVI, 20.）"后来，他们得知罗马人已经在莱茵河设防，提比略也调集了紧急部队，因此，大部分野蛮人从要塞撤退，甚至一些野蛮人的分遣队也远远地撤离了，以便自己不要被突然突围的罗马卫戍部队所伤害，接着他们守卫着这里的军事道路，希望能抓住那些缺乏供给的罗马卫戍部队。"（Cassius Dio, *Roman History*, 1924, LVI, 22.）

他们的隐藏地牢牢地控制住了敌人。"① 塔西佗在《日耳曼尼亚志》中也提到了高卢人在莱茵河地区建造军事道路的情形："那是从高卢去的一些鲁莽的冒险者，他们因为无以为生才鼓足勇气前去占据了这块所有权不明的土地，接着修建了一条军事道路，接着他们的卫戍部队也向前移来，他们认为这是一个远离帝国及其行省的角落。"② 以上这些关于军事道路记载的文献来源都是公元1世纪及2世纪早期的文献，而且这里所提到的这些道路都还不是标准的罗马大道，其修建的目的纯粹只是为了军事。

在limes含义转向军事道路的时候，它也开始具有"边界、边境"等含义。塔西佗在《阿古利可拉传》中记载："这时候，敌人所威胁的不只是帝国的边境和河岸，而是官军的冬营和国境之内的本土。"③ 在这里，塔西佗把"帝国的边境"与"河岸"相对比而提出，很明显，它指的应该是帝国的"土地边界"。在《帝王传略·哈德良传》中，同样的提法再次出现："在许多不是通过河流而是通过陆上边界把野蛮人和罗马帝国相分开的地区，他（哈德良）都用高木桩打入地下并加固以便形成隔护栏。"④ 在《拉丁颂词》（Panegyrici Latini）中，limes一词的含义既包括"边界"的意思，也包括有"边境线、边境地区"的意思在内："在过去，沿莱茵河的自然障碍本身就是一条边界，保护罗马诸行省免遭野蛮人的残暴侵犯。"⑤ 在不列颠行省，其边界是用城墙来划分的，如著名的哈德良城墙。在希罗第安的《罗马帝国史》中也有类似的提法："奥古斯都通过主要障碍、河流、壕沟、山地及很难穿越的沙漠之地环绕帝国以加强其边境防御。"⑥ 从这里的limes中可以看出，它的含义不仅仅包含军事道路，而且包括军事道路在内的边境线，其实体意义在逐渐发生变化，其所指范围也越来越广。

从公元4世纪以后，limes这一术语又被用作"边境地区"的意义在

① Sextus Julius Frontinus, *Stratagems*, Cambridge, MA: Harvard University Press, 1925, I, 3, 10, pp. 26 – 27. 图密善于公元83年延伸了前线，并在道路上设置了障碍。

② Tacitus, *Agricola. Germania. Dialogue on Oratory*, Cambridge, MA: Harvard University Press, 1960, 29. （这里的翻译与中译本有所出入，参见塔西佗《日耳曼尼亚志》，马雍、傅正元译，商务印书馆1997年版，第70页。）这一地区原先为日耳曼人所占据，当日耳曼人东迁以后，由罗马人占据而拨给高卢人居住。

③ Tacitus, *Agricola*, Cambridge, MA: Harvard University Press, 1960, 41.

④ SHA, *Hadrianus*. 12, 6. (http://www.thelatinlibrary.com/sha/hadr.shtml)

⑤ *In Praise of Later Roman Emperors*, Translated by C. E. V. Nixon and Barbara Rodgers, Berkeley: University of California Press, 1994, X, 7, 3.

⑥ Herodian of Antioch's, *History of the Roman Empire*, Berkeley & Los Angeles: University of California Press, 1961, II, 2, 5.

加以使用。如《拉丁颂词》在讲到公元 297 年的君士坦丁提乌斯时说：
"帕提亚人已经被退回到了底格里斯河对岸，达契亚已经得以恢复，日耳
曼和拉埃提亚边境地区（limites，复数形式）已经延伸到了远至多瑙河的
源头。"① 这里很明显地是指边境地区，而不是单纯一条边界线。阿米阿
努斯·马尔凯努斯说："曼德里克（Munderich）是后来的阿拉伯行省边境
地区（Arabian limes）的长官。"② 这里显然不是指的一条边界线或边境
线，而是指的边境地区。《帝王传略·三十僭主传》对伊索里亚描写道：
"尽管是在帝国的中部，但它好像是在边境地区一样被一种新型的哨所包
围，防守它的不是人，而是这一地区的自然条件。"③ 这里显然是把帝国
中部地区与边境地区相对比。普罗柯比在《秘史》中也提道："到目前为
止，罗马皇帝在帝国所有边境尤其是东部派驻了大批军队，以保卫帝国的
边境地区（limites），抵御波斯人和萨拉森人的入侵。"④ 由此可以看出，
到罗马帝国后期，limes 这一术语的含义已经发生很大的变化，与最初的
含义已经相去甚远，它代表的是一种行政概念，⑤ 是帝国政治的另一种
反映。

　　总之，从 limes 这一术语本身的含义来看，它经历了一个变化过程，
而这个过程正是伴随着罗马国家的扩张而联动的。在 limes 上服务的士兵
则被称为 limitanei（或者 riparienses，ripenses，即边境士兵），他们的长官
称为边境长官（dux）。边境士兵与 limes 有着非常密切的关系。⑥

　　Limitanei 是君士坦丁及其后继者时代才有的一个关于边境线军队的种
属类名称。它由骑兵（cunei equitum）和步兵（legiones，cohortes，auxil-
ia）组成，由边境长官指挥。据《帝王传略·塞维鲁·亚历山大传》记
载："（亚历山大）把从敌人那里获取的土地交给了边境地区的边境长官

---

① *In Praise of Later Roman Emperors*，VIII，3，3.
② Ammianus Marcellinus，*The Later Roman Empire*（A. D. 354 – 378），Selected and transla-
　ted by Walter Hamilton with an Introduction and Notes by Andrew Wallace-Hadrill，Lon-
　don：Penguin Books，1986，3.5.
③ SHA，*Tyranni Triginta*. 26.（http：//www. thelatinlibrary. com/sha/30. shtml）
④ Procopius，*Secret History*，translated by Richard Atwater，Ann Arbor，MI：University of
　Michigan Press，1961，26. 英译本把 limites 译成 boundaries，中译本把它译成"边界"，
　这两种译法都没有问题。在中译本中，其"边界"也可以理解为边境地区，笔者在这里
　把它译为"边境地区"，是为了更准确地理解该术语的含义。中译本参见［东罗马］普
　罗柯比《秘史》，吴舒屏、吕丽萍译，上海三联书店 2007 年版，第 117 页。
⑤ Benjamin Isaac，"The Meaning of the Terms Limes and Limitanei"，*JRS*，Vol. 78（1988）.
⑥ 与 limes 相关的词语是 limitatio，通常指土地划分。（O. A. W. Dilke，*Greek and Roman
　Maps*，London：Thames and Hudson Ltd.，1985，pp. 89 – 90.）

及士兵们，规定如果他们的后代服军役且不据为私人所有，他们就将享有这些土地。这样，如果他们是在保卫自己的土地，他们也会有更大的热情服役。他还送给他们牲畜和奴隶，以便他们能够耕种所接受的土地，从而防止邻近野蛮人的地带因为缺乏人力或因土地主人年老而被废弃。"[1] 这些边境士兵的各部分常常驻守一个固定地方，但有时他们也被作为"伪宫廷卫队"（pseudocomitatenses）的野战军队组编成军团，甚至有时候会晋升到宫廷卫队（comitatenses）。[2] 根据琼斯[3]和伊萨克[4]的研究认为，仅仅把它作为一种民兵解释是欠妥当的。他们认为帝国晚期的 Limitanei 不是农民，是在边境长官指挥下军事团体。这一术语最先在 363 年中出现，它指的就是在边境长官指挥下被分配到特定边境地区的所有军队。事实上，limitanei 这一术语只是在机动野战军队出现后，为了把他们与前线军队相区才出现的，他们的主要任务是确保道路的安全，特别是边境地区的道路安全，但他们也可以同时驻扎在任何别的地方。他们控制帝国边界的行动，也被寄予厚望，即当发生骚乱的时候，他们要保持他们所在的地区不至于失控。

从前面的叙述中可以看出，limes 从罗马国家早期的泥泞之路，最后演变成一种比较抽象的军事、行政概念，它的演变实际上就是罗马国家从狭小的城邦国家走向庞大帝国的演变。在这一过程中，罗马道路的发展演化更是直接地体现罗马政治、军事统治主张的实现，体现了罗马人"统治万国"的军事霸权和政治空间范围，因为"在道路建设方面，与罗马人能力密切相关的是罗马人的空间观念，罗马人的空间观念主要是用边界来界定的"。[5] 从 limes 这一术语的演变，不难看出，它的"演进反映了地方服务和权力归属被赋予了一种法律形式"。[6] 这种法律当然是罗马的法律及其政治模式。"这些帮助罗马统一的道路网络'为全世界提供了统一

---

① SHA, *Seversu Alexander.* 58.（http：//www. thelatinlibrary. com/sha/hadr. shtml）

② N. G. L. Hammond and H. H. Scullard, *The Oxford Classical Dictionary*, p. 610. 宫廷卫队是君士坦丁皇帝组织的罗马野战军队两支部队中的一支，即被称为皇帝"卫队"（comitatus）的那一支。它由精锐部队（vexillationes）（由 500 人的骑兵队为单位组成）和普通军团（由 1000 人的步兵队为单位组成），由军事长官（magistri militum）指挥。

③ A. H. M. Jones, *The Later Roman Empire*, 284 – 602: *A Social, Economic, and Administrative Survey*, Vol. I. pp. 549 – 654.

④ Benjamin Isaac, "The Meaning of the Terms Limes and Limitanei", *JRS*, Vol. 78 (1988).

⑤ A. D. Lee, *Information and Frontiers: Roman Foreign Relations in Late Antiquity*, New York: Cambridge University Press, 1993, p. 86.

⑥ Raymond Chevallier, *Roman Roads*, p. 17.

的法律……把不同的地区纳入了统一的名义（即罗马）之下'。"①

第四节　罗马边界与帝国极限

从古到今，任何庞大与强大的帝国都不可能永无止境地扩张其版图，中华帝国如此，罗马帝国同样如此。

罗马帝国的疆域，在奥古斯都时代就已经地跨欧亚非三大洲了，版图面积急剧扩大，边界不断向外扩展。奥古斯都曾在他的《功德碑》中非常自豪自己的伟业："我将罗马人民的所有行省——与那些还未归服于我们帝国的部族相邻的行省——的边界扩大了。我平息了高卢行省、西班牙行省以及囊括从加的斯海域到易北河口处的日耳曼地区。我未对任何民族发动非正义战争而平定了从接近亚得里亚海的区域到图斯坎海的阿尔卑斯地区。我的舰队从莱茵河口穿越海洋向东部地区最远航行到基姆布利人的边界——在那之前，任何罗马人都未曾到过那里的陆地和海域——而且基姆布利人、卡里德斯人、塞姆诺尼斯人以及该地区的其他日耳里部族通过使节寻求与我及罗马人民的友谊。几乎与此同时，两支军队在我的命令和指挥下被带进埃塞俄比亚和被称为'福地'的阿拉伯地区，来自两个部族的大部分敌军在对垒中被击败，许多城池被攻破。我军深入埃塞俄比亚直达麦罗埃附近的纳巴塔城。我军攻入阿拉伯直达塞巴人班域的马里巴城。"② 在奥古斯都看来，他已经成为世界的真正主人，成为世界王中之王，到他为止，罗马帝国似乎再没有必要扩大版图，而是要致力于整个帝国的治理。整个亚洲城市都赞美奥古斯都是"祖国和整个人类之父"，并且由于他的努力，"整个海洋与陆地都一片和平，城市在友善、和睦与兴盛中显得一片繁荣"。③ 因此，他要求自己的继承人不要再盲目扩张。

尽管提比略也尊重奥古斯都的要求，放缓了帝国的扩张步伐，但整个帝国的扩张并没有因此而停止。帝国前期，罗马国家各方面显示出极度繁荣，罗马的边界仍在不断地扩大，到图拉真时代，帝国的版图达到了整个罗马历史上的极致，罗马皇帝也顺理成章地成为"全人类主人"或"全世界主人"。"到公元4世纪，'全世界的主人'（dominus totius orbis, or

---

① Victor W. Von Hagen, *The Roads that Led to Rome*, 1967, p. 13.
② 张楠、张强：《〈奥古斯都功德碑〉译注》，《古代文明》2007年第3期。
③ Clifford Ando, *Imperial Ideology and Provincial Loyalty in the Roman Empire*, p. 320.

dominus orbis terrarum）已经变成帝国题铭中的一个常用语。这一时期的写实作家们即使意识到'全世界'只是'罗马世界'，但他们很乐意使用这一术语。"① 据阿米阿努斯·马尔凯努斯记载，提奥多西曾奉瓦伦提里安皇帝的命令缉拿逃亡到伊萨弗伦塞斯（Isaflenses）蛮族部落的一个强盗，国王伊格玛森（Igmazen）很傲慢而挑衅地问他的名字和来此的目的，提奥多西严厉而轻蔑地回答说自己是瓦伦提里安皇帝——世界之主——的将军，皇帝派他来追捕并惩罚一位亡命强盗，并要求国王立即交到他手里，如果不服从其不可征服帝国的命令，他保证国王及其全体人民将会被彻底消灭，最后国王只得把盗犯交出来。② 罗马帝国似乎真正统治了全世界一样，全民膺服，万族来朝，似乎全世界的民族都以成为罗马公民而荣幸。阿米阿努斯·马尔凯努斯说，公元 4 世纪，罗马在与利米干特人（Limigantes）③ 谈判时，利米干特人请求罗马能够接纳这些遥远地方的居民，让他们能保留在"罗马世界"里。④ 到了帝国后期，罗马人"慢慢竟然随便把罗马帝国和整个地球混为一谈了。……为了更准确地说明罗马的伟大，他可以说，罗马帝国，从安东尼边墙和北部边界达西亚到阿特拉斯山和北回归线的宽度便超过 2000 英里，而从西海洋到幼发拉底河的长度则更超过 3000 英里；它位于温带中北纬 24°到 56°之间最美好的地区；面积估计不少于 160 万平方英里的土地，其中大部分都是肥沃的熟地"。⑤罗马人的世界帝国似乎从实践到观念都已经真正形成了。

　　罗马国家的这种世界帝国之梦也并不是什么新鲜事，早在罗马帝国建立的几百年前，即当罗马国家还仅仅局限于意大利半岛北部的时候，亚历山大大帝就曾做过世界帝国主人之梦，并且付诸行动，发动了大规模的东征，最远到达印度，似乎其世界帝国主人美梦即将实现。如果亚历山大大帝不是英年早逝，也许他真能建立西方古代史上版图最为庞大的帝国。但是，"世界征服的梦想与古代技术实践局限性之间的冲突自亚历山大实现其梦想的时候就一直存在：正是他的成就使得世界征服看起来成为可能，

① Clifford Ando, *Imperial Theology and Provincial Loyalty in the Roman Empire*, p. 320.
② Ammianus Marcellinus, *The Later Roman Empire* (A. D. 354 – 378), Selected and translated by Walter Hamilton with an Introduction and Notes by Andrew Wallace-Hadrill, London: Penguin Books, 1986, 29, 5, 46.
③ 利米干特人（Limigantes）是位于东匈牙利和西罗马尼亚一带的混杂民族，其名称可能来自于 limitis gentis（边境民族）。
④ Ammianus Marcellinus, *The Later Roman Empire* (A. D. 354 – 378), 19, 11, 6.
⑤ 爱德华·吉本：《罗马帝国衰亡史》上册，第 26 页。

但他的战争又同时使希腊地理学家意识到他所涉及的范围是多么的小！"①
即使亚历山大帝国不分裂，它也不是真正的全世界帝国，更不可能统治整
个世界，使亚历山大成为真正的世界主人。

　　罗马帝国在东部扩张的距离，远远不能与亚历山大相提并论，虽然其
庞大帝国维持时间远远超过亚历山大帝国，但它的版图面积离所谓的整个
世界帝国相去甚远，就连离罗马人所知世界的版图也十分遥远，这一点罗
马人并不是不清楚，罗马地理学家们更是清醒。但是罗马皇帝凭借其权
威，使全体臣民都把自己纳入世界帝国的臆想之中。权力的权威掩饰了事
实的真相，帝国膨胀的虚荣心缔造了罗马虚假的世界帝国和世界主人的神
话，历史的真实不得不屈服于皇帝权力的重压和罗马人的遐想和自傲。

　　历史的真相虽然暂时屈服于了皇帝的权威，但历史的事实又迫使罗马
的护界神屈服于皇帝的权威。"护界神尽管曾抗拒过朱庇特的神威，却不
得不屈服于哈德良皇帝的权势。"② 罗马帝国四处经略，到图拉真时代，
其版图到达了整个罗马历史中的最大极限；到哈德良时代，曾敢于向朱庇
特神权威相对抗的护界神却不得不屈服于哈德良皇帝的无能"权势"。哈
德良皇帝不但放弃帝国的扩张政策，而且"哈德良继位后的第一件事是
放弃图拉真在东部占领的一切土地。……无论如何，除了这样承认自己无
能保卫图拉真的土地之外，他也再没有别的办法更能使得他的前任格外显
得功绩辉煌了"。③ 哈德良皇帝的做法，在罗马政治史和罗马边疆史上具
有划时代的意义，"哈德良从图拉真征服的新行省上的撤退，标志着'帝
国极限'第一次在制度上得以承认，而此前，在奥古斯都的提醒下，提
比略已经对年轻的日耳曼尼库斯的好战热情有所收敛。哈德良这样做，其
实意味着他已经放弃了把世界分成已有民族和未征服民族的帝国主义心理
意识"。④ 至此，罗马帝国终于承认（至少在事实上是这样）其帝国的极
限，承认了自己远非真正的世界帝国和全人类主宰。

　　伴随罗马帝国极限而来的是帝国的衰落，其在版图上的变化就是其边
界的开始缩小以及边界线上要塞和堡垒的丧失，联系边境地区的罗马道路
的废弛。因为按照吉本的说法，前现代经济是不能维持庞大帝国边境防御

① Clifford Ando, *Imperial Ideology and Provincial Loyalty in the Roman Empire*, p. 320.
② 爱德华·吉本：《罗马帝国衰亡史》上册，黄宜思、黄雨石译，商务印书馆 2004 年版，
　 第 24 页。
③ 同上书，第 24—25 页。
④ Clifford Ando, *Imperial Ideology and Provincial Loyalty in the Roman Empire*, p. 330.

所需的数目庞大的卫戍军队的。① 因此，尽管罗马帝国通过它的军队已经获得并消融了被征服地区，但它并没有能力通过它的军队来保持住帝国，罗马没有控制住，事实上也不能通过在每一个城市都驻扎卫戍军队来控制住它的行省。

事实上，日耳曼人早就对罗马的统治极限有过很好的解读。当恺撒派使者到莱茵河北部去要求日耳曼人交出曾经对他和高卢人作过战的人时，他们对恺撒朴实而精辟的回答对罗马国家的扩张极限作了很好的诠释，他们回答说："莱茵河是罗马人权力的界限，如果他认为日耳曼人不得他的同意擅自渡河侵入高卢，是不合理的行为，为什么他又要求把自己的号令和权力伸到莱茵河这一边来？"② 只是这时正沉浸在如火如荼领土边界扩张的罗马人根本没有意识到而已。

罗马统治极限的另一表现是在他们法律中的体现。提奥多西二世和瓦伦提里安二世时，曾对罗马帝国的法律进行整理，其目的是"鉴于罗马逐渐控制全世界的伟大洞见，我们总是要为所有人的最好利益着想"。但从其公布的法律看，罗马帝国已经不是"最完整的统一体"，提奥多西二世和瓦伦提里安二世也已经认识到，他们根本就没有统治整个世界。③

罗马统治极限的间接表达是罗马城地位的变化。自罗马建城以来到帝国前期，它一直在整个罗马世界占据绝对核心地位，成为所有罗马世界民众的向往之地，入主罗马更是所有统治者的最大梦想。但自从戴克里先改革后，"从284年开始，罗马已经失去了它作为帝国首都的任何意义，只是成为举行某些仪式，例如'20周年庆典'和'凯旋仪'（后者已经非常少见）的场所，变成了一个特殊的博物馆，一座废弃了的城市。皇帝居住在东方，确切一些说是住在与欧洲和亚洲接壤的尼科米底亚地区。他的共治者则居住在米兰，因为在那里更容易观察野心勃勃想要进犯阿尔卑斯山的蛮族人的动向。他的两位副手，即两位'恺撒'则驻扎在特莱维尔和希尔密乌姆，在那里他们随时可以抵制欧洲日耳曼人和伊朗人（萨尔马提亚人、罗克索朗人、耶兹格人门）的侵入。自此以后，元首们只是偶尔有机会光顾罗马一次，而且仅仅逗留短暂的几天。在他们心目中，罗马只是自己管辖范围之外的一个省份而已，况且繁忙的帝国事务也不容他们多作耽搁。3世纪末和4世纪的皇帝们的生活方式与他们祖先相比可

---

① 爱德华·吉本：《罗马帝国衰亡史》上册，第97—98页。
② 凯撒：《高卢战记》，第87页。
③ Clifford Ando, *Imperial Ideology and Provincial Loyalty in the Roman Empire*, pp. 334 - 335.

谓是天壤之别，他们的祖先从来就没有离开过自己的'城市'，他们在那里颐养天年，并且过着纸醉金迷的生活"。① 罗马地位的变化，体现了这时候罗马世界外强中干的典型特征，它与此前罗马作为磁力核心的地位形成了鲜明的对比。这种情形在君士坦丁乌斯皇帝访问罗马的时候也表现得非常突出。② 这时候除了诸如阿米阿努斯·马尔凯努斯这样的历史学家能够意识到罗马这种地位变化对于整个罗马帝国的发展、对于整个人类历史发展的微妙意义外，恐怕很少有人去思考所谓"整个人类世界"的罗马帝国大势已去的无奈。事实上，这时候的罗马无论是物质生活方面还是精神生活层面都已经再无力维持其庞大帝国的边疆版图及其意志版图了。罗马帝国终于盛极而衰，从不断地向外扩张走向退而防守，最终在四周蛮族汹涌澎湃的入侵浪潮中走向四分五裂。

---

① 菲迪南·罗特：《古代世界的终结》，王春侠、曹明玉译，上海三联书店 2007 年版，第 21—22 页。

② Ammianus Marcellinus, *The Later Roman Empire* (A. D. 354 – 378), 16, 10, 1 – 17；叶民：《最后的古典：阿米安和他笔下的晚期罗马帝国》，第 153—156 页。

第十二章　罗马道路对罗马社会的文化意义

罗马道路是实体存在物，而罗马社会文化则是比较抽象的概念，二者关系并不紧密，但是如果我们从道路本身及其与罗马社会的关系角度来看待它们之间的关系，还是能看出道路对罗马社会文化的影响和意义。

第一节　世界上最长最持久的纪念物

首先，罗马道路是罗马世界线路最长、最持久的历史纪念物。据统计，到戴克里先皇帝统治时期，罗马正规的道路就达 372 条，全长 8.5 万公里。这一历史建筑在罗马世界中无论如何也找不到第二项能与之匹敌的了。城墙、引水渠、会堂、圆形大剧场、竞技场、浴场等，这些都是罗马著名的纪念物，但是，它们不仅在数量上，而且在保存时间上都远不能与道路相比，因此罗马道路被称为 "最持久的纪念物"（the most durable of monuments）或 "最长的纪念物"（the longest monument）。[1] 维克托尔对此阐述得更清楚明白："罗马最持久的纪念物既不是那些分散在欧洲和亚洲静静躺着的帝国遗迹，也不是那些无声站立在罗马广场上饱蘸历史的、令人难忘的废墟。最持久的纪念物是那些无处不在的、占有绝对优势的罗马道路。正是这些通向遥远天际的石铺大道的厚重伟大才是罗马的纪念物。"[2] 道路的这种 "最持久性" 主要表现在以下几个方面。

第一是它的持续时间长。罗马的第一条标准大道是公元前 312 年开始建造的阿庇安大道，到 "公元 3 世纪，皇帝们不再建造新的道路"[3] 为

---

① Romolo Augusto Staccioli, *The Roads of Romans*, p. 105.

② Victor W. Von Hagen, *The Roads that Led to Rome*, p. 8.

③ Theodor Mommsen, *A History of Rome under the Emperors*, London and New York: Routledge, 1992, p. 240.

止，罗马国家建造道路的时间持续了 500 多年，这在世界古代历史上可以说是无与伦比的。虽然到 3 世纪以后，按"罗马标准"建造道路的工作几乎停滞了，但是对于道路维修的工作并没有停止，仍然在延续，因此，道路维修的时间比建造的时间更长。到了公元 4 世纪末，提奥多西皇帝在他的最后一道官方法令中都仍然在强调对道路的维修："任何拥有尊严的人都绝对不能终止我们道路与桥梁的建设与维修……我希望所有的人都能满怀热情地竞相维护公共道路。"①

除了建造和维修的时间长久之外，罗马道路的持续保留和对后世的影响时间更长。罗马帝国灭亡后，虽然对道路的系统维护工作停顿了，许多道路也渐渐被废弃，但更多的道路却仍然在迎接新主人的到来并为新主人服务，好些道路甚至穿越中世纪、近代直到今天都还在向世人展示自己的辉煌，诉说罗马的荣光。

第二是建设过程的复杂性。正规的标准大道从建造理论、规划设计到最后建成，其中要经历许多步骤，而且每一步骤都有细微而严格的要求，这一点在本书第二章中已经有介绍，这里不再重复。

第三，它的"最持久性"还体现在它为近代欧洲道路体系奠定了基础。尽管罗马道路体系在整体上已经衰败（特别在西欧地区），也不管人们曾经怎样忽视它的存在，但它仍然是整个近代道路体系的基础。"事实上，直到 18 世纪末乃至往后，大部分良好的欧洲道路体系仍然是罗马人的道路，而且这种'延续性'一直持续到现在。"② 在今天的阿尔及利亚，有一条穿过山崖直通奥雷斯山区，并跨过提加尼米峡谷（Tighanimine）而通向沙漠的道路，就是公元 145 年罗马人建造的，只不过法国人在上面添加了沥青而已。它是由从叙利亚调遣过来镇压当地土著反叛的军团建造的，悬崖上详细记录了这次道路建设的情况。③ 英国近代史家托马斯·科德林顿在描述不列颠的罗马道路时写道："罗马人占领期间修建的道路可能不如哈德良城墙或古代城市遗迹那样吸引人们的想象力，但就它的范围和持久性本质与影响而言，它们可以堪称不列颠乡村中最具永久性的纪念物。"④ 也许正是诸如"最持久的纪念物"这些伟大功绩，才赢得了"伟大属于罗马"这样的美誉。

---

① Victor W. Von Hagen, *The Roads that Led to Rome*, p. 45.
② Romolo Augusto Staccioli, *The Roads of Romans*, L' erma di Bretschneider, 2003, p. 10.
③ Romolo Augusto Staccioli, *The Roads of Romans*, p. 124.
④ Ivan D. Margary, *Roman Roads in Britain*, London: John Baker, 1973, p. 17.

第二节　加速了被征服地区的罗马化

"罗马化"是一个十分复杂的概念，包含的内容也十分广泛。① 根据《牛津古典文明指南》的定义，认为"罗马化这一术语是指融入罗马帝国的原著民获得使他们看上去像罗马人的文化特征的过程"。② "罗马人的文化特征"包括的内容十分广泛，如罗马的政治制度、经济模式、生活方式、宗教、语言、文学、艺术、观念等，凡是诸如此类的罗马内容融入被征服地区的原著民文化之中，或者给原著民文化带来了"新"的因素，我们都可以称之为"罗马化"的表达方式，因此，对于被征服地区的罗马化的内容是十分丰富的。有学者认为罗马化给原著民带来的新事物主要包括两个方面：第一是从意大利半岛移民的罗马人，以及他们所带来的物质文化和智力文化；第二，也是从长远来看更重要的内容，是起源于意大利本土的新事物、新思想、新的行为模式自然地融入行省社会中，并且认为后者要比前者更重要，因为罗马化不是以罗马为中心，也不是能在文献中轻易找到的，它要在考古学中寻找，而且要到行省中去寻找。③

非罗马世界的罗马化标志很多，如对罗马政治制度的认可，对罗马法律制度的承认，对罗马生活方式的认同，对罗马经济模式的接受等，这是一种内在的认同，或称为"社会与政治结构认同"。④ 但罗马化也有明显的外在标志，如广场、引水渠、会堂、圆形大剧场、斗兽场、浴场，等等，罗马道路也是这些外在标志之一。因此，罗马道路加速了所到之处的"罗马化"进程，促进了所到之处的文明化程度。

罗马道路对所到之处的罗马化作用在共和国时期就已经开始了，其重

---

① 关于"罗马化"概念的讨论，参见 Janet Huskinson, *Experiencing Rome: Culture, Identity and Power in the Roman Empire*, Routledge, 2000, pp. 20–23；王鹤：《"罗马化"若干问题论略》、《军队在"罗马化"过程中的作用》（《北方论丛》2008 年第 5 期、2007 年第 2 期）等。

② Simon Hornblower and Antony Spawforth, eds., *The Oxford Companion to Classical Civilization*, Oxford and New York: Oxford University Press, 1998, p. 603.

③ Ramsay MacMullen, *Romanization in the Time of Augustus*, New Haven and London: Yale University Press, 2000, p. xi.

④ Richard Alston, *Aspects of Roman History, AD 14–117*, London and New York: Routledge, 1998, pp. 300–307.

要的起点就是埃格纳提亚大道和多米提亚大道这两条大动脉。① 虽然道路是罗马化的外在标志，但它对所经地区的罗马化作用并不仅仅局限于表面的外在形象，它对所经地区的政治、经济和文化都产生了重要的罗马化作用。

对于道路在经济方面的罗马化表现，前面已经有专门的讨论（第十章），在文化方面的罗马化表现，后面有专门的介绍，因此，这里主要探讨罗马道路对被征服地区在政治上的罗马化表现。从政治上看，罗马道路是罗马统治对所经地区的政治统治主张的外化。对于如何使被征服地区成为"罗马范围"，对于罗马特别是共和国时代的这样一个城邦国家而言，并不是一件容易的事情。行政上的政治管辖这种"社会与政治结构认同"固然重要，但其他外在认同方式也不或缺，道路正是这种外在认同方式的表现形式之一。比如在波河，"尽管这一地区有来自罗马权力中心保护很好的东南向水路网络庇佑着，但这一地区更重要的罗马化仍是道路网络的发展。更何况，波河流域没有直接把各个单个的蕃属社区相连，因此，道路体系的补充对这一地区的统一就显得很有必要。正如在帝国的其他地方一样，道路的建造进程决定了哪些城市会兴盛，哪些城市会停滞"。② 波河北部地区的第一条主要大道是公元前 187 年由执政官 M. 埃米尼乌斯·雷比杜斯建造的埃米尼亚大道，这是北部前线政治的顽固堡垒。③ 这条道路从波洛尼亚沿着阿尔卑斯山底并沿着沿海湿地到达阿奎勒亚，这条道路在奥斯提里亚通过波河并经过阿特斯特、帕塔维乌姆（即帕多瓦）、康科迪斯（Concordis）到达阿奎勒亚。公元前 132 年，波皮利亚大道连接了位于拉文那和阿德里亚（Adria）之间的沿海地区。公元前 148 年，波斯图米亚大道从维罗纳通向了康科迪亚，连接了维罗纳、维塞蒂亚（Vicetia），并在奥彼特尔吉乌姆与阿奎勒亚相连。到公元前 2 世纪末，沿着波河北部地区的重要中心的其他一些道路把这里连接成一个完整的罗马交通体系。这样，通过罗马道路，罗马国家在这里体现了它的统治和权力，把它纳入到罗马国家的统治范围。

在遥远的行省地区，罗马道路的这种作用显得更加明显和突出。道路

① J. P. V. D. Balsdon, *Rome: The Story of an Empire*, and : McGraw-Hill Book Company, 1970, p. 66.

② Stephen L. Dyson, *The Creation of the Roman Frontier*, New Jersey: Princeton University Press, 1985, pp. 79 - 80.

③ Strabo, *Geography*, Cambridge, MA: Harvard University Press, 1949, V. 1. 11.

"成为在乡村罗马化的最引人注目的标志之一"①。在偏远的日耳曼地区，马可·奥勒略皇帝在沃林根建造了一条奥勒略道路，"正如符腾堡南部的罗滕堡地区一样，通过道路建设，从而使得内卡河谷和奥登瓦尔德山脉变成了帝国的一部分"。② 在这么远离罗马的地区，或许只有诸如道路这样的罗马符号才是罗马的真正统治主张的表现形式。同样的例子还可以在高卢、不列颠、非洲、中东及小亚细亚等边远地区看到，因为"在如此遥远之地，罗马的存在只有在上述的道路中才能感觉到"。③ 由此可见，罗马道路在对所经过地区的罗马政治化中的重要作用。

另一方面，罗马道路已是统治者向罗马人民和被征服地区居民炫耀其功绩和荣誉的宣传品，从而使广大民众意识到自己属于"罗马"统治。罗马国家通过方便而熟悉的罗马道路，把最边远的行省臣民连接起来，把他们串连在罗马国家之内。道路建造者在道路上，每隔一段距离就要竖立一座道路里程碑，里程碑既是对道路的说明和方向的指示，同时更是罗马统治者向行走在道路上的行人的统治证明：一系列的铭文记录了建造者和维修者的名字，特别是皇帝的名字；对自己先祖显赫家族的炫耀；对自己征服功绩的极力宣扬等。在这一系列统治证明的背后，其蕴含着的另一层深意就是向行人昭示：你是处于罗马人的统治之下，你享受着罗马人带给你的大道。到了帝国时代，无论是不是皇帝建造或维修的道路，里程碑上面一般都会出现皇帝的名字，只是皇帝出资建造的道路里程碑上面的名字是用皇帝名字的主格（或者以夺格形式出现并且在他的后面跟有其委派者的夺格形式），而不是由皇帝出资建造的道路会以与格形式出现而已。正因为如此，皇帝们才热衷于对道路的建造和维修，以此来表达帝国的稳定和他们对自己臣民的关心。比如德基乌斯（Decius）皇帝的兴趣在于提高帝国连续性的形象，因此，在其短暂的统治时期里，他却大规模地从事道路的维修。

不仅皇帝热衷于道路的建造与维修，罗马贵族富人为了寻求长久的名声，与他们向所在城市提供大量公共建筑一样，他们也同样热衷于道路的建造，他们相信见到道路里程碑的人也会记得他们的名字。比如加米尼亚·萨比内为了纪念他 20 岁就去世的儿子克劳迪乌斯·科鲁斯·马克西

① Leonard A. Curchin, *The Romanization of Central Spain: Complexity, Diversity and Change in A Provincia Hinterland*, London and NewYork: Routledge, 2004, p. 109.

② Theodor Mommsen, *A History of Rome under the Emperors*, London and New York: Routledge, 1992, pp. 271 – 272.

③ Raymond Chevallier, *Roman Roads*, pp. 161 – 162.

姆斯，修建了 3 英里长的道路。克劳迪乌斯皇帝时代的一位官员向本都的阿马斯特里斯捐赠了一条道路，道路里程碑上有希腊文和拉丁留下的记录："出于对奥古斯都和平的感激，为了纪念提比略·克劳迪乌斯·日耳曼尼库斯·奥古斯都（Tiberius Claudius Germanicus Augustus）和盖乌斯·朱利乌斯·阿奎拉（Gaius Julius Aquila），为神圣的奥古斯都生活的祝福，我两次担任工程人员长官，用奥卢斯·加比尼乌斯·乌斯塞库杜斯（Aulus Gabinius Secundus）和托鲁斯·斯塔提利乌斯·科尔维努斯（Taurus Statilius Corvinus）担任执政官时期的国库资金打通了这座山，并用自己的资金平整了这条路的路基，而且建造了这条道路。"（pro pace A [ug. I] n honorem Ti. Claudi | Germanic [i Au] g., divi Aug. perpetuus sacer | dos G. Iulius [Aquila pr] aef. fabr. bis in aerar. delatus | a cos. A. Gabin [io Secundo Ta] uro Statilio Corvino mon | tem cecidit et [viam et s] essionem d. s. p. f. |)① 随着时间的推移，各行省也通过建造道路的行政长官或工程人员把道路里程碑献给皇帝，以此作为个人和行省共同向皇帝忠诚的证明，道路里程碑还是那个实在的道路里程碑，但它实际上已经变成了一种帝国政治统治的宣传方式和向阅读和使用它们的人们表达其更广泛意义的一种载体。

对于罗马道路在被征服地区的罗马化作用，我们不宜把它估计得太高甚至绝对化，因为道路既是把罗马国家与被征服地区联系起来的纽带，也是把它与被征服地区相划分的一条界线，因此，同样是道路，它在不同地区所起到的作用就可能有差别。比如意大利中部和北部的道路，它所强调的是道路与当地部族的一致性，而南部的道路则强调的是当地部族与当地地区的一致性，即道路是把当地部族与罗马相划分的一条界线。② 在意大利本地尚且如此，对于远离罗马的地区出现这种情况的可能性就更大了。在不列颠，良好的罗马道路显示了罗马对它和自然界的征服，但在当地居民心目中，这些道路仅仅是罗马人的道路，与他们关系不大，道路带给他们的只是罗马"强制性的、经济性和象征性的权力"，道路带来的只是冷漠和无助。③ 同样的反应还可以在日耳曼等边远地区看到。因此，罗马道

---

① *ILS*, 5883.

② Ray Laurence, "Territory, ethnonyms and geography: the construction of identity in Roman Italy", in Ray Laurence and Joanne Berry, *Cultural Identity in the Roman Empire*, London and New York: Routledge, 1998, p. 107.

③ David Petts, "Landscape and Culture Identity in Roman Britain", in Ray Laurence and Joanne Berry, *Cultural Identity in the Roman Empire*, London and New York, 1998, pp. 87 – 88.

路带来的罗马化在罗马境内各地区的程度并不一致，更不可能是雷同的。

第三节　展示了"罗马精神"

"光荣属于希腊，伟大属于罗马"，这可以说是对希腊和罗马精神的精辟概括。对于到底什么是罗马精神，不同的学者有不同的看法，如美国著名古典学者汉密尔顿把罗马精神概括为追求无限、遵守纪律、节制生活、正义与公平。"'对罗穆卢斯的子民，我没有定下确切的目标成就，'维吉尔在《埃涅阿斯纪》中借朱庇特之口说起罗马未来的荣耀，'帝国绵延千秋万代。我已赋予他们无限的权威。'无限是罗马人的本质，不仅表现在权力和帝国的扩张，而且表现在欲望、野心、食欲方面。……一言以蔽之，罗马的伟大就像任何伟大者一样，在于人民中间存在的某种更强大的东西。纪律观念，一种士兵的基本观念，深深植根在他们身上。不管天性的涌动多么强烈，他们对法律和秩序都有更为深刻的领受，这是他们内心最深处的东西。他们的暴动很可怕；内战之惨烈世所罕见的东西；对俘虏的处置也是历史上可怕的一页。不过，罗马最突出的方面，仍然是它对过有节制生活这一观念毫不动摇的坚持，以及体现正义和公平原则体系而不这个或那个的服从。"[1] 也有学者把罗马精神概括为"执着、坚韧、严谨、遵纪守法、绝不言败——这是罗马教育中强调的'荣耀'，是罗马人的最高行为准则"。[2] 我国有学者把罗马精神概括为三个方面：第一，质朴浑厚、讲究实效的民族特性；第二，忠勇卫国、甘于牺牲的爱国精神；第三，严肃法纪、注重秩序的法治观念。[3] 也有学者在此基础之上再加上"虔诚敬神的宗教态度"[4]。所有这些都是对罗马精神比较中肯的概括。罗马精神反映在罗马人的方方面面，在道路建设方面，同样也体现出罗马人的民族精神。

罗马道路首先体现出了罗马人的务实勤奋精神。罗马民族是一个实干的民族，他们把惊人的工程技巧用来解决日常生活问题：交通运输、给水供应、废物处理。古罗马作家曾经对此作过精彩的描述：自然赐予罗马人城市以恩赐，罗马人把它归因于自己的远见卓识。希腊人以他们在城市规

① 伊迪丝·汉密尔顿：《罗马精神》，王昆译，华夏出版社 2008 年版，第 173 页。

② 腾尼·弗兰克：《罗马帝国主义》，宫秀华译，上海三联书店 2008 年版，第 347 页。

③ 张广智：《论古罗马的政治文化：一项历史学的分析》，《江海学刊》1995 年第 1 期。

④ 裔昭印主编：《世界文化史》，华东师范大学出版社 2000 年版，第 126 页。

划方面的杰出贡献而享有盛誉，因为他们找到了那些自然而美丽且易于防守的地方，他们拥有优良的港口和肥沃的土地。罗马人却在希腊人很少考虑到的事情上更具远见，比如道路和引水渠的建设以及把城市废水引入台伯河的下水道的建设。他们修建了通往乡村的大道，这些大道穿山越岭，以至于现在他们的马车所载货物堪与海上船只相提并论。用坚固的石头砌成的拱形圆顶下水道的空间之大，在某些地方甚至可以通过拉草料的马车。由引水渠引入城里的水流量之大，就像河一样穿流城市和下水道。几乎家家户户都有大水槽、引水管和充足的水流。总之，古代罗马人很少考虑到罗马城的美丽，因为他们考虑更多的是更为伟大而且更必需的事情。但是，在今天和我们生活的时代里，罗马人在这方面不再有缺陷，他们在城市中建造了许多美丽的建筑。事实上，庞培、被神化的恺撒和奥古斯都，以及奥古斯都的儿子们、朋友们、妻子和妹妹在建修方面都超过了其他人。① 当然，罗马人的伟大并不仅仅局限于道路的建设，道路建设只是罗马建筑的一部分，而罗马建筑正是罗马"伟大的标志"之一。"罗马人民的性格在任何地方可能表现得都不像在建筑上那样鲜明。罗马人是实事求是的建设者。希腊人是伟大的理论家，崇高的思想方式的创造者；但罗马人和希腊人不同，他们是生活的伟大建设者。他们建成了在民族国家之前的一切形式中最完善的、强大的国家：他们创造了法律，用来表现发达的国家生活，同时又把它当做国家生活的工具；他们把军事发展到古代世界空前的高度；最后，他们还开展了围绕着统治阶级的物体的世界，即物质环境宏伟建设。要塞、城墙、神殿、宫殿、果园、半圆形剧场、凯旋门、人头柱、道路、桥梁、水道，这些对于奴隶主阶级的人民当然会创造了最大限度的方便。"②

罗马道路在一定程度上也体现出了罗马人的革新精神。罗马人在建筑方面的成绩就如同他们在法律方面的成就一样，取得了令人赞叹的成就，而这些成就是在希腊人（以及伊特拉斯坎人）的基础上创造革新的结果。斯特拉波曾对此作过总结："罗马人为人们提供了三样被希腊人忽略的东西：道路、引水渠和下水道。"③ 这里并不是说只有罗马人才知道道路、引水渠和下水道，而是这三样东西在罗马得到了极致发挥，以至于在整个古代世界都是无与伦比的。罗马人在建造道路时，已经不是单纯的铺路，

---

① Jo-Ann Shelton, *As the Romans Did*: *Asource Book in Roman Social History*, pp. 167 – 168.

② 科瓦略夫:《古代罗马史》，王以铸译，三联书店 1957 年版，第 238 页。

③ Strabo, *Geography*, V, 3, 8.

"事实上，每新修建一条道路即被认为是一次军事胜利或者一次重要的政治革新，它会被作为一件值得颂扬的大事传递给子孙。"① 把道路建造上升到"军事胜利"或者"政治革新"的高度，这在古代世界恐怕是独一无二的。意大利史家罗慕洛·奥古斯托·斯塔齐约里对罗马人在道路建设方面的成就赞叹不已："只有罗马人才建立了真正的道路体系并得到最理想的管理，而且他们还带来了技术和管理的创新，产生了无数具有特殊价值的范例。"② 当然，就具体道路建造技术而言，也体现出罗马人的革新精神，如前面提到的在莱茵河地区和非洲沙漠地带的道路建设标准的降低，却恰好是他们革新精神的表现之一。

第四节　为"欧洲认同"的形成奠定了基础

罗马道路把整个地中海世界纳入了统一的罗马文明范围，为欧洲认同的形成奠定了一定的基础。四通八达的罗马道路使罗马可以尽可能地延伸其征服，并通过道路对被征服地区进行有效的控制、合理的组织和认真的管理，促进被征服地区的发展，协调被征服地区的生活并把它们纳入统一的帝国之内。没有这些道路，罗马的领土扩张范围不会如此之大，维持统治时间不会如此之长。陆上商业交通和文化交流、手工业产品、艺术品和原材料的运送都是通过道路来完成的，道路把新的潮流和习俗，民族与人种，教义，历史，传说，艺术影响，哲学理论，宗教，迷信，发明以及各种各样新奇的东西汇集在一起。甚至在普林尼的谴责中也可以反过来看出罗马道路的作用："如果没有罗马道路，恶习还能通过其他途径得到如此广泛的传播吗？还有其他途径可以使象牙、黄金、宝石变得如此普通吗？"③ 正是通过罗马道路，才使得几乎是当时罗马世界所知的一切都被纳入统一的罗马文明范围之内，也正是通过罗马道路，才使得统一的罗马文明无孔不入地渗透到当时罗马世界的每一个角落。"罗马道路主要是出于战略目的而建造的，但它们的存在所起作用更多的却是贸易和社会的交流，这样有助于在帝国境内创立一种同质文明。"④ 这种"同质文明"成

---

①　Romolo Augusto Staccioli, *The Roads of Romans*, p. 7.

②　Ibid., p. 5.

③　Ibid., p. 8.

④　N. G. L. Hammond and H. H. Scullard, eds., *The Oxford Classical Dictionary*, Oxford: Clarendon Press, 1970, p. 925.

为后来欧洲文明的重要渊源之一，有利于欧洲认同的形成。

巨大的道路网络把罗马人能够认识到的整个"领土世界"（Orbis ter-rarium）变成了罗马世界（Orbis Romanus），从而建立了罗马的统一体。"无论如何，同样是由于罗马道路，才使得如此广泛而巨大的统一体得以建立，这不仅是领土的统一体，而且是人类、法律、公民权、货币、文化、艺术、语言及宗教的统一体。这个统一体是以罗马为名的。普林尼在称颂罗马时，也间接地赞美罗马道路的统一力量：'罗马的力量已经把世界统一，所有的人都必须承认罗马给他们的联系与交流提供了极大方便，使得他们一起享受和平带来的好处。'"① 罗马道路本身也展示自身"观念的巨大性"，② 显示出它的罗马精神。罗马帝国是第一个开始勾勒今天欧洲地理轮廓的庞大的政治主权国家，它为后世留下了无数有形、无形的遗产，这些遗产中当然也包括罗马道路（不仅是道路实体，还包括它的建造过程和高度发达的技术），这些遗产成为后来欧洲统一（European Oneness）的原型。虽然有学者为论述自己的观点而否定罗马帝国作为欧洲统一原型的存在，③ 但是，罗马帝国作为欧洲统一的基础还是不能抹杀的。"我们可以毫不夸张地说，罗马道路在欧洲认同中扮演着十分重要的作用，欧洲各种语言中关于'道路'或'街道'的词语无一例外地全都直接来源于他们的前辈罗马人所使用过的术语。"④

罗马道路对欧洲认同的影响痕迹还遗留在欧洲各国的语言中。拉丁语作为罗马帝国最主要的语言，虽然在欧洲民族国家兴起后，各民族国家语言（包括拉丁语系的各种语言）都已不再使用拉丁语，但是拉丁语中的表示道路的词却在几乎所有民族语言中一直得以保存下来，特别是 strata 和 via 这两个词。如英语中的 street，德语中的 strasse，意大利语中的 strada（via 一词更是原封不动地保留了下来），如法语、西班牙和葡萄牙语中的 voie。还有很多词汇是与道路相关的词演变过来的，如英语中的 road，法语中的 route，以及葡萄牙语中的 ruta 就是由拉丁语 rupta（指被废弃或中断的罗马道路），葡萄牙语中的 rua 和法语中的 rue 则来自中世

---

① Romolo Augusto Staccioli, *The Roads of Romans*, p. 8.
② Albert Grenier, *The Roman Spirit: in Religion, Thought, and Art.*, Translated by M. R. Dobie, New York: Cooper Square Publishers, Inc., 1996, p. 80.
③ 美国学者鲁道夫·宾尼认为："罗马帝国原型并不存在。"他认为欧洲认同起源于黑死病带来的创伤（trauma）。（鲁道夫·宾尼：《欧洲认同的历史起源》，郭灵凤译，载《欧洲研究》2006 年第 1 期。）
④ Romolo Augusto Staccioli, *The Roads of Romans*, L'erma di Bretschneider, 2003, p. 10.

纪拉丁语 ruga（指街道边的小店）等。从文化的角度看，罗马道路这些实物存在已经升华到欧洲的抽象文化之中了，从而成为欧洲文化的一个组成部分。

最后，我们用罗马道路史家维克托尔的话来做总结："我们不能不过高估计这些（罗马）大道在人类发展史中的价值。通过罗马道路对世界空间的系统控制，罗马变成了一种流动文明，也变成了世界的主宰。"①

---

① Victor W. Von Hagen, *The Roads that Led to Rome*, p. 8.

附　录

附录1　罗马境内各地区的主要道路网

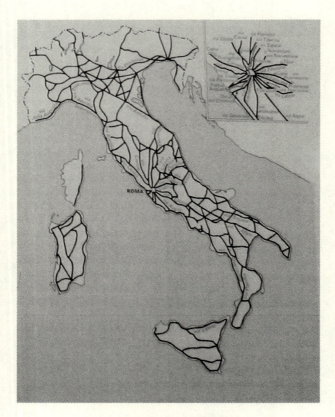

1.1　意大利境内的主要道路

（资料来源：Raymond Chevallier, *Roman Roads*, p. 133.）

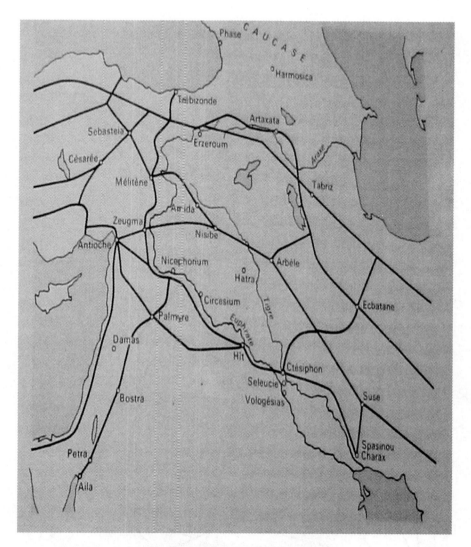

1.2　中东及小亚细亚地区的主要道路

（资料来源：Raymond Chevallier, *Roman Roads*, p. 141.）

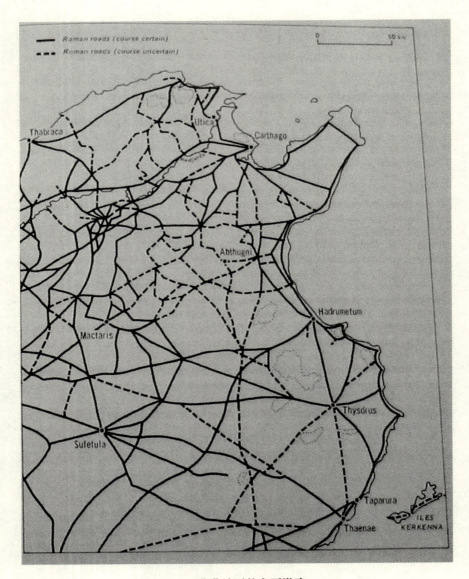

1.3　北非地区的主要道路

（资料来源：Raymond Chevallier, *Roman Roads*, p. 151. ）

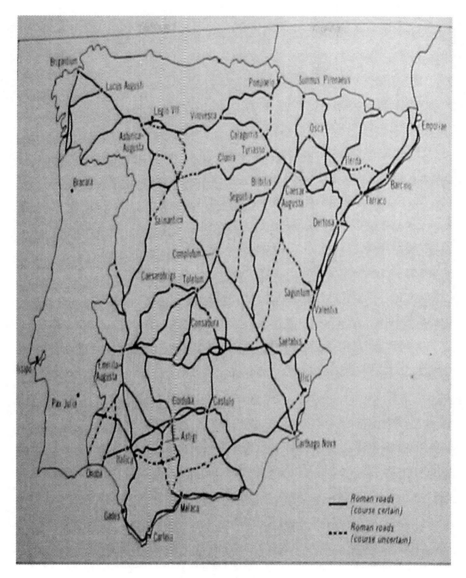

1.4 西班牙的主要道路

（资料来源：Raymond Chevallier, *Roman Roads*, p. 156. ）

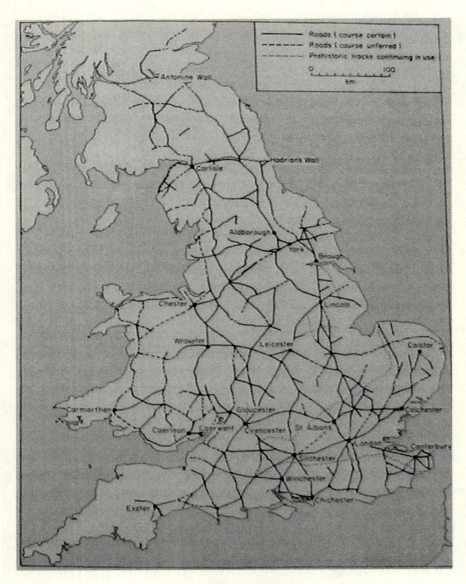

1.5 不列颠的主要道路

（资料来源：Raymond Chevallier, *Roman Roads*, p.159.）

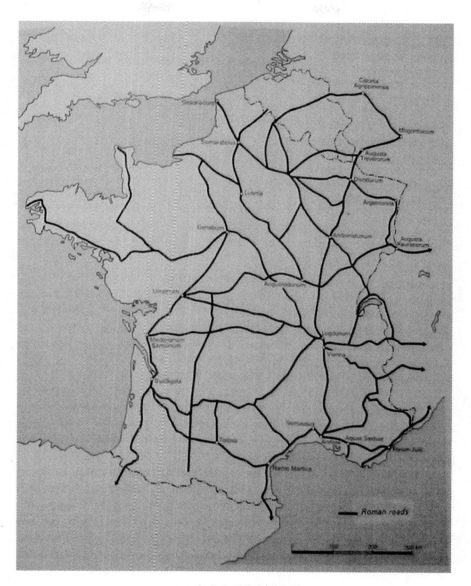

1.6　高卢地区的主要道路

（资料来源：Raymond Chevallier, *Roman Roads*, p. 161.）

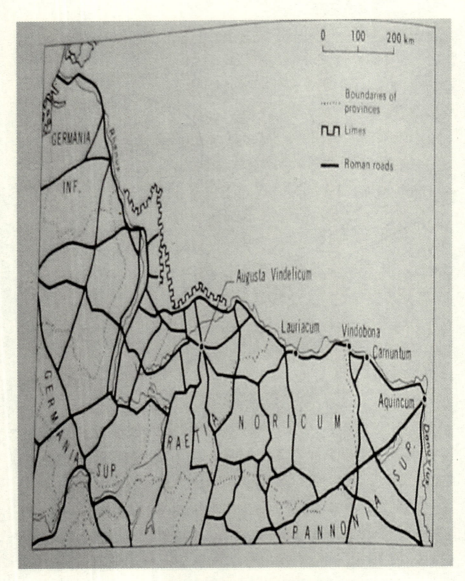

1.7　莱茵河及多瑙河地区的主要道路

（资料来源：Raymond Chevallier, *Roman Roads*, p. 174.）

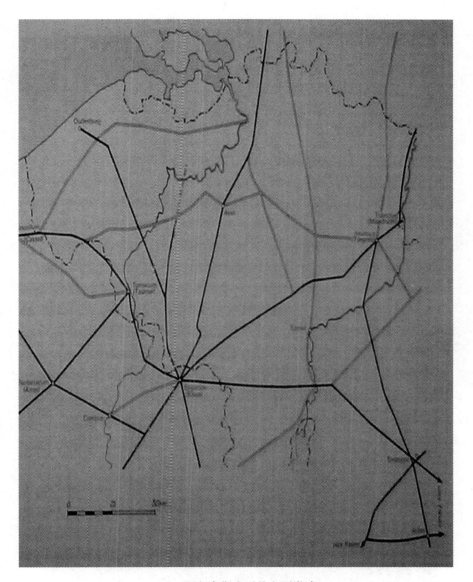

1.8　阿尔卑斯山区的主要道路

（资料来源：Raymond Chevalier, *Roman Roads*, p. 171.）

附录 2　罗马道路的路面、桥梁及旅馆

2.1　标准的罗马道路路面图

2.1　标准的罗马道路路基路面图

（资料来源：Romolo Augusto Staccioli，*Roads of the Romans*，p. 108. ）

2.2　木头路基图

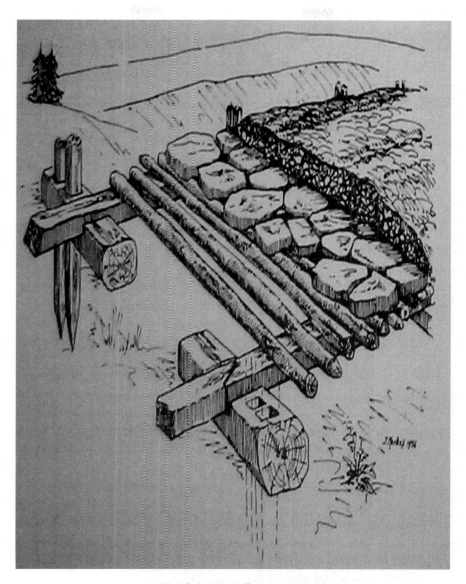

2.2　比利时境内沼泽地带的木头路基剖面图

（资料来源：Romolo Augusto Staccioli, *Roads of the Romans*, p. 109. ）

2.3 石桥桥墩

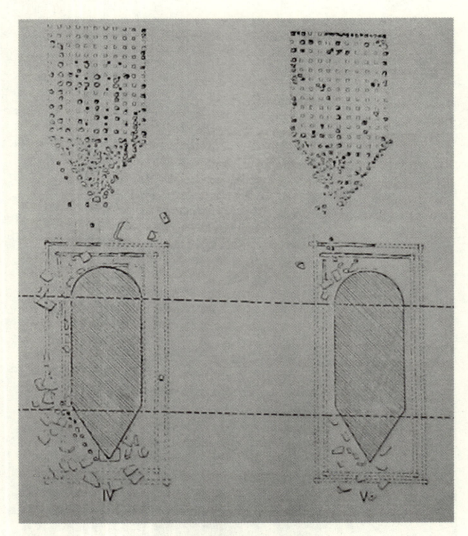

2.3 特里尔桥墩及其正切面图

（资料来源：Raymond Chevallier, *Roman Roads*, p. 101.）

2.4　罗马旅馆平面设计图

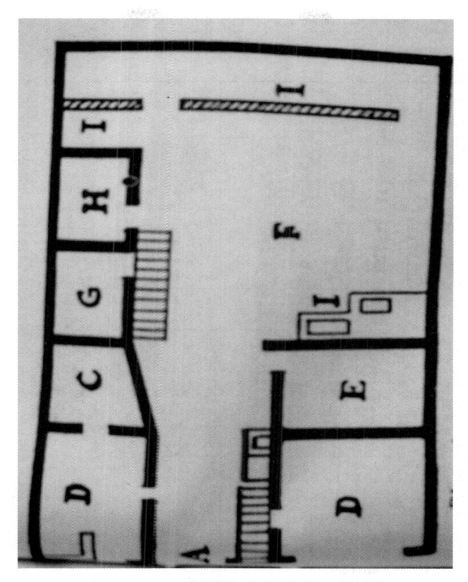

2.4　庞贝城里的一家旅馆规划图

A. 大门，C. 酒店经营房间（proprietor's room），D. 吧台（wineroom），F. 停车场（wagon room），I. 马厩（stable），H. 水槽（watering trough），E、G、H. 客房（bedroom）.（资料来源：Mary Johnston, *Roman Life: Successor to Private Life of the Romans*, Chicago, Atlanta and Dallas: Scott, Foresman and Company. 1957, p. 312.）

附录3 罗马道路建设年表

时间	政治事件	道路建造
公元前753年	传说中的罗马建城	
约公元前450年		至少作为泥泞的罗马小道路已经存在：如萨拉里亚、拉丁纳（Latina）、罗尔波纳（Norbona）（即阿庇亚）、提贝里纳（Tiberina）（即弗拉米尼亚［Flaminia］）、科尔勒里亚（Cornelia）（即奥勒里亚［Aurelia］）、维耶恩塔纳（Veientana）（即卡西亚［Cassia］）、克罗迪亚（Clodia）和阿尔德阿提纳（Ardeatina）
约公元前350年		作为一条邻近道路的拉丁纳道路穿越阿尔吉都斯山（Mt Algidus）和利里河谷
公元前350年	坎帕尼亚成为罗马的一部分	
公元前327年	第二次萨姆尼乌姆战争	石灰砂浆、水泥被引入大希腊
公元前312年		阿庇乌斯·克劳狄开始紧接着罗尔波纳道路修建阿庇安大道
约公元前300年	伊特拉斯坎被罗马吸收	
公元前267年	罗马获取布林迪西	
公元前241年	第一次布匿战争后，西西里被罗马占领	修建从罗马到皮萨的奥勒里亚大道
公元前220年	盖乌斯·弗拉米尼乌斯任监察官	建造从罗马到法罗和里米尼的弗拉大道
公元前218年	汉尼拔穿越阿尔卑斯山，在特雷比亚河畔打败罗马人	

续表

时间	政治事件	道路建造
公元前 187 年		M. 埃米尼乌斯·雷比杜斯建造从里米尼到皮亚琴察的埃米尼亚大道。从罗马到阿雷佐的老路得到重新修缮
公元前 149—前 146 年	第三次布匿战争，迦太基被毁	波斯图米亚大道通往热那亚、皮亚琴察、克雷莫纳和阿奎勒亚；埃米尼亚大道延伸至皮亚琴察和托尔托那
公元前 148—前 132 年		弗拉米尼亚大道沿亚得里亚海延伸到布林迪西
约公元前 145 年		建造从阿尔巴尼亚到希腊的埃格纳提亚大道；台伯河上第一座石桥建立
公元前 140—前 125 年		卡西亚大道分阶段地延伸到佛罗伦萨和皮萨
公元前 132 年		古老的卵石道路得到重新修建并命名为波皮里亚大道，从卡普亚到雷吉乌姆
公元前 130 年	盖乌斯·曼尼乌斯·阿奎里乌斯	最先在小亚细亚建立道路及里程碑
公元前 123 年	盖乌斯·格拉古，社会革命	开始在所有道路上竖立里程碑
公元前 109 年		沿奥勒里亚大道往前修建了埃米尼亚—斯卡乌里大道
公元前 77 年		庞培在法国建造了从都灵穿越科蒂安山脉（即阿尔卑斯科提亚埃）到维也纳的道路
公元前 60 年	前三头同盟：恺撒、庞培和克拉苏	
公元前 58 年	恺撒开始征服高卢	
公元前 44 年	恺撒被杀，屋大维任执政官	法律禁止有轮马车进入罗马

时间	政治事件	道路建造
公元前 27 年	屋大维皇帝	重新修缮整个弗拉米尼亚大道
公元前 15 年	提比略和德鲁苏斯在阿尔卑斯山的征战	德鲁苏斯建立穿越雷谢恩谢伊德克通道的新道路
公元前 1 年		在西班牙，位于纳尔波纳和卡迪兹的奥古斯塔大道得以重新修缮
公元 3 年		在土耳其建造塞巴斯特（奥古斯塔）大道
公元 5 年	征服拉埃提亚和罗里库姆	阿格里帕在下莱茵河地区建造道路
公元 11—16 年	日耳曼尼库斯对日耳曼的战争	提比略建造加贝斯到特贝萨之间的道路
公元 12—15 年		建造格米纳大道；从普洛欣根山道到阿古恩图姆到朱纳维姆（萨尔茨堡）的朱利亚—奥古斯塔大道建立
公元 15—16 年		副执政官埃利乌斯·拉米亚在北非建造埃利乌斯—拉米亚大道
公元 41—45 年	克劳狄皇帝	在西班牙修缮奥古斯塔大道
公元 43 年	克劳狄对不列颠的征服	在奥斯提亚对岸修建港口
公元 44 年		不列颠的华特林街延伸到圣奥尔班斯
公元 53 年		克劳狄完成了穿越勃伦纳山道、阿尔提诺（即亚得里亚海）到多瑙沃斯（即日耳曼尼亚）的克劳迪亚—奥古斯塔大道
公元 54 年	克劳狄被杀；尼禄皇帝	
公元 54—59 年		尼禄在西班牙维修了奥古斯塔大道和阿尔根塔大道
公元 64 年	罗马大火；对基督教的第一次迫害	
公元 69 年	苇伯芗皇帝	在达尔马提亚海岸建造弗拉维亚大道
公元 75 年		在非洲，修建了从波尼（即希波）到特贝萨的道路

续表

时间	政治事件	道路建造
公元 77—79 年		韦伯芗建造了从阿斯托尔加到布拉加的诺瓦大道
公元 79 年	维苏威火山爆发，庞贝城和赫尔库兰姆城被埋	
约 公 元 80 年		建造从西努埃萨到那不勒斯的多米提亚大道
公元 81 年	罗马圆形大剧场建成	
公元 86 年		沿整个达尔马提亚海岸的加布里纳大道建成
公元 98 年	涅尔瓦皇帝去世；图拉真皇帝	北非的涅尔瓦大道开始修建（从的黎波里到亚历山大里亚）
公元 98—117 年		图拉真建立了一条从基夫特到贝雷尼斯的新道路
约 公 元 100 年	罗马帝国边界达到最大	
公元 104 年		达马斯库斯的阿波罗多洛斯在多瑙河上建立桥梁
公元 104—106 年	征服达奇亚，达奇亚成为罗马的行省	
公元 113—116 年		图拉真修复埃格纳提亚大道
公元 114 年		从贝内文托到卡诺萨和布林迪西的图拉真大道开始修建
公元 115 年		图拉真建造从波尔塞纳湖到休西的新图拉真大道，途经卡西亚大道
公元 117 年	图拉真死于塞里诺乌斯（土耳其）；哈德良皇帝	
公元 121 年		哈德良加强了日耳曼尼亚的边界防范；整饬道路
公元 125 年		哈德良视察卡西亚大道

时间	政治事件	道路建造
公元 122—127 年		建造不列颠的哈德良长城
公元 123 年		在非洲建立从特贝萨到迦太基的新道路
公元 128 年		建立从西米图斯（即突尼斯）到塔布拉卡采石场的专门道路
公元 137—138 年		建造连接安提诺波利斯（尼罗河边）与贝雷尼斯（红海边）的新哈德良大道
公元 138 年	哈德良去世；安托尼乌斯·庇乌斯皇帝	
公元 180 年	马尔库斯·奥勒略去世；康茂德皇帝	
公元 193 年	塞普提米乌斯·塞尔维鲁斯皇帝	
公元 197 年		建造连接特拉契纳和奥斯提亚的塞维里亚纳大道
公元 211 年	塞普提米乌斯·塞尔维鲁斯去世卡拉卡拉皇帝	
公元 214 年		卡拉卡拉在西班牙重新修建了所有的主要大道
公元 271 年	奥勒里安皇帝；罗马城墙开始建造	
公元 284—378 年	戴克里先皇帝	在西班牙维修道路；修建从大马士革到巴尔米拉的沙漠道路；修建从苏拉（幼发拉底河边）到雷萨法的戴克里提亚纳大道
公元 306—337	君士坦丁皇帝	
公元 317—323 年		君士坦丁皇帝重新修建西班牙境内的诺瓦大道
公元 330 年	罗马东部都城君士坦丁堡建立	
公元 346—378 年	瓦伦斯皇帝	

续表

时间	改治事件	道路建造
公元 375 年		维修埃格纳提亚大道（萨洛尼卡到都拉斯段）并竖立了最后一块里程碑
公元 410 年	不列颠摆脱罗马帝国的统治	罗马道路的维修全交给各行省；罗马道路体系的普遍衰落

（资料来源：Victor W. Von Hagen, *The Roads that Led to Rome*, Cleveland and New York, 1967, pp. 280 – 281.）

附录4　主要罗马大道译名对照表

Foss Way	壕沟大道
Akeman Street	阿克曼大道
Ermine Street	埃米林大道
Via Aegnatia	埃格纳提亚大道
Via Aemilia	埃米尼亚大道
Via Aemilia Scauri	埃米利亚—斯卡乌里大道
Via Aemilia Lepidi	埃米尼亚—雷比杜斯大道
Via Aelius Lamia	埃利乌斯—拉米亚大道
Via Annia	阿尼亚大道
Via Apia	阿庇安大道
Via Appia Antica	阿庇安—安提卡大道
Via Appia Traiana	阿庇安—图拉真大道
Via Ardeatina	阿尔德阿提纳大道
Via Argentea	阿尔根特阿大道
Via Augusta	奥古斯塔大道
Via Aurelia	奥勒略里亚大道
Via Biberatica	比贝拉提卡大道
Via Caecilia	恺乞利亚大道
Via aeretana	埃雷塔纳大道
Via Campana	卡尔帕纳大道
Via Cassia	卡西亚大道
Via Claudia	克劳迪亚大道
Via Claudia Augusta	克劳迪亚—奥古斯塔大道
Via Claudia Nova	克劳迪亚—诺瓦大道
Via Clodia	克罗迪亚大道
Via Coptiana	科普提亚纳大道
Via Diocletiana	戴克里先大道
Via Domitia	多米提亚大道
Via Domitiana	多米提亚纳大道
Via Faventina	法文蒂纳大道（在中世纪称为拉维

格纳纳大道［via Ravignana］）

Via Ferentiensis	弗伦提恩西斯大道
Via Ficulensis	费库伦西斯大道
Via Flacca	弗拉卡大道
Via Flaminia	弗拉米尼亚大道
Via Flaminia mior	小弗拉米尼亚大道
Via Flavia	弗拉维亚大道
Via Fulvia	富尔维亚大道
Via Gabina	加比纳大道
Via Hadriana	哈德良大道
Via Herculia	赫尔库利亚大道
Via Iulia Augusta	朱利亚—奥古斯塔大道
Via Labicana	拉比卡纳大道
Via Lata	拉塔大道
Via Latina	拉丁纳大道
Via Laurentina	拉乌伦提纳大道
Via Leucos Limen	勒乌科斯里门大道
Via Marmorata	马尔摩尔拉塔大道
Via Maxima	马克西马大道
Via Minucia	米努齐亚大道
Via Mons Claudianus	克劳迪亚努斯山道路
Via Mons Porphyrites	波尔皮里特斯山道路
Via Myos Hormos	迈俄斯霍尔莫斯大道
Via Nomentana	诺门塔纳大道
Via Norbana	诺尔巴纳大道
Via Nova	新大道
Via Nova Hadriani	哈德良新大道
Via Ostiensis	奥斯提亚大道
Via Piedmont	皮埃蒙特道路
Via Pompeia	庞培亚大道
Via Popilia	波皮利亚大道
Via Portuensis	波尔图恩西斯大道
Via Postumia	波斯图米亚大道
Via Praenestina	普拉埃纳斯提纳大道

Via Quintana	昆塔纳道路
Via Sacra	萨克拉大道
Via Salaria	萨拉里亚大道
Via Satricana	萨特里卡纳大道
Via Severiana	塞维里亚纳大道
Via Tiberina	提贝里纳大道
Via Traiana nova	图拉真新大道
Via Tusculana	图斯库拉纳大道
Via Valeria	瓦勒里亚大道
Via Veientana	维恩塔纳大道
Via Vicus Aurelius	奥勒略道路
Watling Street	华特林大道

参考文献

一　文献史料

《圣经》（中英对照，新标点和合本/NRSV），中国基督教协会 1985 年版。

［古罗马］阿庇安：《罗马史》，谢德风译，商务印书馆 1979 年版。

［古罗马］奥古斯丁：《忏悔录》，周士良译，商务印书馆 1996 年版。

［古罗马］凯撒：《高卢战记》，任炳湘译，商务印书馆 1979 年版。

［古罗马］凯撒：《内战记》，任炳湘、王士俊译，商务印书馆 1996 年版。

［古希腊］荷马：《奥德赛》，王焕生译，人民文学出版社 1997 年版。

［古罗马］伽图：《农业志》，马香雪、王阁森译，商务印书馆 1997 年版。

［古罗马］普罗柯比：《秘史》，吴舒屏、吕丽蓉译，上海三联书店 2007 年版。

［古希腊］普鲁塔克：《希腊罗马名人传·马可·伽图传》，陆永庭、吴彭鹏等译，商务印书馆 1999 年版。

［古罗马］撒路斯提乌斯：《喀提林阴谋》，王以铸、崔妙因译，商务印书馆 1996 年版。

［古罗马］撒路斯提乌斯：《朱古达战争》，王以铸、崔妙因译，商务印书馆 1996 年版。

［古罗马］苏维托尼乌斯：《罗马十二帝王传》，张竹明、王乃新、蒋平等译，商务印书馆 2000 年版。

［古罗马］塔西佗：《阿古利可拉传·日耳曼尼亚志》，马雍、傅正元译，商务印书馆 1997 年版。

［古罗马］塔西佗：《编年史》，王以铸、崔妙因译，商务印书馆 1997 年版。

［古罗马］塔西佗：《历史》，王以铸、崔妙因译，商务印书馆 2002 年版。

［古罗马］维吉尔：《埃涅阿斯纪》，杨周翰译，人民文学出版社 1984 年版。

［古罗马］维特鲁威：《建筑十书》，高履泰译，知识产权出版社 2001 年版。

［古罗马］瓦罗：《论农业》，王家绶译，商务印书馆 1997 年版。

［古希腊］希罗多德：《历史》，王以铸译，商务印书馆 2001 年版。

［古罗马］西塞罗：《论义务》，王焕生译，中国政法大学出版社 1999 年版。

Apuleius, *Metamorphoses*, Cambridge, MA：Harvard University Press, 1989.

Cassius, Dio, *The Roman History*：*the Reign of Augustus*, Translation by Ian Scott-Kilvert, London：Penguin Books, 1987.

Cicero, *Letters to Friends*, Vol. I-Ⅲ, Harvard University Press, 2001.

Dessau, Hermann, ed. *Inscriptiones Latinae Selectae*（*ILS*）, Berlin, 1892–1916.

Dionysius of Halicarnassus, *The Roman Antiquities*, Cambridge：Harvard University Press, 1937.

Ehrenberg, Victor, and Jones, A. H. M., *Documents Illustrating the Reigns of Augustus and Tiberius*, Oxford：Clarendon Press, 1955.

Eusebius of Caesarea, *Life of Constantine*, Oxford University Press, 1999.

Frontinus, Sextus Julius, *Stratagems*, Cambridge, MA：Harvard University Press, 1925.

Glover, Terrot Reaveley, *Life and Letters in the Fourth Century*, New York：G. E. Stechert & Co., 1924.

Herodian of Antioch's, *History of the Roman Empire*, Berkeley & Los Angeles：University of California Press, 1961.

Horace, *Staires*, Harvard University Press, 1999.

Horace, *Epistles*, Harvard University Press, 1978.

In Praise of Later Roman Emperors, Translated by C. E. V. Nixon and Barbara Rodgers, Berkeley：University of California Press, 1994.

Juvenal, *The Satires*, Oxford：Clarendon Press, 1991.

Lee, Guy, *The Satires of Persius*, Francis Cairns, 1987.

Livy, *From the Founding of the City*, Cambridge, MA: Harvard University Press, 1976.

Livy, *The History of Rome from Its Foundations*, Penguin Books, 1960.

Lomas, Kathryn, *Roman Italy, 338 BC-AD200 : A Sourcebook*, New York: St. Martin's Press, 1996.

Marcellinus, Ammianus, *The Later Roman Empire* (A. D. 354 – 378), Selected and translated by Walter Hamilton with an Introduction and Notes by Andrew Wallace-Hadrill, London: Penguin Books, 1986.

Martial, *Epigrams*, Cambridge, MA: Harvard University Press, 1993.

Ovid, *Fasti*. (http: //www. poetryintranslation. com/PITBR/Latin/Ovid FastiBkTwo. htm#)

Paterculus, C. Velleius, *The Roman History*, Cambridge, MA: Harvard University Press, 1924.

Pausanias, *Description of Greece*, Harvard University Press, 1998.

Petronius, *The Satyricon*, New York: The Panurge Press, 1930.

Pliny the Elder, *Natural History*, Cambridge: Harvard University Press, 1947.

Pliny, the Younger, *Letters*, Cambridge, MA: Harvard University Press, 1972 – 1975.

Plutarch, *Lives*, Harvard University Press, 1914 – 1926.

Polybius, *The Complete Histories of Polybius*, W. R. Paton trans. , Digireads. com Publishing. 2009.

Polybius, *The Rise of the Roman Empire*, Ian Scott-Kilvert trans. , London: Penguin Books, 1979.

Procopius, *Secret History*, translated by Richard Atwater, Ann Arbor, MI: University of Michigan Press, 1961.

Seneca, Annaeus *On Tranquility of the Mind*, Cambridge, MA: Harvard University Press, 1990.

SHA, *Hadrianus*. 12, 6. (http: //www. thelatinlibrary. com/sha/hadr. shtml)

Statius, *Silves*, Cambridge, MA: Harvard University Press, 1982.

Strabo, *Geography*, Cambridge, MA: Harvard University Press, 1949.

Tacitus, *Agricola. Germania. Dialogue on Oratory*, Cambridge, MA: Harvard University Press, 1960.

Tacitus, *Annal*, Cambridge, MA：Harvard University Press, 1986.

Varro, *On the Latin Language*, Cambridge, MA：Harvard University Press, 1958.

Maximus, *Valerius*, *Memorable Doings and Sayings*, edited and translated by D. R. Shackleton Bailey, Cambridge：Harvard University Press, 2000.

Xenophon, *Cyropaedia*, Cambridge, MA：Harvard University Press, 1979 – 1986.

二　中文专著

爱德华·吉本：《罗马帝国衰亡史》上册，黄宜思、黄雨石译，商务印书馆 2004 年版。

R. H. 巴洛：《罗马人》，黄韬译，上海人民出版社 2000 年版。

班扬：《天路历程》，赵沛林、陈亚珂译，陕西师范大学出版社 2004 年版。

北京大学哲学系外国哲学史教研室编译：《西方哲学原著选读》上卷，商务印书馆 1981 年版。

布林迪西乌姆、克里斯多夫、吴尔夫：《西洋文化史》第 1 卷，台湾学生书局 1984 年版。

陈恒：《希腊化研究》，商务印书馆 2006 年版。

陈可风：《罗马共和宪政研究》，法律出版社 2004 年版。

菲迪南·罗特：《古代世界的终结》，王春侠、曹明玉译，上海三联书店 2008 年版。

柯林武德：《柯林武德自传》，陈静译，北京大学出版社 2005 年版。

科瓦略夫：《古代罗马史》，王以铸译，三联书店 1957 年版。

戴尔·布朗主编：《罗马：帝国荣耀的回声》，陈俐丽译，华夏出版社、广西人民出版社 2002 年版。

德尼·佩兰：《酒店业》，江振霄译，商务印书馆 1995 年版。

弗雷德里克·J. 梯加特：《罗马与中国：历史事件的关系研究》，丘进译，人民交通出版社 1993 年版。

高福进、侯洪颖：《角斗士：一段残酷历史的记忆》，上海辞书出版社 2006 年版。

宫秀华：《罗马：从共和走向帝制》，东北师范大学出版社 2002 年版。

哈里斯：《西方图书馆史》，吴晞、靳萍译，书目文献出版社 1989 年版。

莱斯莉·阿德金斯、罗伊·阿德金斯：《探寻古罗马文明》，张楠、王悦、范秀琳译，商务印书馆 2008 年版。

理查德·詹金斯主编：《罗马的遗产》，晏绍祥、吴舒屏译，上海人民出版社 2002 年版。

李雅书、杨共乐：《古代罗马史》，北京师范大学出版社 1994 年版。

梁工、赵复兴：《凤凰的再生——希腊化时期的犹太文学研究》，商务印书馆 2000 年版。

刘家和、廖学盛主编：《世界古代文明史研究导论》，高等教育出版社 2001 年版。

刘梦溪主编：《中国现代学术经典》（陈寅恪卷），河北教育出版社 2002 年版。

刘增泉：《古代罗马人旅行世界》，台北：五南图书出版公司 2003 年版。

罗斯托夫采夫：《罗马帝国社会经济史》，马雍、厉以宁译，商务印书馆 1985 年版。

蒙森：《罗马史》第三卷，李稼年译，商务印书馆 2005 年版。

孟德斯鸠：《罗马盛衰原因论》，婉玲译，商务印书馆 1962 年版。

乔治·皮博迪·古奇：《十九世纪历史学与历史学家》，耿淡如译，商务印书馆 1989 年版。

让-诺埃尔·罗伯特：《古罗马人的欢娱》，王长明、田禾、李变香译，广西师范大学出版社 2005 年版。

让-诺埃尔·罗伯特：《从罗马到中国——恺撒大帝时代的丝绸之路》，马军、宋敏生译，广西师范大学出版社 2005 年版。

让-皮埃尔·内罗杜：《古罗马的儿童》，张鸿、向征译，广西师范大学出版社 2005 年版。

孙秉莹：《近代欧洲史学史》，湖南人民出版社 1984 年版。

唐纳德·R. 凯利：《多面的历史》，陈恒、宋立宏译，上海三联书店 2003 年版。

J. W. 汤普逊：《历史著作史》，谢德风译，李活校，商务印书馆 1996 年版。

腾尼·弗兰克：《罗马帝国主义》，宫秀华译，上海三联书店 2008 年版。

王焕生：《古罗马文学史》，人民文学出版社 2006 年版。

王仁兴：《中国旅馆史话》，中国旅游出版社 1984 年版。

王晓朝主编：《信仰与理性：古代基督教教父思想家评传》，东方出版社 2001 年版。

王永忠：《西方旅游史》，东南大学出版社 2004 年版。

王子今：《邮传万里——驿站与邮递》，长春出版社 2004 年版。

威尔·杜兰：《世界文明史·凯撒与基督》，幼狮文化公司译，东方出版社 1999 年版。

维奥莱纳·瓦诺依克：《世界上最古老的行业——古希腊罗马的娼妓与社会》，邵济源译，中国人民大学出版社 2007 年版。

吴晓群：《古代希腊仪式文化研究》，上海社会科学院出版社 2000 年版。

徐思学：《旧约概论》，中国基督教协会神学委员会 1998 年版。

雅各布·布克哈特：《君士坦丁大帝时代》，宋立宏、熊莹、卢彦名译，上海三联书店 2006 年版。

晏绍祥：《古典历史研究发展史》，华中师范大学出版社 1999 年版。

杨共乐：《罗马社会经济研究》，北京师范大学出版社 1998 年版。

叶民：《最后的古典：阿米安和他笔下的晚期罗马帝国》，天津人民出版社 2004 年版。

伊迪丝·汉密尔顿：《希腊方式——通向西方的文明源流》，浙江人民出版社 1988 年版。

伊迪丝·汉密尔顿：《罗马精神》，王昆译，华夏出版社 2008 年版。

裔昭印主编：《世界文化史》，华东师范大学出版社 2000 年版。

张晓校：《罗马军队与帝位嬗递》，中国社会科学出版社 2006 年版。

赵林：《西方宗教文化》，武汉大学出版社 2005 年版。

朱龙华：《罗马文化》，上海社会科学院出版社 2003 年版。

三　中文论文

陈可风：《罗马对不列颠的征服——从恺撒到克劳狄乌斯》，《世界历史》2004 年第 3 期。

冯定雄：《旅馆与古罗马文化》，《浙江海洋学院学报》（人文科学版）2011 年第 5 期。

冯定雄：《欧美学者对罗马道路史的研究述论》，《古代文明》2011 年第 4 期。

冯定雄：《特奥多尔·蒙森与罗马史研究》，《史学月刊》2011 年第 6 期。

冯定雄：《罗马道路与帝国统治》，《河北学刊》2011 年第 2 期。

冯定雄：《特奥多尔·蒙森与诺贝尔文学奖》，《名作欣赏》2009 年第 11 期。

冯定雄：《罗马共和国时期的道路建设》，《古代文明》2009 年第 3 期。

冯定雄：《古罗马在非洲的道路建设》，《西亚非洲》2008 年第 3 期。

冯定雄：《拉丁铭文与罗马史研究》，《求索》2007 年第 5 期。

冯定雄、何立平：《角斗表演与古罗马政治》，《鲁东大学学报》（哲学社会科学版）2007 年第 1 期。

冯定雄：《中国汉晋与罗马帝国时代的邮驿》，《历史教学》2007 年第 5 期。

冯定雄：《罗马帝国社会文化史新作：评〈最后的古典：阿米安和他笔下的晚期罗马帝国〉》，《史学理论研究》2007 年第 4 期。

宫秀华：《罗马帝国时期道路信息网的建设》，《常熟高等专科学校学报》2001 年第 1 期。

龚缨宴：《波伊廷格古地图：条条大道通罗马》，《地图》2004 年第 2 期。

鲁道夫·宾尼：《欧洲认同的历史起源》，郭灵凤译，《欧洲研究》2006 年第 1 期。

宋立宏：《安东尼·伯利：〈哈德良：骚动不安的皇帝〉》，《中国学术》2003 年第 4 期。

宋立宏：《犹太战争与巴勒斯坦罗马化之两难》，《世界历史》2002 年第 1 期。

王鹤：《"罗马化"若干问题论略》，《北方论丛》2008 年第 5 期。

王鹤：《军队在"罗马化"过程中的作用》，《北方论丛》2007 年第 2 期。

刑义田：《罗马帝国的居延与敦煌——简介英国雯都兰达出土的驻军木牍文书》，载中国社会科学院简帛研究中心编《简帛研究译丛》第一辑，湖南出版社 1996 年版。

晏绍祥：《罗马的遗产——〈罗马的遗产〉评价》，《博览群书》2002 年第 7 期。

杨俊明、杨真：《奥古斯都时期古罗马城市化》，《湖南科技大学学报》2006 年第 5 期。

于卫青：《从历史交往看大流士的历史地位》，《聊城师范学院学报》（哲社版）2001 年第 3 期。

张广智：《论古罗马的政治文化：一项历史学的分析》，《江海学刊》1995 年第 1 期。

张楠、张强：《〈奥古斯都功德碑〉译注》，《古代文明》2007 年第 3 期。

四　外文专著

Abbott, Frank Frost, *The Common People of Ancient Rome*：*Studies of Roman Life and Literature*, New York：Charles Scribner's Sons, 1911.

Abbott, Frank Frost, *Society and Politics*, New York, 1909.

Adams, Colin and Laurence, Ray eds. , *Travel and Geography in the Roman Empire*, London and New York, 2001.

Alcock, Susan E. , Cherry, John F. and Elsner, Jas. , eds. *Pausanias*：*Travel and Memory in Roman Greece*, Oxford University Press, 2001.

Alston, Richard, *Aspects of Roman History*, *AD 14 −117*, London and New York：Routledge, 1998.

Anderson, Graham, *The Second Sophistic*：*A Cultural Phenomenon in the Roman Empire*, London and New York, 1993.

Ando, Clifford, *Imperial Ideology and Provincial Loyalty in the Roman Empire*, Berkeley, Los Angeles and London：University of California Press, 2000.

Arnott, Peter D. , *The Romans and Their World*, St. Martin's Press, 1970.

Arragon, R. F. , *The Transition from the Ancient to the Medieval World*, New York：Henry Holt and Company, 1936.

Ashby, Thomas, *The Roman Campagna in Classical Times*, London：Ernest Benn Ltd. , 1927.

Auguet, Roland, *Cruelty and civilization*：*The Roman Games*, London and New York, 1972.

Balsdon, J. P. V. D. , *Rome*：*The Story of an Empire*, McGraw-Hill Book Company, 1970.

Bartlett, John R. , *Jews in the Hellenistic and Roman Cities*, London and New York, 2002.

Barton, Carlin A. , *The Sorrow of the Ancient Romans*, Princeton, New Jersey: Princeton University Press, 1993.

Beacham, Richard C. , *Spectacle Entertainments of Early Imperial Rome*, Yale University Press, 1999.

Bender, M. A. Henry, *The Civilization of Ancient Rome: An Archaeological*, London and New York, 1998.

Benjamin Isaac, *The Near East Under Roman Rule: Selected Papers*, Leiden, New York: Brill, 1998.

Bickerman, Elias J. , *The Jews in the Greek Age*, Harvard University Press, 1988.

Birley, Anthony, *Lives of the Later Caesars*, Penguin Books, 1976.

Boardman, John, etc. , ed. , *The Oxford History of the Roman World*, Oxford: Oxford University Press, 2001.

Boak, Arthur E. R. , *A History of Rome to 565 A. D.* 4th Edition, New York: The Macmillan Company, 1955.

Boren, Henry C. , *Roman Society: A Social, Economic, and Cultural History*, University of North Carolina at Chapel Hill, 1992.

Borsley, Richard A. , *Paul and Empire: Religion and Power in Roman Imperial Society*, Trinity Press Internaltional, 1997.

Bovie, Smith Palmer. *The Satires and Epistles of Horace*, Phoenix Books, The University of Chicago Press, 1959.

Bowersock, G. W. , Peter Brown and Oleg Grabar, *Interpreting Late Antiquity: Essays on the British Museum*, London, 1993.

Brunt, P. A. , *Italian Manpower, 225 B. C. A. D. 14* , Clarendon Press, 1987.

Buren, W. Van, *Ancient Rome: As Revealed by Recent Discoveries*, London: Lovat Dickson Publisher, 1936.

Burland, C. A. , *Ancient Rome*, London: Hulton Educational Publications, 1958.

Burnham, Barry C. and Wacher, John, *The Small Towns of Roman Britain*, University of California Press, Berkeley and Los Angeles, 1990.

Butterworth, Alex, and Laurence, Ray, Pompeii: The Living City, London: Weidenfeld & Nicolson, 2005.

Cameron, Averil, *The Late Roman Empire: AD 284 –430*, Harvard University Press, 1993.

Carcopino, Jerome, *Daily Life in Ancient Rome: The People and the City at the Height of the Empire*, Translated by E. O. Lorimer, Yale University Press, 1965.

Casson, Lionel, *Travel in the Ancient World*, Baltimore and London: The Johns Hopkins University Press, 1994.

Casson, Lionel, *Everyday Life in Ancient Rome*, Revised and Expanded Edition, Baltimore and London: The Johns Hopkins University Press, 1998.

Chavallier, Raymond, *Roman Roads*, London: B. T. Batsford Ltd., 1976.

Cherry, Divid, *Frontier and Society in Roman North Africa*, Oxford: Clarendon Press, 1998.

Christ, Karl, *The Romans: An Introduction to Their History and Civilization*, Translated by Christopher Holme, University of California Press, 1984.

Codrington, Thomas, *Roman Roads in Britain*, London: S. P. C. K., 1903 (revised 1918).

Coleman, Simon and Elsner, John, *Pilgrimage: Past and Present in the World Religions*, Harvard University Press, 1995.

Collingwood, R. G., *The Archaeology of Roman Britain*, Oxford: Methuen, 1930.

Curchin, Leonard A., *The Romanization of Central Spain: Complexity, Diversity and Change in A Provincia Hinterland*, London and NewYork: Routledge, 2004.

Dench, Emma, *Romulus' Asylum: Roman Identities from the Age of Alexander to the Age of Hadrian*, Oxford; New York: Oxford University Press, 2005.

Department of Greek and Roman Antiquities, *A Guide to the Exhibition Illustrating Greek and Roman Life*, London, 1920.

Dilke, O. A. W., *Greek and Roman Maps*, London: Thames and Hudson Ltd., 1985.

Donfried, Karl P., and Richardson, Peter, *Judaism and Christianity in First-Century Rome*, William B. Eerdmans Publishing Campany, 1998.

Dorothy Mills, M. A. , *The Book of the Ancient Romans: An Introduction to the History and Civilization of Rome from the Traditional Date of the Founding of the City to Its Fall in 476 A. D.* , New York: G. P. Putnam's Sons, 1927.

Drummond, Steven K. , and Nelson, Lynn H. , *The Western Frontiers of Imperial Rome*, New York: M. E. Sharpe, Inc. , 1994.

Dudley, Donald R. , *The World of Tacitus*, Little, Brown and Company. Boston. Toronto, 1968.

Duncan-Jones, Richard, *The Economy of the Roman Empire: Quantitative Studies*, Cambridge University Press, 1982.

Duncan-Jones, Richard, *Money and Government in the Roman Empire*, London, 1994.

Dupont, Florence, *Daily Life in Ancient Rome*, Translated by Christopher Woodall, Oxford and Massachusetts: Blackwell Publishers Ltd. , 1994.

Dyke, Henry Van, *Out-of-Doors in the Holy Land: Impressions of Travel in Body and Spirit*, New York, 1908.

Dyson, Stephen L. , *The Creation of the Roman Frontier*, Princeton: Princeton University Press, 1985.

Eban, Abba, *Heritage: Civilization and the Jews*, New York, 1984.

Edwards, Catharine, *The Politics of Immorality in Ancient Rome*, Cambridge University Press, 1993.

Edwards, Catharine, *Roman Presences: Receptions of Rome in European Culture*, 1789 – 1945, Cambridge University Press, 1999.

Ellis, Simon P. , *Roman Housing*, London: Gerald Duckworth & Co. , Ltd. , 2000.

Ferguson, John, *The Religions of the Roman Empire*, Cornell University Press, 1970.

Finley, M. I. , *Ancient History Evidence and Models*, New York: The Hogarth Press, 1986.

Fishwick, Duncan, *The Imperial Cult in the Latin West: Studies in the Ruler Cult of the Western Provinces' of the Roman Empire*, Vol. III: Provincial Cult, Part 1: *Institution and Evolution*, Leiden, Boston, Koln: Brill, 2002.

Frank, Tenney, *An Economic Survey of Ancient Rome*: General Index to Volumes I－V, New Jersey: Pageant Books, Inc. , 1959.

Gadallah, F. F. , ed. , *Libya in History*, Benghazi: University of Libya Publications, 1971.

Garnsey, Peter and Saller, Richard, *The Roman Empire*: *Economy*, *Society and Culture*, Gerald Duckworth & Co. Ltd. , 1987.

Garnsey, Peter, *Cities*, *Peasants and Food in Classical Antiquity*: *Essays in Social and Economic History*, Cambridge University Press, 1998.

Gordon, A. E. , *Illustrated Introduction to Latin Epigraphy*, University of California Press, 1983.

Gordon, Arthur E. , *The Inscribed Fibula Praenestina*: *Problems of Authenticity*, Berkeley: University of California Press, 1975.

Graham, *The Penguin Dictionary of Ancient History*, Penguin Books, London and New York, 1994.

Grant, Michael, *The Founders of the Western World*: *A History of Greece and Rome*, New York, 1991.

Grant, Michael, *The Visible Past*: *Greek and Roman History from Archaeology*, London, 1990.

Greene, Kevin, *The Archaeology of the Roman Economy*, London, 1983.

Greene, William Chase, *The Achievement of Rome*: *A Chapter in Civilization*, Cambridge: Harvard University Press, 1933.

Grenier, Albert, *The Roman Spirit*: *in Religion*, *Thought*, *and Art*. Translated by M. R. Dobie, New York: Cooper Square Publishers, Inc. , 1996.

Gruen, Erich S. , *Culture and National Identity in Republican Rome*, Ithaca, New York: Cornell University Press, 1992.

Hadas, Moses, *A History of Rome from its Origins to 529 A. D. as told by the Roman Historians*, Garden City, New York: Doubleday & Company, Inc. , 1956.

Habinek, Thomas, and Schiesaro, Alessandro, *The Roman Cultural Revolution*, Cambridge University Press, 1997.

Henig, Martin, ed. , *A Handbook of Roman Art*: *A Comprehensive Survey of All Arts of the Roman World*, Ithaca, NY: Cornell University Press, 1983.

Humphrey, John W. , Oleson, John. P. , and Sherwood, Andrew N. , *Greek and Roman Technology: A Sourcebook, Annotated Translations of Greek and Latin Texts and Documents*, Loutledge, London and New York, 1998.

Huskinson, Janet, *Experiencing Rome: Culture, Identity and Power in the Roman Empire*, London and New York, 2000.

Isaac, Benjamin, *The Limits of Empire: The Roman Army in the East*, Oxford: Oxford University Press, 1990.

Isaac, Benjamin, *The Near East under Roman Rule: selected papers*, Leiden, New York, Koln: Brill, 1998.

Jackson, Robert B. , *At Empire's Edge: Exploring Rome's Egyptian Frontier*, New Haven & London: Yale University Press, 2002.

Jewett, Rober, *A Chronology of Paul's Life*, Philadelphia: Fortress Press, 1979.

Johnston, Mary, *Roman Life: Successor to Private Life of the Romans*, Chicago : Scott, Foresman and Company, 1957.

Jones, A. H. M. , *The Decline of the Ancient World*, New York: Holt, Rinehart and Winston, Inc. , 1966.

Jones, A. H. M. , *The Later Roman Empire*, 284 – 602: *A social, Economic, and Administrative Survey*, Vol. I-Ⅱ. Baltimore: The Johns Hopkins University Press, 1986.

Jones, Richard Duncan, *Structure and Scale in the Roman Economy*, Cambridge: Cambridge University Press, 1990.

Kagan, Donald, *The End of the Roman Empire: Decline or Transformation?* Second Edition, Lexington, Massachusetts, Toronto: D. C. Heath and Company, 1978.

Kebric, Robert B. , *Roman People*, London and New York: Mountain Publishing Company, 1993.

Kennedy, D. L. , *Archaeological Explorations on the Roman Frontier in North-East Jordan: The Roman and Byzantine Military Installations and Road Network on the Ground and from the Air*, BAR International Series 134, Oxford : British Archaeological Reports, 1982.

Keppie, Lawrence, *Understanding Roman Inscriptions*, London: B. T. Batsford Ltd. , 1991.

Kyle, Donald G. , *Spectacles of Death in Ancient Rome*, London and New York ： Routledge, 1998.

Lanciani, Rodolfo, *Ancient Rome in the Light of Recent Discoveries*, New York：Benjamin Blom Inc. , 1967.

Lancon, Bertrand, *Rome in Late Antiquity*, Edinburgh：Edinburgh University Press, 2000.

Laurence, Ray, *Roman Pompeii：Space and Society*, London and New York：Routledge, 1994.

Laurence, Ray and Berry, Joanne, *Cultural Identity in the Roman Empire*, London and New York：Routledge, 1998.

Lee, A. D. , *Information and Frontiers：Roman Foreign Relations in Late Antiquity*, New York：Cambridge University Press, 1993.

Levick, Barbara, ed. , *The Government of the Roman Empire：A Source Book*, London：Groom Helm, 1985.

Levick, Barbara, ed. , *The Government of the Roman Empire：A Sourcebook*, London, New York：Routledge Press, 2000.

Lomas, Kathryn, *Roman Italy, 338 BC-AD200 , A Sourcebook*, New York：St. Martin's Press, 1996.

Lomas, Kathryn, *Roman Imperialism and the City in Italy*, in Ray Laurence and Joanne Berry, Cultural Identity in the Roman Empire, London and New York：Routledge, 1998.

Love, John R. , *Antiquity and Capitalism：Max Weber and the Sociological Foundations of Roman Civilization*, London and New York：Routledge, 1991.

Maas, Michael, *Readings in Late Antiquity：A Sourcebook*, London and New York, 2000.

Mackay, Christopher S. , *Ancient Rome：A Military and Political History*, Combridge University Press, 2004.

MacMullen, Ramsay, *Romanization in the Time of Augustus*, New Haven and London：Yale University Press, 2000.

Manton, E. Lennox, *Roman North Africa*, London：Seaby, 1988.

Margary, Ivan D. , *Roman Roads in Britain*, London：John Baker, 1973.

Mattingly, M. A. H. , *The Imperial Civil Service of Rome*, Cambridge

University Press, 1910.

Matz, Divid, *Daily Life of the Ancient Romans*, Greenwood Press, 2002.

Momigliano, A. D. , *Studies on Modern Scholarship*, Berkeley, Los Angeles, London: University of California Press, 1994.

Mommsen, Theodor, *A History of Rome under the Emperors*, London and New York: Routledge. 1992.

Murray, Oswyn, and Price, Simon, *The Greek City: From Homer to Alexander*, Clarendon Press, 1990.

Oleson, John Peter, *Bronze Age, Greek and Roman Technology: A Select, Annotated Bibliography*, New York & London, 1986.

Oliver, Graham J. , ed. , *The Epigraphy of Death: Studies in the History and Society of Greece and Rome*, Liverpool: Liverpool University Press, 2000.

Paoli, Ugo Enrico, *Rome: Its People Life and Customs*, Translated by R. D. Macnaghten, Aberdeen University Press, 1963.

Parker, H. M. D. , *A History of the Roman World: From A. D. 138 to 337*, New York: The Macmillan Company, 1958.

Parkins, Helen and Smith, Christopher, *Trade, Traders and the Ancient City*, London and New York, 1998.

Paul, George M. , *Roman Coins and Public Life under the Empire*, The University of Michigan Press, 1999.

Paz, Octavio, *Itinerary*, Menard Press, 1999.

Peacock, D. P. S. and Williams, D. F. , *Amphorae and the Roman Economy: An Introductory Guide*, London and New York, 1991.

Petts, David, *Landscape and Culture Identity in Roman Britain*, in Ray Laurence and Joanne Berry ed. , *Cultural Identity in the Roman Empire*, London and New York: Routledge, 1998.

Rabello, Alfredo Mordechai, *The Jews in the Roman Empire: Legal Problems, from Herod to Justinian*, Ashgate Variorum, 2000.

Raven, Susan, *Rome in Afric*, London and New York: Longman Inc. , 1984.

Rawson, Beryl, ed. , *The Family in Ancient Rome: New perspectives*, Ithaca, NY: Cornell University Press, 1986.

Rawson, Beryl and Weaver, Paul, *The Roman Family in Italy: Sta-*

tus, *Sentiment*, *Space*, Clarendon Press, 1997.

Rich, John, *The City in Late Antiquity*, London and New York, 1992.

Rich, John and Wallace-Hadrill, Andrew eds., *City and Country in the Ancient World*, London and New York, 1993.

Ridley, Ronald T., *The Emperor's Retrospect: Augustus' RES GESTAE in Epigraphy, Historiography and Commentary*, Leuven: Peeters, 2003.

Robinson, O. F., *Ancient Rome: City Planning and Administration*, London and New York, 1994.

Rogers, H. L., and Harley, T. R., *The Life of Rome: Illustrative Passages from Latin Literature*, Oxford: Clarendon Press, 1927.

Rollins, Alden M., *The Fall of Rome: A Reference Guide*, McFarland & Company, Inc., 1983.

Rostovtzeff, M., *Rome*, Translated by Elias J. Bickerman, New York: Oxford University Press, 1960.

Royds, T. F., *The Eclogues and Georgics of Virgil*, Richard Clay & Sons, Ltd., 1941.

Rutgers, Leonard Victor, *The Jews in Late Ancient Rome: Evidence of Cultural Interaction in the Roman Diaspora*, Leiden: E. J. Brill, 1995.

Samuel Dill, M. A., *Roman Society in the Last Century of the Western Empire*, Macmillan and Co., Ltd., 1921.

Sander, Mae E., *Jewish Time-Travel: A Travel Narrative and Guide to Jewish Historic Sites in Europe and Israel*, Jason Aronson Inc., 2000.

Saylor, Steven, *A Murder on the Appian Way: A mystery of Ancient Rome*, London, 1997.

Scherer, Margaret R., *Marvels of Ancient Rome*, The Phaidon Press, 1955.

Scullard, H. H., *From the Gracchi to Nero: A History of Rome from 133 B. C. to A. D. 68*, Methuen & Co., Ltd., 1976.

Scullard, H. H., *Festivals and Ceremonies of the Roman Republic*, London: Cornell University Press, 1981.

Shape, M. E., *The Western Frontiers of Imperial Rome*, New York: Armonk, 1994.

Shelton, Jo-Ann, *As the Romans Did: A source Book in Roman Social*

History, New York and Oxford: Oxford University Press, 1988.

Sherk, Robert K. , *The Roman Empire: Augustus to Hadrian*, Cambridge University Press, 1988.

Smith, William, *A Classical Dictionary of Greek and Roman Biography Mythology and Geography*. Revisd throughout and in part Rewritten by G. E. Marindin, London: John Murray, 1932.

Southern, Pat, *The Roman Empire from Severus to Constantine*, London and New York: Routledge, 2001.

Snell, B. E. , et al. , *Patterns in Time.* J. M Dent & Sons (Canada) Limited, 1964.

Staccioli, Romolo Augusto, *Roads of the Romans*, Los Angeles and California: L' erma di Bretschneider, 2003.

Stambaugh, John E. Stambaugh, *The Ancient Roman City*, Baltimore and London: The Johns Hopkins University Press, 1988.

Starr, Chester G. , *The Roman Empire 27BC-AD476*, Oxford University Press, 1982.

Strubbe, J. H. M. , Tybout, R. A. , and Versnel, S H. , *Studies on Ancient History and Epigraphy*, Amsterdam, 1996.

Syme, Ronald, *The Roman Revolution*, New York: Oxford University Press, 1939.

Talbert, Richard J. A. , *Atlas of Classical History*, London and Sydney: Croom Helm Ltd. , 2001.

Van Buren, A. W. , *Ancient Rome: As Revealed by Recent Discoveries*, London: Lovat Dickson Publisher, 1936.

Veyne, Paul, *The Roman Empire*, Translated by Arthur Goldhammer, The Belknap Press of Harvard University Press, 1997.

Veyne, Paul, *A History of Private Life*, Vol. I: *From Pagan Rome to Byzantium*, Harvard University Press, 1992.

Von Hagen, Victor W. , *The Roads that Led to Rome*, Cleveland and New York: The World Publishing Company, 1967.

Wallace, Richard and Williams, Wynne, *The Three Worlds of Paul of Tarsus*, London and New York, 1998.

Wacher, John, *The Roman World*, Vol. I-II . , London and New York, 2002.

Warburton, Eliot, *The Crescent and the Cross* (*Roman and Realities of Eastern Travel*), London, 1965.

Welch, Jeanie M., *The Spice Trade: A Bibliographic Guide to Source of Historical and Economic Information*, Greenwood Press, 1994.

Wells, Colin, *The Roman Empire*, Harvard University Press, 1984.

Whittaker, C. R., *Rome and Its Frontiers: the Dynamics of Empire*, London and New York: Routledge, 2004.

Wiseman, T. P., *Roman Republican Road-Building, in Roman Studies: Literary and Historical*, Liverpool: Francis Cairns, 1987.

Young, Gary K., *Rome's Eastern Trade: International Commerce and Imperial Policy, 31 BC-AD 305*, London and New York: Routledge, 2001.

Zanker, Paul, *Pompeii: Public and Private Life*, Harvard University Press, 1998.

Zoch, Paul A., *Ancient Rome: An Introductory History*, University of Oklahoma Press, 1962.

五 外文论文

Anderson, J. G. C., "Inscriptiones Italiae, Academiae Italicae consociatae ediderunt", *The Journal of Roman Studies* (*JRS*), Vol. 23 (1933).

Ashby, T., and Fell, R. A. L., "The Via Flaminia", *JRS*, Vol. 11 (1921).

Barrow, R. H., "A Selection of Latin Inscriptions", *JRS*, Vol. 24 (1934).

Belloc, Hilaire, "The Road", *JRS*, Vol. 13 (1923).

Bloch, Raymond, "L' Epigraphie Latine", *JRS*, Vol. 43 (1953).

Boumphrey, G. M., "Along the Roman Roads", *JRS*, Vol. 25 (1935).

Cameron, Alan, "Rutilius Namatianus, St. Augustine, and the Date of the *De Reditu.*" *JRS*, Vol. 57 (1967), No. 1/2.

Paul Courteault, "An Inscription Recently Found at Bordeaux", *JRS*, Vol. 11 (1921).

Dunning, James, "The Roman Road to Portslade", *JRS*, Vol. 15 (1925).

Fischer, Moshe, Benjamin Isaac and Israel Roll, "Roman Roads in Judaea Ⅱ: The Jaffa-Jerusalem Roads", BAR International Series

628. Oxford: British Archaeological Reports, 1996. *The Biblical Archaeologist*, Vol. 59, No. 4. (Dec. 1996).

Fischer, Moshe, Benjamin Isaac and Israel Roll, "Roman Roads in Judaea Ⅱ: The Jaffa-Jerusalem Roads", *Bulletin of the American Schools of Oriental Research*, No. 309 (Feb., 1998).

Forbes, R. J., "Notes on the History of Ancient Roads and Their Construction, Allard Pierson Stichting, Universiteit van Amsterdam; Archaeologisch-Historische Bijdragen, Vol. Ⅲ", *JRS*, Vol. 25 (1935).

Frank, Tenney, "On Augustus and the Aerarium", *JRS*, Vol. 23 (1933).

Gardner, Robert, "The Via Claudia Nova", *JRS*, Vol. 3, Part 2. (1913).

Gilles, Robert C., "How Caesar Bridged the Rhine", *Classical Journal*, Vol. 64, No. 8 (May, 1969).

Girri, Giancarla, "La Taberna nel Quadro Urbanistico e Sociale di Ostia", *JRS*, Vol. 47, No. 1/2. (1957).

Girri, Giancarla, "La Taberna nel Quadro Urbanistico e Sociale di Ostia, in Roma", *JRS*, Vol. 48, No. 1/2 (1958).

Goodchild, R. G., Ward Perkins, J. B., "The Limes Tripolitanvs in the Light of Recent Discoveries", *JRS*, Vol. 39 (1949).

Gordon, A. E., and Gordon, J. S., "Album of Dated Latin Inscriptions", *JRS*, Vol. 50 (1960).

Hammond, N. G. L., "The Western Part of the Via Egnatia", *JRS*, Vol. 64 (1974).

Hotels, T. Kleberg, "Restaurants et cabarets dans l'Antiquite Romaine", *JRS*, Vol. 48, No. 1/2. (1958).

Hughes, G. M., "Roman Roads in South-East Britain", *JRS*, Vol. 26 (1936).

Isaac, Benjamin and Roll, Israel, "Roman Roads in Judaea Ⅱ: The Legio-Scythopolis Road", *Bulletin of the American Schools of Oriental Research*, No. 309 (Feb., 1998).

Isaac, Benjamin and Roll, Israel, "Roman Roads in Judaea I: The Legio-Scythopolis Road", *The Biblical Archaeologist*, Vol. 59, No. 4 (Dec., 1996).

Isaac, Benjamin, "The Meaning of the Terms Limes and Limitanei", *JRS*, Vol. 78 (1988).

Jones, G. D. B., "Album of Dated Latin Inscriptions," *JRS*, Vol. 56 (1966).

Macdonald, C. B. George, "The Building of the Antonine Wall: A Fresh Study of the Inscriptions", *JRS*, Vol. 11 (1921).

Margary, Ivan D., "Roman Roads in Britain. I. South of the Foss way-Bristol Channel", *JRS*, Vol. 46, Parts 1 and 2 (1956).

Margary, Ivan D., "Roman Roads in Britain, Vol. II, North of the Foss Way—Bristol Channel (including Wales and Scotland)", *JRS*, Vol. 48, No. 1/2 (1958).

Margary, Ivan D., "Roman Roads in Britain. Revised Edition", *JRS*, Vol. 58, Part 1 and 2 (1968).

Martinori, Di Edoardo, "Le Vie Maestre d' Italia: Via Flaminia, Studio Storico-Topografico", *JRS*, Vol. 19 (1929).

Martinori, Di Edoardo, "Le Vie Maestre d' Italia: Via Cassia (Antica e Moderna) e Sue Derivazioni, Via Clodia, Via Trionfale, Via Annia, Via TRaiana Nova, Via Amerina, Studio Storico-Topografico", *JRS*, Vol. 20 (1930).

Meyer, E., "Einfuhrung in die Lateinische Epigraphik", *JRS*, Vol. 64 (1974).

Mothersole, Jessie, "Agricola's Road into Scotland, London", *JRS*, Vol. 16 (1926).

Nevett, Lisa, and Perkins, Phil, "Urbanism and Urbanization in the Roman World", in Janet Oleson, John Peter, *Bronze Age*, *Greek and Roman Technology: A Select*, *Annotated Bibliography*, New York and London: Carland Publishing, Inc., 1986.

Perkins, J. B. Ward, "Etruscan and Roman Roads in Southern Etruria", *JRS*, Vol. 47, No. 1/2 (1957).

Purdie, A. B., "Latin Verse Inscriptions: Rome and the Neighborhood", *JRS*, Vol. 26 (1936).

Ramsay, A. M., "A Roman Postal Service Under the Republic", *JRS*, Vol. 10 (1920).

Ramsay, A. M., "The Speed of the Roman Imperial Post", *JRS*,

Vol, 15 （1925）.

Rodweil, Warwick, "On the Victores' Roman Roads in the South-East Midlands", *Britannia*, Vol. 9 （1978）.

Sandys, John, "Edwin Lantin Epigraphy: An Introduction to the Study of Latin Inscription", *JRS*, Vol. 16 （1936）.

Speidel, M. P. , "The Chattan War, the Brigantian Revolt and the Loss of the Antonine Wall", *Britannia*, Vol. 18 （1987）.

Szilagyi, Johannes, "Inscriptiones Tegularum Pannonicarum: Dissertationes Pannonicae", *JRS*, Vol. 24 （1934）.

The Viatores, "Roman Roads in the South-East Midlands", *JRS*, Vol. 55, No. 1/2, Parts 1 and 2 （1965）.

六　工具书

罗念生、水建馥编:《古希腊语汉语词典》,商务印书馆 2004 年版。

谢大任主编:《拉丁语汉语词典》,商务印书馆 1988 年版。

辛华编:《世界地名译名手册》,商务印书馆 1978 年版。

新华通讯社译名资料组编:《英语姓名译名手册》,商务印书馆 1985 年版。

Adkins, Lesley, and Adkins, Roy A. , *Handbook to Life in Ancient Rome*, New York: Facts on File, Inc. , 1994.

Hammond, N. G. L. , and Scullard, H. H. , eds. , *The Oxford Classical Dictionary*, Oxford: Clarendon Press, 1970.

Hornblower, Simon, and Spawforth, Antony, eds. , *The Oxford Companion to Classical Civilization*, Oxford University Press, 1998.

Speake, Graham, *The Penguin Dictionary of Ancient History*, Penguin Books, 1994.

Talbert, Richard J. A. , ed. , *Atlas of Classical History*, London: Croom Helm, 1985.

后　记

本书是在我的博士学位论文《对罗马道路的社会史研究》（南京大学，历史学，2007年）的基础上修改而成的。今能出版，算是对我多年学习的一个小结，实乃幸运之至。

2001年，我告别站了五年的中学讲台、父母兄弟、妻子和两岁的儿子，到南京大学历史系求学，投师陈仲丹教授门下，学习世界古代史。在南大的六年时间里，在其深厚学术氛围的熏陶和导师的指导下，我逐渐领悟到了历史学习和研究的一些基本方法，开始踏入学术之门。学习过程是很辛苦的，加之本人愚钝，因此在学习中很难有所"大跃进"。唯一能够克服这些困难的方法就只有勤奋了，在艰辛与勤奋中，我逐渐懂得了如何真正尊重知识和学术，我认为这是我在这六年时间里最大的收获。

2007年毕业后，我来到浙江海洋学院人文学院工作，学校为我解决了诸多后顾之忧，提供了良好的工作和生活条件，从而使得我在这里能够继续从事博士学位论文内容的学习与研究，得以有机会对它进行较大幅度的修改。2009年，该论文成功申请到浙江省哲学社会科学规划课题后期资助项目（09HQZZ017），并于2011年成功申请到国家社科基金规划课题后期资助项目（11FSS003），这更为研究提供了充足的保障。这里呈现的正是我多年对该内容研究的小结和课题成果。

在我学习和工作的过程中，以及在本书出版的过程中，我得到了很多人的帮助和支持，没有他们的帮助和支持，本书是很难完成的。首先要感谢的是南京大学的老师们和同学们。我的导师陈仲丹教授，我跟随他六年时间，他给予了我无私的指导，毕业后仍然给我指导与帮助，感谢之情，自不待言。徐新教授在我学业成长过程中，无论是学习内容还是资料帮助方面，都给予了无私的帮助。钱乘旦教授、陈晓律教授、杨豫教授、沈汉教授、任东来教授、陈祖洲教授等老师或授我学业，或对我论文提出宝贵意见。同学们的融洽相处和相互交流，不仅使我受益良多，而且也为枯燥的生活带来了不少欢乐，特别是宋立宏、温立峰、熊莹、桂奋权、何立平、张淑清、胡晓进、魏子任等同学对我帮助颇多。在论文评阅过程中，我要特别感谢黄洋教授、晏绍祥教授和杨骏明教授，三位老师不仅以精深的专业水准对我的论文提出了宝贵的修改意见，而且此后一直关心和帮助我，感谢之情，难以言表。裔昭印教授对我后来的学习多有指导，无私帮助。来到浙江海洋学院后，学校领导和同事们给予了我很多帮助，特别是人文学院前院长柳和勇教授和现任院长王颖教授的支持与鼓励，学校科研处与出版基金的大力支持，令人深为感动。

　　非常感谢本书的责任编辑罗莉老师，她为本书的出版做出了大量辛苦而仔细的工作，为本书增色不少。

　　最后，但绝不是不重要的是我要感谢我的父母和哥哥，他们以最淳朴的方式长期支持和帮助我。我的妻子禹群英女士为了我的学业，长期一个人承担了所有家庭负担，以中国女性最传统的优良方式默默地支持着我，无以回报，谨以此书献给她以示谢意。我上学时，儿子冯禹杭才两岁多，正是依赖父母撒娇的年龄，我却离开他远赴他乡，等我毕业时他却成小伙子了，在他成长的美好时光中我少在身旁，多有歉疚，但愿此书的出版，能在精神上为他作一点补偿。

冯定雄

2012 年 4 月 25 日

于浙江海洋学院人文学院